杨春长 著

改革时代理论思考

——杨春长理论文章选

学习出版社

图书在版编目（CIP）数据

改革时代理论思考：杨春长理论文章选 / 杨春长著 . -- 北京：学习出版社，2019.12

ISBN 978-7-5147-0945-2

Ⅰ. ①改…　Ⅱ. ①杨…　Ⅲ. ①社会科学—文集　Ⅳ. ① C53

中国版本图书馆 CIP 数据核字（2019）第 253322 号

改革时代理论思考

Gaige Shidai Lilun Sikao

——杨春长理论文章选

杨春长　著

责任编辑：曾德保
技术编辑：刘　硕
封面设计：杨　洪

出版发行：学习出版社
北京市崇外大街11号新成文化大厦B座11层（100062）
010-66063020　010-66061634　010-66061646
网　　址：http://www.xuexiph.cn
经　　销：新华书店
印　　刷：北京盛通印刷股份有限公司

开　　本：710毫米×1000毫米　1/16
印　　张：31
字　　数：417千字
版次印次：2019年12月第1版　2019年12月第1次印刷

书　　号：ISBN 978-7-5147-0945-2
定　　价：54.00元

努力担负好探索践行捍卫真理的天职

（代序）

探索真理是人的天职。我一直把科学家哥白尼这句话作为座右铭。50年来，我在部队、军校、总政宣传部和军事科学院从事军队政治工作与哲学等政治理论教学、研究工作的同时，撰写发表了一些著述，也可以说是努力学习、探索、践行和捍卫真理的过程。探索、捍卫真理需要无私无畏、大勇大智，我虽不能至，但心向往之，孜孜求之。1968年初我参军不久，年底就从连队调到团、师从事新闻报道工作。1969年党的九大后，采访支左单位发现他们解放和使用干部做得好，我很快写了《河北省邯郸市国棉三厂解放干部使用干部的调查报告》，有的领导认为“文化大革命”方兴未艾，这是给造反派群众泼凉水。我力陈正见，才得以发稿，并于是年《红旗》杂志第八期发表，河北省主要领导人李雪峰、刘子厚在三级书记会上赞扬此文给河北省争了光，省委宣传部同志还说毛主席表扬了这篇文章。广大干部群众并不希望再乱，盼尽快把打倒的干部解放出来并使用起来，抓生产利民生。那时，与工宣队一起，队员们年轻气盛，有时打“黑五类”，我劝别打。他们把我告了。带队的副团长说：小杨，你这么小就这么右啊（批评我为“黑五类”说话）！我说共产党废止肉刑，即使是坏人也不能打。十年之后即1978年，亦即新时期拨乱反正，我调到军校马列教研室当哲学教员，针对社会上一些人否定四项基本原则的乱象写了些文章，并在研讨会上讲。有的比我年龄大、水平高的先生说我：小杨你年纪轻轻就这么“左”啊……从此，我下定决心要把反“左”反右问题理论弄清楚。经过三四十年的努力学习研究，编写了《中国共产党反对错误倾向的理论与实践》在纪念建党80周年之际成书，2004年6月由中央文献出版社出版。2011年纪念建党90周年，我们又对此书进行修订，成为《论反“左”反右》，还是由中央文献出版社出版。多位专家、领导说，这么重大复杂的问题，杨春长敢写，真不容易，这是第一本专门研究这方面内容的理论专著。个中之艰难之艰涩一言难尽，每当写不下去时真想搁笔放弃，可是又放不下这种责任，真是绠短汲深力所难及，就这样坚韧地探索下去，终于付梓。万千学者探索、捍卫真理比我还艰难，更有伟大的革命家、科学家如李大钊、瞿秋白、布鲁诺、邓稼先等为真理而牺牲。工农大众用锤头镰刀实践捍卫真理，平时都在默默地劳作，到历史的关键时刻则是用森林般的“筋肉条条的拳头”，用铁锤镰刀以至枪杆去斗争……我们期望和平地探索实践并捍卫真理。虽然，批判的武器不能代替武器的批判，但是，我更崇尚以笔代剑的政治文化，如果能用批判的武器和建设的工具，改造世界建设社会，那就更好啊！

本书所选60多篇文章是我1977—2019年发表过的，是我

42年间跟随党领导的伟大改革和建设发展前进的记录和理性思考。1977年12月6日，《解放军报》发表的《领导要听实话明实情》是针对社会上不实事求是，一些领导报喜藏忧、不爱听实话、不明了实情而写的。本书最后一篇是2019年北京市委《前线》杂志第5期发表的，热切期望我们党与国家长治久安，期望党坚持严格的自我革命，不断增强“自愈力”（我大胆地把这个生理学词语引入社会政治生活）进而增强党的生命力、战斗力……

本书共65篇文章，都是发表过的，分三部分，一是“伟人大事研究”；二是“哲学探索”；三是“精神文明与思想政治工作研究”。2014年初，中央宣传部学习出版社曾安排此书作为“学习理论文库”之一出版。由于某种原因未出版。感谢出版社领导和编辑同志的指导，书中如有舛错敬请大家指正。

作者　杨春长

2015年5月初稿

2019年10月定稿

于北京西郊红山麓

目 录

第二部分　哲学探索

第三部分　精神文明与思想政治工作研究

·第一部分·

伟人大事研究

马克思主义是创造性的科学*

——纪念马克思逝世百年

一

马克思主义产生的19世纪40年代，资本主义的机器大工业生产已经发展到相当高的水平，然而在资本主义财富积累的同时，无产阶级和广大劳动群众却日益贫困。无产阶级和资产阶级的斗争日益发展，无产阶级不断壮大，已作为独立的政治力量登上历史舞台，无产阶级正处在由自在阶级向自为阶级的转变时期，无产阶级进行阶级斗争迫切需要有自己的理论出现。

与此同时，马克思、恩格斯在社会实践中逐步实现了由革命民主主义者向共产主义者的根本转变。他们以无产阶级的立场、观点和方法，从事革命的创造活动。他们创立的辩证唯物主义是人类认识史上的根本变革。唯物史观和剩余价值学说的创立，又使社会主义由空想变为科学。马克思主义揭示了人类社会发展的客观规律，为无产阶级和革命人民提供了认识世界和改造世界的思想武器。

科学的创造必须继承前人的文化遗产。马克思“依靠了人类在资

* 本文系1983年3月参加河北省纪念马克思逝世百年研讨会论文，收入中国辩证唯物主义研究会编:《马克思哲学思想的历史发展》，四川人民出版社1985年版。

本主义制度下所获得的那些知识的坚固基础……凡是人类思想所建树的一切，他都重新探讨过，批判过，在工人运动中检验过，于是就得出了那些被资产阶级狭隘性所限制或被资产阶级偏见束缚住的人所不能得出的结论”。[①] 马克思主义的创始人对德国的古典哲学、英国的古典经济学和法国的空想社会主义，以革命的立场、方法和精深广博的知识加以彻底的改造，真正做到了排除其糟粕，吸收其精华。

马克思主义是在斗争中形成、发展的，它在生命的途程中每走一步都得经过战斗。马克思、恩格斯的创造性的革命实践，旨在彻底推翻沿袭了数千年的剥削制度，根本否定资本主义制度继续存在的合理性，因此，它必然遭到反动势力的攻击、迫害。但是，马克思不顾任何危险，义无反顾地终生从事革命活动。反动派的迫害和资产阶级奴仆们的诽谤、攻击，没有使他慑服；贫穷和疾病的折磨，也没有使他的事业中辍。马克思主义只有在与它的敌人的斗争中才能获得自身的生存权利。同时，它也只有在这种斗争中，才能不断地发展。马克思、恩格斯通过对蒲鲁东小资产阶级改良主义、巴枯宁鼓吹的立即废除国家的无政府主义、拉萨尔派企图用合法手段争取自由国家的机会主义……的批判、斗争，进一步确立和完善了无产阶级革命和无产阶级专政的理论。尽管他们面对的敌人是世界性的，而且掌握着强大的国家机器，但是，马克思和恩格斯坚定地为无产阶级和全人类谋利益。最无私的人必定是最无畏的勇士。真理在马克思主义一边，马克思主义所向披靡。

马克思主义的创造性，是革命性和科学性的统一。列宁曾指出：马克思主义“这一理论对世界各国的社会主义者之所以具有不可遏止的吸引力，就在于它把严格的和高度的科学性（它是社会科学的最新成就）和革命性结合起来，并且不是偶然地结合起来（即不仅因为学说的创始人本人兼有学者和革命家的品质），而是把二者内在地和不

① 《列宁选集》第4卷，人民出版社1972年版，第347页。

可分割地结合在这个理论本身中”。[①] 在实践基础上革命性和科学性的高度统一，是马克思主义创造性的源泉和动力。

基于马克思主义的创造性这一根本特征，马克思、恩格斯才多次指出：“我们的理论是发展的理论，而不是必须背得烂熟并机械地加以重复的教条”；[②] 马克思也才在批判那种以教条主义态度对待理论的人们时愤怒地说：“我播下的是龙种，而收获的却是跳蚤”，[③] 教条主义的做法“会给我过多的荣誉，同时也会给我过多的侮辱”[④]。

列宁是第一个创造性地发展了马克思主义的革命家。马克思、恩格斯不可能在垄断前的资本主义时期预见到五十多年以后，即在发达的垄断资本主义时期的无产阶级革命斗争中的一切可能性。在新的历史条件下的列宁，则没有做马克思主义字句的俘虏，而是善于抓住马克思主义中主要的基本的东西，与第二国际和俄国的机会主义进行了坚决的斗争，根据对俄国社会发展状况和国际环境的科学分析，根据对帝国主义阶段资本主义经济、政治发展不平衡规律的研究，得出结论说：马克思和恩格斯的旧公式（这在当时的历史时代无疑是正确的）已经不适合于新的历史形势，社会主义革命完全可能在单独一个国家内获得胜利。当时各国机会主义者都责备列宁离开马克思主义。但真正掌握了马克思主义的是列宁，而不是机会主义者。因为列宁才创造性地发展了马克思主义，而机会主义者却把马克思主义变成僵死的东西。

马克思主义与帝国主义和无产阶级革命时代的马克思主义——列宁主义，都富有科学的创造性，都从实际出发，打破旧传统、旧格式，使理论紧紧地跟上发展、变化的形势，实现理论与实践的具体的历史的统一。马克思列宁主义作为创造性的科学，它也要求人们以科学的创造精神运用它、发展它。

① 《列宁选集》第1卷，人民出版社1972年版，第81页。
② 《马克思恩格斯选集》第4卷，人民出版社1972年版，第460页。
③ 《马克思恩格斯全集》第3卷，人民出版社1974年版，第604页。
④ 《马克思恩格斯全集》第19卷，人民出版社1974年版，第130页。

二

中国革命的胜利前进，是以毛泽东同志为代表的中国共产党人创造性地把马克思主义运用于中国革命的结果。

从鸦片战争以后，中国逐步沦为半殖民地半封建的国家。在漫长的岁月里，许许多多的仁人志士千方百计寻求救国的真理，不少人费了很大的气力，研究现状、考察历史、出访外国、冥思苦索，但都未找到能使中国真正独立富强的道路。十月革命一声炮响，给我们送来了马列主义。中国人民才终于找到了真理。

马列主义是放之四海而皆准的革命真理。但这并不意味着把马列主义简单套用在中国就能把革命搞成功。在如何运用马列主义指导革命实践的问题上，我们党付出了巨大的努力和巨大的代价。

中国共产党成立之后，就投入了轰轰烈烈的革命群众斗争。由于理论准备和斗争经验不足，还缺乏把马列主义同中国革命具体实践相结合的自觉性，因之虽取得了一些胜利，但在关键时刻，由于陈独秀右倾思想的领导，致使革命在强大敌人的突然袭击下遭到惨重失败。

特别是在20世纪20年代后期和30年代前期，在国际共产主义运动中和我们党内盛行的把马克思主义教条化、把共产国际决议和苏联经验神圣化的错误倾向，曾使中国革命几乎陷于绝境。在此期间，我们党当时有一些主要负责人，特别是王明为代表的教条主义，不顾我国革命的具体实际情况，一味照搬照抄共产国际的指示和苏联的经验，机械引用马克思列宁主义的一些词句，混淆民主革命和社会主义革命的界限，企图毕其功于一役。要走夺取中心城市，实现一省、数省的首先胜利的革命道路。谁要抵制、反对他们这种错误路线，就要受到残酷斗争、无情打击。结果使革命根据地和白区的革命力量都受到极大损失，红军从三十万人减到三万人左右，共产党员从三十万人减到四万人左右。

以毛泽东同志为主要代表的中国共产党人同教条主义作了坚决的斗争，创造性地成功地实现了马克思列宁主义普遍原理和中国革命具体实践的结合，实现了马克思主义的中国化、具体化。这一创造性的主要特点是：

（一）坚持独立自主的原则，根据中国的特点进行革命。我们党成立后，从1922年起就成为共产国际的一个支部。1935年7月的共产国际第七次代表大会以前，各国党的路线、方针、政策以及组织事宜都由共产国际直接决定，各国党没有独立自主地制定路线方针政策的权力。其间虽然共产国际对我国革命有过不少有益的帮助，但也对我国革命有过一些错误的指示。他们及其在中国的代表从欧洲无产阶级革命特别是俄国十月革命的经验出发，主张在中国也推行以城市工人武装起义为中心的那一套。毛泽东等同志则坚决与这种教条主义倾向作斗争。毛泽东同志在1930年5月写的《反对本本主义》中针锋相对地指出，“中国革命的胜利要靠中国同志了解中国情况”，实际上已提出了实事求是、独立自主的“创造新局面的思想路线”。毛泽东同志科学地分析了中国的国情，并不断总结当时各个根据地的经验，认为由于中国没有资产阶级民主，反动统治阶级凭借武装力量对人民实行独裁恐怖统治，革命只能以长期的武装斗争为主要形式。这种武装斗争，是无产阶级领导的以农民为主体的革命战争。农民是无产阶级的最可靠的同盟军。无产阶级有可能和有必要通过自己的先锋队用先进思想来提高农民群众的觉悟，缔造人民军队，建立农村根据地，长期进行人民战争，走以农村包围城市、最后夺取全国胜利的革命道路。这就成功地实现了马克思列宁主义关于无产阶级夺取政权的普遍真理与中国革命具体实践的结合。第一次开创了殖民地、半殖民地国家无产阶级领导农民武装夺取政权的光辉道路。

（二）注重调查研究中国革命的实际特点，善于运用马克思主义的基本原理，提出符合中国革命实际的新理论。毛泽东同志等老一辈无产阶级革命家成功地实现了马克思主义普遍原理与中国革命具体实践的结合，最关键的原因就是他们以马克思主义为指导，特别注重对我国革命实际特点的调查、研究，在此基础上逐步从理论上、实践上把马克思主义中国化。所谓实际特点，就是客观事物的特殊本质，是这一事物区别于其他事物的内部联系及其独特的发展规律。认识事物就是要达到对该事物特殊本质的认识，把握其内部联系和发展规律。运用这种认识去实践就能获得成功。毛泽东同志从参加革命开始，就一直注重对中国国情和其他各种实际问题进行调查研究。他在1930年5月就最早提出，“没有调查，没有发言权”，1931年4月又提出，“不做正确的调查同样没有发言权”。他还提出，“对于中国各个社会阶级的实际情况，没有真正具体的了解，真正好的领导是不会有的”。

教条主义盛行的20世纪20年代后期和30年代前期，同时也是毛泽东同志特别注重调查研究我国革命的实际情况、与教条主义进行坚决斗争的时期。在这个时期中的三次“左”倾错误，都是从“本本”出发，而不从实际出发，根本不注意对中国国情特点的调查研究，他们得心应手的事情就是“照搬照抄”。如在土地革命问题上，“左”倾教条主义者都照搬共产国际关于反富农、反右倾的指示。李立三推行搞大规模的集体农场，全部土地归苏维埃经营的超越民主革命阶段的错误方针。王明等教条主义者制定了地主“不得有任何分配土地的权限”，富农“可以分得较坏的‘劳动份地’”的“左”倾政策。毛泽东等同志坚决地抵制了这些“左”倾错误。毛泽东同志在此期间认真调查研究了各阶级的经济、政治特点，制定了与中国革命正确道路相适应的土地革命政策。在调查研究的基础上，他根据马克思主义的阶级分析方法，对农村各阶级作了正确的分析，提出了正确的土地革命路线，即依靠贫农、雇农，团结中农，限制富农，保护中小工商业者，消灭地主阶级。这就正确地解决了党在农村中依靠谁、团结谁、打击谁的根本问题。根据调查研究，对民族资产阶级也采取了正确的政策。

马克思主义的一般真理是从各国具体革命实际中概括出来的。从个别到一般的这种科学抽象，具有更深刻、更普遍的意义，因此它才成为“行动的指南”而不能违背。然而，共性的东西只能大致地包含个别，包含个别的某些方面、部分或本质；个别这种更为生动、具体、丰富的东西不能完全进入共性之中。所以，那种共性的东西不是解决具体问题的现成答案。革命者必须把马克思主义的普遍真理与具体革命实践相结合，即把共性与个性相结合。这一结合的实质就是，以普遍真理为指导，调查研究实际情况，把握革命运动的特殊性质和特殊规律，正确解决具体革命问题。这一过程就是从个别到一般，再从一般到个别的过程。而教条主义认为马克思主义是包医百病的“良方大全”，从而照搬照抄照套。在哲学上就是孤立地强调了共性，否认了个性，割裂了共性与个性的辩证统一关系，从一般来到一般去，一般、共性既是其出发点，又是其归宿，从而陷入了形而上学和唯心主义的深坑。可见，对于革命实际特点的调查研究，正是把共性与个性、理论与实践联结起来的纽带，是形成正确认识、解决具体实际问题的唯一途径，是有所创造、有所前进的基础，是成功地实现马克思主义普遍真理与中国具体实际相结合的关键。教条主义者从这里失足，马克思主义者则从这里开始健步走向胜利。

毛泽东思想作为马克思列宁主义在中国的运用和发展，作为中国共产党集体智慧的结晶，以独创性的理论丰富和发展了马克思列宁主义。毛泽东同志和中国共产党不但创造出中国革命的正确道路，而且从理论和实践上解决了在中国这样一个占世界人口近四分之一的、经济文化落后的大国中建立社会主义制度的艰难任务。不但在我们这样一个无产阶级人数很少而战斗力很强、农民和其他小资产阶级占人口大多数的国家，建设起一个具有广大群众性的、马克思主义的无产阶级政党，而且将以农民为主要成分的革命军队建设成为一支无产阶级性质的新型人民军队，等等。所有这些都是继马克思列宁主义之后的伟大创造。党所以能取得这些创造性的伟大胜利，归根到底，是由于坚持了马克思主义的理论和实际相结合的科学原理，坚持了马克思主义的人民创造历史的科学原理。

三

马克思主义随着实践的发展而发展。我们党在十一届三中全会以后，又继续创造性地把马列主义、毛泽东思想推向前进。“马克思认为他的理论的全部价值在于这个理论‘按其本质来说，它是批判的和革命的’。”[①]恩格斯在后来的《费尔巴哈论》中曾深刻地阐发过这一思想，他指出，辩证哲学所承认的唯一绝对的东西是它的“革命性质”，即一切都是发展变化的，彻底否定了关于人的思维和行动的一切结果具有最终性质的看法。

人类历史中没有什么“绝对的人类状态”，因而在一定的历史阶段中也就没有什么反映这种状态的绝对观念和孤立的绝对真理。无产阶级的革命领袖都是在一定历史条件下建立他们的理论的。他们对于事物的认识，必然要受一定时代实践的物质手段和实践对象的发展情况的制约。在他们的言论、著作中，有的可能囿于当时的条件而不够精确、全面，甚至是错误的；有的是研究一定时间、地点、条件下的实际问题所获的具体原理、具体结论。对此，都不能照搬照抄。至于他们理论中那些正确反映了客观世界和无产阶级革命事业的普遍规律的基本原理，尤其是立场、观点、方法，是必须坚持和遵循的，但也同样不能照搬照抄，也只能把这种普遍性的原理当作“指南”，当作根本方法并需要实行普遍原理与具体实际的结合。毛泽东等杰出的领导人曾经成功地实现过这种“结合”，曾经发展过马列主义，但实践在发展，情况在变化，条件有不同。过去的“结合”不能代替现在的“结合”。昔日的创造发展不能代替今天的创造发展。适用于某种条件的理论，并不一定适用于另外的条件和情况。产生于某种范围的实践中的思想，并不必然对其他范围的实践有指导意义。

---

① 《列宁选集》第1卷，人民出版社1972年版，第81页。

当我国进入了一个新的历史时期以后，还要不要接过马克思主义的科学创造性的“接力棒”，对毛泽东思想加以发展？要不要解放思想，打破特别是“文化大革命”中盛行的教条主义的精神枷锁，冲破长期“左”倾错误的严重束缚？我们党围绕这些问题进行了热烈的讨论。持“两个凡是”观点的人主张：“凡是毛主席作出的决策，我们都坚决维护；凡是毛主席的指示，我们都始终不渝地遵循。”我们党从我国社会主义建设的具体实际出发，深入开展了对拨乱反正具有重大意义的关于真理标准问题的大讨论，批判了那种“两个凡是”的教条式的说教，振聋发聩地指出：“一个党，一个国家，一个民族，如果一切从本本出发，思想僵化，那它就不能前进，它的生机就停止了，就要亡党亡国。”党的十一届三中全会以来，我们党坚持贯彻了“一切从实际出发，实事求是，理论联系实际，在实践中检验真理和发展真理”的思想路线，深入调查研究了我国社会主义建设中的新情况、新问题，制定了一系列方针、政策和措施，有力地推动了四个现代化建设，丰富和发展了毛泽东思想。例如，关于突破固定的模式，走中国特色社会主义道路的思想，包括农业集体所有制和生产责任制相结合，对外实行开放、对内搞活经济及经济体制的改革；关于正确估量和处理社会主义社会中的阶级斗争的思想；关于建设社会主义精神文明的思想，关于科学、教育在社会主义建设中的战略地位和知识分子的重要作用的思想；关于扩大社会主义民主、健全社会主义法制，使民主制度化、法律化的思想；关于改革党和国家领导制度、实现新老干部的合作和交替的思想，关于加强民主集中制的思想，关于我们党坚持独立自主，同时尊重其他革命政党独立自主的原则；等等，都在不同程度上接触了过去没有接触过或没有解决好的问题。对这些问题，我们党努力作出马克思主义的解决，把毛泽东思想推向前进了。

实践表明，我们党这种创造性不同于以前的特点是：以巨大的魄力，冲破长期“左”倾错误的束缚，在没有先例的情况下，勇于探索建设中国式的社会主义的道路，解放思想，实事求是，注意研究新情况，解决新问题，在拨乱反正中恢复毛泽东思想的本来面目，在坚持毛泽东思想的同时，又创造性地发展毛泽东思想。

科学的创造是一种严肃的事情，它既不是高不可攀的，又不是轻而易举的。它必须从人民的利益出发，以事物发展的客观规律为依据，以实际情况的真知灼见为基础。由于各种原因，人们总会从不同的角度来看待改革、创新。在过去的年代里，经验主义曾作为教条主义的“助手”，阻碍过我们创造性的实践。这几年，右的倾向又作为“左”的倾向的盟友，来干扰我们的创造性实践。我们党及时地进行了反对“左”和右的错误倾向的思想斗争，从而一直沿着正确的方向，不断开创新局面，不断把毛泽东思想推向前进。由此可见，我们党近几年来创造性的革命实践所表现的又一特点是：防止在注意一种错误倾向的时候忽视另一种错误倾向，正确地开展反对“左”和右的倾向的两条战线的思想斗争。只有反对思想僵化等“左”的倾向，方能迈出创造性的步伐；只有反对怀疑和否定四项基本原则的右的倾向，方能保证创造性的正确方向。

新的历史时期是富于创造的时期，是一切革命者大有作为的时期。在建设中国特色社会主义的伟大实践中，有许多课题是以前的马克思主义者没有也不可能提出和解决的。我们一定要按照党的方针、政策，为全面开创社会主义现代化建设的新局面，在新的历史条件下，从实际出发，坚决地有秩序地进行改革，不断钻研新情况，解决新问题，总结新经验，创立新章法，在坚持马克思列宁主义、毛泽东思想的同时，努力发展马克思列宁主义、毛泽东思想。

恩格斯阐明的马克思主义认识论基本原理*

——纪念恩格斯逝世90周年，读《反杜林论》

《反杜林论》是马克思主义学说之中一篇著名的经典之作，其中系统地阐明了马克思主义哲学、政治经济学和科学社会主义的基本原理。本文谈谈对书中所阐明的马克思主义认识论基本原理的理解和感悟。

恩格斯由于批判杜林的需要和恪守论战原则，主要针对杜林在认识论上的先验论和形而上学，阐述了辩证唯物主义的认识论，并突出了认识论的辩证法，这是在他和马克思把实践引入认识论后，又把辩证法应用于认识论的集中体现，这标志着认识论的革命变革的完成。因为“形而上学的唯物主义的根本缺陷，就是不能把辩证法应用于反映论，应用于认识的过程和发展”。①

恩格斯批判了杜林从原则出发的先验主义，首次提出了哲学上两条根本对立的认识路线，阐明了辩证唯物论的反映论的基本原理。他指出：“原则不是研究的出发点，而是它的最终结果；这些原则不是被应用于自然界和人类历史，而是从它们中抽象出来的；不是自然界和人类去适应原则，而是原则只有在适合于自然界和历史的情况下才是

* 本文发表于《思想战线》1985年第10期。

① 《列宁全集》第38卷，人民出版社1986年版，第411页。

正确的。这是对事物的唯一唯物主义的观点。”[①]明确提出了从观念性的原则出发，是唯心主义先验论的认识路线；从客观事实出发，乃是唯物主义反映论的认识路线。这对于辨别各种哲学流派和更好地坚持发展辩证唯物主义的认识论有重要意义。

恩格斯关于原则和事物关系的科学论述，阐明了辩证唯物主义的反映论。它不仅指明了存在在先、思维在后这个唯物主义反映论的基本前提，而且指出“原则”这种精神性的东西是对客观存在的反映，“原则”是从客观中“抽象出来的”“结果”。“思维永远不能从自身中，而只能从外部世界中汲取和引出”精神性的东西来。[②]《反杜林论》“哲学编”中几乎每个篇章都有辩证唯物论的反映论的思想。主观辩证法是对客观辩证法的反映。“宗教的、哲学的和其他的观点”都是对“每一时代的社会经济结构”的反映。[③]“纯数学具有脱离个人的特殊经验而独立的意义”，“以极度抽象的形式出现”，但“它起源于外部世界”，“是从现实世界中得来的。”[④]客观世界是认识的根本对象，是认识的源泉。一切认识都是对于客观存在的反映，人的认识可以提供客观世界的正确图景。这种唯物主义的反映论已经内在地包含着世界可知性的思想。

“哲学编”虽没有明确提到“实践”概念，但仍有实践是认识的基础的思想。人类在由摩擦生火到制造、使用蒸汽机的生产实践中，不断取得对自然规律的认识。法国、英国的阶级斗争实践，产生了相应的空想社会主义理论。19世纪无产阶级和资产阶级间的阶级斗争实践，是唯物史观、剩余价值学说得以产生的一个基础。“大量积累的自然科学的事实”。——相当一部分是科学实验活动及其成果，“迫使人们达到”“辩证自然观”的认识。[⑤]不可否认，恩格斯在这里是以特

① 《反杜林论》，人民出版社1970年版，第32页。
② 《反杜林论》，人民出版社1970年版，第32页。
③ 《反杜林论》，人民出版社1970年版，第24页。
④ 《反杜林论》，人民出版社1970年版，第34—35页。
⑤ 《反杜林论》，人民出版社1970年版，第12页。

殊论述方式表达了实践是认识的基础的思想。

针对哲学史上对真理标准问题的唯心主义回答，恩格斯虽没有明确提到实践标准，但强调了真理标准的客观性问题。“原则只有在适合于自然界和历史的情况下才是正确的”，“自然界是检验辩证法的试金石。”[①] 把认识的对象以及实践过程及其物化引入检验真理的标准，在今天仍有重要的意义。

认识对实际、实践有重要的反作用。“原则”不是消极的东西，它可以指导人们的实践。恩格斯论述了辩证法、道德、平等观等意识形态的重要作用。无产阶级就曾以自己的平等观作为“反对资本家的鼓动手段”。[②] 同时，恩格斯也让人们谨记，不要把意识、理论这种相对“独立的东西”当作绝对独立的东西。

对认识能力的辩证论述，是《反杜林论》的一个重要特点。“人的思维是至上的，同样又是不至上的，它的认识能力是无限的，同样也是有限的。按它的本性、使命、可能和历史的终极目的来说，是至上的和无限的；按它的个别实现和每次的现实来说，又是不至上的和有限的。”[③] 从人的认识本性看，思维能正确反映事物，思维规律与存在规律是同一的，它们有同一性。从认识对象上看，客体能被认识，主客体之间没有不可能逾越的鸿沟。从思维的使命和最终目的看，人类可以不断地认识世界、改造世界。从“可能”看，作为无数亿过去、未来的人来说，这个发展过程是无限的，他们的认识能力是无限的，前面的认识成果可以转化为后来的认识能力，可以由认识错误到认识正确，由不认识、不完全的认识到比较完全的认识。这是思维的至上性。思维还有非至上性的一面。对无限广袤深邃的客观世界要作“恰如原状的、毫无遗漏的、科学的陈述”，“这无论对我们还是对所有时

① 《反杜林论》，人民出版社 1970 年版，第 20 页。
② 《反杜林论》，人民出版社 1970 年版，第 104 页。
③ 《反杜林论》，人民出版社 1970 年版，第 84 页。

代来说都是不可能的。"人们对事物的认识总是受主客观条件的限制。[1]在客观上要受历史状况的限制、事物本质暴露程度的限制、时代的限制。在主观上要受人的立场、观点、方法、知识水平、体力、智力等情况的限制。黑格尔作为"当时最博学的人",也"毕竟受到了限制"——知识的、世界观、方法论的和历史时代的。[2]

人类思维、认识能力的至上性与非至上性的辩证统一,进一步表明了世界的可知性。现在不能认识的,将来可以认识。只有尚未被认识的事物,没有人类能力永远不能认识的事物。

认识是一个辩证发展过程。恩格斯强调,在"考察事物及其在头脑中的反映时",要"以它们的联系、它们的连续、它们的运动、它们的产生和消失方面去考察"。[3]认识对象的发展变化,决定了认识的发展变化。

认识何以发展?在认识发展的动力问题上,不少人(许多教科书亦然)常以毛泽东同志在《实践论》中讲的实践是认识发展的动力为限。实践是认识发展的动力,是正确的。但认识发展的动力不仅仅是实践。笔者认为,《反杜林论》告诉我们,认识发展的动力是一个矛盾的系统。实践作为主客体矛盾的"交错点",是认识发展的根本动力,但并非唯一动力。推动认识发展的还有认识能力至上性与非至上性的矛盾,认识过程的有限性与无限性的矛盾,认识成果上的真理与谬误的矛盾,真理中的相对性与绝对性的矛盾,思维方式中的辩证思维与其他思维(如恩格斯讲到的形而上学思维)的矛盾,认识任务、目的上的必然与自由的矛盾等。恩格斯认为其中一些矛盾是"所有智力进步的主要杠杆"。[4]重温这些思想,可以进一步完整准确地把握认识发展的动力的理论。这对促进认识的发展是必要的、有益的。

---

① 《反杜林论》,人民出版社1970年版,第34页。
② 《反杜林论》,人民出版社1970年版,第22页。
③ 《反杜林论》,人民出版社1970年版,第20页。
④ 《反杜林论》,人民出版社1970年版,第34页。

认识过程既是有限与无限的统一，又是认识与实际、实践的具体的历史的统一。恩格斯在对道德、平等问题的考察中，论述了各个历史时代条件下，各社会集团、各阶级，在具体的社会经济生活、实践的基础上，产生了相应的道德观念、平等观念，体现了认识与实际、实践的具体的历史的统一。

恩格斯在批判杜林关于个人思维至上和永恒真理的同时，阐述了真理的相对性和绝对性、真理与谬误的辩证关系。人们对客观事物及其规律能够正确认识。这种真理性的认识既有相对性，又有绝对性(或相对真理与绝对真理)。由于主客观条件的限制，从认识的广度上只能认识某一方面、部分，从认识的深度上只能认识一定的层次，这是真理的相对性。同时每一真理又毕竟正确反映了事物的某些内容，从人类无限延续、认识过程的无限性看，能正确认识无限的世界，这是真理的绝对性。相对真理与绝对真理辩证地统一着，相对中有绝对，绝对通过相对而存在。

真理与谬误在一定条件下对立、区别，不可混淆，但是在这一定条件之外亦即另外一种条件下，“应用真理和谬误的对立，这种对立就变成相对的……对立的两极都向自己的对立面转化，真理变成谬误，谬误变成真理。”[①] 恩格斯以波义耳定律为例，说明了真理与谬误的辩证关系。“拥有无条件的真理权的那种认识，是在一系列相对的谬误中实现的。”[②] 真理的发展总是在真理与谬误的联系、斗争、互相转化中得以实现的。

辩证思维是人类认识事物规律、把握真理所不可或缺的。恩格斯对辩证思维的形式、方法的论述虽不尽系统、全面，但如零金碎玉般散见于各章。辩证法的三大规律既是客观的，又是主观思维中的，主观辩证法与客观辩证法有一致性。恩格斯指出：“运用概念的艺术”、辩证思维的能力不是天生的，人们通过学习认识史、哲学史和经验的

① 《反杜林论》，人民出版社1970年版，第88页。
② 《反杜林论》，人民出版社1970年版，第83—84页。

积累，可以不断提高。[①]另外也零星论述了分析与综合、抽象与具体、历史的与逻辑的等辩证思维方法。[②]

人类思维、认识的任务、目的，在于揭示事物的“内在规律性”[③]，正确地认识世界、改造世界，在于对必然的认识和对客观世界的改造，获得自由。“自由……在于认识这些规律，从而能够有计划地使自然规律为一定的目的服务。”“自由是在于根据对自然界的必然性的认识来支配我们自己和外部自然界。”[④]人从动物界分离出来以后的每一进步，都是向自由迈进了一步。到了“自由人联合体”[⑤]，即共产主义社会，人们不再有对个人生活资料的忧虑，不再有任何阶级差别，便得到“真正的自由”，实现从必然王国向自由王国的飞跃。这里阐明的自由与必然的辩证关系，强调了认识的能动的、革命的方面，并把认识的任务、目的同实现共产主义的理想联系起来。足以看出，马克思主义的认识论是革命的、科学的反映论。

① 《反杜林论》，人民出版社1970年版，第12、第22、第35页。
② 《反杜林论》，人民出版社1970年版，第39、第12、第18、第131页。
③ 《反杜林论》，人民出版社1970年版，第21页。
④ 《反杜林论》，人民出版社1970年版，第111—112页。
⑤ 《反杜林论》，人民出版社1970年版，第128页。

无产阶级政党执政的首要条件是人民军队*

——纪念列宁诞辰130周年，学习列宁和马克思恩格斯关于军队的论述

马克思列宁主义认为，国家和军队都是阶级矛盾不可调和的产物，国家是统治阶级进行统治的暴力工具，而军队则是有组织的暴力，是为统治阶级的利益服务的。无产阶级军队即真正的人民军队，是无产阶级革命不可缺少的工具，夺取政权必须靠这支军队，巩固政权还必须依靠这支军队。人民军队是无产阶级政党执政的首要条件。

一、马列关于军队起源和本质的思想

随着原始公社制度的解体、私有制和阶级的产生，从氏族“自动的”“全民性的”军事组织中，逐渐地分离出代表氏族富裕上层利益的常备武装队伍，形成了原始的民兵同氏族贵族队伍结合的武装。最早的奴隶制国家的军队，就是在这个基础上发展起来的。

对于军队的本质问题，马克思和恩格斯在阐述阶级、国家和暴力学说的时候作了考察。他们认为，国家是阶级统治的暴力工具，而

* 本文刊载于杨春长主编：《马恩列斯军事理论教程》，军事科学出版社2000年版。

"有组织的暴力首先是军队"。[①]"军队是国家为了进攻或防御而维持的有组织的武装集团。"[②]恩格斯在讲到家庭、私有制和国家的起源的时候，深刻揭示了国家的阶级暴力统治的本质，指出："它不仅可以保障单个人新获得的财富不受氏族制度的共产制传统的侵犯，不仅可以使以前被轻视的私有财产神圣化，并宣布这种神圣化是整个人类社会的最高目的，而且还会给相继发展起来的获得财产的新形式，因而是给不断加速的财富积累，盖上社会普遍承认的印章……它不仅可以使正在开始的社会划分为阶级的现象永久化，而且可以使有产阶级剥削无产者的权利以及前者对后者的统治永久化。"[③]这样一来，"一切社会（引者注：指到目前为止的一切阶级社会）形式为了保存自己都需要暴力"，[④]而这种服从于国家和一定阶级的暴力工具主要是军队，"它们被用来抵御外敌和压制当时已占人口绝大多数的奴隶"。[⑤]

奴隶社会以后的封建社会、资本主义社会，作为国家机关重要组成部分的军队，也总是按照统治阶级的意志，执行着对外侵略、对内镇压被统治阶级反抗两种职能，是统治阶级豢养的暴力集团和维护其统治的暴力工具。恩格斯在分析封建的国家、暴力包括军队的本质的时候指出："中世纪的封建制度都是建立在暴力上的"。[⑥]这种暴力维护着封建的秩序和法律，"允许地主加紧榨取农民，结果压迫也就愈来愈厉害"。[⑦]恩格斯在谈到封建社会向资本主义社会过渡时期资产阶级反对封建贵族斗争的时候，也论述了政治暴力及军队的阶级性。他说："在这整个斗争中，政治暴力始终在贵族方面。"[⑧]因此，为着斗争的胜利，资产阶级不得不努力组织自己的阶级队伍和军队。当人类社会历

① 《马克思恩格斯军事文集》第1卷，战士出版社1981—1982年版，第38—39页。
② 《马克思恩格斯军事文集》第1卷，战士出版社1981—1982年版，第342页。
③ 《马克思恩格斯军事文集》第2卷，战士出版社1981—1982年版，第413—414页。
④ 《马克思恩格斯军事文集》第1卷，战士出版社1981—1982年版，第35—36页。
⑤ 《马克思恩格斯全集》第21卷，人民出版社1965年版，第135页。
⑥ 《马克思恩格斯军事文集》第1卷，战士出版社1981—1982年版，第36页。
⑦ 《马克思恩格斯军事文集》第1卷，战士出版社1981—1982年版，第34页。
⑧ 《马克思恩格斯军事文集》第1卷，战士出版社1981—1982年版，第10页。

史发展的必然性把整个资产阶级社会推向毁灭的时候，资产者以不得不“求助于暴力”。①

马克思列宁主义认为军队作为有组织的暴力，绝不是“超阶级”的抽象物，而是附属和服从于一定国家和阶级的暴力工具，在阶级社会的任何时代、任何国家都是如此。

马克思列宁主义认为国家和政治集团的性质决定着军队的性质、使命。马克思列宁主义把世界上的军队划分为两类：一类是反动军队，为剥削阶级利益服务的奴隶社会国家的军队、封建社会国家的军队、资本主义国家的军队、帝国主义国家的军队；另一类是革命军队，如奴隶社会的奴隶、封建社会的农民、资本主义社会的工人以及市民群众，为了反抗阶级压迫、推翻旧制度、抵抗外敌入侵、反对掠夺扩张，组织起来举行暴动和起义的军队。

二、无产阶级军队是为劳动人民利益而斗争的武装力量，是革命事业不可缺少的工具

马克思列宁主义认为无产阶级要推翻资产阶级的统治而实现本阶级的专政，必须凭借暴力，必须创建并使用自己的军队。列宁在国内外反动势力联合进攻的新形势下，提出了“红军比什么都重要”②“必须有强大的红军”③等重要思想。从俄国革命开始起，列宁就非常重视革命军队的创立问题，多次肯定和强调建立革命军队的重要意义。他在谈到如何跟专制制度作斗争时指出：“革命军队是进行军事斗争和从军事上领导人民群众对付专制制度残余的军事力量所必需的。”④在谈到如何进行起义时又指出：“在人民起义的现阶段上”，革命军队“是

① 《马克思恩格斯军事文集》第1卷，战士出版社1981—1982年版，第11页。
② 《列宁军事文集》，战士出版社1981年版，第498页。
③ 《列宁选集》第4卷，人民出版社1972年版，第62页。
④ 《列宁军事文集》，战士出版社1981年版，第40页。

迫切需要的东西”。[①] 他还总结历史经验强调说：“革命军队所以必要，是因为只有强力才能解决伟大的历史问题，而在现代斗争中，强力的组织就是军事组织。”[②] 列宁认为在革命斗争中，应该把军事问题提到非常重要的地位，“如果不是提到首位，至少也是提到首位之一，把研究军事问题和使人民群众了解军事问题当作当前的任务”，[③] 应当运用“军事手段来解决俄国人民今后的整个命运，来解决首要的最迫切的问题，即自由问题”。[④] 为此，他提出要“十倍地加强我们建立革命部队的组织活动”，[⑤] 要大胆地和广泛地建立革命军战斗队。

在俄国第二次革命高潮到来的新形势下，列宁根据俄国第一次大革命的经验教训，进一步论述了建立革命军队的迫切性和重要性，认为只有武装无产阶级，才能战胜和剥夺资产阶级，解除这个阶级的武装，“这是革命阶级唯一可行的策略，是从资本主义军国主义的整个客观发展中产生并为这个发展所决定的策略”。[⑥] 他根据阶级社会压迫阶级总是拥有武装的基本历史经验，强调指出：“被压迫阶级如果不努力学会使用武器，拥有武器，那它只配被人当作奴隶”。[⑦] 他还根据1871 年巴黎公社的历史经验深刻指出：“在任何时候和任何情况下，要战胜和消灭军国主义，没有别的办法，只有由国民军队的这一部分战胜它的另一部分才有可能。”[⑧]

三、无产阶级军队是无产阶级专政的首要条件

1848 年，法国巴黎工人阶级发动了武装起义，这是无产阶级的

① 《列宁军事文集》，战士出版社 1981 年版，第 40 页。
② 《列宁军事文集》，战士出版社 1981 年版，第 40—41 页。
③ 《列宁军事文集》，战士出版社 1981 年版，第 42 页。
④ 《列宁军事文集》，战士出版社 1981 年版，第 43 页。
⑤ 《列宁军事文集》，战士出版社 1981 年版，第 74 页。
⑥ 《列宁军事文集》，战士出版社 1981 年版，第 294 页。
⑦ 《列宁军事文集》，战士出版社 1981 年版，第 294 页。
⑧ 《列宁军事文集》，战士出版社 1981 年版，第 318—319 页。

暴力革命，是过去发生的一切运动当中最伟大的革命运动。它的实质就是无产阶级用暴力夺取政权，它的基本经验就是无产阶级必须用暴力打碎旧的国家机器，其中包括摧毁旧军队而代之以人民的武装。恩格斯对此给予了高度评价，特别是赞扬了军事组织的力量。1850年3月，马克思和恩格斯在《中央委员会告共产主义者同盟书》中，特别强调指出，工人党在未来的革命中必须独立地、最有组织地进行活动，以摆脱小资产阶级民主派对无产阶级的影响。在这一方针指导下，他们响亮地提出，工人应该武装起来和组织起来，组成由他们自己选出的指挥官指挥的独立部队，或是组成无产阶级近卫军的一部分。在这里，马克思和恩格斯实质上提出了建立无产阶级军队的思想，并且把它看成是夺取资产阶级政权的需要。马克思和恩格斯总结巴黎公社革命经验教训时深刻指出：为了把一切劳动资料转交给生产者，消灭阶级统治和阶级压迫，“必须先实行无产阶级专政，才可能实现这种变革，而无产阶级专政的首要条件就是无产阶级的军队。工人阶级必须在战场上争得自身解放的权利”。①他们认为，公社废除作为压迫者国家的工具的警察和旧常备军，建立无产阶级军队即主要由工人组成的国民自卫军，这种措施对建设新国家具有重要作用。无产阶级专政的首要条件是无产阶级军队，这是马克思和恩格斯提出的关于无产阶级专政的一个极为重要的原理。从巴黎公社的经验看，巴黎之所以能够反抗是由于建立了人民自己的武装。正如马克思根据巴黎公社的经验在《法兰西内战》中指出：“巴黎所以能够反抗，只是由于被围困使它摆脱了军队，建立了主要由工人组成的国民自卫军。必须使这件事实成为确定的制度，所以，公社的第一法令就是废除常备军而用武装的人民来代替它。”②历史证明，统治阶级用以维持阶级统治和阶级压迫的主要工具是它掌握的军队，而无产阶级要反抗，就必须建立人民自己的武装。

① 《马克思恩格斯军事文集》第2卷，战士出版社1981—1982年版，第362页。
② 《马克思恩格斯军事文集》第5卷，战士出版社1981—1982年版，第417页。

马克思列宁主义认为，无产阶级要夺取政权，必须依靠无产阶级军队，而且无产阶级政权的巩固，仍然需要依靠无产阶级军队。巴黎公社所建树的历史功绩，首要条件是因为有了人民武装这个强有力的武器，而它的失败也正在于没有充分地利用这个有力的武器。公社对凡尔赛恶棍们硬加在它头上的内战只是持简单的厌恶态度，对那些作恶多端的警察、宪兵和反革命分子表现出极大的宽厚仁慈，多次错过向凡尔赛进军、捣毁这个反革命巢穴的机会，以致公社只存在72天就被颠覆了。革命导师在总结巴黎公社的经验教训时，深为巴黎工人对反动势力没有采取坚决的镇压措施、没有彻底摧毁反动军队而惋惜。恩格斯也多次说过："掌握国家大权的资产者的第一信条就是解除工人的武装"，[①] 那么胜利了的无产阶级的第一信条也应该是"打碎旧军队，解散旧军队，用新军队代替它"。[②] 巴黎公社革命失败后不久，恩格斯在批驳"废除权威"的谬论并回答某些人对巴黎公社的指责时说过，革命无疑是天下最权威的东西。革命就是一部分人用枪杆、刺刀、大炮，即用非常权威的手段强迫另一部分人接受自己的意志。获得胜利的政党如果不愿意失去自己努力争得的成果，就必须凭借它的武器对反动派造成的恐惧，来维持自己的统治。要是巴黎公社不依靠对付资产阶级的武装人民这个权威，它能支持一天以上吗？反过来说，难道我们没有理由责备公社把这个权威用得太少了吗？革命导师们指出，如果使旧军队完全解体，不建立无产阶级的军队，上升到统治地位的新的社会阶级是不能巩固自己的统治地位的。

列宁在领导俄国无产阶级革命中，继承和发展了马克思恩格斯关于无产阶级军队是无产阶级专政的首要条件的思想。在建立无产阶级政权前，列宁指出："武装无产阶级，以便战胜、剥夺资产阶级，并且解除其武装，——这是革命阶级唯一可行的策略，这种策略是由资本

① 《马克思恩格斯军事文集》第5卷，战士出版社1981—1982年版，第381页。
② 《列宁选集》第3卷，人民出版社1960年版，第669页。

主义军国主义的整个客观发展所准备、奠定和教给的”。[①]这种武装起来的工人就是新军队的萌芽，是未来新社会制度的组织细胞。列宁强调，革命军队所以必要，是因为只有强力才能解决伟大的历史问题，才能夺取资产阶级政权，才能实现无产阶级的彻底解放。在建立无产阶级专政以后，列宁认为，为了战胜强大的敌人，“红军比什么都重要”，“要始终把军队问题放在第一位”，要“百倍注意和关心这件事”。[②]

马克思列宁主义认为，无产阶级专政的首要条件是无产阶级军队，因而，无产阶级军队具有鲜明的阶级性。由于资产阶级军队的阶级本质是反人民的，所以资产阶级的军事理论家总是竭力掩饰帝国主义军队的阶级本质。而无产阶级及其政党却公开宣布无产阶级军队的阶级性，强调它是无产阶级性质的军队，同人民有着密不可分的联系，具有真正的人民性。

列宁基于十月革命武装起义和红军建设的实践经验，1918年1月16日，在全俄中央执行委员会上通过的、由列宁起草的《被剥削劳动人民权利宣言》中，就明确规定了苏维埃武装力量建设的阶级原则。宣言指出：“为了保证劳动群众掌握全部政权和根除剥削者的政权复辟的一切可能，特命令武装劳动者，建立社会主义工农红军，彻底解除有产阶级的武装。”根据列宁提出的无产阶级军队建设的阶级原则，俄共（布）第八次代表大会通过的党纲和关于军事问题的决议指出，工农红军和红海军作为无产阶级专政的工具，应该具有公开的阶级性，兵源补充应该来自工人和劳动农民，对军队的政治领导权，应该属于以共产党为首的工人阶级。这一建军原则在苏联红军建设中得到了实际贯彻。实践表明，这个武装力量不是像过去的常备军那样脱离人民，而是同人民有极密切的联系；在军事方面，这个武装力量比从前的军队强大得多；在革命方面，它是无可替代的。斯大林曾经论述了列宁

① 《列宁全集》第28卷，人民出版社1990年版，第90页。
② 《列宁全集》第35卷，人民出版社1985年版，第127页。

制定的组建新型军队的阶级原则。1928 年 2 月 25 日，他在莫斯科苏维埃庆祝红军建军十周年的全体会议上所作的《论红军的三个特点》的著名演说，就是这些论述的集中体现。斯大林概括的红军的三个特点：第一，“它是巩固工农政权的工具，是巩固无产阶级专政的工具，是把工人和农民从地主和资本家压迫下解放出来的工具”；第二，“它是巩固我国各民族间兄弟关系的军队，是解放我国各被压迫民族的军队，是保卫我国各民族自由和独立的军队”；第三，“我们军队中培养和巩固的是国际主义精神，充满了我们红军全军的是国际主义精神”。

四、无产阶级军队必须由共产党领导

马克思列宁主义认为，无产阶级国家政权的全部政治、经济、军事工作都必须由工人阶级的先锋队——共产党领导。军队是国家政权的重要组成部分，因此，也必须由共产党领导。列宁在创建苏联苏维埃工农红军的实践中总结正反两方面的经验，明确提出和阐述了党的领导和政治工作两个重要的原则。共产党的领导是无产阶级军队力量的源泉和胜利的基础。列宁认为，在国内战争年代，无产阶级政党要成为战斗的党，不仅应当参加战争，而且应当在战争中起领导作用。军事政策问题和武装力量建设问题，始终是列宁密切注视的重大问题。在同军事反对派的斗争中，列宁强调指出，党中央要决定一切最重要的军事问题，就这些问题通过相应的决议，并监督其贯彻执行。在外国武装干涉和国内战争年代，正是由于布尔什维克党和列宁在军事领域里实施了坚强有力的领导，才得以战胜国内外强大的敌人，保卫了世界上第一个无产阶级政党执政国家的安全。

列宁在俄国民主革命时期明确说过：“无产阶级按其地位来说是最先进的和唯一彻底革命的阶级，所以它负有在俄国一般的民主革命运动中起领导作用的使命”；“无产阶级只有在社会民主工党（它不仅在思想上而且在实践上领导无产阶级的斗争）的旗帜下团结成统一和独立的政治力量，才能在这个革命中起领导作用”。[①] 这就是说，无产阶级对民主革命的领导作用，是通过党对无产阶级的领导来实现的，并且后者是前者的集中体现。

列宁还认为，无产阶级及其政党对于革命的领导权，主要地体现在对武装斗争及武装力量的领导作用上。他明确指出：“组织无产阶级举行武装起义来直接同专制制度斗争，是党在目前革命时期最主要最迫切的任务之一”；[②] 党必须“采取最有力的措施武装无产阶级，制定武装起义和直接领导起义的计划，必要时设立由党的工作人员组成的专门小组来进行这一工作”。[③] 他还强调说：“在国内战争时代，无产阶级政党的思想，就是要成为战斗的党”；[④] 这个党，“不仅应当参加这场国内战争，而且应当在这场国内战争中起领导作用”。[⑤]

帝国主义大战引起了无产阶级革命，针对这一新形势，列宁进一步强调了无产阶级政党在变帝国主义战争为国内战争过程中的领导作用，强调了党在武装斗争和武装起义问题上的领导作用，强调了党在国内战争中的领导作用。他认为，如果没有无产阶级及其政党的领导，变帝国主义战争为国内战争是不可能的。为了坚持武装斗争和准备武装起义，他坚决主张并号召：“应当立刻把我们整个党团都派到工厂和兵营里去，那里才是我们党团工作的地方，那里才是我们活动的中心。”[⑥]

必须在军队中建立党的组织。马克思列宁主义建党学说认为，为了贯彻党领导军队的原则，切实加强党对军队的领导，必须在军队中建立党的组织。马克思、恩格斯在《共产主义同盟章程》和《共产党宣言》中，早就提出了这个问题。列宁同以马尔托夫为代表的孟什维

① 《列宁军事文集》，战士出版社 1981 年版，第 31 页。
② 《列宁军事文集》，战士出版社 1981 年版，第 31 页。
③ 《列宁军事文集》，战士出版社 1981 年版，第 32 页。
④ 《列宁军事文集》，战士出版社 1981 年版，第 116 页。
⑤ 《列宁军事文集》，战士出版社 1981 年版，第 119 页。
⑥ 《列宁军事文集》，战士出版社 1981 年版，第 404 页。

克机会主义思潮进行了斗争。他认为，要想使党真正领导工人阶级和广大人民群众，与资本主义世界胜利地进行斗争，就必须把党建设成为一个有组织的部队。这个部队的组织分成为一个网状般的各种地方的和专门的、中央的和普通的组织。列宁指出："无产阶级在争取政权的斗争中，除了组织，没有别的武器。""根据马克思主义原则形成的思想一致是用组织的物质统一来巩固的"[①]，苏联武装力量中的党组织是苏联共产党的一支重要的战斗力量。苏军中的党员，开始是由地方党组织代管的，以后随着党员数量的增加，逐渐建立了军队党支部，并明确规定军队中的党员由军队党组织领导。以后又确定了军队中党组织的机构、任务和作用，以及工作方式和方法。

列宁明确主张在红军中要建立起共产党支部。他认为，只有这样，才能使党统一领导整个军队的思想和行动，才能使各机关、各部门，使几十、几百、几千以至几百万的人都遵照中央提出的口号一致行动，才能争取武装起义和国内战争的胜利。

在列宁的著作和党的决议中，一再强调加强和活跃党支部工作的重要性。列宁指出，党的支部应当针对社会生活各个方面的情况，针对各类劳动群众的情况，进行鼓动、宣传和组织工作，通过这种多方面的工作不断地教育自己，教育党，教育阶级，教育群众。列宁把振奋精神，唤起坚强的意志，提高觉悟，巩固纪律，看作是党支部的主要任务之一。红军中党支部工作的开展，是提高部队战斗力的极重要因素，是胜利的保证。根据列宁的指示，在党组织的领导下，充分发挥了军队中的共产党员的先锋作用。在国内战争时期，红军中的广大共产党员光荣地履行了自己的职责，从而带动了千百万红军战士英勇奋战。当时红军中的党员约有 30 万，几乎占全党党员数的一半。在伟大的卫国战争年代里，苏军党组织的动员鼓舞作用，得到了更广泛的发挥。千百万共产党员因表现出前所未有的勇敢精神和高超的军事

① 《列宁全集》第 8 卷，人民出版社 1986 年版，第 415 页。

技能，而被授予各种勋章、奖章，在全部“苏联英雄”中几乎有四分之三是共产党员。

努力加强军队中的政治工作。马克思列宁主义认为，精神力量在战争和军队建设中具有极其重要的作用，战争不仅是对国家经济和统帅才能的考验，而且是对交战双方所有精神力量的检查。

恩格斯有一句名言：“赢得战斗胜利的是人而不是枪”。[①]列宁指出：“在任何战争中，胜利归根到底是由在战场上流血牺牲的群众的士气决定的。”[②]这是因为士兵们如果确信战争的正义性，并且意识到有必要为了自己弟兄们的幸福而牺牲自己的生命，这就会使他们斗志昂扬并且能忍受空前的艰难困苦。精神力量内容极其丰富，它包括人们的政治信念、道德、感情、意志，等等。列宁指出，革命中的精神因素是在人的一切才能高度和集中地调动起来的时刻，由千百万被尖锐的阶级斗争所激发的人们的意识、意志、热情和想象来实现的。为此，列宁强调在军队和人民中进行革命意识灌输等强有力政治工作。

列宁强调说：“我们的任务在于牢牢保持无产阶级的革命意识，并且不仅一般地而且具体地培养它的优秀分子，使他们在人民中一旦发生大风潮的时候能领导革命的军队。”[③]在国内战争时期，党的某些刊物对待军事专家发表了一些错误论调，在有的部队中已经影响到对军事专家的使用。列宁认为，党应当立即纠正这种错误，而纠正这种错误的主要的和基本的手段是加强军队和待应征者的政治工作，抓紧军队政治委员的工作。

革命军队要做好宣传动员群众和瓦解敌军工作。列宁强调指出，党和苏维埃之所以能够领导战争取得胜利，是因为群众知道他们为什么而战。列宁指出，不要只顾作战，要注意政治工作，要把前线附近的居民全部动员起来，要保证部队不瓦解，士气不低落，宣传鼓动要

① 《马克思恩格斯军事文集》第2卷，战士出版社1981—1982年版，第229页。
② 《列宁军事文集》，战士出版社1981年版，第650页。
③ 《列宁全集》第28卷，人民出版社1990年版，第325页。

明确目的性，一定要使我们所宣传的真理深入人心。要动员全民积极参战以及动员、教育人民用革命精神从事工作支援前线。要动员人民直接帮助军队，缩减非军事工作，做临近前线地区的工作，以及做好肃清敌军后方的反革命工作。同时列宁强调要做好瓦解敌军工作，争取瓦解敌军，扩大红军的影响和力量。苏维埃红军认真贯彻执行了列宁关于党领导军队的原则和政治工作的原则，使红军的建设不断加强和健康发展。

论毛泽东同志的伟大创新*

——纪念毛泽东同志诞辰110周年

中国的巨大变化与伟大领袖和伟大人民的伟大创新紧密相联。毛泽东以其非凡的业绩、光辉的思想及过人的胆识，为中国的革命和建设事业，建立了永不磨灭的历史功勋。他与老一辈无产阶级革命家一起创建了中国共产党、中国人民解放军和中华人民共和国，他创立了农村包围城市的中国特色革命道路和社会主义革命道路。研究学习其伟大创新与卓越胆识，对我们推进中国特色社会主义建设中改革创新具有非常重要的意义。

一、个人价值取向与人民利益相统一：毛泽东伟大创新的不竭动力

毛泽东能有伟大创新与卓越胆识，是因为始终有一种强大的动力推促着他。这应当从价值论的层面加以认识，探究其深层价值动因。从时代背景看，19世纪末20世纪初，中国处于深重的社会秩序危机和精神危机。世界帝国主义列强瓜分中国狂潮迭起，广大人民群众处

* 本文分段发表于《人民日报》《光明日报》(摘登)2003年12月23日。

于水深火热之中，思想领域极度混乱，原有的社会秩序及建立其上的精神世界趋于崩溃，人们缺少精神支柱。当历史需要伟大人物和先进政党组织的时候，李大钊、陈独秀、毛泽东等伟大人物和中国共产党应运而生。当时的民族危难呼唤着匡扶社会的仁人志士。毛泽东等杰出人物，以拯救人民、力挽狂澜的非凡抱负，走上革命道路，探寻救国救民的真理。

毛泽东具有超凡拔俗的个人价值取向。“与天奋斗”“与地奋斗”“与人奋斗”“问苍茫大地，谁主沉浮”“欲与天公试比高”，这些诗句表明他站在与人民休戚与共的立场上自尊自强，具有卓越的主体意识；长期刻苦锻炼体魄，修养身心，以期担当重任；“身无一文，心怀天下”，表明他不为钱财富贵，而一心为中华崛起、民族富强，搏击风浪、英勇奋斗的非凡抱负。

毛泽东的人民意识、群众观念、为绝大多数人服务的思想是他勇于创新的强大动力。毛泽东反对将人类历史看着是由帝王将相、英雄豪杰创造的，他高度重视人民群众的作用，明确提出“人民群众是历史的创造者”这一重要原理。“人民，只有人民，才是创造历史的动力”，“群众是真正的英雄”，“高贵者最愚蠢，卑贱者最聪明”，“要为绝大多数人谋利益”，“兵民是胜利之本”，“我们应当相信群众，我们应当相信党，这是两条根本的原理。如果怀疑这两条原理，那就什么事情也做不成了”。毛泽东这些精辟而富有哲理的话，已经成为我们的格言警句。

为了从反动统治中解放广大人民群众，必须“宣传群众，组织群众，武装群众”，这就必须建立革命政党。“为什么要有革命党？因为世界上有压迫人民的敌人存在，人民要推翻敌人的压迫，所以要有革命党。就资本主义和帝国主义时代说来，就需要一个如共产党这样的革命党。如果没有共产党这样的党，人民要想推翻敌人的压迫，简直是不可能的。”毛泽东的深刻论述告诉我们，在革命战争时期，共产党之所以有存在的理由，就是因为它起着人民由“奴隶”上升为“主人”过程中的“中介”即组织领导作用，它担当着中国最广大人民根本利益的忠实代表。共产党的出发点与归宿，只能是而且始终是为了广大人民群众。

“中国人站起来了”！毛泽东和亿万中国人民在1949年新中国成立时的热烈欢呼，这是领袖与人民共同浴血奋斗的结果。毛泽东当时在政协使用的是“中国人”这一极具民族性的词汇，而不是“中国人民”这样具有明显阶级性的语言。显然使用“中国人”来概括中国革命的胜利，具有民族身份认同的深刻内涵和整体记忆的厚重意义，联系毛泽东为“人民英雄纪念碑”所写的题词，这种意义就更加明显了。毛泽东对祖国，对人民包括人民英雄的深情厚意溢于言表。

深情地想着绝大多数人，执着地为着绝大多数人，这是毛泽东的鲜明的“人民”情结。为此，新中国成立后特别强调，坚决反对官僚主义，反对脱离群众，反对党内干部“摆老爷架子”“摆官僚架子”的“国民党和老爷习气”，他在党的八届二中全会上说：民主也可以用来对付官僚主义者。……有些人如果活得不耐烦了，搞官僚主义，见了群众一句好话没有，就是骂人，群众有问题不去解决，那就一定要打倒。我们一定要警惕，不要滋长官僚主义作风，不要形成一个脱离人民群众的贵族阶层。谁犯了官僚主义作风，不去解决群众的问题，骂群众，压群众，总是不改，群众就有理由把他革掉。我说革掉很好，应当革掉。在今天反腐败的斗争中，重温毛泽东这些论述，我们倍感亲切，倍感深刻。

在历史天平的一端上，是一位伟大政治家、思想家、革命家个人抱负、个人价值的充分实现；在历史天平的另一端上，则是一个衰落沉沦中的千年大国的重新崛起。这二者之间的内在联系，就是个人理想要与祖国需要、人民利益相一致。这样也才是合规律性与合目的性的统一。

二、学习借鉴与实践探索相统一：毛泽东伟大创新的思想源泉

创新离不开学习借鉴，创新离不开实践、探索。毛泽东正是这种把学习借鉴与实践、探索有机地统一起来的创新巨匠，正是因为善于学习借鉴与勇于实践、探索，不断地提供给主体以思想源泉。在人民利益与个人抱负成为毛泽东无私无畏、勇往直前的不竭动力的基础上，刻苦地学习真理，勇敢地探索、捍卫真理，又大大丰富、增强了他大公无私、大智大慧的卓越胆识。唯其有胆，他才敢于挑战权威，蔑视权贵，不避风险，去探索、否定、批判；唯其有识，他才能独具慧眼，去继承、借鉴、创新。

善于创新的必然是善于学习者。在战争年代，毛泽东提出，重要的问题在善于学习。他还说过，哪里有什么生而知之的圣人呀？我也是逐步认识社会、走上革命道路，最主要的是向社会学习、向群众学习哩！毛泽东是善于学习的典范，无论是青少年时代，还是担任重要领导职务以后在井冈山、长征路、延安窑洞、西柏坡以至晚年的病榻上，他几乎是手不释卷，博览群书。他身边的人都了解：毛泽东的灯常亮着。向科学理论学习，《共产党宣言》《反杜林论》《国家与革命》等马列著作，毛泽东熟读成诵；向历史学习，他对中国文化一往情深，对重要的历史典籍爱不释手，“实事求是”的思想路线，就是借鉴历史的，中国气派、中国风格的毛泽东思想也与传统文化有很大关系；向战友学习，他从李大钊、陈独秀、瞿秋白、刘少奇、周恩来等同志身上学了很多，他说的“三天不学习，赶不上刘少奇”已传为劝学佳话，罗荣桓去世后，他沉痛地说：“国有疑难可问谁？”向群众和实践学习，张思德、白求恩、刘胡兰、雷锋、王进喜、陈永贵……他带头并号召全国人民以这些典范为师，他从广大群众的学习实践中总结了许多宝贵思想和先进经验，并由此转化为治党治国治军的路线方针政策，创立了“群众路线”这个毛泽东思想的活的灵魂。尤其给人以启

示的是毛泽东特别注重把学习与实践结合起来，强调“读无字之书”，即从实践中学习。他说：“读书是学习，使用也是学习，而且是更重要的学习。从战争中学习战争，——这是我们的主要方法。没有进学校机会的人，仍然可以学习战争，就是从战争中学习。”[①] 由于认识来源于实践，只有亲身参加实践才能获得真知。

敢于创新的必然是敢于探索者、批判者。毛泽东是解放思想、开拓创新的楷模。马克思说过，他最喜欢的格言是怀疑一切。他对当时的社会都予以新的审视和批判。毛泽东讲：马克思主义的道理千条万绪，归根结底就是一句话：造反有理。于是就反抗，就斗争，就干社会主义。这些话本来是富有真理性和非常深刻的革命家语言。由于“文化大革命”错误，人们盲目地怀疑一切，错误地造反，无知而幼稚地批判，造成混乱、动乱，以至于“株连”、损伤了上述那些精辟论述。

青少年时代的毛泽东基于对黑暗统治的愤慨和忧国忧民的热烈情怀，产生了革命家所具有的叛逆性格和批判精神。首先，他敢于造旧社会的反。面对三座大山的压迫，面对统治、剥削劳动人民的制度，他不怕牺牲，义无反顾地投身革命，以身许国，宣传、组织群众，揭竿而起，发动了农民、工人暴动和秋收起义。其次，他敢于同错误领导、错误路线作斗争。20世纪20年代后期与30年代前期，他对斯大林与第三国际的错误指导，对陈独秀、王明、瞿秋白、李立三“左”、右倾错误进行了坚决的抵制、反抗和批判。为此他曾付出了沉重的代价，被错误地批评并撤销领导职务。但是他不屈不挠，英勇顽强地为探索正确的革命理论而斗争。再次，他敢于善于发展马列主义。他说：“马克思列宁主义没有结束真理，而是在实践中不断地开辟认识真理的道路”。[②] 毛泽东尊重马列，又不迷信马列；坚持马列，又不拘守马列；重视别国的经验，又不照搬其经验。他遵循的是马列主义的基本

① 《毛泽东选集》（合订一卷本），人民出版社、战士出版社翻印，1967年版，第163页。
② 《毛泽东选集》（合订一卷本），人民出版社、战士出版社翻印，1967年版，第272页。

原理，而没有拘泥于马列著作的个别结论及词句；认真借鉴俄国十月革命的经验，而没有机械地套用其经验。他和刘少奇、周恩来、朱德、任弼时、邓小平、陈云等革命家冲破了教条主义的严重束缚，领导全国人民取得了革命胜利。

三、非理性思维与理性思维相统一：毛泽东伟大创新的思想基础

伟大的革命家、政治家、卓有建树的诗人，笔力雄健的书法家，具有高深造诣的军事家……这些英名桂冠集于一身的毛泽东，不仅反映了他的高智商，也反映了他的高情商；不仅体现了他杰出的理性思维，也体现了他富有传奇色彩的非理性思维。非理性思维着重于价值、意义，具有非逻辑性、间断性、突发性的特点，常常表现为直觉、灵感、顿悟，它在打破迷信教条、开拓创新、探索真理的过程中具有理性思维所不能代替、不可比拟的作用。尽管非理性思维有些奇特色彩，正像科普作家贝弗里奇曾经论述过的那样，近乎幻觉，颇为神奇，但是在人们的思维过程中毕竟不鲜见，只是在杰出人物那里更为典型。毛泽东指挥战争中，几次反“围剿”，四渡赤水，延安保卫战，辽沈、平津、淮海战役，等等，以少胜多，以劣胜优，敌人大军压境，他胸中自有雄兵百万，意志坚定，情绪沉着，思维敏捷，指挥果断，运筹帷幄，决胜千里，众多将帅称赞他“用兵如神”。这种出神入化既有理性思维的基础，又有非理性思维的作用，真可谓古代军事思想家所讲的：“运用之妙，存乎一心。”这千万次神机妙算地捕捉进攻、防御、迂回、撤退的战机，千万次的“眉头一皱，计上心来”，就是千万次理性思维与非理性思维交互作用的产物。这种思维机制、思维水平，就是再高超的计算机也难以企及的。毛泽东的诗词，思接千载，气吞万里，大意豪情，浪漫潇洒。他的书法艺术遒劲奔放，不拘一格，“开张天岸马，奇逸人中龙”。这些富于创造性的杰出才华、业绩，都离不开非理性思维的作用。

毛泽东的理性思维对其创新理论、指导实践起了更重要的作用。在戎马倥偬、战火连天的20世纪二三十年代，毛泽东不舍昼夜地辛苦劳作，撰写了光辉的具有伟大创新意义的《反对本本主义》《实践论》《矛盾论》《论持久战》等理论著作。新中国成立后又撰写了《关于正确处理人民内部矛盾的问题》《论十大关系》《人的正确思想是从哪里来的？》《领导方法60条》等反映社会主义革命和建设特点、规律的理论著作。这些论著中充满了理性思维，作者也格外推崇唯物主义的理性思维。他大力倡导躬行实践、调查研究，在感性认识的基础上经过正确的理性思维过程，即对感性材料“去粗取精，去伪存真，由此及彼，由表及里”的思维制作，进而飞跃为理性认识；又在理性认识的基础上飞跃为实践；实践、认识、再实践、再认识，循环往复，以至无穷，不断地在实践基础上实现历史的具体的知和行的统一。毛泽东不仅对辩证唯物主义的认识论有创见，而且对唯物辩证法三大规律有独到的创新见解和建树。他对世界客观规律的实质、核心即对立统一规律（矛盾法则）作了深刻的系统的论述，达到了唯物辩证法大师的境界。毛泽东科学的理性思维，使其深入实际，重视实践，思维严谨，决策审慎。在认识论中，他独重实践，认为实践是认识的源泉和基础，是认识发展的动力，是检验认识、真理的唯一标准。实践第一的观点使他不迷信理论而敢于反对本本主义，冲破教条主义的束缚。在辩证法中，毛泽东垂青对立统一规律，进而抓住了事物矛盾的精髓，即矛盾的个性与共性、个别与一般的辩证关系，从而在实践中特别强调一般与个别相结合，马克思列宁主义的普遍真理与中国革命的具体实践相结合，勇敢地抵制和批评了党内外的投降主义、教条主义、经验主义、冒险主义的错误思想。毛泽东致力于马克思列宁主义与中国革命具体实践相结合，集中全党智慧，创立了中国化的马克思主义——毛泽东思想，探索出一条农村包围城市，武装夺取政权这一具有中国特色的革命道路。毛泽东的辩证唯物主义的理性思维，与历史唯物主义的思想观点是紧密结合、融为一体的，因而毛泽东特别重视群众路线、群众观点，并形成了他独具特色的从实践中来、到实践中去、从群众中来、到群众中去、一般和个别相结合、领导和群众相结合的工作方法、领导方法，形成了党的三大作风：理论联系实际，密切联系群众，批评与自我批评。如果说伟人的非理性思维难以言说、难以效仿的话，那么他的科学的理性思维则是我们应该认真学习，也可以学习的。

四、人格魅力与领导艺术的统一：毛泽东伟大创新的重要保证

个体创新与领袖人物带领群众创新，具有不同的特点和要求。前者，比如科学家、文学家、艺术家，只要个人综合素质高就能够创新；而领袖的创新需要更高、更全面的素质、才能。人格魅力与领导艺术的统一，是毛泽东伟大创新的重要保证。

特别注重改造主观世界，加强品行修养，进行身心锻炼，是毛泽东的显著特点，也是他开拓创新、建功立业的前提条件。毛泽东志向高远，大公无私，正道直行，德馨才慧，乐于奉献，英勇无畏，不怕艰险，胸怀宽广，豪迈坦荡，是一位高尚的人，纯粹的人，有道德的人，脱离了低级趣味的人，全心全意为人民服务的人。那种伟大风范形成了足以号召人、凝聚人、统领人的巨大的人格魅力。时至今日，民间都记得毛泽东为革命事业牺牲了六位亲人，包括送其爱子参加抗美援朝而牺牲在异国战场。20世纪60年代三年困难时期，他节衣缩食、不吃肉，与广大人民共渡难关，直到他去世之前一直穿着那件打补丁的睡衣……

毛泽东的高尚人格和远见卓识不是天生的，而是在实践中不断改造主观世界形成的。在政治思想上，他曾经历了资产阶级改良主义到革命民主主义，进而到共产主义的转变过程；在世界观上，则经历了从唯心论到二元论，再到辩证唯物主义和历史唯物主义的过程。毛泽东曾说："我这个人从前就有过各种非马克思主义的思想，马克思

主义是后来才接受的。”[①]

毛泽东和老一辈无产阶级革命家，领导千百万党员、数百万军队和亿万人民群众进行新民主主义革命、社会主义革命和建设，创建了党、军队和新中国，任务之浩繁，斗争之复杂，困难之艰巨，创新之伟大，都是前无古人的。成就这样伟大的创新性的千秋功业，除了毛泽东本人的人格魅力外，他卓越的领导艺术也发挥了巨大的作用。他在注重调查研究，从实际出发的基础上，善于经纬谋略，驾驭全局，洞悉趋势，把握规律，举纲抓要，执简驭繁，统筹兼顾，纵横捭阖，运用骨干，团结群众，等等，取得了辉煌的成功。尤其是战争中所表现的统帅才能、指挥艺术更是高超，几十年来常常是在敌军数倍于我的危险形势下，指挥千军万马，因敌因地因情制宜，大胆果断，巧抓战机，灵活处置，化险为夷，以少胜多，连外国的、敌方的高级将领、军事家也倍加称赞。

① 斯诺：《西行漫记》，生活·读书·新知三联书店1979年版，第121页。

马克思主义基本原理与当代中国实际相结合的光辉典范*

——纪念邓小平同志诞辰百年

“毛主席最伟大的功绩是把马列主义的原理同中国革命的实际结合起来，指出了中国夺取革命胜利的道路。”① 同样，我们也可以说，邓小平最伟大的功绩是把马克思主义基本原理与当代中国实际结合起来，找到了建设中国特色社会主义的道路。马克思主义基本原理与中国具体实际相结合（以下简称“结合”），既是马克思主义的根本原则，也是我们党领导中国革命和建设取得胜利的关键。继毛泽东之后，邓小平带领全党成功地实现了马克思主义基本原理与中国实际相结合的第二次历史性飞跃。这次历史性飞跃，在理论上创立了当代中国的马克思主义——邓小平理论，在实践上开辟了社会主义建设的新道路。

一、破除教条主义和“过时论”，准确把握马克思主义基本原理

实现马克思主义与中国具体实际的结合，首要问题在于真正把握马克思主义基本原理。“文化大革命”结束之后，邓小平基于对历

---

* 本文发表于《光明日报》2004年8月22日，与张明仓合作。

① 《邓小平文选》第2卷，人民出版社1994年版，第345页。

史经验教训的深刻反思，明确提出“什么是马克思主义”“什么是毛泽东思想”的问题，并认为这与回答“什么是社会主义、怎样建设社会主义”密不可分。他指出，我们的经验教训有许多，最重要的一条就是要搞清楚“什么叫社会主义，什么叫马克思主义？我们过去对这个问题的认识不是完全清醒的”。[①]邓小平多次强调，学习、掌握马克思主义理论，是共产党人特别是党的领导干部必须具备的最基本的思想理论素质。在学习马克思主义理论时，他始终坚持“完整准确”与“要精要管用”的统一。一方面，他反对割裂和曲解马列主义、毛泽东思想，主张“完整地准确地掌握马列主义、毛泽东思想的科学体系”[②]；另一方面，他又坚决反对学习马列食而不化、学用脱节，强调“学马列要精，要管用”[③]。邓小平学习马列，始终注重把握科学体系和精神实质。他强调，“实事求是是马克思主义的精髓”，掌握了这一精髓，就从根本上把握了马克思主义的精神实质。

正确对待并认真学习马克思主义，必须大力反对教条主义。这是邓小平实现伟大“结合”的一个重要特点。马克思主义是在斗争中发展的，在其发展过程中既要战胜来自右的方面即“过时论”的歪曲，又要克服“左”的方面即教条主义的干扰。邓小平在革命实践中，对教条主义作了坚决的斗争。他既反对“洋教条”，也反对“中教条”；既反对在理论上拘泥于经典作家的个别论断，也反对在实践上照搬别国模式。邓小平告诫全党：“绝不能要求马克思为解决他去世之后上百年、几百年所产生的问题提供现成答案。……真正的马克思列宁主义者必须根据现在的情况，认识、继承和发展马克思列宁主义。”[④]如果一切从本本出发，思想僵化，迷信盛行，就要亡党亡国。他提出的社会主义市场经济理论，既有对毛泽东关于社会主义社会必须发展商品

① 《邓小平文选》第3卷，人民出版社1993年版，第63页。
② 《邓小平文选》第2卷，人民出版社1994年版，第165页。
③ 《邓小平文选》第3卷，人民出版社1993年版，第382页。
④ 《邓小平文选》第3卷，人民出版社1993年版，第291页。

生产和商品交换、运用价值规律等思想的继承和发展，又从根本上打破了把计划和市场看作属于社会基本制度范畴的思想束缚，为我国经济体制改革目标模式的最终确定奠定了理论基础。

二、尊重群众，尊重实践，洞悉当代中国的特殊国情

邓小平之所以能带领中国人民走上富裕之路，与他坚持群众观点和实践观点、“吃透”中国国情密不可分。在长达70多年的革命生涯中，邓小平一贯尊重群众，尊重实践，深入群众，深入实际，时刻关注中国人民的利益和愿望，善于总结人民群众的实践经验和创造，着眼于解决中国实际问题。一切从实际出发，深入准确地把握当代中国实际，这为邓小平实现伟大“结合”奠定了坚实的基础。

“吃透”国情必须深谙民情，“吃透”国情的目的在于为民造福。邓小平的爱国主义情结和人民情结，令人感动。“我是中国人民的儿子，我深情地爱着我的祖国和人民。”这是邓小平的心声，也是他一生为国为民的真实写照。他始终坚持群众观点，极为重视体察民情、把握民意，尊重群众的意愿和首创精神，全心全意为人民谋福利。1979年春天，安徽凤阳县小岗村农民率先实行了家庭联产承包责任制，邓小平从这种“敢为天下先”的创造中，敏锐地体察到民情、民意，并因势利导加以推广。在谈到为什么要进行改革时，他说：“改革是大家的主意，人民的要求。”[①] 邓小平尊重群众，热爱人民，始终把“人民拥护不拥护”“人民赞成不赞成”“人民高兴不高兴”“人民答应不答应”，作为制定各项方针政策的出发点和归宿。邓小平倡导改革开放，他对中国改革开放和现代化建设蓝图的总体设计，从根本上说，源于对中国最广大人民利益和愿望的深刻把握，是对中国实际的正确反映。正因为如此，邓小平提出的理论、路线、方针、政策，才始终

① 《邓小平文选》第3卷，人民出版社1993年版，第118页。

得到了人民群众的衷心拥护。不断实现好、维护好、发展好最广大人民的根本利益，是邓小平实现伟大“结合”的目的和动力。

邓小平之所以能实现伟大的“结合”，归根到底是由于他立足于当代中国实践，把握了时代发展的脉搏，把握了当代中国实践的规律和发展趋势。实践是邓小平理论的思想源泉，是邓小平实现伟大“结合”的根本途径和基础。

邓小平之所以能“吃透”中国国情、深入把握中国实际，还在于他牢牢抓住了当代中国社会的主要矛盾。中国每天发生的实际情况多得不可胜数，如果不能抓住社会主要矛盾，就可能主次不分或主次颠倒，即使身在实际之中也难以抓住最大、最本质的实际。邓小平对中国社会所处阶段和社会主要矛盾作出了深刻分析。他准确地断定，在建立社会主义制度之后，中国最大、最本质的实际就是正处在并将长期处在社会主义初级阶段；中国社会的主要矛盾已经不是阶级斗争，而是人民日益增长的物质文化需要同落后的社会生产之间的矛盾。这一主要矛盾，决定了社会主义社会的根本任务就是发展生产力，决定了我们党的中心工作要“以经济建设为中心”。紧紧抓住主要矛盾，扭住经济建设这个中心工作不放，并以中心工作带动全盘工作，这是邓小平正确处理当代中国社会复杂矛盾的卓越之处，是他实现伟大“结合”的根本标志。

三、求真务实，辩证思维，按照社会主义建设和改革的客观规律办事

求真务实，辩证思维，是邓小平实现伟大“结合”的基本方法和重要特色。对于邓小平一贯“照辩证法办事”，毛泽东曾予以高度赞赏。在改革开放和现代化建设的新时期，邓小平照辩证法办事的特点表现得更为突出。通过深入探索中国社会主义建设和改革的规律，他坚持两点论与重点论相统一，提出坚持以经济建设为中心，“两手抓，

两手都要硬”；他坚持原则性与灵活性相统一，创造性地提出了“一国两制”的伟大构想；特别是，他抓住矛盾问题的精髓，坚持一般与个别相结合，提出了“建设有中国特色的社会主义”理论。1982年9月，邓小平在党的十二大开幕词中指出：“把马克思主义的普遍真理同我国的具体实际结合起来，走自己的路，建设有中国特色的社会主义，这就是我们总结长期历史经验得出的基本结论。”[①] 这里，邓小平正式提出“走自己的道路，建设有中国特色的社会主义”，这是“结合”的重大成果和标志，是运用唯物辩证法指导社会主义建设的范例，它典型地体现了一般和个别、共性和个性的统一。

邓小平始终既坚持社会主义的“共性”，又高度重视各国社会主义的个性，强调“中国特色”。一方面，他深知事物矛盾的普遍性即共性，往往体现着事物的本质和基本特征，事物矛盾的特殊性即个性，必然与共性相联系，否则就会失去质的规定性。社会主义的共性，是社会主义的本质和社会主义制度的基本特征，是社会主义制度与其他社会制度的根本区别之所在。建设中国特色社会主义，前提是走社会主义道路，否则，“中国特色”就无从谈起。不论遇到多么大的困难、挫折，邓小平都始终坚信：“只有社会主义才能救中国，只有社会主义才能发展中国。”[②] 他倡导改革，主张打破传统僵化体制的束缚，同时又强调改革绝不是要改变中国的社会主义性质，而是为了促进社会主义优越性的充分发挥。中国改革必须坚持社会主义的普遍原则，坚持社会主义道路，否则就偏离了正确方向。另一方面，他也深知，个性毕竟不同于共性，它是丰富多样的、生动活泼的。共性总是寓于个性之中，并通过个性表现出来，共性如果不与个性相结合，就会僵化、枯死。

邓小平不仅指明了社会主义的共性和个性，而且在实践中把二者有机地结合起来，进而发展共性、丰富个性。从唯物辩证的观点出发，

---

① 《邓小平文选》第3卷，人民出版社1993年版，第3页。
② 《邓小平文选》第3卷，人民出版社1993年版，第311页。

邓小平多次强调:“马克思主义必须是同中国实际相结合的马克思主义,社会主义必须是切合中国实际的有中国特色的社会主义。”[①] 这里,“有中国特色的社会主义”,是社会主义共性和个性的有机统一,是科学社会主义原理在当代中国具体条件下的创造性应用,是切合中国实际的社会主义。它的基本要求之一,是从根本上改革束缚生产力发展的计划经济体制,建立社会主义市场经济体制。这已经不是对社会主义共性的简单坚持,而是实现了社会主义从传统模式到符合中国国情和当今时代特征的重大转变,是对社会主义共性的丰富和发展。

那么,究竟如何来衡量“结合”及其成效呢?邓小平提出了著名的“三个有利于”标准。他指出:“判断的标准,应该主要看是否有利于发展社会主义社会的生产力,是否有利于增强社会主义国家的综合国力,是否有利于提高人民的生活水平。”[②] 邓小平历来主张说实话、报实情、办实事、求实效,他作出的许多重要理论概括,如中国正处于社会主义初级阶段,社会主义的根本任务是解放和发展生产力,改革是中国现代化的必由之路,大力发展社会主义市场经济,“一国两制”,等等,都是他求真务实、辩证思维的具体体现,都是对中国特色社会主义建设和改革规律的深刻揭示和运用。邓小平求真务实、“照辩证法办事”的思想方法和领导作风,举世公认,就连美国前国务卿基辛格也由衷赞叹:“邓小平是世界上做的比说的多的少数几个政治家之一。”

四、解放思想,无私无畏,勇于开创建设中国特色社会主义新道路

邓小平实现伟大“结合”,与他的个人特质是分不开的。邓小平一生“三落三起”,每次人生挫折,都没有使他屈服、沉沦,反而使

① 《邓小平文选》第3卷,人民出版社1993年版,第63页。
② 《邓小平文选》第3卷,人民出版社1993年版,第372页。

他愈挫愈奋，更加坚定了对马克思主义和社会主义、共产主义的执着信念。沧海横流，方显英雄本色。在邓小平的每次沉浮中，都充分表现了他对马克思主义的坚定信仰，表现了他无私无畏、探索实现马克思主义与中国实际相结合的非凡胆略。长期的革命生涯，造就了邓小平不屈不挠的坚强意志、唯物辩证的思维方式、“柔中寓刚”的斗争智慧和善理大局、善断大事的卓越领导艺术。时刻以祖国和人民的利益为重，愈挫愈奋，无私无畏，勇于创新，这是邓小平伟大人格魅力的重要体现，也是他实现伟大“结合”的主体条件。

强调解放思想，并把它纳入党的思想路线，是邓小平的一个重要贡献，也是他实现伟大“结合”的一大特色。邓小平尊重实践，思维敏锐，视野开阔，善于独立思考，不唯上，不唯书，这使他特别敢于挑战权威，敢于打破常规。邓小平深知，改革是一场革命，如果不能突破僵化思想和教条主义的束缚，如果不能让思想冲破牢笼，改革就会寸步难行。因此，解放思想是一个长期的任务。实践无止境，认识无穷尽，解放思想永远不会完结。他指出：“我们讲解放思想，是指在马克思主义指导下打破习惯势力和主观偏见的束缚，研究新情况，解决新问题。”①从邓小平实现伟大“结合”的过程来看，它的每一个阶段性进步，都伴随着解放思想。解放思想既是其“结合”的逻辑起点，也是其“结合”的重要动力。

面对重重困难，邓小平展现了巨大的政治勇气、理论勇气和实践勇气，表现了一种破旧立新、无私无畏、不屈不挠的精神。邓小平深知，改革开放是一项全新的事业，在中国这样一个经济文化比较落后的国家进行社会主义现代化建设，要闯出一条新路，如果没有革命的胆略、气魄，那是不可能的。这种胆略、气魄不是盲目的，而是以马克思主义为指导的。邓小平强调：“干革命、搞建设，都要有一批勇于思考、勇于探索、勇于创新的闯将。”每当改革开放进展的关键时

① 《邓小平文选》第2卷，人民出版社1994年版，第279页。

刻，邓小平总是鼓励人们勇于探索、大胆试验、努力创新，他大声疾呼：“要克服一个怕字，要有勇气。”“思想更解放一点，胆子更大一点，步子更快一点。”“看准了的，就大胆地试，大胆地闯。”[①] 他的这些重要思想，打破了保守、僵化的坚冰，迎来了社会主义市场经济体制的建立；他提出的“一国两制”，打消了港澳同胞对前景的疑虑，促成了香港、澳门的顺利回归。

① 《邓小平文选》第 3 卷，人民出版社 1993 年版，第 367、第 372 页。

孙中山“知”“行”理论新探*

——纪念孙中山先生逝世60周年

孙中山哲学思想的伟大之处，主要表现在他那闪耀着唯物主义和辩证法光辉的“知难行易”说。他的这一理论在许多方面突破了前人所达到的高度，为我们中华民族的哲学理论、思维作出了卓越的贡献。肖萐父、李锦全同志主编的《中国哲学史》（以下简称“肖本”）对孙中山的“知”“行”理论作了深刻的阐述，读后获益匪浅，但有几点有必要进行商榷。

一、关于“行”的范畴的内容

肖本认为：“孙中山关于‘行’的概念，以资产阶级的社会实践为基础，突破了古代朴素唯物主义关于‘行’的狭隘性。”我认为这不足以概括孙中山“行”的基本内容和本质特征。

孙中山讲的“行”具有一般认识论意义。他所说的“行”包括生产活动、“阶级战争”、科学实验和人们日常的“饮食”“用钱”等消费性生活行为。他说：“人类要能够生存，就须有两件最大的事：第

* 本文发表于《社会科学辑刊》1985年第4期。

一件是保，第二件是养。保和养两件大事，是人类天天要做的。保就是自卫……养就是觅食。这自卫和觅食，便是人类维持生存的两件大事。……人类要在竞争中求生存，便要奋斗，所以奋斗这一件事是自有人类以来天天不息的……人类由初生以至于现在，天天都是在奋斗之中。”[①]他认为在人类历史上有“人同兽争，所用的是气力，大家同心协力杀完毒蛇猛兽”；有“人同天争”，如大禹治水，有巢氏教民在树上做居室；有“人同人争，国同国争，这个民族同那个民族争”；有“国内相争，人民同君主相争”。[②]孙中山讲的“行”有很宽泛的含义，有“饮食”“用钱”等行为；有古人“尝百草”“疏通九河”“钻木取火”“改良物种”“化野草为五谷、化野兽为家畜”“创作”印版、火药、指南针、陶器、丝茶等行为；有种田、做工、“结垣架栋”“实行建筑”“挖战壕”“开运河”“筑长城”“施工建造船舶”“造电机”等行为；有近代各种自然科学实验的行为；有阶级战争、社会革命等行为。孙中山讲的“行”，内容比前人深刻、广泛得多，而且富有能动性和辩证法思想。他特别强调斗争、奋斗，直到临逝世前一天的遗嘱中还念念不忘号召民众“共同奋斗”[③]。他不自觉地看到了人类的“行”即实践，是一种解决主体与客体、实践者与实践对象的矛盾的实际的高度能动性的活动。这可以说是一个伟大革命家的哲学思想必然具有的特点。

在中国哲学史上，孙中山第一次把科学试验作为人类实践的重要内容，这既是其实践观的一个本质特征，也是他高于前人的一个方面。他说：“科学的知识，不服从迷信，对于一件事，须用观察和实验的方法，过细去研究，研究屡次不错，始认定为知识。”[④]近代社会生产大发展，财富猛增加，主要是“由于科学昌明而来的”，“那种科

① 《孙中山选集》，人民出版社 1981 年版，第 693 页。
② 《孙中山选集》，人民出版社 1981 年版，第 699 页。
③ 《孙中山选集》，人民出版社 1981 年版，第 994 页。
④ 《孙文全集》第 4 集，上海卿云图书社 1930 年版，第 251 页。

学就是十七八世纪以后培根、牛顿那些大学问家，所主张用观察和实验研究万事万物的学问”。[①]“科学家之试验也，即行其所不知以致其所知也。”[②]他认为通过科学试验认识事物是人类获得知识的一种重要形式。他说，生物进化原则，“人类自石器时代以来，已能用之以改良物种……然用之万千年，而莫由知其道”。[③]这是近代的达尔文通过“实察”和研究，写成《物种起源》，才揭示出物竞天择，适者生存、不适者淘汰的生物进化规律。电学理论是“费百十年之功夫，竭无数学者之才智，各贡一知，而后得成全此无线电之知识”。[④]对社会的认识怎样获得呢？孙中山认为也少不了社会方面的“试验”。他说国家的行政机关，要经过试验，才可知道其是否适用，然后才可决定存留或废弃。在他看来，工厂里生产机器尚易，而国家机关这种“人为的机器”的制造、试验，却是不容易的。这里既有设立国家机关要进行试验的思想，也有因其困难而需事先慎重、周密考察研究，然后再行试验之意。为了人类进步，发展文明，孙中山还特别强调要勇于“试验”“探索”“冒险”，不要有那么多“顾虑之念”“畏难之心”，这样才能“致其所知”“求其发见”“建其功业”。甚至说到先人的知识“皆从冒险猛进而来”[⑤]。

孙中山志在匡世救国，高度重视科学，重视科学实验，是必然的，也是非常难能可贵的。科学实验成为一种独立的实践形式，是同近代科学的产生联系在一起的。这种带有尝试性、探索性和学习性的活动，对其他两种基本实践活动即生产实践、阶级斗争实践，都有重要的影响、促进作用。社会越发展，人类面临的新情况、新问题越多、越复杂，科学实验的必要性和作用就越明显，科学实验在社会实践中的地位就越来越高。因此，我们必须予以必要的重视。在哲学史的研究中，

---

① 《孙中山选集》，人民出版社 1981 年版，第 666 页。
② 《孙中山选集》，人民出版社 1981 年版，第 185 页。
③ 《孙中山选集》，人民出版社 1981 年版，第 155 页。
④ 《孙中山选集》，人民出版社 1981 年版，第 152 页。
⑤ 《孙中山选集》，人民出版社 1981 年版，第 159—160、第 185 页。

也决不可忽视之。在中国近代哲学中，孙中山在许多方面达到高峰。他的实践观中，突出地强调了科学实验，这既是时代赋予它的本质性的特点，又是中华民族哲学理论思维在实践观上达到的时代所允许的崭新的制高点。(这是古代哲学所不可能有的）作为教科书的《中国哲学史》对这一点应给以足够的肯定，于古于今都是十分必要的。

以上着重考察了孙中山关于“行”即“实践”的内容。现在我们再看看他在实践的社会性方面的思想。他所说的“行”，着重讲的是实践主体的个体性活动。他说：“夫习练也，试验也，探索也，冒险也，之四事者，乃文明之动机也。生徒习练也，即行其所不知以达其欲能也。科学家之试验也，即行其所不知以改其所知也。探索家之探索也，即行其所不知以求发见也。伟人杰士之冒险也，即行其所不知以建其功业也。”[①] 把个体性的习练、冒险、探索和试验作为实践的重要内容。但是，也应肯定，孙中山在一定程度上看到了人类实践的社会性。他认为在人类早期，同大自然斗争中，“在那个时候只有同类相助。比方这个地方有几十个人同几十个猛兽奋斗，在别的地方也有几十个人同几十个猛兽奋斗，这两个地方的人类见得彼此都是同类的，和猛兽是不同的，于是同类的就互相集合起来，和不同类的去奋斗”[②]。到后来“文化便逐渐发达，人民也逐渐团结起来”[③] 继续与大自然作斗争。至于“阶级战争”则更是一种社会性的行为。他还说：“人为的力，最大的有两种，一种是政治力，一种是经济力，这两种力量关系到民族的兴亡，比较天然力还大。”[④] 这里讲的政治力、经济力即是人类的社会性力量在阶级斗争、社会革命和改造自然的生产斗争中的运用。

孙中山在中国哲学史上第一次根据近代科学成就和革命实践经验把“行”提到认识论的首要地位，超出了先前唯物主义哲学认识论的

① 《孙中山选集》，人民出版社 1981 年版，第 185 页。
② 《孙中山选集》，人民出版社 1981 年版，第 695 页。
③ 《孙中山选集》，人民出版社 1981 年版，第 698 页。
④ 《孙中山选集》，人民出版社 1981 年版，第 630—631 页。

朴素性质，论述了“行”在人类进化史、人类认识史中的根本作用。这些方面也达到了前人未及的高度（这个问题在下一部分详述）。

孙中山的实践观比前人有很大的突破、前进，但又与马克思主义的实践观有本质的区别。他没有从哲学世界观的高度在内涵和外延上科学地规定行或实践。虽然接触到了生产活动、阶级斗争、科学实验这些基本实践活动，但终究是不自觉的、含混的、不科学的。他没有认识到生产活动是人类的基本实践活动，这与他轻视从事生产实践的广大劳动群众的历史作用的唯心史观分不开。他也没有正确的阶级斗争观点，对阶级斗争实践的地位、作用的认识从根本上说是错误的。在实践与认识的关系上，他认识到是一种“以行而求知，因知以进行”①的关系，但毕竟没有达到辩证唯物论的认识论的水平。

二、从“根本”上重视了实践的作用

肖本认为，孙中山把“知难行易”夸大成为人类认识的普遍规律，有严重缺点，这样就“从根本上轻视了实践的作用”，“就不能理解认识和实践之间的正确关系”。笔者认为，这样评价，未免贬责过分了。

孙中山在专门论述“知难行易”的《建国方略之一》即《孙文学说——行易知难（心理建设)》中，对“知”与“行”的关系问题作了深刻、广泛的阐述。虽然“知难行易”说不等于他的认识论或知行关系理论，但他的认识论、知行关系理论却又是主要在“知难行易”说中加以阐明的。离开了“知难行易”说，就难以评论他的知行理论。在孙中山的知行关系理论中，蕴含着两条线索，一条是从哲学世界观高度对知、行加以考察而得出的，即“行先知后”的哲学理论色彩鲜明的线索；一条是从现实革命斗争的急迫情势出发，对知行问题加以考察而得出的，充满革命气息、政治实践色彩鲜明的“知难行易”线

① 《孙中山选集》，人民出版社1981年版，第160页。

素。通读细研《孙文学说》，会由衷地感到，“行先知后”是“知难行易”说的前提、基础；“知难行易”说则是其“行先知后”的理论归宿。他不厌其烦地通过大量的感性直观的例证，间或也有些哲理分析，内在地首先说明和肯定“行先知后”，而后以此为哲学基础，阐发他的“知难行易”理论。在一定程度上具有合理性的“知难行易”说，高度肯定了知对行的反作用，从而赋予了“行先知后”的唯物主义与辩证法生机。当然，“知难行易”说，是以“行先知后”理论为根基才放其光彩的。同时，正是由于他的“行先知后”理论中的某些不科学性，又为其片面地不加具体分析地夸大“知”的作用，以至得出在他看来有普遍性的绝对的“知难行易”说，准备了哲学土壤。但应该明确肯定，决不能以其“知难行易”说的不合理一面，去从根本上贬低他的“行先知后”理论。也就是说，不能因为孙中山不适当地夸大了“知”的难度，就认为他“从根本上轻视了实践的作用”。

什么是实践和认识的根本关系呢？我认为就是基于哲学基本问题的二者的本末、源流关系，孰先孰后、谁决定谁的关系。对这些根本关系问题的正确回答，就是从根本上重视了实践的作用。相反，只有对这些根本关系问题的错误回答，才能叫作“从根本上轻视了实践的作用”。宋代唯心主义哲学家朱熹在论述知行关系时，虽然明确地提出过“行为重”的观点，但“行为重”是以“知为先”（《晦庵先生朱文公文集》卷五《答程正思》）作为基础的。所以尽管他说了“行为重”，也不能说他从根本上重视了行的作用。是否从根本上重视行、实践的作用，关键在于能否对知与行、认识与实践的根本关系问题作出正确的解答。请看孙中山先生是如何解答、论述这些根本问题的：他说：“古人之得其知也，初或费千百年之时间所行之，而后乃能知之。”[①] 人类总是“行其所不知以致其所知也”。[②]“宇宙间的道理，都是先有事实然后才发生言论，并不是先有言论然后才发生事实。”他以

① 《孙中山选集》，人民出版社1981年版，第160页。
② 《孙中山选集》，人民出版社1981年版，第185页。

我国古代十三篇兵书为例论证了这个观点。他说:“是先有战斗的事实,然后才成那本兵书。”[①] 他充分论证了人们的各种行为、活动,是各种知识的来源、途径,这已接近于“生活实践的观点”是辩证唯物论的认识论的首先的和基本的观点。所以,不能说他“从根本上轻视了实践的作用”。

“行”是“知”的目的和检验“知”之正确与否的标准。孙中山说:“学理有真的有假的,要经过试验才晓得对与不对。好像科学上发明一种学理,究竟是对与不对,一定要做成事实,能够实行,才可以说是真学理。”[②] “不去行,便无法可以证明所求的学问是对与不对;不去行,于是所求的学问没有用处。”[③] 这些话语虽然理论思维色彩较为淡薄,但也毕竟说明了,行是知的目的;认识正确不正确,只能通过行、实践才能得到证明。这又是从根本上肯定和重视了实践在认识论中的地位和作用。不能说他“从根本上轻视了实践的作用”。

难能可贵的还在于,孙中山从人类发展进化史来考察实践和认识的发展史,认为实践、行是人类认识不断发展的动力,是社会文明不断提高、人类历史不断前进的动力。这不仅是认识论方面的卓识,也是历史观中唯物主义因素的闪光。

孙中山考察了人们对战争的认识,看到了战术实践不断变化、发展,根本原因在于战争实践的不断变化、发展。他说:“从前打仗,是兵士看见了敌人,尚且一排一排的齐进;近来打仗,如果见了敌人,便赶快伏在地下放枪。”这是“自最近发明了无烟枪之后”,战术所发生的“一个极大的变更”。[④] 冷兵器条件下敌我双方厮杀,可以跃马横刀,“一排一排的齐进”;在热兵器条件下敌对双方交战,枪鸣炮响,再“一排一排的齐进”就会一排一排地倒在血泊中。战争实践不断推

---

① 《孙中山选集》,人民出版社 1981 年版,第 703—704 页。
② 《孙中山选集》,人民出版社 1981 年版,第 830 页。
③ 《孙文全集》第 4 集,上海卿云图书社 1930 年版,第 240 页。
④ 《孙中山选集》,人民出版社 1981 年版,第 704 页。

动着人们对战争的认识不断发展。

行、实践不仅是认识发展的动力，而且是人类社会前进的动力。孙中山指出："人类之进步，皆发轫于不知而行者也"，"人类之进化，以不知而行者为必要之门径也"。做工习练、科学试验、探索冒险等实践活动是"文明之动机""古人进步最大的理由,是在能实行"[①]。孙中山认为，不仅人类的认识随着实践水平的提高而提高，而且人类社会的发展，也是随着实践的不断发展而前进。

孙中山还把行、实践看作是国家富强的关键。他号召"有志国家富强者，宜黾勉力行也"。[②]并且专门作过《国强在于行》的演讲。从他的整个思想体系看，他认为没有正确的理性知识时，这种"知"的问题是最切最要最难的问题。这个问题解决之后，即有了正确的理性认识、计划、方略，要实现这些观念性的东西，"行"就成了重要的关键性环节。不去实践，再好的知识、计划等于无用，再美妙的理想、宏伟的计划，无异于一纸空文，何谈国家之富强、社会之文明。他坚决反对理论脱离实际的坏风气。他说，古人靠"实行"才不断进步，而到了秦汉之后的一段时间，出现了"述而不作""坐而论道"的坏风气，一些人"把古人言行的文字，死读死记，另外来解释一次；或把古人的解释，再来解释一次，你一解释过去，我一解释过来，好像炒陈饭一样，怎么能够有进步呢？"[③]可见他对于理论脱离实际，只说不干，只知不行，是深恶痛绝的。

孙中山对人类历史的发展阶段所作的划分是不科学的，但他把人类历史与实践联系起来考察，并高度肯定了实践在人类进步、社会文明中的地位，高度肯定了实践在认识论中的作用，却是中国哲学史上的可贵的创见。这种创见也足以说明他从根本上重视了实践的作用。

孙中山的"知难行易"说，是在对辛亥革命失败的教训进行总结

① 《孙中山选集》，人民出版社 1981 年版，第 185 页。
② 《孙文全集》第 4 集，上海卿云图书社 1930 年版，第 238 页。
③ 《孙中山选集》，人民出版社 1981 年版，第 185 页。

时提出的。他以为革命失败就败在传统的“知之非艰，行之惟艰”思想的深刻影响上。革命党人受了“知易行难”说的影响，便轻知怯行，望“行”生畏，又缺少正确的理论知识、计划、方略，所以革命屡受挫折。孙中山便以“知易行难”说为“生平之最大敌也！”这个敌比清王朝还厉害，“此敌之威力，则不惟能夺吾人之志，且足以迷亿兆人之心也”。所以，他决心“出国人思想于迷津”，[①] 提出“知难行易”说，来进一步动员群众、号召群众、武装群众、鼓舞群众去参加革命斗争，以实现其革命方略。这在缺少正确的革命理论、计划，阿Q式的麻木不仁的群众遍地都是的情况下，是有重要意义的。当革命斗争实践需要正确革命理论指导而又没有时，革命理论的制定及为广大群众所掌握，就成为具有决定性意义的事情了。孙中山认识到了这一点。这也是他“知难行易”说中的合理成分。问题是他把“知难行易”普遍化、绝对化了，在这里暴露了思想认识中严重的形而上学性。但是，笔者并不因此而同意肖本的那种观点，即把孙中山的“知难行易”说，作为孙中山“从根本上轻视”实践作用的依据。知难行易问题，是对于人类获取知识（尤其是科学的理性知识）、付诸实行的能力的看法；对知识的轻视、重视问题，则是对于知行在认识论中、以至在人类历史中的作用、地位的看法。认为“知难行易”，并不必然导致轻视行、实践的作用。朱熹、王阳明认为“知易行难”，程颐认为“知难行易”，但他们都是从根本上轻视行、实践的作用的。

另外，肖本在认为孙中山把“知难行易”夸大为人类认识的普遍规律，从根本上轻视了实践作用的同时，又认为中国资产阶级领导的旧民主主义革命之所以失败，“关键的问题不在‘知难’或‘知易’，而在于资产阶级世界观不能正确认识近代中国社会的基本矛盾”。[②] 这是一个自相矛盾的说法。既然革命失败的原因不在“知难”或“知易”，那么对“近代中国社会的基本矛盾的”“不能正确认识”这个

① 《孙文全集》第4集，上海卿云图书社1930年版，第238页。
② 肖萐父、李锦全主编：《中国哲学史》下卷，人民出版社1983年版，第448页。

“知”的问题，也就不是革命失败的原因了。如果肯定了“不能正确认识近代中国社会的基本矛盾”是革命失败的关键原因，那么也就肯定了孙中山“知难”的理论。至于孙中山囿于资产阶级世界观不可能正确解决这个问题那是另外一回事。

孙中山在知行问题上的缺点、错误，不在于“从根本上轻视了实践的作用”，而在于没有科学地揭示实践在认识论中的地位和作用，没有科学地揭示实践和认识的辩证关系。

三“分知分行”说的合理因素是主要的

肖本认为，孙中山的“分知分行”说，“实则是把社会人分为‘先知先觉’‘后知后觉’‘不知不觉’的英雄史观在认识领域里的反映。”我不能苟同是观。

孙中山是在批判王阳明的“知行合一”论时讲到“分知分行”思想的。他说：“夫‘知行合一’之说，若于科学既发明之世，指一时代一事业而言，则甚为适当，然阳明乃合知行于一人之身，则殊不通于今日矣。以科学愈明，则一人之知行相去愈远，不独知者不必自行，行者不必自知，即同为一知一行，而以经济学分工专职之理施之，亦有分知分行者也。然则阳明‘知行合一’之说，不合于实践之科学也。予之所以不惮其烦，连篇累牍以求发明行易知难之理者，盖以此为救中国必由之道也。”[①] 对这段话应怎样看呢？

孙中山认为，王阳明的“知行合一”说“与真理背驰”，因而要把它“从根本上而推翻之矣”。主要因为王阳明的“知行合一”说是以“知”在先、“行”在后为实质，并主张“知易行难”，尤其是“合知行于一人之身，则殊不通于今日矣”。孙中山所处的“今日”之时，科学大为发展，在人类社会历史上三次大分工的基础上，经历了中世

① 《孙中山选集》，人民出版社1981年版，第159页。

纪漫漫长夜中社会分工发展缓慢的时期，人类已进入资本主义社会。由于广泛采用机器生产，社会生产日益专业化，社会分工越趋细密。这种现象又有两重性，一方面它迫使人们奴隶般地服从分工，分工成为人剥削人的一种手段；另一方面，这种进一步发展了的分工，又是社会生产力发展的结果，它又反转过来成为有力促进生产力发展的重要条件。必要的细密分工，有利于提高劳动熟练程度，改进生产技术，提高劳动生产率。资本主义在中国的发展一直步履蹒跚，屡受阻障，社会分工的发展也相应地交了厄运。当时腐朽的封建统治阶级视科学技术为“奇技淫巧”，严重地阻碍了社会分工的发展。这种情况下，孙中山从救亡图存、富国强民的强烈愿望出发，大声疾呼要发展科学技术，重视教育、文化，提倡尊重科学、尊重知识、尊重智力者阶层。这毫无疑问，具有非常重要的意义。基于这种思想，他强调“分知分行”。笔者认为，他所讲的“分知分行”，主要是强调社会分工，强调脑力劳动和体力劳动的分工。他反对“知行”集合于一人之身，因为这样不分工，一个人既要从事“知”，从事脑力劳动，又要从事“行”，从事体力劳动，势必不专一，不精熟，劳作之效率难以提高，这怎么能富国富民呢？

为了论证社会分工的必要性，孙中山还以建造楼房为例。他说，盖楼房要有绘图设计者，也要有“结垣架栋者”，少了何者都不能成就楼房。而要把楼房修盖得更多更好，就需要有更多的工程师、设计者和“结垣架栋者”。中国的实行者（“结垣架栋者”等）极多极广，不足的是那些“知者”“智者”、知识分子。所以，他在强调社会分工重要性的同时，又一再强调“知难行易”，“知”的问题难解决，“行”则好办。知识人才太奇缺，难造就，而实行者是不乏其人的。

孙中山强调社会分工的重要性的思想，在今天也仍然有借鉴意义。以前在“左”倾错误影响下，曾不适当地一味强调“知识分子劳动化”，否认了知识分子的工作是一种劳动，要他们既是脑力劳动者，又是体力劳动者，一身二任焉。这对于发展社会生产力实在是有害的。在新技术革命飞速发展的现代，随着生产力的发展，分工日益细密，生产日趋专业化。在原来的基础上，又不断分离出许多新的部门和新的工种。我们还要肯定这种必要的合理的分工，不能提倡两种截然不同的分工形式合于一人之身。当然，我们并不是把分工绝对化。分工越细密越需要加强协作。随着社会生产力的高度发展，教育的全面普及发展，人们的智力、体力将获得全面发展，旧的社会分工将逐渐消失。

孙中山的“分知分行”说，虽然有合理的一面，而且这一面是主要的，但其中也有糟粕因素。他所说的“知者”“行者”，就是他讲的“先知先觉”者和“后知后觉”者，其中有先验论、天才论、英雄史观的成分。对此，我们当然不能兼收并蓄，而必须予以分析并剔除。

正确认识社会主义物质利益原则*

——学习党的十一届三中全会文件

社会主义的物质利益原则，是20世纪初期列宁、斯大林根据苏联社会主义经济实践提出来的。这个原则指的是：在社会主义制度下，以个人利益服从共同的集体利益为前提，将国家利益、集体利益和个人利益结合起来，使社会主义经济建立在对个人利益的关心上面。我们实行的按劳分配制度、奖金制度，把企业的经营成果同企业职工、干部的物质利益联系起来，尊重企业的自主权，运用经济手段管理经济，等等，就是对社会主义物质利益原则的具体运用。这个物质利益原则是对社会主义客观经济规律的正确反映，是党和国家制定政策的一个依据，是我们进行四化建设所必须贯彻的。

“四人帮”横行时，把物质利益原则说成是“修正主义”。粉碎“四人帮”以后，我们批判了这种极左谬论，在国家和人民的经济生活中恢复了社会主义的物质利益原则，极大地调动了广大劳动者的积极性，促进了国民经济和各项社会主义事业的发展。可是也有些人却站在个人主义立场上曲解社会主义的物质利益原则，以为它同个人利益第一以至资本主义的唯利是图没有什么区别，以为既讲物质利益原

* 本文发表于《解放军报》1980年6月26日。

则，那就可以只求个人“实惠”，一切“向钱看”，利大大干，利小小干，没利不干；就可以像列宁批评过的夏洛克一样斤斤计较，不愿比别人多做半小时工作，少得一点报酬，甚至可以不顾集体利益，损害他人的利益。这样看待社会主义的物质利益原则当然是错误的。那么，究竟应该如何正确认识社会主义的物质利益原则呢？

应该肯定，无产阶级是讲物质利益的，包括承认个人的物质利益。无产阶级认为人们的生存，衣食住行，都离不开物质生活资料，“人们奋斗所争取的一切，都同他们的利益有关”。[①]我们闹革命，建设社会主义和实现共产主义，从根本的意义上讲，就是为了提高广大人民的物质和文化生活水平。现在我们全国人民同心同德大干四化，从根本上说也是为了：“保证一切社会成员有富足的和一天比一天充裕的物质生活”。[②]

既然无产阶级也讲物质利益，那么，无产阶级同资产阶级和其他剥削阶级在对待物质利益问题上是不是就没有区别呢？绝不是。无产阶级讲物质利益不仅同剥削阶级讲物质利益有着本质的区别，而且同小私有者讲物质利益也有本质的区别。

资产阶级和一切剥削阶级，他们在物质利益上是极端利己主义。他们靠剥削劳动者发财致富，在尔虞我诈、互相倾轧中生活。“人为财死，鸟为食亡”，“人不为己，天诛地灭”是他们奉行的最高信条。古代杨朱主张的“拔一毛以利天下而不为”，司马迁概括的“天下熙熙，皆为利来；天下攘攘，皆为利往”，亚当·斯密“发现”的“人的本性就是利己主义”，等等，统统不过是说明了从奴隶主阶级到资产阶级这一切剥削阶级的人生观、道德观和物质利益观。小私有者抱有个人主义的物质利益观，他们一般处于自给自足的经济地位，希望改善自己的经济地位和生活条件，但由于目光短浅，看不到个人经济生活和整个社会经济生活之间的内在联系。他们缺乏集体主义的思

① 《马克思恩格斯全集》第1卷，人民出版社1965年版，第82页。
② 《马克思恩格斯选集》第3卷，人民出版社1972年版，第322页。

想，看不到在旧社会，劳动者贫困的根源是剥削制度；在社会主义社会，劳动者物质生活的改善要靠社会生产力的发展。劳动者的个人解放必须以社会解放为前提，离开这个前提，劳动者的个人利益是没有保障的。

觉悟了的无产阶级把个人的物质利益同阶级的、绝大多数人民群众的物质利益联系在一起，不是离开无产阶级和广大人民群众去寻求个人的利益。正如毛泽东同志指出："唯物主义者并不一般地反对功利主义，但是反对封建阶级的、资产阶级的、小资产阶级的功利主义，反对那种口头上反对功利主义、实际上抱着最自私最短视的功利主义的伪善者。世界上没有什么超功利主义，在阶级社会里，不是这一阶级的功利主义，就是那一阶级的功利主义。我们是无产阶级的革命的功利主义者，我们是以占全人口百分之九十以上的最广大群众的目前利益和将来利益的统一为出发点的"①。无产阶级把实现绝大多数人的利益，作为自己的最高利益。所以，他认为，社会发展的利益高于无产阶级的利益，集体利益高于个人利益，整体利益高于局部利益，根本的长远利益高于暂时利益。

无产阶级在物质利益上的这种把国家的、集体的利益放在个人利益之上的观念，是由她的阶级地位决定的。在生产资料属资本家占有时，无产阶级一无所有，要推翻剥削制度，必须依靠无产阶级整个阶级和最广大人民群众团结一致的革命斗争。无产阶级在夺取了政权，建立了社会主义制度以后，"最主要最根本的利益就是增加产品数量，大大提高社会生产力"。②要达到这个目的，也必须依靠无产阶级和其他劳动群众的一致努力。无产阶级只有解放全人类，才能求得自己最后的彻底解放。

无产阶级政治觉悟的发展水平，就是以能否正确地认识自己的利益以及本阶级利益和人类解放的利益之间的联系为标准的。恩格斯在

① 《毛泽东选集》第3卷（合订一卷本），人民出版社1967年版，第821页。
② 《列宁选集》第4卷，人民出版社1972年版，第586页。

《致大不列颠工人阶级》的信中，曾高度地评价当时的英国工人阶级，他们“是意识到自己的利益和全人类的利益相一致的人，是一个伟大的大家庭中的成员”[①]。无产阶级中的许多先进分子都是具有这种高度阶级觉悟的革命战士，他们无论是在革命战争年代，还是在社会主义建设时期，都能把阶级利益、集体利益、人类解放的利益放在第一位，勇于牺牲个人利益，必要时连自己的宝贵生命也献给了无产阶级的革命事业。革命导师马克思从青年时代“第一次遇到要对所谓物质利益发表意见的难事”[②]，但他一直为无产阶级的利益英勇奋斗，贫困、疾病、反动政府的迫害都不能动摇他的革命信念；资产阶级政府请他去做“大官”，但他也视“肥缺”为粪土。革命烈士董存瑞曾说：“作为一个革命战士，活着就是为了天下穷人求翻身得解放”，“为了给人民带来更多的幸福”。他在战场上壮烈地献出了自己的青春。共产党员方志敏同志在物质利益问题上曾说过一段感人肺腑的话，他说：“为着阶级和民族的解放，为着党的事业的成功，我毫不希罕那华丽的大厦，却宁愿居住在卑陋潮湿的茅棚；不希罕美味的西餐大菜，宁愿吞嚼刺口的苞粟和菜根；不希罕舒服柔软的钢丝床，宁愿睡在猪栏狗窠似的住所！……不希罕富裕，宁愿困穷！”这是他一生清贫、洁白朴素生活的光辉写照，也是无产阶级物质利益观的生动表述。

我们提倡无产阶级觉悟，又实行社会主义物质利益原则，二者是不是相矛盾呢？不，并不矛盾，二者都是为了促进我国社会主义事业的发展。社会主义物质利益原则，反映着我国目前经济条件下必须实行的经济制度，是客观经济规律的要求。无产阶级觉悟则是表明了我们无产阶级应当具备的思想觉悟和人生观，是一个社会主义劳动者所应有的自觉性和劳动态度。由于我们现在还处于生产力不太发达的社会主义初级阶段，由于人们的觉悟程度不能不受社会物质条件的制约，大多数人还不能把劳动当作生活的第一需要，而还是把劳动当作谋生

① 《马克思恩格斯全集》第2卷，人民出版社1965年版，第277页。
② 《马克思恩格斯选集》第2卷，人民出版社1972年版，第81页。

的手段。在这种客观条件下，社会主义国家必须根据社会主义物质利益原则，制定出相应的经济政策。这就是对国家、集体、劳动者个人这三方面的利益，都必须兼顾，不能只顾一头。只顾哪一头，都是不利于社会主义，不利于无产阶级专政的。这是我国现阶段必须遵循的原则。然而在这里，有两点是我们必须看到的。第一，这种社会主义物质利益原则，讲的是国家、集体、个人三者的统一，而不是只讲任何一头。只讲国家，不顾集体和个人，不利于调动广大劳动者的积极性，因而也就不能达到加速发展社会主义国家和集体经济的目的；而要是只讲个人利益，不顾国家和集体，则国家和集体利益受到削弱，提高劳动者个人物质利益也就没有基础，最终还是不符合劳动者长远的和根本的利益。所以，社会主义的物质利益原则，并不是要把个人利益放在第一位。第二，实行社会主义物质利益原则，要求兼顾个人的物质利益，并不是要降低我们的无产阶级的阶级觉悟。列宁在《伟大的创举》一文中，高度评价了“共产主义星期六义务劳动”所具有的巨大的历史意义，热情地歌颂莫斯科——喀山铁路分局共产党员和同情分子用革命精神从事工作和不计报酬的劳动态度，说“这是非常重要的开端。这是比推翻资产阶级更困难、更重大、更深刻、更有决定意义的变革的开端，因为这是战胜自身的保守、涣散和小资产阶级的利己主义，这是战胜万恶的资本主义遗留给工农的习惯。当这种胜利巩固起来时，而且只有那时，新的社会纪律，即社会主义纪律才会建立起来；只有那时，退回到资本主义才不可能，共产主义才真正是不可战胜的”[①]。所以，觉悟了的无产阶级革命者，尽管也有个人物质利益，但他能够意识到自己的利益和全人类的利益怎样一致，因而具有高度自觉，能够具有忘我的革命精神和不计报酬的劳动态度。也正是这种觉悟，才能够使一个社会主义的劳动者的劳动不仅完全区别于劳动力出卖者的雇佣劳动，也完全区别于小私有者的谋生手段。

① 《列宁选集》第 4 卷，人民出版社 1972 年版，第 1 页。

毛泽东同志曾指出，我们历来提倡艰苦奋斗，反对把个人物质利益看得高于一切，同时我们也历来提倡关心群众生活，反对不关心群众痛痒的官僚主义。在社会主义物质利益原则问题上，我们既要反对忽视劳动者个人利益的“左”的倾向，也要反对把个人利益看得高于一切的右的倾向，一方面要在经济工作中认真贯彻社会主义物质利益原则，一方面要加强思想政治工作，大力宣传社会主义、共产主义思想，提倡大公无私、克己奉公、忘我精神和不计报酬的共产主义劳动态度。尤其是无产阶级先进分子，决不能因为贯彻物质利益原则而降低自己的政治水准。

浅论"独立自主、自力更生"*
——学习《关于建国以来党的若干历史问题的决议》

党的十一届六中全会通过的《关于建国以来党的若干历史问题的决议》（以下简称《决议》）对党的"独立自主、自力更生"方针作了高度的科学的评价，指出"独立自主"是贯穿于毛泽东思想各个组成部分的立场、观点和方法，是毛泽东思想的活的灵魂之一。这是完全符合马列主义、毛泽东思想的基本原理的，是完全符合我们党领导的革命和建设的基本实践的。

独立自主、自力更生的思想，是在承认国际无产阶级革命事业的互相支援，各国的经济、科学文化的互相联系、互相作用的同时，着重强调两点：一是干革命、搞建设首先要立足于自身，主要依靠自身的力量，即本国、本地的革命力量和人民群众的努力，而不能有依赖外力的思想；一是要从本国、本地的实际情况出发，使马列主义的普遍原理同本国、本地革命事业的具体实践相结合，创造出适合本国、本地特点的革命和建设的道路，调动一切积极因素，把本国、本地的革命事业做好，而不能迷信"本本主义"。我们深入学习、领会和掌

* 本文发表于《河北学刊》1982年第3期。

握独立自主、自力更生的科学思想，对我们所从事的革命和建设有着极为重要的意义。

一、"独立自主、自力更生"是革命事业宝贵经验的结晶

胡耀邦同志在庆祝中国共产党成立六十周年大会上的讲话中指出：毛泽东思想是"被实践证明了的正确的理论原则和经验总结"，作为毛泽东思想的活的灵魂之一的"独立自主"，是从我国革命实践中产生又被实践证明了的正确的理论原则和经验的结晶。

中国革命要取得胜利的方针应放在什么基点上？是放在自己力量的基点上，还是放在外部力量的基点上？革命事业围绕这个问题经历了艰难曲折的斗争。

在20世纪20年代后期、30年代前期，国际共产主义运动中和我们党内盛行着把马克思主义教条化、把共产国际的决议和苏联的经验神圣化的错误倾向。我们党内一些人曾脱离开中国革命的具体实践，不去注意了解中国社会的实际情况，没有把取得革命胜利的方针放在本国革命力量的基点上，不是依靠我们党和我国人民把马列主义普遍原理与我国革命的具体实践相结合，独立自主地寻找、创造和决定革命道路，而是依赖于照搬共产国际的指示和苏联的经验，照搬照抄马列著作中的一些个别结论，死抱住城市中心的观点，要集中力量于大城市，企图首先举行武装起义，先夺取城市后占领农村。他们顽固地坚持这条道路，使革命斗争在这条路上转来转去，结果都以失败而告终。毛泽东同志针对这种错误倾向，在1930年5月写的《反对本本主义》一文中尖锐地指出："中国革命斗争的胜利要靠中国同志了解中国情况"，"全靠无产阶级政党的斗争策略的正确和坚决"，必须把马克思主义的普遍原理"同我国的实际情况相结合"。毛泽东同志具体阐述的这种独立自主、自力更生的思想，清楚地告诉全党，要取得革命胜利，"全靠"中国同志、中国的无产阶级政党。因为只有中

国共产党人才能对本国情况有真实而全面的了解，才能得到正确的阶级估量，制定出正确的斗争策略。毛泽东同志从独立自主、自力更生这个基点出发，分析了我国独特的国情。我国不像俄国那样，无产阶级可以利用较长时间的合法斗争手段，进行革命的准备，到革命时机成熟时举行城市武装暴动，夺取政权，尔后再把革命推向农村。我国是半封建半殖民地的国家，内受封建专制制度的长期压迫，外受帝国主义列强的侵略和控制。广大人民群众争取解放的斗争无议会可利用，无组织工人进行罢工的合法权利。这就决定了我们党的任务只有依靠武装斗争来发展革命力量。另外，中国革命的敌人是强大的帝国主义、封建势力和反动的大资产阶级，这就决定了中国革命的长期性、艰巨性，而要进行长期、艰巨的武装斗争，就必须建立稳固的农村革命根据地。而强大的敌人又总是长期占据着城市，尤其是那些中心城市。所以，革命力量的发展、革命根据地的建立，就不能在城市，只能在有革命影响和敌人统治相对薄弱的农村。无产阶级政党只有深入农村，发动农民，领导农民进行武装斗争，开展土地革命，建立农村根据地，实行农村包围城市，最后夺取城市。这就是毛泽东同志从中国的独特情况出发，独立自主地把马列主义普遍原理运用于中国，开创出来的世界各国从未有过的、唯一正确的革命道路。当时，国际共产主义运动的指导中心——共产国际，对这条唯一正确的革命道路，却从一开始就没有表示过赞同。共产国际驻中国的代表，对毛泽东同志领导的秋收起义也很不满意。当时的中央根据这位代表提出的所谓“政治纪律”，曾撤销了毛泽东同志的中央领导职务。1935 年 1 月遵义会议改组了中央领导机构，2 月 5 日在川滇黔交界的鸡鸣三省村，召开中央政治局会议，确定了中央政治局分工，根据毛泽东提议，决定由张闻天代替博古负中央总的责任（习惯上也称之为总书记），这是中共中央第一次独立自主地选举决定自己的领导人。到了 40 年代，共产国际仍怀疑我党“离开工人阶级太远了”，对毛泽东同志坚持的农村包围城市的正确道路仍然不赞成。但是，以毛泽东同志为首的中国共产党人，以独立自主的革命胆略和科学态度，抵制了共产国际的错误，领导着中国人民沿着这条正确道路取得了革命的胜利。

日本帝国主义侵略我国以后，大敌当前，民族危机日益严重。国民党反动派反共反人民，投降卖国，“降官如毛，降将如潮”，“亡国论”甚嚣尘上。一些爱国人士忧心忡忡，怀疑我们自己有力量打败侵略者，希望靠外援来取得抗战的胜利。党内身居领导职务的王明，也瞧不起革命人民的力量，说当时“对中国的最直接最大的危险，就是外援（首先是军火）的暂时减少或部分断绝”，他完全依赖外援，认为这样“才找到了方向去克服困难”。毛泽东同志指出：“我们中华民族有同自己的敌人血战到底的气概，有在自力更生的基础上光复旧物的决心，有自立于世界民族之林的能力。”[①]“中国抗战主要地依靠自力更生。”[②]毛泽东同志的独立自主、自力更生的光辉思想，后来逐步变成我党我军我国人民争取抗战胜利的坚强的精神支柱。

在抗日战争中，我们党与国民党结成统一战线以后，国民党千方百计地限制我党，搞“溶共”阴谋，企图削弱、消灭我党。毛泽东同志指出，要坚持独立自主的方针，对于国民党的反共反人民政策，必须坚决进行有理、有利、有节的斗争，要放手发动群众，把抗日战争的领导权牢牢掌握在我党手中，要扩大解放区和人民军队。当时，我们党内有一种迁就国民党，对国民党无原则地妥协让步的错误倾向。王明抹杀了国共两党的阶级区别和原则分歧，主张“一切经过统一战线”，“一切服从统一战线”，反对放手发动群众，扩大人民武装和建立抗日政权，把我党的行动限制在国民党所允许的范围之内，主张放弃我党对人民军队的领导。这种退让政策的结果，发生了震惊中外的皖南事变，使我党我军受到严重损失。针对王明的投降主义危险，毛泽东同志在抗战过程中曾先后多次强调我们党在统一战线中坚持和实践独立自主原则，“是把抗日民族革命战争引向胜利之途的中心一

① 《毛泽东选集》第1卷（合订一卷本），人民出版社1967年版，第147页。
② 《毛泽东选集》第2卷（合订一卷本），人民出版社1967年版，第551页。

环”。①并批判了王明那种妥协退让的错误，还提出了许多独立自主的具体策略，如对国民党的限制，要区别不同情况分别采取“先斩后奏”“斩而不奏”“不斩不奏”的灵活策略，使我党我军放开手脚进行斗争，既保持了我党在政治上、军事上、组织上的独立性，又促进了统一战线的巩固和发展。

在军事上，毛泽东同志还特别强调：“无论处于怎样复杂、严重、惨苦的环境，军事指导者首先需要的是独立自主地组织和使用自己的力量”，防止被环境所支配，失掉自主能力。②要反对单纯防御的消极的作战方针，采取独立自主的作战方针，“八路军采用的战法，我们名之为独立自主的游击战和运动战”，③这种战法就是既反对绝对的集中主义，又反对绝对的分散主义，坚持战略统一下的独立自主的游击战争，允许下级有独立自主之权。这种战法，主要是在敌军翼侧和后方作战，避免了那种单纯的正面防御和一切被动的呆板的战法，是依据敌情我情，灵活机动地消灭敌人、保存自己的最有效的方法。这种战略战术，有力地配合了正面战场，开辟了敌后战场，对抗日根据地的建立与巩固，赢得抗战胜利起了重大的作用。

在经济上，抗日时期我党在解放区独立自主地发展了各项经济事业，各解放区设立了自己的经济机关和财政机关，直接主持解放区的经济工作、财政工作。设立自己的银行，发行了自己的货币，打破了国民党对我们的限制。抗日战争相持阶段的1940年和1941年，日本帝国主义推行“三光”政策，对我解放区反复“清剿”，见人就杀，见房就烧，见财物就抢。国民党又对我解放区进行封锁，叫嚣“不准一斤棉花、一斤粮食、一尺布”进入解放区，企图用停发经费和经济封锁把我解放区军民困死、饿死。在这种极其危困的情况下，毛泽东同志号召大家“自己动手”“丰衣足食”，开展了轰轰烈烈的大生产运

① 《毛泽东选集》第2卷（合订一卷本），人民出版社1967年版，第364页。
② 《毛泽东选集》第1卷（合订一卷本），人民出版社1967年版，第206页。
③ 《毛泽东选集》第2卷（合订一卷本），人民出版社1967年版，第349—350页。

动，从毛泽东、周恩来等中央领导同志到全体军民都积极参加开荒种地等生产运动，许多部队、机关、学校实现了粮食、被服、经费等全部或绝大部分自给。解放区军民热情讴歌独立自主、自力更生的方针，他们唱道："毛主席的号召呼拉拉拉传，自力更生闯难关。自己动手干，有吃又有穿。气得蒋介石，扑闪扑闪干瞪眼。"抗日战争不断胜利的过程，就是毛泽东同志关于独立自主、自力更生思想更加系统、更加成熟并大放光彩的过程。

抗日战争胜利后，国民党蒋介石发动内战，企图消灭我党我军，美帝国主义出动飞机、军舰和海军陆战队予以配合，并为蒋军提供了大量的新式武器装备。当时曾经帮助过我们的斯大林同志压我们交出武装力量，改编为国防军，同国民党搞联合政府。毛泽东同志以独立自主的革命精神，提出：我们的方针"要放在自己力量的基点上，叫做自力更生。……我们能够依靠自己组织的力量，打败一切中外反动派"。[①] 我们与蒋介石进行了针锋相对的斗争，一条枪、一粒子弹也不交。终于在没有外援的情况下，依靠自力更生、英勇斗争，以"小米加步枪"的劣势装备打败了"飞机加坦克"的优势装备的800万蒋介石军队。在解放战争后期的战略决战阶段，我党要将革命进行到底，打过长江去，解放全中国。可是斯大林同志又劝告我们要中途停顿下来，生怕当时拥有原子弹的美国深入干涉。以毛泽东同志为首的中国共产党人，坚持了独立自主，坚持把人民革命战争进行到底，终于取得了解放战争的胜利，建立了中华人民共和国。

完成新民主主义革命以后，我党面临着要在一个贫穷落后的农业国的基础上进行社会主义革命和建设的新任务。这时，资产阶级怀疑我们的建设能力，帝国主义者估计我们终究会要向他们乞讨才能活下去。毛泽东同志以独立自主、自力更生的思想教育全党，他说："我们不但善于破坏一个旧世界，我们还将善于建设一个新世界。中国人民

① 《毛泽东选集》第4卷（合订一卷本），人民出版社1967年版，第1030页。

不但可以不要向帝国主义者讨乞也能活下去，而且还将活得比帝国主义国家要好些。”[①] 对于社会主义革命和建设的道路，毛泽东同志和我们党仍独立自主地选择和决定。依据新民主主义革命胜利所创造的向社会主义过渡的经济政治条件，采取社会主义工业化和社会主义改造同时并举的方针，实行逐步改造生产资料私有制的具体政策，从理论和实践上解决了在中国这样一个占世界人口近四分之一的经济文化落后的大国中建立社会主义制度的艰难任务。在很少社会震动的情况下，成功地实现了马克思和列宁曾设想过但未实践过的对资产阶级的和平赎买。对个体农业和个体手工业也进行了成功的改造。

毛泽东同志还多次强调不要机械搬用外国的经验，而要从中国是一个大农业国的情况出发，正确处理自力更生与学习外国等各种关系。后来又把独立自主、自力更生提到了党的路线的高度。指出：“自力更生为主，争取外援为辅，破除迷信，独立自主地干工业、干农业、干技术革命和文化革命，打倒奴隶思想，埋葬教条主义，认真地学习外国的好经验，也一定研究外国的坏经验——引以为戒，这就是我们的路线。”（《对第二个五年计划的批示》，转引自《人民日报》1975 年 1 月 21 日）我们主要依靠我国人民的辛勤劳动和智慧，较好地利用我们自己的资源，建立了独立的比较完整的工业体系和国民经济体系。农业生产逐年发展，基本上保证了全国人民的吃饭穿衣的需要。经济上的独立巩固，促进了政治上的独立。

《决议》指出：“中国革命的胜利，从根本上说是中国共产党坚持独立自主、自力更生的原则，依靠中国各族人民自身的力量，经历了千辛万苦，战胜许多艰难险阻才取得的。”这是对我党领导下的革命和建设事业的宝贵经验的总结。独立自主、自力更生贯穿于我党领导的革命事业的各阶段、各方面，贯穿于毛泽东思想的各个组成部分的科学的立场、观点和方法，是毛泽东思想的活的灵魂的重要

---

① 《毛泽东选集》第 4 卷（合订一卷本），人民出版社 1967 年版，第 1329 页。

内容。

二、“独立自主、自力更生”是建设社会主义现代化强国的根本原则

《决议》指出：独立自主、自力更生是从我国实际出发、依靠群众进行革命和建设的必然结论。无产阶级革命是国际性的事业，需要各国无产阶级互相支援。但是完成这个事业，首先需要各国无产阶级立足于本国，依靠本国革命力量和人民群众的努力，使马克思列宁主义的普遍原理同本国革命的具体实践相结合，首先要把本国的革命事业做好。在我们这样一个大国，尤其必须主要依靠自己的力量发展革命和建设事业。

只有我国的人力、物力、财力，才是进行现代化建设的现实可靠的、能真正发挥作用的根本因素。因此，必须坚持独立自主、自力更生的根本原则，绝不能有不相信自身力量、单纯依赖外力的思想。我国过去是半封建、半殖民地社会，帝国主义把中国变成他们倾销商品的市场，输出资本和掠夺原料、廉价劳动力的场所，加上他们对中国的文化侵略和奴化教育，所以奴隶思想在我国有较深的影响。正如毛泽东同志在20世纪50年代说过的：有些人做奴隶做久了，感觉事事不如人，在外国人面前伸不直腰，像《法门寺》（戏剧）里的贾桂一样，人家让他坐，他说站惯了。因此要鼓点劲，要把民族自信心提高起来。现在，党中央又多次强调，尽管我国经济文化还比较落后，但决不允许有任何奴颜婢膝、卑躬屈节的表现。缺乏民族自信心的思想，使得人们容易迷信、畏惧以至仰仗外国。如同鲁迅形容的那样：对自己的国家、民族和人民，缺乏自信力，因为没有这种自信力，就转化为信外国，信资本主义国家的他信力，到头来变成了使人民上当也使自己吃苦的自欺力。孙中山的一生中，曾为了中国的独立富强，而无数次地向资本主义国家呼吁过援助，结果一切落空，反而遭到了

无情的打击。历史的教训告诉我们，搞革命搞建设都不能依赖别国，依赖别国只能受奴役，只能成为别国的附庸。所以，只有独立自主、自力更生，才是唯一的和可靠的道路。

我们坚持独立自主、自力更生的原则，把我国逐步建设成为社会主义的现代化强国，是有着充分的主客观条件的。首先，我们已经建立了优越的社会主义制度，有经过长期斗争锻炼的更加成熟的以马列主义、毛泽东思想为指导的党的正确领导，有勤劳、勇敢、智慧的十亿人民群众。人民群众掌握了自己的命运，又有一条马克思主义的路线，就一定能战胜前进中的各种困难，就一定会在社会主义现代化建设中，发挥出巨大的积极性和创造性。周恩来同志曾把亿万人民群众的伟大力量看作“是我们自信心的泉源”。[①] 其次，我们现在已经具备了一定的经济方面的基础。全国现在已经有了大中小型工业、交通企业40万个，国营企业固定资产值5000亿元，已建成了独立的比较完整的工业体系和国民经济体系。农业生产条件也发生了显著的改变，生产水平有了很大提高。第三，有正在开采和将要开采的丰富的矿产和石油资源。只就矿产资源来看，世界上已知的140多种矿产，在我国都可找到，其中132种已探明一定的储量，铁、煤、铜、钨、锡、锑、锌等17种主要矿藏已探明的储量居世界前列。在大陆上的100多万平方公里的沉积盆地上，找到了1400多个储油构造，沿海大陆架石油蕴藏量也很丰富。这说明，我们独立自主、自力更生地把我国建设成社会主义的现代化强国，是具有十分丰富的资源条件。一切悲观的论调和一切缺乏自信心的情绪是没有根据的。

在建设社会主义的现代化强国的过程中，必须反对教条主义态度，坚持与教条主义相对立的独立自主、自力更生的科学思想。教条主义说到底是不相信自身尤其不相信人民群众的力量，实际上做了“本本”和“条条”的俘虏。毛泽东同志在反对教条主义斗争中发展起来

① 《周恩来选集》上卷，人民出版社1980年版，第323页。

的独立自主、自力更生思想，就是把马列主义普遍真理与本国革命具体实践相结合。如列宁指出的："要独立地探讨马克思的理论，因为它所提供的只是一般的指导原理，而这些原理的应用具体地说，在英国不同于法国，在法国不同于德国，在德国又不同于俄国"。[①]毛泽东同志正是这种"独立地探讨"马列主义的典范。今天我们建设社会主义现代化强国，也必须"独立地探讨"马列主义、毛泽东思想，必须"埋葬教条主义"。持教条主义态度，就会出现那种"凡是"的现象，即"凡是"革命导师说过的不能动，革命导师没说过的不能干，革命导师笼统讲的不能具体做，革命导师批评过的就更不能做。这样只能窒息现代化事业的生机。《决议》中指明的，党的十一届三中全会以来确立的一条适合我国情况的现代化建设的正确道路的许多要点，可以说都是我们党以独立自主的革命精神，冲破"左"倾错误束缚，把马列主义普遍真理与我国具体实践相结合的产物。那些要点，有的是革命导师没有明确说过的，如在公有制基础上实行计划经济，同时发挥市场调节的辅助作用。有的是与革命导师当初的一些具体设想、具体说法不太一致的，如马克思、恩格斯设想的社会主义生产资料所有制形式，是单一的全民所有制；列宁、斯大林领导的苏联社会主义的生产资料所有制形式则基本上是全民所有制与集体所有制，而我们党从我国情况出发，指出除了国营经济和集体经济是我国基本的经济形式以外，一定范围的劳动者个体经济还是公有制经济的必要补充。甚至有的是革命导师曾经错误地提出过的，如毛泽东同志强调要以阶级斗争为纲，主张基本完成社会主义改造以后，我国社会的主要矛盾仍是无产阶级与资产阶级的矛盾。而现在我党从实际出发，把人民日益增长的物质文化需要同落后的社会生产之间的矛盾当作主要矛盾，使各项工作都必须服从和服务于经济建设这个中心。如果我们党囿于教条主义的束缚，一

① 《列宁选集》第1卷，人民出版社1972年版，第203页。

切唯“本本”是从，不去“独立地探讨”马列主义、毛泽东思想，没有实事求是、独立自主的科学态度，就不会产生出适合我国国情的现代化建设的正确道路。在今后的实践中，无论遇到什么新情况、新问题，我们都决不能动摇独立自主、自力更生的信心。对待外国现代化的经验也不能照搬照抄。

独立自主、自力更生的科学思想，也根本区别于那种闭关自守的思想。独立自主、自力更生的科学思想，丝毫也不排斥外力的作用。世界各国都有其优点，而且各国的经济文化都是相互联系的，尤其是近代以来，大工业的发展和资本主义世界市场的形成，已经“使一切国家的生产和消费都成为世界性的了”。[①]社会化大生产的一个根本特点就是交换的扩大，而且已经从国内交换扩展到国际交换。因此，必须注意合理地引进先进技术设备，学习国外先进管理经验，利用外国资金。这样做只会增强我们自力更生的能力。

独立自主、自力更生的思想是爱国主义与国际主义的统一。我们主要依靠自己的力量建设好社会主义，本身就是对全人类的重大贡献，同时也才能更好地履行国际主义的义务。苏联霸权主义诋毁我们独立自主、自力更生的方针是什么“民族主义”“单干”，恰好证明了他们践踏各国党之间平等的独立自主原则的霸权主义、大国沙文主义的反动本质。独立自主一贯是我党正确处理同其他党以及我国同其他国家关系的原则立场。

三、“独立自主、自力更生”体现了科学的世界观和方法论

毛泽东同志关于独立自主、自力更生的思想理论，是对马列主义的丰富和发展。马克思和恩格斯在强调无产阶级要发扬国际主义精神，在革命斗争中要互相支援的同时，还特别强调各国工人及其政党

① 《马克思恩格斯选集》第1卷，人民出版社1972年版，第254页。

要独立自主地决定和解决自己遇到的革命问题。认为一个国家的革命道路，“应当由这个国家的工人阶级自己选择”。[1]列宁也是一贯强调，革命斗争必须主要依靠本国革命人民的力量。他说：“劳动者不能依靠外力摆脱压迫得到解放；他们必须通过自己的斗争，自己的行动。”[2]列宁独立自主地把马克思主义运用于俄国革命，提出了社会主义革命可以在一国或数国首先胜利的伟大理论，并领导十月革命取得胜利。毛泽东同志把马列主义运用于中国革命，在领导中国革命的实践中产生的带有中国共产党人特色的独立自主、自力更生的伟大理论与实践，丰富和发展了马列主义。实践已充分证明，独立自主、自力更生是一个科学的思想理论。

独立自主、自力更生的思想扎根于马列主义的土壤之中，体现了科学的世界观和方法沦。

独立自主、自力更生所坚持的是实事求是、一切从实际出发的唯物主义的思想路线，它老老实实地以自身的现实力量为基本立脚点，既排斥那种不切实际的依赖外力的思想，又排斥那种超越实际可能性、不量力而行的思想。矛盾特殊性的原理表明，各个国家的实际情况互不相同，因此，只有实践于本国的革命政党和人民群众才可能真正了解本国的实际情况，也才能真正做到从实际出发。而别国的人们则不容易做到这一点。所以，恩格斯指出：无产阶级革命的策略，“必须因地制宜地决定，而且必须由处于事变中心的人来决定”。[3]

独立自主、自力更生的思想，生动地体现了唯物辩证法关于事物的发展是自己运动的思想和内因与外因辩证关系的原理。辩证唯物主义的发展观认为，世界上一切事物发展的根本原因不是在事物的外部，而是在事物的内部，在于事物内部的矛盾性。因而事物的运动是事物

① 《马克思恩格斯全集》第17卷，人民出版社1965年版，第683页。
② 《列宁全集》第27卷，人民出版社1986年版，第439页。
③ 《马克思恩格斯全集》第22卷，人民出版社1965年版，第518页。

本身的“自己运动”。[①] 一切事物都是矛盾的统一体，事物内部矛盾双方既互相同一又互相斗争，推动着事物的发展变化，使事物由一种质态转化为另一种质态。一个国家之所以发展变化，根本原因在于这个国家内部的矛盾运动。这种内部矛盾即内因是发展变化的根据和根本原因，而外部矛盾即外因是发展变化的条件和第二位的原因，外因只有通过内因才能起作用。这主要是因为：一个国家的内因决定着这个国家的性质。黑格尔说：“根据即是内在的本质，而本质实质上即是根据。”[②] 内因是根据，也就是说，一个国家的特殊的质，主要是由其内部矛盾规定的。一个国家的内因，还提供了国家发展变化的根本动力，通常也决定着该国家发展的道路、状态和速度，以及这个国家发展的趋势、结果。所以，各国革命和建设的胜利，必须由各国革命力量和人民群众独立自主、自力更生地争取，而且只有这样取得的胜利才能巩固和发展。事物的运动尽管是自己运动，但毕竟不是孤立运动，而是在一定的外因条件下的运动。因此，一个国家的发展变化，也总是离不开一定的外因作用。

独立自主、自力更生的哲学依据还在于，充分相信人民群众是社会历史发展的决定性力量。一个国家、民族之所以能不断发展，决定性的因素是该国家、民族中的人民群众。在阶级对抗的社会中，人民群众不断地反抗反动统治阶级的斗争，促进了阶级社会的上层建筑、经济基础的变化，因而不断促进社会生产力发生量的和质的变化。在生产资料公有制的社会中，劳动人民群众作为生产的主人、社会的主人，更显著地发挥着改造自然、利用自然，推动历史前进的伟大主力军作用。一个国家要把革命和建设搞好，不能希冀什么外部力量，而必须依靠本国人民群众自己独立自主、自力更生的斗争。

独立自主、自力更生的思想，揭示了革命和建设发展的客观规律，是无产阶级的科学的立场、观点和方法。独立自主、自力更生是实事

① 《列宁选集》第2卷，人民出版社1972年版，第712页。
② 《小逻辑》，商务印书馆1980年版，第268页。

求是、群众路线这两个毛泽东思想的活的灵魂的深化和体现。没有实事求是、群众路线，就没有独立自主、自力更生；而没有独立自主、自力更生，实事求是、群众路线也就难以贯彻和实现。这三个“活的灵魂”相辅相成，相得益彰。

生产力决定社会主义的前途命运*
——学习党的十三大报告

一、为什么说“破除离开生产力来抽象谈论社会主义的历史唯心主义观念，从根本上划清科学社会主义同种种空想的界限”，是一个“核心问题”？

党的十三大报告指出：“这里的核心问题是，必须破除离开生产力来抽象谈论社会主义的历史唯心主义观点，从根本上划清科学社会主义同种种空想的界限。”如何理解这个“核心问题”呢？

首先，强调生产力是一切社会发展的最终动力，是历史唯物主义的根本原理。历史唯物主义科学地指明，人类社会发展的最终动力来自生产力的矛盾运动，生产关系和上层建筑只有适应生产力的状况，才能促进生产力的发展。社会主义社会的产生，社会主义从一个阶段到另一个阶段的前进，以至共产主义的实现，归根到底，都离不开生产力的发展。这是马克思主义经典作家从《共产党宣言》开始一直强调的基本观点，离开这个观点，就等于离开了马克思主义，离开了科学社会主义。

* 本文刊载于《十三大报告学习辅导材料》，解放军出版社1987年版。

其次，是否承认生产力在社会发展中的最终决定作用，是科学社会主义与空想社会主义的根本分野。空想社会主义在理论上的根本缺陷就是站在唯心史观的立场上设计未来社会的图景，根本没有认识到社会主义理论必须建立在大工业的基础之上。恩格斯指出，空想社会主义者提出他们的救世良方的时候，资本主义的生产方式以及资产阶级和无产阶级的对立还很不显著，在英国刚刚产生的大工业，在法国还完全没有。但是，一方面，只有大工业才能发展那些使生产方式的变革和生产方式的资本主义性质的消灭成为绝对必要的冲突；另一方面，大工业又正是通过这些巨大的生产力来发展解决这些冲突所必需的手段。既然这些条件还不具备，而空想社会主义者又看不到这一点，那么他们就只能依靠思维着的理性来编织他们的理论体系了。在他们看来，真正的理性和正义之所以还没有统治世界，只是它们没有被人们认识，所缺少的只是个别的天才人物，现在这种人物已经出现。而且已经认识了真理，至于天才人物是现在出现，真理正是在现在被认识到，这并不是历史发展的进程所必然产生的，而只是一种侥幸的偶然现象。由此可见，空想社会主义唯心史观的核心，就是看不到生产力在历史发展中的作用。科学社会主义与此相反，它紧紧抓住生产力水平这一历史发展的最终动力，考察大工业所产生的生产方式和交换方式，进而揭示资本主义发展的必然归宿，预言社会主义和共产主义的必然胜利。这一科学真理已经得到实践的证实。科学社会主义的生命力就在于它植根于现实的土壤中，其中首要的就是社会生产力。

再次，离开生产力来抽象谈论社会主义，是导致社会主义的实践走向僵化的重要原因。革命就是为了解放生产力；建立社会主义制度，就是为了解除束缚生产力发展的资本主义桎梏，促进生产力更快的发展。这些本来是马克思主义的常识。但是，由于革命首先面临的是阶级斗争问题，是夺取政权问题，是建立社会主义的生产关系问题，因而容易给人们造成一种印象，仿佛进行阶级斗争，夺取政权，建立社会主义生产关系，就是社会主义的全部目的，发展生产力则被排除在目的之外，至少是放在次要地位了。这种由历史原因造成的片面认识再加上对马列某些论断的误解，就更强化了对发展生产力的忽视。从这样的认识出发，只能抽象地谈论社会主义，只能在上层建筑和生产关系的范围内论证什么是社会主义，什么不是社会主义，而忘记了无论是上层建筑，还是生产关系，它们是否属于社会主义性质，首先要看它们对生产力是起促进作用还是阻碍作用。例如社会主义所有制问题，离开生产力来抽象谈论，就必然导致崇尚“一大二公”，贬斥集体所有制和一定数量的个体所有制的倾向；又例如，社会主义的商品经济问题，离开生产力来抽象谈论，就必然导致对商品经济的种种非议。总之，离开生产力这个根本目的，就失去了判断是非优劣的标准，就搞不清什么是社会主义，就会把某些本来属于社会主义的东西，排除在社会主义之外，而把某些不属于社会主义的东西，附加到社会主义头上，使社会主义的实践走上束缚生产力的僵化的道路。这是几十年来各社会主义国家共同经历过的一个沉痛教训。

最后，社会主义优越性和吸引力的发挥，归根到底都取决于生产力的发展。通常所说的社会主义优越性和吸引力，主要是指：建立了生产资料公有制，实行按劳分配，消灭了人剥削人的制度；建立了人民当家作主的政权，结束了劳动人民政治上无权的地位和人压迫人的制度；建立了社会主义的精神文明，广大人民享有健康充实的精神生活；同时，社会主义制度促进生产力以旧社会不可比拟的速度迅速发展；等等。但是，这些优越性和吸引力的发挥，离开生产力的发展是不可能的。迅速发展生产力，既是社会主义优越性的重要体现，又是其他各方面优越性和吸引力充分发挥的根本保证。

综上所述，从唯物史观的基本观点，从科学社会主义与空想社会主义的分野，从社会主义实践的教训，从社会主义优越性的发挥，都说明破除离开生产力来抽象谈论社会主义的历史唯心主义观念，从根本上划清科学社会主义同种种空想的界限，是一个核心问题。

二、怎样理解一切有利于生产力发展的东西，都是符合人民根本利益的，因而是社会主义所要求的，一切不利于生产力发展的东西，都是违反科学社会主义的？

从根本上说，一切有利于生产发展的东西，都是符合人民利益的。我们知道，马克思、恩格斯曾深刻指出："我们首先应当确定一切人类生存的第一个前提"，就是"人们为了能够'创造历史'，必须能够生活。但是为了生活，首先就需要衣、食、住以及其他东西。因此，第一个历史活动就是生产满足这些需要的资料，即生产物质生活本身"。[①] 广大人民群众的利益一概系于社会生产。社会生产的发展，就是人民利益永不枯竭的源泉。只要有利于生产发展，就能使社会物质财富增值，就能不断改善劳动条件，就能促进社会向更高文明形态发展、前进。这些都是符合人民利益的。当然，在剥削制度下，一切有利于生产发展的东西，给人民带来的利益往往不是直接的、显著的和足够的。有时甚至会有这样的情况：虽有利于生产发展，但却加重了对劳动者的压榨、剥削。如泰罗制就是这样。列宁称这种管理制度为，"一方面是资产阶级剥削的最巧妙的残酷手段，另一方面是一系列的最丰富的科学成就"。[②] 它以部分劳动者所受的压榨为代价，换取了资本家的超额利润和企业管理上的进步。但它还是对社会生产力、从而对社会历史的发展起到积极作用。

在社会主义制度下，社会生产愈是发展，便愈能创造更多的物质财富，愈能直接、显著地给人民带来利益。社会财富总量的增多，就意味着为按劳分配提供了更多的分配内容。就劳动者所提供的劳动量与所得报酬的关系而言，是多劳多得，就全体劳动者、广大人民群众的物质、文化生活与社会生产的关系而言，则是多生产多得，即社会

① 《马克思恩格斯选集》第1卷，人民出版社1972年版，第32页。
② 《列宁选集》第3卷，人民出版社1972年版，第511页。

生产的越多，人民得到的也越多。

既然一切有利于生产发展的东西，都是符合人民根本利益的，那么也必然是社会主义所要求的，或者是社会主义所允许的。邓小平同志精辟地指出：“我们讲共产主义，共产主义的含义是什么？这就是各尽所能，按需分配。这就要求社会生产力高度发展，社会物质财富极大丰富。所以，社会主义阶段的最根本任务就是发展生产力。”社会主义革命就是为了解放生产力、发展生产力。社会主义革命的胜利，只是意味着为发展生产力创造了根本性的前提条件，而不是意味着生产力发展的终结，要去搞别的什么。发展生产力，这个社会主义的最根本任务表明，社会主义丝毫也不排斥一切有利于生产发展的东西。发展生产力既是社会主义的根本任务，又是社会主义的内在要求。社会主义作为一种社会制度，它的最根本的优越性就在于能够以先前其他社会形态所不能比拟的广度、深度、速度来发展生产力，不然它就没有什么生命力。社会主义所以能够战胜资本主义，并将最终在全世界获得胜利，根本的原因就是在于它具有最大的容量容许生产力的发展。不发展生产力，社会主义就失去了它赖以存在、发展的物质基础。社会主义的公有制、按劳分配等，都是社会主义的本质所要求的，而这些内容也是有利于发展生产力的。否则，它们也就失去了存在的理由。

有些东西在表面上看来似乎与社会主义不相容，比如个体经济、中外合资企业、外商独资企业、租赁制、股份制等，但它们能促进生产的发展，因此，也是社会主义尤其是社会主义的初级阶段所允许的。

三、为什么说只有坚持四项基本原则，才能从根本上保证生产力的发展；只有坚持改革开放，才能进一步解放仍然受到束缚的生产力，促进生产力迅速发展？

党中央明确指出：十一届三中全会的路线基本点是两条，一条是坚持四项基本原则，一条是改革、开放、搞活的方针。两者互相联系，缺一不可。有些人把改革、开放、搞活同坚持四项基本原则对立起来，认为强调四项基本原则会妨碍改革、开放，要改革、开放就不能坚持四项基本原则，这种看法是很错误的。两个基本点，一个是立国的根本，一个是总方针。四项基本原则决定并保证改革、开放的方向，改革、开放是为了更好地完善社会主义制度，改善党的领导，更好地坚持四项基本原则，更好地发挥四项基本原则的作用。

两个基本点都是为着发展生产力，为着更好地建设有中国特色的社会主义。不仅改革、开放是为了发展生产力，而且坚持四项基本原则最终也是为了发展生产力，提高人民的物质、文化生活水平。

四项基本原则，是我们国家政治制度、经济制度的主要标志，是我国上层建筑和经济基础的主要内容。历史唯物主义的基本原理告诉我们，生产关系一定要适合生产力的状况，上层建筑一定要适合经济基础的状况，这是社会发展的两条客观规律。上层建筑要促进经济基础的巩固、发展和完善，上层建筑、经济基础必须适应于生产力的状况，有利于生产力的发展。邓小平同志多次强调，社会主义的首要任务是发展生产力，逐步提高人民的物质和文化生活水平。从1958年到1978年这20年的经验告诉我们：贫穷不是社会主义，社会主义要消灭贫穷，不发展生产力，不提高人民的生活水平，不能说是符合社会主义要求的。社会主义的任务，实际上也主要是指的社会主义国家上层建筑与经济基础的任务。

我们坚持社会主义道路，实行以公有制为主体的生产资料所有制和按劳分配制度，发展社会主义商品经济，就是为了解放生产力、发展生产力，而且也证明能够有效地解放和发展生产力。社会主义的生产资料公有制，实现了劳动者与生产资料的结合，劳动人民成了生产资料的主人，掌握了对生产资料的所有权、占有权、使用权和支配权，这就为社会生产力的高速发展开辟了广阔的道路。我们坚持无产阶级专政，就是为了一方面对那些反动分子、敌特分子、各种破坏社会主义秩序的刑事犯罪分子进行专政，保证安定团结的局面，建设强大的国防，保卫社会主义建设和人民的安居乐业；另一方面也是为了对广大人民实行社会主义民主。这两方面归根到底，都是为了迅速地发展生产力，提高人民的物质、文化生活水平。坚持共产党的领导，坚持马列主义、毛泽东思想，就是为了在我们的建设事业和其他事业中，有一个坚强而正确的领导核心，有一个科学的指导思想。这些都是在当代中国发展生产力所不可缺少的根本保证。

我们实行改革、开放的方针，也完全是为了发展生产力。恩格斯讲过："我认为，所谓'社会主义社会'不是一种一成不变的东西，而应当和任何其他社会制度一样,把它看成是经常变化和改革的社会。"[1]我们现在处于社会主义的初级阶段，需要通过改革清除旧社会遗留的痕迹，通过改革改变僵化的经济体制和政治体制，不断建立、健全和完善社会主义的各种新制度、新章法，从而进一步解放和发展生产力。通过改革种种不适应或阻碍生产力发展的管理制度和管理体制，建立充满生机、活力的社会主义经济体制，进一步解放并大大发展了生产力。农村多年的改革已大见成效，农村生产力有了很大发展，使百分之九十的农民生活得到了改善。城市体制改革也已取得重要成果。

实行对外开放也是为了发展生产力。我国人口多，底子薄，建设资金缺乏，技术设备和经营管理比较落后。要改变这种状况，除了主要依靠自己的力量外，还需要有计划地引进一些国外的先进技术、设备和管理知识，尽可能地利用外资。从1980年到1985年，全国共引进国外技术1.4万多项，其中有相当部分是具有国际70年代末和80年代初期水平的先进技术和关键设备。通过实行开放，使我国不少企业和行业的技术水平和管理水平有了显著提高，增强了在国际市场上的竞争能力。

坚持四项基本原则和改革、开放，就是这样由一条"纽带"——

---

① 《马克思恩格斯全集》第37卷，人民出版社1965年版，第443页。

都是为了发展生产力——紧紧地联系在一起。只是前者侧重于为发展生产力提供根本前提和保证，后者则侧重于为发展生产力直接创造条件。

四、为什么说离开了生产力标准，用抽象原则和空想的模式来裁判生活，只能败坏马克思主义的声誉？

毛泽东同志在40年代就深刻地指出："中国一切政党的政策及其实践在中国人民中所表现的作用的好坏、大小，归根到底，看它对于中国人民的生产力的发展是否有帮助及其帮助之大小，看它是束缚生产力的，还是解放生产力的。"① 这个深刻的道理告诉我们，衡量、评估一切社会现象的优劣、得失、功过及其程度，最根本最重要的一个标准，就是生产力标准，即对生产力起了什么作用以及作用之程度。而不能用抽象原则和空想的模式来裁判生活；否则，就只能得出错误的结论，如果还是打着马克思主义的旗号，那就只能败坏马克思主义的声誉。

在一个多世纪的国际共产主义运动中，自觉不自觉地以抽象原则和空想模式来裁判生活，结果败坏了马克思主义声誉的现象并不鲜见。以社会主义与商品经济的关系来说，在我们之前的几乎所有的社会主义者（从空想社会主义者到科学社会主义者）都认为，社会主义是不应该有商品经济的。空想社会主义的创始人莫尔在16世纪初写的《乌托邦》一书中写道："各个地区并不是商品的生产者，他们的产品也不和其他地区交换，各个地区都为整个民族进行生产，整个民族才是生产资料的所有者。"其后的空想社会主义者康帕内拉、欧文等也都把商品经济与私有制联系在一起，视为社会主义要消灭的对象。科学社会主义的创始人马克思、恩格斯也认为，社会主义阶段不应该有商

① 《毛泽东选集》合订本，人民出版社1966年版，第1079页。

品经济。马克思、恩格斯原来设想的社会主义，是建立在资本主义高度发达的基础上的，商品经济已经高度发展，革命一旦成功，便可实行单一的生产资料全民所有制形式，“商品生产就将被消除”。[①] 然而，多数社会主义国家，都是在资本主义经济很不发达的情况下取得革命胜利的。因此，社会主义国家还必然存在商品经济，必须实行在公有制基础上的有计划的商品经济，必须在坚持社会主义公有制占绝对优势的前提下，积极发展多种经济形式和灵活的经营方式，允许发展集体经济、个体经济、中外合资企业和外商独资企业。如果用抽象原则和空想的模式来裁判生活，像“左”的思想盛行时期那样，只是一味地“穷过渡”，搞“一大二公”，把个体经济当作“资本主义的尾巴”一割再割，否定或忽视价值规律、商品经济、市场调节的地位、作用，而且还以为这样做是坚持马克思主义。可是到头来，却严重地束缚、阻碍了社会生产力的发展，人民群众的物质、文化生活难以改善，使不少人对马克思主义产生了怀疑，败坏了马克思主义的声誉。

马克思主义经典作家一再告诫我们：共产主义、社会主义“不是从原则出发，而是从事实出发。被共产主义者作为自己前提的不是某种哲学，而是过去历史的整个过程，特别是这个过程目前在文明各国的实际结果”。共产党人的理论原理，决不是以这个或那个世界改革家所发明或发现的思想、原则为依据的。一切都是为了发展社会生产力，提高人民群众的物质、文化生活水平，为此，就必须“随时随地都要以当时的历史条件为转移”。[②] 遵循着这些思想去努力实践，不断开拓前进，才能很好地坚持、发展马克思主义，维护和提高马克思主义的声誉。

---

① 《马克思恩格斯选集》第 3 卷，人民出版社 1972 年版，第 441 页。

② 见《马克思恩格斯全集》第 4 卷，人民出版社 1965 年版，第 311—312 页；《马克思恩格斯选集》第 1 卷，人民出版社 1972 年版，第 264、第 228 页。

五、为什么说我们既不把书本上的个别论断当作束缚自己手脚的教条，也不把实践中已见成效的东西看作完美无缺的模式？

在新的历史时期，我们要把中国这样原来经济、文化落后的国家，建设成为现代化的社会主义强国，这确实是一个极其复杂的伟大的创造性工程。在这个伟大的创造性工程中，要切忌把书本上的个别论断当作束缚自己手脚的教条。即使是马克思主义经典作家们的书本上的个别论断，也都是针对着当时当地一定的具体问题所进行的论述，而绝不是为社会主义建设提供包医百病的药方。既然是这样，我们就不能“唯书、唯上”，不能把革命领袖们和上级领导机关的书本、文件、指示中的个别论断，当成可以解决一切问题的答案，当成束缚自己手脚的教条。而应该“唯实”，实事求是，从实际出发。只要是能够促进社会生产力发展的，有利于人民利益的，不管它与书本上的个别论断是否符合，都要坚定不移地干下去。

列宁没有拘守于马克思、恩格斯关于社会主义革命不可能在一个国家内获得胜利的个别论断，没有做马克思主义字句的俘虏，而是善于抓住马克思主义中主要的本质的东西，坚持对具体情况进行具体分析，根据对帝国主义阶段资本主义经济、政治发展不平衡规律的研究，对俄国社会发展状况和当时国际环境的科学分析，从理论和实践的结合上正确解决了社会主义在一个国家首先胜利的重大问题。毛泽东同志在20世纪20年代后期和30年代前期，大无畏地与党内盛行的把马克思主义教条化、把共产国际决议和苏联经验神圣化的错误倾向作斗争，没有把他们关于革命要以城市工人武装起义为中心的论断当作束缚自己手脚的教条，而是主张“中国革命的胜利要靠中国同志了解中国情况”（《反对本本主义》）。主张从中国的具体国情出发，走以农村包围城市、最后夺取全国胜利的革命道路。实践证明了毛泽东同志的英明、伟大。党的十一届三中全会以来，我们党在领导社会主义现代化建设中，在许多重大问题上（如商品经济、个体经济等），没有把书本上的个别论断当作束缚自己手脚的教条，而是坚持马克思主义普遍原理与中国的具体实际相结合，从实际出发，实事求是，把实践作为检验真理的唯一标准，勇于创造，开拓前进，从多方面发展了马列主义、毛泽东思想，促进了我国社会生产力的发展，提高了广大人民群众的物质、文化生活水平。国际共产主义运动的实践反复证明，如果把书本上的个别论断当作束缚自己手脚的教条，就必然窒息革命理论和革命实践的生机、活力，革命事业就难以取得胜利。

六、为什么说只要努力发扬马克思主义的科学精神和创造活力，在实际工作中鼓励探索、开拓，在理论研究上坚持百花齐放、百家争鸣，我们的事业就会不断前进，我们的队伍就会更加团结、兴旺、发达？

马克思主义“这一理论对世界各国的社会主义者之所以具有不可遏止的吸引力，就在于它把严格的和高度的科学性（它是社会科学的最新成就）和革命性结合起来，并且不是偶然地结合起来（即不仅因为学说的创始人本人兼有学者和革命家的品质），而是把二者内在地和不可分割地结合在这个理论本身中”。[①]马克思主义在全世界不断获得胜利，在我国胜利的深度、广度也在日益发展。过去，我们努力发扬马克思主义的科学精神和创造活力，在革命斗争中，努力探索、开拓，在理论研究上坚持解放思想、发扬民主的方针，我们党所领导的新民主主义革命和社会主义革命、建设，都取得了重大的成就。特别突出的是，我们党从1942年开始的延安整风运动，对全党进行了深入的马克思主义的教育，充分发扬了民主，坚持“知无不言，言无不尽”，“言者无罪，闻者足戒”，鼓励广大干部、群众大胆探索、开拓，

① 《列宁选集》第1卷，人民出版社1972年版，第81页。

从理论上到实践上都获得了辉煌的胜利，革命队伍也空前团结、兴盛、发达起来。党的十一届三中全会以来也是如此。坚持了实事求是，解放思想，团结一致向前看和百花齐放、百家争鸣的方针，打破了被“左”的错误路线禁锢和僵化的局面，干部队伍、理论队伍、文艺队伍空前团结、兴旺，富有朝气，党的各项事业蓬蓬勃勃向前发展。今天我们要认真吸取历史的宝贵经验，珍惜、爱护现在的安定团结局面，进一步发扬马克思主义的科学精神和创造活力，鼓励广大干部、群众积极地去探索，开拓前进，更好地坚持百花齐放、百家争鸣的方针，我们的事业就一定会不断前进，我们的队伍就一定会更加兴旺、发达。

只有发扬马克思主义的科学精神，我们才能尊重客观规律，按照客观规律办事。尊重知识，尊重人才，并在大力建设社会主义精神文明的同时，加强科学文化教育，注重培训各种人才。加强调查研究，克服官僚主义，深入实际、深入群众，实事求是。再也不能不讲效益地蛮干而支付巨额的“学费”了。科学社会主义的实践，离开了科学精神、科学思想的指导，就会受挫折、走弯路。

只有发扬马克思主义的创造活力，鼓励广大干部、群众勇于探索、开拓，我们的事业才能不断前进。建设有中国特色的社会主义，无疑是前无古人的伟大的复杂的创造工程。其间矛盾错综复杂，许多问题是我们过去所没有接触过的，而且在科学社会主义的经典著作那里也找不到现成答案。外国也没有现成经验可供照搬。创造性的事业迫切要求我们进一步解放思想，勇于探索，开拓前进。随着我们国家进一步深入推进改革开放，势必要求我们的思想也要跟上时代前进的步伐，改变那种不适应新形势、新情况的旧观念、旧习惯。我们的思想认知要面向现代化，面向世界，面向未来。只要是符合四项基本原则，有利于生产发展的，就要敢想、敢说、敢干。在探索、开拓前进中，难免会出现一些失误，但是只要及时发现、及时纠正，仍然能够把失误转化为教训，引为借鉴，可以更好地前进。

只有进一步健全社会主义的民主制度，在理论研究中坚持“百花齐放，百家争鸣”的方针，才能确实调动大家的积极性、创造性，集中群众的智慧，使我们的事业不断向更高水平前进。由于建设事业的极其复杂，又有许许多多的新情况、新问题，这些反映到人们的头脑中，必然会产生各种各样的认识、意见。这应该说是一种正常的现象。对于各种不同认识、意见的争论，只要坚持马克思主义的科学精神，坚持“双百”方针，就不难引导到积极、健康的方向上来，我们的理论队伍也就既能够民主、自由，心情舒畅，又能保持组织纪律和统一意志，从而更加团结、兴旺、发达。

古田寻根*

——纪念古田会议70周年

冬日，在厦门开完会，几位朋友不约而同地提出到闽西上杭县古田村去。这是我们几个政治工作者久存的夙愿。

古田会议陈列馆就建在70年前的古田会议地址。周围茂林修竹，流水潺潺，这似乎象征着红军的蓬勃生机。

伟岸的身躯，清癯的面庞，富有穿透力的睿眸，力挽狂澜的手势——毛泽东同志当年的几幅照片，把我们引回到了70年前的古田。

1929年，刚刚诞生的红军，难免幼年时期的稚弱。有不少官兵是从国民党军队过来的，他们也随之带来了旧军队的不良思想作风；有些人不把党代表制度看成是人民军队的一项重要建军原则；有的不重视政治工作，认为政工干部是“卖狗皮膏药的”；有的认为红军的任务只是单纯地打仗，不重视根据地建设，不愿做艰苦的群众工作；打骂士兵经常出现；有的破坏群众纪律，搜俘虏腰包；等等。针对这些情况，担任红四军党代表的毛泽东同志首先进行了认真的调查研究，并深入到广大官兵之中做思想政治工作。

据1929年5月的统计，红四军有4000余人，其中中共党员

* 本文发表于《解放军报》（有修改）1999年12月18日。

1329 人，占 33.2%。在这些党员中，有农民 626 人，占 47%；工人 310 人，占 23.4%；小商者 106 人，占 8%；学生 192 人，占 14%；其他 95 人，占 7%。由此可见，党员中农民和其他小资产阶级出身的人就占 70%，在整个部队中农民的比重更大。当时，由于频繁作战，政治思想工作又没跟上，各种非无产阶级意识和旧军队的作风，在红四军部队中泛滥起来，其中比较突出的是：单纯军事观点、极端民主化、非组织观点、绝对平均主义、个人主义、流寇思想、盲动主义残余等。这些非无产阶级思想，极大地妨碍了党的正确路线的贯彻执行。在农村游击战争的条件下，如何克服非无产阶级思想，把以农民为主体的红军部队建设成为一支无产阶级政党领导的人民军队，成为当时一个亟待解决的带根本性的问题。

1929 年 12 月 28 日，中国共产党红军第四军第九次代表大会（即古田会议）在福建上杭古田的廖氏宗祠召开。会上，毛泽东作政治报告，朱德作军事报告，陈毅传达中央 9 月来信以及中央关于开除取消派陈独秀等党籍的决议案。会议讨论了中央的指示，总结了红四军前委工作的经验教训，一致通过了毛泽东起草的 8 个决议案（史称古田会议决议）。

古田会议决议的内容极其丰富，其主要内容包括：一是规定了红军的性质和任务。决议明确指出，“中国的红军是一个执行革命的政治任务的武装集团”，“除了打仗消灭敌人军事力量之外，还要担负宣传群众、组织群众、武装群众、帮助群众建立革命政权以至于建立共产党的组织等项重大的任务”。规定红军不仅担负打仗的任务，还执行筹款和做群众工作的任务，即“三大任务”。决议还批判了不重视根据地建设的流寇思想和不愿做群众工作的错误倾向。二是确定了中国共产党对红军的领导原则。决议强调必须从思想上、政治上进行党的建设，还必须加强党的组织建设，指出要在红军中健全党的各级组织，“厉行集中指导下的民主生活”。规定每连建立一个党支部，每班建立一个党小组。加强党内教育，严格党的纪律，开好党的会议，提高党内政治水平。决议批判了极端民主思想和非组织观点等错误倾向。三是明确了军事与政治的关系。决议指出，“军事只是完成政治任务的工具之一”。决议批判了“军事好，政治自然会好”和“司令部对外”以及把政治机关隶属于军事机关的单纯军事观点。四是强调进行马克思列宁主义和党的正确路线教育。决议指出，红军党内“存在着各种非无产阶级的思想”，最迫切的问题是教育的问题，要从教育上提高党内的政治水平，使党员的思想和党内的生活都政治化、科学化。

在古田村召开著名的红四军第九次党的代表大会即古田会议上，毛泽东同志根据调查情况和两年来的建军经验教训，亲自起草了《中国共产党红军第四军第九次代表大会决议》(古田会议决议)。

“红军是一个执行革命的政治任务的武装集团”，要“从教育上提高党内的政治水平”，“加紧官兵的政治训练”，“使党员的思想和党内的生活都政治化，科学化”，“党对于军事工作要有积极的注意和讨论”，“编制红军法规”，要“克服个人主义、享乐主义、小团体主义”等错误倾向，要加强党对军队的领导，“一切工作，在党的讨论和决议之后，再经过群众去执行”……

铿锵有力的湖南口音，伴随着毛泽东推翻旧世界巨臂的挥动犹在耳畔回荡。会议旧址的条桌、长凳显得苍老，可是仍然那么圣洁、坚实，依然静谧地摆放着。虽然人去室空，但依稀可见朱德、陈毅、彭德怀、罗荣桓等红军将领严肃而英武的身影，他们时而静静地谛听着报告，时而又热烈地讨论着。我逐字逐句地看着那些历史记录，逐室逐物地瞻仰着先贤先烈们的遗物。

根据中共中央的指示，古田会议选举产生了新的中共红四军前敌委员会，大会选举毛泽东、朱德、陈毅、李任予、黄益善、罗荣桓、林彪、伍中豪、谭震林、宋裕和、田桂祥为前委委员，毛泽东重新当选前委书记。

古田会议结束后，红四军立即开展了传达贯彻会议决议的活动，把决议当作党课教材，视为红军法规。红四军首先组织干部逐条地学习了大会的决议，党委和各支部都按照决议逐条地、全面地检查了本部队、本支部存在的问题。许多干部、战士都自动地检查了自己，并开展了批评。后来就逐步克服了不重视党的领导、不愿做群众工作、打骂士兵、破坏俘虏政策、破坏群众纪律等不良倾向。各地红军也都学习贯彻落实古田会议决议精神，使这支人民军队逐渐沿着毛泽东同志指引的正确方向前进。

古田会议决议，是我党我军建设、发展的纲领性文献，是人民军队置于党的领导下，贯彻马克思列宁主义建军路线的根本标志和转折点。

返回途中，汽车在弯曲不平的山路上颠簸着。缕缕思绪总是挥之不去。这山、这水、这路，都少不了崎岖曲折，一支军队或一个国家的发展，也不可能径情直遂、一帆风顺。最为关键的是要有真正杰出的领导人及正确的路线和制度，并保证其落实。

始终不渝坚持党对军队绝对领导*

——纪念中国共产党成立80周年

建军之魂，胜利之本——人民军队永远忠于党

记者：党的三代领导核心特别强调“党指挥枪”，为什么说坚持党对军队的绝对领导，是我军政治上永远合格的根本保证？

杨春长（以下简称“杨”）：党对军队的绝对领导，是我军永远不变的军魂，是保持人民军队性质的根本原则、根本制度。首先，只有坚持党对军队的绝对领导，才能确保人民军队的性质。1989年11月12日，邓小平同志在即将离开中央军委领导岗位的时候，明确指出：军队要始终不渝地坚持自己的性质，“这个性质是，党的军队，社会主义国家的军队，人民的军队”。就是说，“我们的军队始终要忠于党，忠于国家，忠于社会主义，忠于人民”。要使军队始终保持这种革命性质，说一千道一万，就是必须使军队置于党的绝对领导之下，把军心凝聚在党的旗帜下，坚决贯彻执行党的路线方针政策，坚持听从党的指挥，党指到哪里就打到哪里。在市场经济、知识经济、科技革命的新形势下，党的先进性集中体现在“三个代表”。这种先进性的党，

* 本文系人民日报记者访谈，发表于《人民日报》2001年7月25日。

也通过“绝对领导”的途径、方式决定着人民军队的先进性。离开了党的绝对领导，军队的性质就会嬗变、质变。其次，只有坚持党对军队的绝对领导，才能担负起军队的使命，完成好党和军队的各项任务。几十年前的井冈山时期、长征时期、延安时期，敌人极其凶残，环境特别险恶，我军为什么能从小到大、以弱胜强？根本的一条就是坚持了党的正确领导和指挥。同样的新形势下，认真遵循党的指示，按照党所制定的政策、制度办，就能一如既往地使我们这支军队不被敌人的真枪实弹打垮，不被糖衣炮弹击垮，不被落后、困境拖垮，从而走向新的胜利。

记者：从我党我军的历史看，党对军队绝对领导如果坚持不好就会出现严重后果，请联系历史和现实谈谈这个问题。

杨：历史上红军长征时，张国焘拥兵自重，搞枪指挥党，给党和红军造成巨大损失。抗日战争时期，王明推行“一切服从统一战线”，削弱共产党对人民军队的领导，也造成了严重危害。因此，在长期的革命斗争中，我们党同各种否定、放弃、破坏党对军队绝对领导的思想和行为进行了坚决斗争，坚持从思想上、政治上、组织上牢牢掌握军队。同时，还要看到国内外的敌对势力，一直妄图推翻我们的社会主义制度，否定共产党的领导。他们要乱国必先乱军，乱军就要釜底抽薪，取消党对军队的领导。因此，坚持党对军队的绝对领导，并不是任意的规定，而是历史的与逻辑的正确结论。再者，我们党在革命战争时期，依靠人民和人民军队夺取政权；胜利后，还必须坚持党对军队的绝对领导，巩固政权，这样才能确保执政党的稳固地位。统治阶级一旦与军队分离，统治权就会丧失，这是一个铁则。所以，在党对军队绝对领导这个重大问题上，我们切不可犯幼稚病和糊涂病。

基础不牢，地动山摇——继承和发扬支部建在连上优良传统

记者：坚持党对军队的绝对领导，无疑涉及一项重要的组织制

度——“支部建在连上”。请问它是如何建立和发展的？对新时期基层党的建设有何指导作用？

杨：1927年“八七会议”以后，毛泽东同志受党中央委托，领导了湘赣边界秋收起义。9月29日，起义部队到达江西永新县三湾村。因敌强我弱和个别领导指挥失当，部队损失惨重，思想混乱。担任前敌委员会书记的毛泽东，决定将剩下的不足千人的队伍由原来的一个师缩编为一个团，定名为工农革命军第一军第一师编为一团；建立、健全了党的各级组织和党代表制度，把支部建在连上；在连以上设立士兵委员会，实行官兵一致的原则，建立了军队内部的民主制度。这就是著名的“三湾改编”，是我党建设新型人民军队的重要开端和标志。毛泽东同志提出并决定党支部建在连上的原则，是党的建设、军队建设中的一个伟大创举，是保证党对军队绝对领导的一项重要组织制度。连队是军队的基层战斗单位，把支部建在连上，使它成为连队官兵团结与战斗的核心，能够发挥坚强的战斗堡垒作用。江泽民同志主持军委工作以来，高度关注军队基层党的建设，多次强调，部队建设的基础在基层，基层的核心是党支部，基础不牢，地动山摇；把基层党支部建设好，就要保证把党的思想工作、政治工作、组织工作做到广大官兵中去；等等。

记者：“古田会议”是在什么情况下召开的？为何说它是人民军队建设史上的重要里程碑？

杨：党领导的军队建立之初，主要成分是由起义的国民党旧军队及农民组成，他们不可避免地会把各自原有的观念和习惯带到红军队伍中来。加上一部分人习惯于旧军队的领导方式，对党对军队的领导不赞成，有怀疑。他们强调“军官权威”，喜欢“长官说了算”，并主张“司令部对外”，政治部只能“对内”，对军队只能指导，不能领导，等等。这些错误观点和旧习惯的存在，极大地削弱了红军的战斗力，严重影响了党对军队的绝对领导。在这种情况下，中共红四军委员会于1929年12月下旬在福建上杭县古田镇召开第九次代表大会（简称“古田会议”)。会议通过了几个决议，其中最重要的是《关于纠正党内的错误思想》的决议。决议指出中国的红军是“一个执行革命的政治任务的武装集团”，必须绝对服从党的领导，批评了那种认为军事和政治对立的单纯军事观点。古田会议决议是党和红军建设的纲领性文件。它解决了在农村进行战争的环境中如何保持党的无产阶级先锋队性质和建设无产阶级领导的新型人民军队这个根本问题。所以说，它是人民军队建设史上重要的里程碑。

贯彻“三个代表”重要思想，注重质量建设——保证我军“打得赢”“不变质”

记者：党和人民军队的宗旨都是全心全意为人民服务。是否可以说，军队忠于党就是忠于人民?

杨：我军的历史，实质上就是一部全心全意为人民服务的历史。江泽民同志在“七一”讲话中明确指出：“全心全意为人民服务，立党为公，执政为民，是我们同一切剥削阶级政党的根本区别。”党和军队的宗旨都是全心全意为人民服务。毛泽东同志说过：“共产党人的一切言论行动，必须以合乎最广大人民群众的最大利益，为最广大人民群众所拥护为最高标准。”党的路线、作风也特别强调联系群众、依靠群众。江泽民同志提出的“三个代表”重要思想，强调党必须代表中国最广大人民群众的根本利益。从党的性质、宗旨、理论、路线、作风、要求看，都是一切为了人民、一切依靠人民，所以军队忠于党就是忠于人民，二者是一致的。

记者：人民军队如何模范实践“三个代表”重要思想，更好地履行党和人民赋予的神圣使命?

杨：一支强大的军队，一个巩固的国防，始终是改革开放和现代化建设的坚强后盾，是国家政权巩固、社会稳定、人民安全的可靠保证。我军作为党缔造和领导的人民军队，作为执行党的革命政治任务的武装集团，历来以党的旗帜为旗帜，以党的方向为方向。因此，人民军队要做“三个代表”重要思想的模范实践者，继续保持党员的先进性和战斗力，最根本的是要回答和解决“打得赢”“不变质”两大历史性课题。近年来，党中央、中央军委根据国际国内的形势，重视和加强军队建设，要求全军以邓小平新时期军队建设思想为指南，认真贯彻落实江泽民同志关于军队建设和军事斗争的一系列重要论述精神，实行科技强军、依法治军，努力建设一支强大的现代化、正规化革命军队。

对“最大优势”与“最大危险”的思考*

——学习党的十六大报告和群众路线

党的十六大报告深刻指出：“我们党的最大政治优势是密切联系群众，党执政后的最大危险是脱离群众。在任何时候任何情况下，都必须坚持党的群众路线，坚持全心全意为人民服务的宗旨，把实现人民群众的利益作为一切工作的出发点和归宿。”这一重要论断，对于巩固和加强新时期党群关系，实现好、维护好和发展好人民群众的根本利益，始终保持党同人民群众的血肉联系，防止“最大优势”变为“劣势”，使我们党永远立于不败之地，具有十分重要的意义。

一

密切联系群众，是我们党的最大政治优势。全心全意为人民服务，始终同人民群众保持血肉联系，是我们党区别于其他任何政党的一个显著标志，是我们党的优良传统和立于不败之地的根本保证。中国共产党具有得天独厚的条件，它同人民群众的鱼水关系、血肉关系，可以说是“天赋”的、本能的、与生俱来的。马克思、恩格斯早在《共

* 本文发表于《光明日报》（摘录）2003年5月12日。

产党宣言》中就指出，共产党人没有同整个无产阶级利益不同的利益。中国共产党是在与人民群众密切联系、共同战斗中诞生、发展、壮大、成熟起来的。从她诞生之日起，就把紧紧地与全中国人民站在一起，全心全意为人民服务，作为自己唯一宗旨。一部中国共产党产生、发展、壮大的历史，就是不断获得人民信任、拥护和支持的历史。在中国人民的解放斗争中，共产党民心所向，依靠良好的党群关系，获得了人民群众对革命事业的充分支持。在取得革命胜利、夺取全国政权以后，我们党由一个革命党成为领导人民进行社会主义现代化建设执政党。针对所处的地位、环境和所肩负任务的变化，以及适应新时期党群关系中出现的新情况、新问题，我们党不断加强和改进自身建设，始终保持同广大人民群众的血肉联系，团结和带领群众，战胜一切困难，取得了社会主义革命、建设和改革的辉煌成就。中国共产党的一切胜利都是人民的胜利，中国共产党的政治优势就是人民的优势。当前，我们进行的建设中国特色社会主义的伟大事业，从根本上说，是人民的事业。要把建设有中国特色社会主义事业不断推向前进，没有人民群众的拥护、支持和最广泛的参与，我们的改革和建设就会寸步难行，我们的事业将会一事无成。

党的历史和现实的经验表明：群众的信任、拥护和支持是革命、建设和改革事业成功的根本保证。中国共产党之所以从一个起初没有多少党员、弱小的革命党，逐步发展成为一个拥有数千万党员、领导13亿人民和连续执政半个多世纪的大党，之所以成为领导人民进行革命、建设和改革的核心力量，最根本的原因，就在于她始终坚持一切为了群众、一切相信群众、一切依靠群众，从群众中来、到群众中去的群众路线，始终坚持同人民群众保持着血肉联系，赢得了人民群众的依赖、爱戴与支持，因而中国共产党具有强大的生命力、凝聚力、创造力和战斗力。

在人民群众中生长、成熟和发展起来，始终为人民群众的利益而奋斗，是中国共产党的生命力之所在。党的生命力，是党具有强大的凝聚力、战斗力和创造力的基础与保证。中国共产党自觉地把合乎最广大人民群众的最大利益，为最广大人民群众所拥护为最高标准，并以此作为自己一切工作的出发点、过程及其归宿。因而，中国共产党获得了人民群众这一最宝贵的财富，使自身的生存、发展有了坚强的后盾和深厚的基础。如果我们把人民当作土地，共产党就好比种子。共产党只有深深地扎根于人民这块土地上，才能生根、开花和结果，才能长盛不衰、兴旺发达。

一切为了人民群众，永远与人民群众同呼吸、共命运、心连心，是中国共产党的凝聚力之所在。党的凝聚力，是党具有强大的生命力、战斗力和创造力的内在表现。凝聚力即事物的内聚力和向心力。党的全心全意为人民服务的根本宗旨，党和人民利益的一致，党的路线和纲领的正确，党的英勇牺牲和斗争精神，是党吸引广大人民群众的巨大磁场，使党产生了巨大的感召力、吸引力和凝聚力，使中国人民把中国共产党当作自己利益的最忠实代表，使党和人民群众建立了鱼水相依、骨肉相连、生死与共的亲密联系。

一切相信群众，充分发挥人民群众的重要性主动性创造性，是中国共产党的创造力之所在。党的创造力，是党具有强大的生命力、凝聚力和战斗力的活力源泉。千百万群众的实践是一切知识和智慧的源泉。人民群众中蕴藏着无穷的威力、智慧和创造力。共产党只有深深地扎根于人民之中，同广大群众结合在一起，才有力量、有智慧、有办法，才能够经受考验，战胜困难，做好惊天动地的光辉业绩。

一切依靠群众，动员和组织人民群众，筑成坚不可摧的铜墙铁壁，是中国共产党的战斗力之所在。党的战斗力，是党具有强大的生命力、凝聚力和创造力的客观标准。党的战斗力，从根本意义上讲，取决于广大党员能否以身作则，取决于党能否用好的办法把人民群众组织起来。中国共产党是中国工人阶级的先锋队，中国人民和中华民族的先锋队，具有强大的战斗力。在革命战争年代，中国共产党与人民群众同甘共苦，动员、组织和依靠亿万群众，推翻三座大山，打败日本帝国主义，消灭国民党反动派，建立了新中国，在社会主义革命、建设和改革时期，党团结和带领广大人民群众，同舟共济，浴血奋战，为实现最广大人民群众的利益而努力奋斗，显示出强大的战斗力。

二

政治优势是一个不断发展变化的动态过程。辩证唯物主义原理告诉我们：世间万事万物，无时无处没有矛盾，各种事物常常相生相克。事物在发展变化中所处一定的态势，决不是永恒不变的，是一个动态发展变化的过程。在事物和过程中的矛盾着的各方面，互相渗透、互相贯通、互相依存、互相联结或互相合作，共同组成一个统一体，并依据一定条件，各向着其相反的方面转化。我们党的性质、宗旨和历史使命，决定了她必须紧紧地与最广大人民群众站在一起，始终保持同人民群众的血肉联系。但这一政治优势的获得与巩固，不是自然而得的，而是需要长期执着不懈的努力，才能巩固和保持其优势。特别是在改革开放、发展社会主义市场经济的条件下，由于各种因素的干扰，党群密切联系的政治优势很容易自然散失。因此，我们决不能孤立地、静止地看待我们党执政的这一最大政治优势。因为优势的加强或削弱，发挥或丧失都与实际工作状况有着直接的联系。如果工作不审慎，不努力，已有的优势就会发生变化，走向反面。在新的历史条件下，有的人认为我们党把全心全意为人民服务的宗旨已经明确写在宪法和党章上了，可以太平无事地躺在优势上睡大觉了；有的说一套，做一套，言行不一的现象屡见不鲜。尤其是在一部分党员干部中官僚主义、形式主义、弄虚作假等歪风严重存在，以权谋私，贪污腐化等现象也滋长起来了。致使优势在某些环节、某些单位、某些方面、某些领导干部那里已经散失，或正在散失。另外，我们决不能笼统地、一般地讲党与人民群众血肉联系这一政治优势，不能认为我们党具有这样的优势，所有的地区、单位和干部就自然而然地都有了这样的优势。在有些地方和单位，领导相信群众，依靠群众，并真心实意地为群众服务，从而得到群众的支持，就有了这个优势；而在有些地方和单位，领导不相信群众，不依靠群众，甚至严重地脱离群众，就没有这个优势，甚至会变成劣势。

人心向背，是"最大优势"与"最劣优势"转换的关键。人心向背，是决定一个政党、一个政权兴亡的根本性因素。辩证唯物主义价值观告诉我们：一个事物之所以具有它存在的价值、存在的生命力，取决于人们对事物的现实需要及其该事物与客观环境相适应的程度。物竞天择，适者生存，不适者淘汰。一个事物能够适应环境的需要，符合事物和社会发展的客观规律，并被人们所认可的接受，它的生命力就旺盛和强大；反之，就会被淘汰、直到走向灭亡。正如古人所说："得人心者得天下，失人心者失天下""水可载舟，亦可覆舟"就是指的这个道理。

人类社会发展规律告诉我们，古今中外，历代王朝，从奴隶社会、封建社会，到资本主义社会，短命的必然是严重脱离群众，苛捐杂税，与人民群众尖锐对立。统治长的、几百年的都是不断调整政策，轻徭薄赋，最大限度地减轻剥削和压迫人民群众的程度，不断调整和改善与人民群众的关系。历代统治者在取得政权之前和取得政权之后的一段时间里，之所以生气勃勃，就在于他们知道"政之所要，在乎民心""得人心者得天下"的道理，能够在客观上反映那个时代人民的一定要求。但是，由于阶级的和历史的局限，剥削阶级不可能真正认识到人民群众的地位和作用，最终必然走向人民群众的对立面，终究未能避免人亡政息的周期率。纵观古今中外历代的兴衰，人民群众的意志和力量决定着历史发展的方向。人民群众参与和支持的程度决定着历史发展的进程。不管统治阶级自觉或不自觉，谁顺应了广大人民群众的意愿，谁就能赢得人民群众。

国际共产主义运动正反两方面的经验教训和我们党建设的实践告诉我们，如果不能正确对待和处理党与群众的关系，共产党就有可能变质，就可能丧失执政资格。苏联共产党就是一个典型的例子。苏共从1917年就开始执政，就是这样一个长期执政的大党，顷刻之间失去了政权。究其原因固然是多方面的，但根本是，党内缺乏民主、腐化堕落，党制定的路线方针政策及其实践与群众想的甚远，严重脱离群众。实践证明，一个政党、一个组织，当群众不需要、不喜欢的时候，即使存在，也是名存实亡。一旦条件具备，就会顷刻瓦解。邓小平同志曾讲过，如果哪个党组织严重脱离群众而不能坚决改正，那就丧失了力量的源泉，就一定要失败，就会被人民抛弃。

三

巩固和加强党同人民群众的血肉联系，是中国共产党执政面临的一个根本性课题。党群关系是党的建设的一个核心问题、基础工程。要加强和改善党的领导，坚持党要管党、从严治党的方针，进一步解决提高党的领导水平和执政水平、提高拒腐防变和抵御风险能力这两大历史性课题。

必须保证党的路线方针政策全面反映人民的根本利益。群众的拥护和支持是我们巩固和发展政治优势必须抓住的根本。马克思主义政党理论告诉我们，任何一个政党，一个组织，它所倡导的理论、制定的路线方针政策只有符合最广大人民的意志和利益，才能得到人民群众的真心拥护和支持。我们党所从事的伟大事业，所制定的路线方针政策，是以人民群众的根本利益为出发点和归宿的。党的全部政治活动的最终目的，也都是为了最大限度地实现人民群众的根本利益。

党的十一届三中全会以来，无论是农村还是城市改革，之所以取得巨大的成功，最根本的原因是，我们党所制定的路线方针政策符合最广大人民群众的根本利益。实践证明：一个政党如果时时处处能够为人民的利益着想，在制定和执行路线方针政策时，既体现群众长远的、根本的利益，又照顾群众当前的利益；既考虑国家整体利益、全局利益，也关心群众的现实要求；既满足人的全面发展的需要，又适应自然环境与时代发展的要求。那么，它就能赢得人民群众的信任、拥护和支持。当前，全面建设小康社会，保证党的路线方针政策体现和反映人民的根本利益，最根本的是要毫不动摇地坚持党的基本路线、基本纲领、基本方针。党的基本路线、基本纲领、基本方针，说到底是人民的路线、纲领和方针，是为人民谋利益、求幸福的路线、纲领和方针。但在一些单位和部门搞“上有政策，下有对策”，没有把党的好政策、好制度和好办法落到实处，在执行中发生了梗阻和偏差；有的歪曲党的路线和方针政策，甚至与党的路线、方针对着干。这些错误倾向必须坚决予以纠正。特别是在执行党的路线方针政策的过程中，要从帮助群众从全局和发展的角度正确处理国家、集体与个人利益的关系，正确看待发展与稳定的关系、公平与效率的关系，切实维护好群众的经济、政治、文化利益。

必须坚持执政为民，用人民赋予的权力为人民服务。处在执政地位的领导机关、手中掌握着权力的领导干部是当官做老爷，还是当人民的公仆，这是能否坚持执政为民的试金石。马克思主义的国家学说认为，公共性是社会权力的唯一特性，公共权力在本质上属于人民。人民是权力的主人，是权力的所有者；而党和国家的各级领导机关、领导干部则是行政公共权力的所有者，是权力的行使者。既然权力是人民赋予的，就只是用来为人民服务。毛泽东同志早就指出过，每个共产党员无论做什么工作，无论职位高低，都应“全心全意为人民服务”，“都是人民的勤务员”。各级领导机关、领导干部要牢记党的全心全意为人民服务的宗旨，正确处理公共权力的行使者与所有者之间的关系，坚持执政为民，勤政为民，真正代表人民掌好权、用好权，绝不允许以权谋私，绝不允许形成既得利益集团。人民是我们工作价值的最高裁决者。要教育党的各级领导干部树立正确的权力观，决不能因为我们党执政的环境条件变了，而因此拉大与人民群众的距离；决不能因为执政的时间长了，而因此忘乎所以，掉以轻心。各级领导机关、领导干部要进一步转变作风，深入基层，深入群众，特别是深入到困难多、问题多、矛盾多的地方，倾听群众呼声，体察群众情绪，关心群众疾苦，切实帮助困难群众解决实际问题。要时刻把人民群众的安危冷暖放在心上，努力为群众办实事、办好事，在客观上使人民群众因为自己的服务而获得实实在在的利益，让人民满意、让人民叫好。要认真听取群众的意见和建议，诚心接纳群众的批评，自觉接受群众的监督，真心实意为群众服务，永远与人民群众心连心，始终与人民群众同甘共苦，息息相通，不断增强党的向心力和凝聚力，为实现中华民族的伟大复兴而奋斗。

必须把反腐败作为密切党同人民群众联系的重大问题来抓。改革开放后，由于物质利益的驱动和腐朽思想文化的侵蚀，党内腐败现象有所滋长，一些地方、一些部门存在着严重的官僚主义、形式主义，一些干部以权谋私、贪赃枉法，甚至成了人民的罪人，已经引起了人民群众的不满和忧虑，使党和人民群众之间的血肉联系受到了严重损害。不坚决惩治腐败，党同人民群众的血肉联系就会受到严重损害，党的执政地位就有丧失的危险，党就有可能走向自我毁灭。人民最不满意的是腐败，腐败不除，国无宁日。当前，各级党组织要充分认识反腐败斗争的紧迫性、严峻性、复杂性和艰巨性，不断加大反腐败的力度，下决心抓出成效，取信于民。要继续加强社会主义民主政治建设和法治，健全重大事项报告制度、质询听证制度和民主评议制度，认真推行政务公开制度，使人民群众在民主选举、民主决策、民主管理、民主监督中发挥更加积极的作用，依靠人民群众遏制腐败。各级领导班子要严格实行民主集中制，重点加强对领导干部特别是"一把手"的监督，把党内监督、法律监督和群众监督结合起来，并发挥舆论监督的作用，防止任何个人凌驾于党组织之上。要大力推进制度建设，建立健全依法行使权力的制约机制，不断完善人财物管理和使用的监督机制，完善反腐倡廉的工作机制，及时发现、有效防范和严厉惩处腐败行为，保证国家的长治久安。

发挥政治优势　夺取新长征的胜利*

——纪念长征胜利60周年

在纪念长征胜利60周年之际，我们回顾这段历史，深深感到，讲政治，充分发挥我党我军的政治优势，是长征胜利的根本原因。总结吸取这一重要的历史经验，对于今天我们正在进行的新长征——建设有中国特色的社会主义，具有极其重要的意义。

一、政治优势是无产阶级政党特有的本质属性，充分发挥政治优势，与我党一贯强调的“讲政治”在精神实质上是一致的

所谓政治优势，是指代表社会发展方向、符合社会发展规律的社会新生事物的一种本质属性，是事业的正义性、路线的正确性、理论的科学性、政治工作的有效性及其总和。政治优势往往是社会新生事物所特有的，它在社会历史发展中具有特别重要的意义。代表社会发展方向，符合社会发展规律的社会新生事物、新生力量，起初总是弱小的，但它由于有了这种优势，就具备了蓬勃发展的生机活力，任何强大的反动势力也难以扼杀它。中国共产党及其领导的人民军队就是

* 本文发表于《人民日报》1996年10月5日。

这样一种革命的新生事物，她依靠了自身特有的政治优势，不断战胜了各种困难和敌对势力。政治优势之所以具有巨大的力量，主要是因为它能为经济活动、军事活动等指引正确的发展方向，具有巨大的号召力、凝聚力和感染力，能提供强大的精神动力和组织保证。同时，由于政治优势也体现着对于社会发展规律的正确认识和把握，因而能够为经济活动、军事活动等提供科学的认识论、方法论。

从建党建军开始，我们党就高度重视党和军队的思想政治建设，把坚定正确的政治方向放在首位，把全心全意为人民服务作为我党我军的唯一宗旨，高度重视并充分发挥政治优势的作用，使我党我军从小到大，由弱变强，最终取得革命的胜利。正如邓小平同志指出的："为什么人民解放军的指挥员和战斗员能够战胜数量上和装备上都占优势的国民党军呢？难道主要的不是由于他们坚持为人民服务的立场，用自我牺牲的精神，树立了模范的军民关系，在部队内部建立了能够充分发扬下级官兵积极性的同志式的关系，并且依靠群众，总结每次战争的经验，从战术到战略都不断地得到进步的原故吗？战士替居民挑水，官长替士兵盖被子，在火线上开'诸葛亮会'，保护俘虏的健康和自尊心，不搜俘虏的腰包，这些看起来都是小事，但是，一系列的伟大胜利，正是同这些小事分不开的。"革命战争时期如此，社会主义建设过程同样也离不开政治优势，否则，我们就无法取得建设有中国特色社会主义的胜利。正因为这样，邓小平等同志都曾多次强调过，要充分发挥我们的政治优势。

二、没有政治优势就没有长征的胜利，回顾长征的过程可以发现，没有政治优势就不可能取得长征的胜利

第一，红军长征之所以取得胜利，基本的原因是由于它的正义性和政治方向的正确性。红军长征这一伟大革命实践，是为着推翻"三座大山"，建立新中国，以至逐步建立社会主义、实现共产主义这种伟大、崇高的革命理想的。这一伟大理想，鼓舞着广大红军战士，上自领袖，下至普通一兵，都由衷地感到，长征这种革命实践是为解放中国人民，为绝大多数群众（包括自己在内）谋幸福的，即使自己牺牲了，为这一理想奋斗也是最有价值的，因而他们以高度的阶级觉悟投身长征，不畏艰险，勇往直前。这种革命精神在实践中又变成了压倒一切艰难险阻、压倒一切敌人的巨大力量。“得道多助，失道寡助。”中国共产党及其领导的中国工农红军，是代表无产阶级和广大劳动群众利益的革命力量，是完全地为着解放人民的，因而就理所当然地得到了广大人民群众的支持、拥护。在革命根据地也好，在长征路上也好，广大群众都纷纷响应中国共产党和工农红军的号召，打土豪，分田地，积极参加红军，支持和配合红军进行革命斗争。许多群众为了支持革命事业，义无反顾，不怕危险，前仆后继，以至献出了他们的宝贵生命。红军这支正义之师从事的正义事业，也赢得了各少数民族群众的大力支持，他们也纷纷协助红军筹粮、筹款，踊跃参军。

第二，红军长征胜利，也是正确路线指引的结果。红军长征途中，党中央、中央军委为了保证政治方向的正确，战胜了错误路线、错误倾向的干扰，使长征得以沿着正确路线前进。1934 年，党内以王明为代表的“左”倾冒险主义发展到顶峰，错误地认为第五次反“围剿”的战争是争取苏维埃中国完全胜利的斗争，继而实行进攻中的冒险主义，反对毛泽东诱敌深入的战略指导方针，主张“御敌于国门之外”，去攻打敌人的坚固阵地；失败后又实行防御中的保守主义，分兵把口，同强大的敌人拼消耗，结果又遭致失败；实行战略转移后，“左”倾领导又实行退却中的逃跑主义，以致红军突破敌人四道封锁线，渡过湘江时，人员损失过半，由 8 万多人员剩下 3 万多。在这危急关头，毛泽东力主放弃原来红军向湘西前进，与二、六军团会合的计划，改向敌人统治力量薄弱的贵州挺进，避免了向湘西前进而全军覆没的危险。1935 年 1 月的遵义会议，确立了毛泽东同志在红军和党中央的领导地位，使红军得以在极其危急的情况下保存下来，并且在这以后能够战胜张国焘的分裂主义，胜利地完成长征，打开中国革命的新局面。

第三，革命理论的指引是长征取得胜利的又一个重要原因。长征途中，党中央、中央军委的机关报《红星》以宣传革命理论为己任，在及时宣传党中央、毛泽东同志指示精神的同时，还注意及时总结长征中的经验教训，帮助人们从感性认识上升到理性认识。如总结了红六团担任探路先锋进入草地失败的教训，从而使大家能打一仗进一步。在红军长征过程中，部队普遍建立有“列宁室”，它除了担负俱乐部的职能任务外，还组织干部战士进行军事、政治学习。行军中的“列宁室”工作也很活跃，“列宁室”摆有沙盘、识字牌、棋类、报纸、书籍等。行军出发前，有关干部对学习问题都有认真的准备，如第二天行军读什么报、如何读、谁来读、什么情况下读讲，都有切实的安排。中、高级领导干部，在长征中更是注意紧密结合实际进行学习、研究。正是这种坚持不懈的理论学习，大大地提高了红军官兵的理论水平和思想水平，从而保证了长征过程始终有一个正确理论的指引。

第四，思想政治工作作为我军特有的优势在长征过程中发挥了极为重要的作用。红军长征过程中连生存条件都极其困难，天上有敌机袭扰，地上有敌军的围追堵截，自然环境又极其恶劣，爬雪山过草地，吃树皮草根。在这种艰难的条件下，红军开展了针对性很强的思想政治工作。虽然很少有大块时间上大课，但生动的宣传鼓动教育工作却是走一路做一路。在行军路上，部队充分利用各种形式，如唱歌、小型演讲、娱乐、测验、问答等，进行宣传、鼓动、教育。干部与战士、老战士与新战士经常进行谈心，并把思想工作与关心群众、帮助大家解决实际困难问题结合在一起。在长途行军中，红军各级领导对伤病员和体弱者都很关心。总政治部明确要求，对各部队沿途寄留的伤病员，“必须派人去慰问，并解决他们的困难”，对于归队的“应进行欢迎工作，鼓励战士替他们打草鞋，送衣被等，借此给红军战士以好的影响”。1935 年 6 月，中央红军抢渡大渡河后，碰到大雪山（夹金山），海拔 4000 多米，空气稀薄，这时的政治工作更为重要，一方面注意宣传鼓动，另一方面号召大家“以强帮弱，大帮小，走不动的扶着走，不能扶的抬着走，让每个战友安全越过夹金山”。正是这些强有力的思想政治工作及其模范实践，使红军部队在物质条件极差的长征途中始终保持了很强的凝聚力和战斗力。

第五，长征胜利归根结底是由于有中国共产党的正确领导。中国共产党是工人阶级的先锋队，她以马克思列宁主义为指导，以全心全意为人民服务为唯一宗旨。中国共产党的这种革命性、先进性，决定了她及其领导的军队在长征中必然胜利。毛泽东同志讲过，红军艰难奋战而不溃散，支部建在连上是一个重要原因。在长征期间，红军各部队认真开展了整顿和加强党委、支部建设的工作，使党的领导不断加强。根据军委规定，红军各部队中的重大问题，都是由党委（支部）集体讨论，按照民主集中制原则决定。在打仗的紧急情况下，部队首长有临机处置之权，但事后要向党委报告。红军各部队在长征途中之所以能始终保持极强的凝聚力和战斗力，都是与党组织的核心领导作用、战斗堡垒作用和广大党员的模范带头作用分不开的。

三、新长征的胜利也必须充分发挥政治优势

如同二万五千里长征是一项举世闻名的壮举一样，今天我们正在进行的有中国特色的社会主义现代化建设也是一项史无前例的伟大事业，故而人们称之为新长征。与60年前的长征相比，新长征所面临的客观环境虽已发生了根本变化，但要想取得新长征的胜利，同样必须充分发挥政治优势。这是我们纪念红军长征胜利60周年所得到的最大启迪。在新长征过程中，我们应当如何充分发挥政治优势呢？

要高度重视政治方向问题。在武装斗争年代，方向、路线问题与斗争的成败得失息息相关，与人们的生死存亡直接地联系在一起，因此人们能高度关心它、重视它。在和平建设时期，路线、方向问题的极端重要性，有时则不被人们注意。因此，邓小平同志早在1985年

就语重心长地提醒全党：要“防止一些同志，特别是一些新上来的中青年同志在日益复杂的斗争中迷失方向”。在深化改革，扩大开放，发展社会主义市场经济的今天，党中央强调领导干部一定要讲政治，而且指出：讲政治，核心是坚持正确的政治方向、政治立场。这对于保证我们的社会主义现代化建设沿着正确方向前进，具有非常重要的意义。

必须加强理论学习，不断提高全体党员干部的素质。今天我们进行新长征，虽然环境、条件没有以前那样艰苦、险恶，但就其艰巨性、复杂性而言，则有过之而无不及，国际国内错综复杂的形势，要求各级领导干部要有很高的政治水平和业务水平。

坚持不懈地加强思想政治工作。思想政治工作无论过去还是现在以至将来，都是我们的政治优势。现在我们的物质条件比起红军时代要优越得多了，但是也有许多新的困难和挑战。在改革开放和发展社会主义市场经济条件下，思想政治工作面临的任务非常繁重、艰巨，必须认真研究、探索，加强和改进思想政治工作，增强思想政治工作的针对性、系统性和创造性。思想政治工作作用发挥好了，就能促进人们的政治、业务素质不断提高，进而转化为巨大的物质力量。

坚持党的领导。坚持党的领导是政治优势的根本。新长征要取得胜利，必须坚定不移地坚持党的领导。从60年前红军长征中党的领导作用中可以看出，党组织的政治领导作用和共产党员的先锋模范作用是发挥党的正确领导这一根本政治优势的基本途径。只要这两方面的领导作用切实发挥好了，就一定能取得新长征的伟大胜利。

社会主义核心价值观是全民族团结奋进的精神纽带*

——学习党的十六届六中全会决定

在全党全国人民为建设富强民主文明和谐的中国特色社会主义现代化国家而努力奋斗的过程中，党的十六届六中全会《决定》又提出“建设社会主义核心价值体系”这一科学命题，并深刻阐明了社会主义核心价值体系的内涵和建设途径，这标志着我们党对社会主义核心价值观与思想道德文化建设规律的认识到了一个新的水平。

任何社会都有自己的核心价值观及其体系。作为社会主义制度的内在精神，社会主义核心价值观及其体系是引领社会思想道德建设的一面旗帜，是全民族团结和睦、奋发向上的精神纽带。

任何价值观念都深刻根植于社会实践尤其是现实生活。在改革开放和社会主义市场经济条件下，随着经济成分、利益主体、社会组织、社会生活方式的日益多样化，人们的思想活动和价值取向也不可避免地日趋多元化。人类社会发展规律表现，社会越是分化，就越需要社会整合。同一社会虽然可以有多个层次多元并存的思想价值体系，但国家层面的指导思想、理想信念、意识形态应当是共同的、一元的。

---

* 本文发表于《解放军报》2006年11月9日。

尤其是在我们这样一个幅员辽阔、有56个民族、13亿人口的泱泱大国，又处于改革开放的关键时期，更要从指导思想的高度和社会核心价值体系的层面，进行整合、统领、引导。这是社会保持健康、稳定、协调发展的保证。社会主义核心价值观及其体系是我国社会价值体系中最基础、最核心、最重要的部分，在所有社会主义价值目标中处于支配地位并发挥引领主导作用，决定着整个价值体系的基本特征和发展方向，决定着社会主义的发展模式、制度体制和目标任务。因此，建设社会主义核心价值观及其体系，充分发挥其引领和带动作用，能够有效维护整个社会思想道德建设以及中国特色社会主义伟大事业的正常发展。

社会主义既是一种运动、一种社会制度，也是一种价值目标。世界社会主义运动现状促使人们从价值视野重新认识社会主义制度，需要建设社会主义核心价值观及其体系保证各项建设事业的正确方向。20世纪80年代末90年代初，苏联和东欧一些社会主义国家骤然“变色”，世界社会主义运动随之陷入低谷。在这种时代背景下，有些人的共产主义理想和社会主义信念开始发生动摇，有些思想主张甚至完全背离了社会主义道路。在这种情况下，我们必须积极倡导和践行符合社会主义本质和中国具体实际的社会主义核心价值观及其体系，牢牢坚持马克思主义的指导地位，不断引导人们树立爱国情怀，知荣明耻，锐意创新，为实现中国特色社会主义的共同理想而奋斗。只有这样，才能确保党领导下的各项建设事业在社会主义的前进道路上又好又快地发展。

建设中国特色社会主义的时代任务，要求全社会最大限度地形成主导价值共识，需要建设社会主义核心价值观及其体系以奠定社会的思想根基。人是社会的存在物，人要在社会中生活，就必须遵循社会组织为维持一定的社会秩序而建立的各种社会规范。社会发展和谐，就必须有共同遵守的价值目标和行为规范。而且，和谐社会不是没利益冲突的社会，也不是没有矛盾的社会，构建社会主义和谐社会就是通过对各种利益关系、社会矛盾的调整和处理来实现社会的和谐与融洽。这不仅需要相应的社会机制，也需要相应的主导价值共识。社会主义核心价值观及其体系代表了中国特色社会主义社会的主流价值，提供了和谐社会建设所需要的文化认同和价值追求，不但强调以马克思主义为指导思想，而且强调尊重差异、包容多样、求同存异、团结友爱、和睦相处，具有弘扬正气、凝聚人心，沟通感情、增进融合等功能，能够引导人们超越民族、城乡、地域以及社会阶层等方面的差异，消除彼此之间的分歧和隔阂，增强社会成员的归属感和向心力，促进整个社会的团结和发展。

知“理”知“实”，百战不殆*

——纪念中国人民解放军建军80周年

“知己知彼，百战不殆。”是两千多年前著名军事理论家孙子提出的军事法则。进入新世纪新阶段，人类已经踏进信息时代的门槛。斗转星移，沧桑巨变，一切都在与时俱进，也都应与时俱进。兵法、军事原则亦然。信息时代已迥异于从前的农业时代、工业时代，不能再看老皇历、靠老经验办事，而应注重理论先导、顶层设计。既应悉知科学理论，又要熟知实际、实践，进而使科学理论与实际、实践历史地辩证地统一起来，实现二者的科学结合，如是方可百战百胜。古人讲，一言可兴邦，一言可丧邦。主要强调思想、理论的巨大作用。科学的思想、理论具有超前先导功能，教化激励功能，服务保障功能，等等。如果没有科学思想、理论指引，在战场上，再好的飞机大炮坦克，不过是一堆废铁；兵马再多，不过是一群炮灰；信息化装备再先进，也不过是失效的部件及其组合。

知“理”知“实”，百战不殆，就是要既熟知理论，又熟知实际、实践，并把这二者辩证地统一、结合起来。这体现了以实践为基本特征的科学的认识论。科学的认识论不仅是认识和改造世界的理论武器，

* 本文分段发表于《光明日报》2007年9月12日；《国防》杂志2005年第7期。

也是认识战争、指导战争必须学习的"方法"。对于今天全面加强现代化建设，做好军事斗争准备的人民军队来说，不仅要"知彼知己"，更要"知'理'知'实'"，这不仅为中国革命战争实践所证实，也是我们肩负起新的历史使命所必须学习的法则。

回顾80年的辉煌历程，人民军队从无到有、从小到大、由弱到强、从胜利走向胜利，无不与知"理"知"实"息息相关。毛泽东等老一辈无产阶级革命家、军事家指导中国革命战争认识论的核心，就是知"理"知"实"。在长期的革命战争中，知"理"知"实"，把马克思主义和中国革命战争实践结合起来，成功地解决了"主观和客观，理论和实践，一般和特殊，知和行具体的和历史的统一"，有效防止和克服了主观主义、教条主义，成为人民军队战胜国内外敌人的思想武器。

当中国共产党通过南昌起义、秋收起义和广州起义点燃武装斗争的星火之时，遇到的首要问题就是如何对待马克思主义这一已经成功指导俄国十月革命的科学理论。而这一问题的背后，就是如何认识当时中国实际的国情和现状，并将马克思主义理论和中国革命斗争实际结合起来。其实质就是如何解决好知"理"知"实"包括二者辩证统一的问题。面对这一巨大的必然王国，没有现成的模式可以遵循，一切靠中国共产党人自己去探索。建党初期，由于先后在党中央居于支配地位的几任领导人对中国的实际国情并不真知、深知，照搬俄国十月革命和苏联红军的经验，一切按共产国际的指示办，致使中国革命陷入严重危机。王明指导的中央苏区的第五次反"围剿"，正由于采取教条主义方法指导武装斗争，机械地搬用马克思主义，机械地执行共产国际的指示，最后给中国革命造成了历史上最为严重的危害。毛泽东则不同，他是知"理"知"实"的光辉典范，主张把马克思主义原理同中国革命实际相结合。从秋收起义进攻长沙失利后，率部转战井冈山创建中国革命的第一块农村革命根据地，到领导指挥中央苏区第一、二、三次反"围剿"的胜利，毛泽东都高超地以科学思想、理论指导军事实践。他知“理”知“实”，在井冈山既重视调研，熟知实际，又重视理论，在八角楼的油灯下，思考、撰写了著名的《中国的红色政权为什么能够存在》《星星之火，可以燎原》等著作。由此概括了实事求是的思想路线，提出了没有调查就没有发言权，强调走群众路线，“中国革命的胜利要靠中国同志了解中国情形”，“重要的问题在于学习”等著名论断。军事斗争正反两方面的经验教训教育了全党全军，1935 年 1 月遵义会议确立了毛泽东在全党全军的领导地位，实际上也确立了知“理”知“实”亦即理论与实践相结合这一科学的法则。

当抗日战争的烽烟即将燃起，中国革命战争由国内革命战争转入民族革命战争的历史关头，迎接和指导民族革命战争的新的历史任务，摆在了全党面前。此时，毛泽东在深谙马克思主义哲学原理，甚至是《孙子》、克劳塞维茨的《战争论》等中外军事思想的基础上，分析了抗日战争各方面的实际，相继写成了旷世名著《中国革命战争的战略问题》和《论持久战》。文章不但提出了“熟识敌我双方各方面的情况，找出其行动的规律，并且应用这些规律于自己的行动”的方法，而且阐述了中国革命战争的根本规律和一系列指导规律。提出了全国抗战和敌后抗战的一系列指导方针。毛泽东把游击战争提到战略地位就是知“理”知“实”认识过程的典型范例。古今中外都有游击战争，但是像《抗日游击战争的战略问题》那样系统化、理论化地把游击战争提到战略地位的是毛泽东。他经过战争实践、认识、再实践、再认识的多次反复，形成了一套完整的游击战理论，科学地总结了游击战争的经验，丰富和发展了马克思主义军事理论。《论持久战》通过对若干个大问题、小问题的具体阐述，对抗日战争的规律、进程和结局预见得那样准确、精彩，所提出的战争指导方法是那样高超卓越，无一不为战争实践所证实。这与蒋介石主张的消极抗日的“持久战”和王明主张的一切通过统一战线的“持久战”相比，更是不可同日而语。难怪蒋介石也感叹国民党内没有人能写出这样的著作。理论上的成熟、科学，必然结出军事上的丰硕之果。抗日战争之所以能够成为中华民族近代以来第一次赢得彻底胜利的反侵略战争，与中国共产党成功的知“理”知“实”是紧密相连的。

抗日战争胜利后，中国人民面临两种前途、两种命运总决战，面对着国民党反动派掌握着全国政权，掌握着全国的经济命脉和交通干线，接收了百万侵华日军的绝大部分装备，并且得到美国在财政、军火等方面援助，其军力又占绝对优势，共产党及其领导下的人民军队面临的首要问题，是如何认识和指导这场总决战。在领导这场规模巨大、战场广阔、作战形式复杂、战役战斗频繁激烈的人民革命战争中，毛泽东等老一辈革命家、军事家仍坚持知“理”知“实”即理论与实践相结合，而且这种“结合”已经达到了炉火纯青的境界。抗日战争结束后，党中央和毛泽东依据当时的敌情和战场形势，及时作出了从游击战向运动战转变和“向北发展，向南防御”，争取和控制东北，巩固华南、华东的伟大战略决策。当中国人民的革命战争出现了由战略防御到战略进攻的历史性转变后，客观上已经出现可以实行有利决战的形势时，党中央和毛泽东不失时机地指挥我军夺取了辽沈、平津、淮海三大战役的巨大胜利。用以指导解放战争的各项战略决策之所以正确，根本原因是坚持了马克思主义的基本原理同解放战争的具体实践相结合，坚持了实事求是，一切从实际出发的思想路线，做到了知“理”知“实”。我军仅用4年时间，就消灭了国民党军807万人。解放了除台、澎、金、马等岛屿以外的全部国土。这一伟大胜利，也是理论与实践相结合即知“理”知“实”的胜利。

新中国成立之初，百废待举。可是新中国成立的礼炮声“炮”犹在耳，不过一年，就爆发了朝鲜战争。当美国武装侵略朝鲜并霸占我国领土台湾、朝鲜民主主义人民共和国处境危急、新中国成立后又受到严重威胁的时候，肩负伟大历史使命的中国人民志愿军，在中国共产党和毛泽东的领导下，高举国际主义和爱国主义旗帜，紧紧依靠中朝两国人民，坚持知“理”知“实”地认识战争和指导战争的科学方法，打败了以美国为首的十六个国家的侵朝军队和南朝鲜军队。抗美援朝战争是我军首次在现代条件下进行的一场国际反侵略战争，对手是世界头号帝国主义强国美国侵略军及其16个国家的仆从军，他们拥有高度现代化的武器装备和制空权、制海权。我军则以步兵为主，技术装备落后，战区后勤供应线受敌人空中绞杀的严重威胁。同这样的敌人作战，更需要高敌一筹的战争指挥艺术。知“理”知“实”的方法经受了新的实践检验，获得了新的发展，也展示了新的活力和生机。毛泽东在志愿军入朝前和入朝作战初期，就强调指出：“应当从稳当的基点出发，不做办不到的事。”他指示：“必须深刻估计到各种可能遇到和必然会遇到的困难情况，并准备用高度的热情、勇气、细心和刻苦耐劳的精神去克服这些困难。”[①]这就要求志愿军要知“理”知“实”，要从战争的实际出发，在物质条件许可的范围内，能动地争取战争的胜利。事实也确实如此，第一次战役，我军根据敌军分兵冒进、到处乱窜等情况，及时改变了原定方针，采取了分途歼击、逐步扩大战果的作战方针，给敌以迎头痛击，取得了初战的胜利。随后在理论上，针对新的战争实际，毛泽东等领导人又提出了若干现代条件下反侵略战争的指导原则。如战争不仅要看双方“铁”的多少，还要看“气”的高低；军事斗争与外交斗争相互配合，以打促谈；适时转换作战形式，通过依托坚固工事的阵地攻防战减杀敌之装备优势；以“零敲牛皮糖”的方式求歼大量敌人；等等。这些建立在知“理”知“实”基础上的指导原则，对赢得抗美援朝战争的胜利，发挥了巨大指导作用。朝鲜战场上的较量结果震惊了世界，国际社会对站起来了的中国人民从此刮目相看，而知“理”知“实”的科学方法论也在现代条件下的局部战争中得到了新的检验和发展。

当人类进入20世纪70年代，和平与发展成为时代主题，新技术革命浪潮在全球迅猛涌起，战争的物质技术手段酝酿发生大的变化的

① 毛泽东在1953年10月8日《给中国人民志愿军的命令》。

时候，人民军队在新的国际战略环境中，在以经济建设为中心和改革开放的新条件下，面临的问题仍然是如何把马克思主义军事理论与建设一支强大的现代化正规化革命军队结合起来，也就是新时期如何做到知“理”知“实”。新中国成立以来，毛泽东适时提出了建设现代化国防军的目标和任务，制定了积极防御的国家军事战略，并通过抗美援朝等军事实践，大大加快了军队现代化建设的步伐。然而，20世纪50年代以后的一段时期，却有时背离知“理”知“实”的科学认识方法，由“备战整军”方针，逐渐陷入“立足于早打，大打，打核战争”的研判和认识当中。理论上的偏失使军队的现代化建设在曲折中前进。进入新的历史时期，邓小平坚持实事求是、解放思想的思想路线，坚持知“理”知“实”，理论与实践相结合，依据对世界战争与和平发展形势的新判断，实现了国防和军队建设指导思想的战略性转变，着眼国家经济建设大局，调整了国防发展战略，把握军队建设实际，提出了军队建设的总目标，正确处理了军队数量和质量的关系，开创了中国特色的精兵之路、通过武器装备的改善和教育训练战略地位的落实，人民军队建设、发展的“理”和“实”得到了又一次卓越的结合，现代条件下防卫作战能力明显提高。

20世纪90年代，国际战略格局发生深刻变化，世界新军事变革加速发展，国内改革开放和社会主义市场经济有了新的发展，社会生活多样化趋势明显的情况下，人民军队面临着未来打什么仗、怎么打仗，建设什么军队、怎么建设军队的根本性问题。党中央、中央军委与时俱进地坚持理论与实践相结合，坚持和运用毛泽东军事思想、邓小平新时期军队建设思想的基本立场、观点和方法，研究新情况，总结新经验，探索新规律，阐明了国防和军队建设的地位作用、目标任务、指导方针、总体思路、根本途径、战略步骤、发展动力和政治保证等，我军的革命化、现代化、正规化建设进入新的发展阶段，党对军队的绝对领导的原则得到有力贯彻，依法治军水平不断提高，国防科研和武器装备建设取得进展，综合保障的质量有了提升，高技术条件下防卫作战能力显著增强。人民军队建设与改革取得的成就，再一次昭示了理论与实践相结合、知“理”知“实”科学方法论的强大生命力和勃勃生机。

在新世纪新阶段，国家发展和军队现代化建设面临难得的战略机遇期，也面临前所未有的挑战，人民军队不仅需要进一步提高应对危机、维护和平、遏制战争、打赢战争的能力，还需要提高抵御政治风险、应对所谓“文明冲突”等各方面挑战的能力。党中央、中央军委及时赋予人民军队在新时期新阶段的历史使命。切实肩负起这一神圣使命，仍要坚持理论与实践相结合，坚持知“理”知“实”。新世纪新阶段，围绕以科学发展观指导国防和军队建设，加强思想政治建设、推进机械化条件下军事训练向信息化条件下军事训练转变，坚持国防建设和经济建设协调发展，以军事斗争准备为龙头带动军队现代化建设的全面发展等重大课题，党中央、中央军委坚持发展了马克思主义军事理论，提出了国防和军队建设的一系列重要思想，这些来源于实践，又指导着实践，引领着实践不断前进。在科学发展观的指导下，人民军队建设取得了历史性成就，驶入了科学发展的快车道。

要做到知“理”知“实”，“重要的问题在善于学习”。知“理”知“实”的过程，包含了三个环节。第一个环节就是知“理”，要用科学理论认识军队建设和军事斗争包括准备的基本规律，如信息化战争条件下的军事训练的特点规律，信息化战争特点规律，军队与国家和社会协调发展的特点规律，等等。第二个环节就是知“实”，这是“更重要的学习”，这主要是深入调查研究，熟知实际。第三个环节，就是实现理论与实践的具体的历史的结合、辩证统一。知“理”不知“实”，易犯教条主义错误；知“实”不知“理”，易犯经验主义错误。知“理”知“实”，就是通过实践，认识，再实践，再认识，达到“理”和“实”的统一，实现“百战不殆”，确保国防和军队建设又好又快发展，确保未来防卫作战的胜利。

……

井冈山这久仰的土地，当年星星之火，何以成燎原之势？井冈山的每座房屋，每条山道，每个水滴，都清楚地告诉人们：这是亿万军民跟着真理的火炬，用鲜血和生命换取。来到这弹痕累累的土地，寻找制胜的秘密。"知己知彼，百战不殆"，这个战争的铁律毋庸置疑。然而我从井冈山又悟出一点新意：知"理"知"实"，百战不殆。正是由于毛泽东的思想、理论，才指引革命走出误区，跨越险阻赢得胜利。打赢信息化战争，不仅要知己知彼，更要创新理论，洞悉实际。

进一步增强我军“软实力”*

胡锦涛同志在党的十七大报告中提出，要提高文化软实力。这是一个十分重要的思想。我们的人民军队在以往数十年之中，由小到大，由弱变强，打败了许多强敌，战胜了许多特殊困难，应该说，主要是由于人民军队的强大的软实力。这是巨大的优势。今天仍然必须增强这种软实力。

一、军事“软实力”的内涵及其重大意义

（一）军事“软实力”的内涵。军事“软实力”是指通过对军事理论、政策制度体制编制、军人素质尤其是理想信念、战斗精神、军事科技、军事训练、军事管理、军事文化、军事外交及宣传等各种资源的创造性开发、发展、发挥，所形成的对我方的凝聚力、鼓舞力、动员力、整合力，对敌方的震慑力、瓦解力，对友方的感染力、同化力之和，它是影响、改变人们思想（政治思想、一般思想）、心理（情感、意志）的软性力量，在军事实践特别是作战实践中具有特殊的重要地位和作用。我们认为，可用以下公式表达：

---

* 本文刊载于杨春长主编：《论军事软实力》，军事科学出版社2008年版。

1．军事“软实力”=（凝聚力+鼓舞力+动员力+整合力）+（震慑力+瓦解力）+（感染力+同化力）×创新力

2．军事实力=军事“硬实力”×军事“软实力”

军事“软实力”体现在我方：一是凝聚力。凝聚力指一个国家军队实现内部团结、军政军民团结的能力，可以从官兵关系、官官关系、上下级关系、各级领导指挥机构的核心领导作用、军政军民关系、内外关系等方面来度量。二是鼓舞力。鼓舞力指军队运用各种方式通过传达某种军事主张、思想文化激励部队斗志的能力，这可以通过其媒体的数量质量、传播内容、传播方式以及部队的战斗意志、士气等方面来度量。三是动员力。动员力指通过各种办法手段进行国内外动员，争取人力、物力、财力、技术和舆论道义支持的能力，这可以通过争取到的国内外支持的状况来度量。四是整合力。整合力指军队运用政治理论、军事理论、政策制度体制编制等各要素指导协调部队、进行综合集成的能力，可以通过分析这些要素的指导水平合理程度进行度量。

军事“软实力”体现在对敌方：一是震慑力。震慑力指军队基于一定的武器装备、官兵教育训练情况、军队传统形象及战斗精神对敌方构成威慑和对抗态势的能力，可以通过分析敌军心士气状况进行评估。二是瓦解力。瓦解力指军队开展舆论战心理战法律战的能力，具体可以通过该力量建设、作战经验、实战能力等方面来评估。

军事“软实力”体现在友方：一是感染力。感染力指军队自身性质、宗旨、使命任务的外显，以及通过对外军事宣传、对外军事交往等活动而争取到的国外认同与支持的能力，可通过海外国外民意测评等评估。二是同化力。同化力指军队通过与友军的联合训练、联合演习、联合作战等活动而产生的协同一致的能力，可通过联合训练、联合演习等实践的程度和效果来评估。

创新力指军队在军事理论、政策制度组织体制、人才培养任用、战斗精神培育、军事科技、军事管理、军事外交宣传等方面符合实际、

突破常规的卓越创造能力，可以从军队建设包括人才素质、创新成果的数量质量、军事实践绩效等方面度量。通过定性与定量相结合的方法，对上述九种能力进行综合分析，即可评估出一个国家军事“软实力”的强弱状况。

军事“软实力”的特点是感染、影响一定对象的非强制性；以“硬实力”为基础的非物质性；对人的思想、心理的渗透性、制约性。军事“软实力”生成具有长期性、复杂性、系统性及培育难、见效慢、破坏快的特点。

（二）军事软硬实力的辩证关系。军事“硬实力”是军事“软实力”的基础和后盾，没有相当的“硬实力”，“软实力”就难以发挥作用；军事“软实力”是“硬实力”的无形延伸和补充，它能够决定和影响军事“硬实力”方向和发挥程度（上述公式中，“软实力”是“硬实力”的系数，即对“硬实力”有倍增作用）。二者相互依存、相互影响、相互转化、相辅相成，存在于对立统一的军事实力系统之中。如果说军事“硬实力”是一柄利剑，军事“软实力”就是无形的剑胆、剑气、剑法。在一定条件下，军事“软实力”可以克制甚至战胜军事“硬实力”，即以柔克刚、无形胜有形、不战而屈人之兵。军事“硬实力”强大，不一定就会必然提升军事“软实力”，而缺少军事“硬实力”作基础的军事“软实力”则徒有其表。

（三）增强我军“软实力”的必要性、重要性、紧迫性。军事“软实力”在信息时代的重要性日益凸显。任何忽视或贬低军事“软实力”的观念、行为都将为之付出代价。重视和增强我军“软实力”，具有十分重大的现实意义和深远的历史意义。

注重增强我军“软实力”是我军性质、宗旨、使命所决定的。我军是党的军队、人民的军队、社会主义国家的军队，唯一宗旨是全心全意为人民服务。新的历史条件下，我们仍然必须更好地坚持我军无产阶级性质、宗旨和使命，在注重发展“硬实力”的同时，更快更好地增强我军“软实力”。

注重增强我军"软实力"是适应世界军事领域激烈竞争的必然选择。西方一些学者指出，20世纪90年代，美国在强大的"硬实力"基础上，运用"电波的力量"和"一些思想观念"，就瓦解了苏联。自冷战结束以来，国际政治博弈的一个重要特点，就是"软实力"在综合国力较量中越来越被看重。在和平与发展仍是时代主题的今天，世界多极化、经济全球化进一步发展，在国际政治博弈中仅凭经济、军事等"硬实力"进行拼斗，已远远不够，"软实力"更有了用武之地。在充满激烈竞争的世界军事舞台上，各国不仅在武器装备、军事人才等"硬实力"方面展开激烈角逐，而且在政治思想、价值观、军事理论、体制编制、军事舆论宣传、军心士气等"软实力"方面也展开一场无形较量。增强军事"软实力"有助于获取竞争优势。谁拥有强大的军事"软实力"，谁就更可能拥有更胜一筹的军事实力，更容易争取主动和优势。

注重增强我军"软实力"是建设信息化军队、打赢信息化战争的基本要求。增强军事实力，是世界各国军队建设、打赢战争的永恒主题。对比机械化条件下军队建设和作战，信息化条件下"软实力"的地位作用比"硬实力"更为突出，恰恰又容易被忽视。军队信息化建设的本质，是对机械化军事体系的信息化变革，军事"软实力"是确保军队信息化建设全面协调可持续发展的根本保证。信息化条件下作战是体系与体系的对抗。"软实力"可以利用自身的各种资源，按照信息化要求对"硬实力"中的武器装备、武装人员等要素进行综合集成和资源整合，实现军队各要素的一体化和军事实力的最优化、最大化。在我军推进信息化建设的过程中，注重增强"软实力"将始终是不容忽视的重要任务。

二、美国等一些国家军队"软实力"发展形势逼人

美国等一些国家军队注重发展军事"软实力"。美军经过朝鲜战

争、越南战争后，深刻反思其经验教训，不断调整、改进其军事力量发展思路和措施，其中之一就是吸取以往只重“硬实力”而忽视“软实力”的教训，重视军事“软实力”的建设和运用。

（一）重视“软实力”与“硬实力”的相互促进、共同发展。在越南战争后，美军通过改革兵役制度、创新作战理论、提高训练水平，从而更好地发挥其武器装备、人员等“硬实力”的效能，为海湾战争的胜利奠定了基础。今天，尽管美军在武器装备等“硬实力”方面处于领先地位，但仍然以改革的态度进行理论创新、军事文化创新和体制创新，以发展军事“软实力”，促进战斗力的全面提升。此外，美军通过“软实力”与“硬实力”的相互配合，还在战场上实现了打击效果的最大化。美军在近几场局部战争中，一方面运用精确制导武器，对敌方政治、经济、军事等重要目标实施不间断、高强度的精确打击，削弱甚至摧毁其坚持战争的物质基础；另一方面，运用舆论宣传等多种软力量，通过大力渲染高精武器的性能及打击力度，有效地放大了打击效果，起到了瓦解敌方军民抵抗意志的作用。

（二）发挥舆论宣传的特殊作用。美国等西方国家十分重视舆论宣传。美军《联合作战纲要》强调：“媒体的大量报道能迅速地改变公众和政界的舆论导向，并给战略决策带来重大影响。”从近几场局部战争看，他们通过健全机构，多管齐下，努力掌握舆论导向。美国在军队自上而下地建立了完善的新闻媒体机构。美军从越南战争中得出一个重要教训就是媒体在战争期间的“失控”。为此，美军采用“疏”“堵”结合的方法，有效地控制了舆论导向。在伊拉克战争中，为保证宣传口径与政府立场一致，美军通过新闻发布会等形式，主动将经过筛选的信息提供传媒，从而主导媒体报道；另外，邀请500名记者进行“嵌入式”采访，通过对他们的采访行为、报道内容等具体限制，预防了泄密和有损美军形象的报道出现。此外，为确保己方宣传的强势地位，美军兼用“软”“硬”措施削弱甚至摧毁敌方传媒。美军还很重视利用国家媒体资源。美国既是军事大国，也是媒体大国。

在全球最大的300家传媒机构中，美国有144家；全球8500家互联网服务商，美国有6500家。这些超强的舆论宣传机器，在全球新闻传播领域有绝对优势，这也是美军的强大“软实力”。

（三）重视培育以爱国主义为核心的军人价值观。以爱国主义为核心的军人价值观是军队凝聚力的主要来源。西方国家军队普遍认为“爱国心”“民族优越感”是军人素质的重要因素，是部队士气的重要来源。美军认为，以爱国主义为核心的军人价值观是军人的精神支柱，是官兵参军打仗、牺牲奉献的政治思想基础。其条例明确规定，爱国主义就是忠于美国利益。德军、日军也把爱国主义教育作为精神教育的基础。把教育的重点放在强调国家、民族利益的至上性和本国制度的优越性上。这是美军以爱国主义为核心的价值观教育的重点。美军向官兵进行“国家、荣誉、责任”的价值观教育的同时，又向官兵强调美国的国家利益具有全球性，这样就巧妙地把美国国家利益同霸权利益等同起来，使部队自觉不自觉地为维护美国的霸权而战。又如，通过鼓吹资本主义社会制度的优越性，培养官兵对本国政治、社会制度的热爱和对意识形态的信仰。通过这种灌输，把官兵对国家利益的维护，转换为对其政治、社会制度和意识形态的维护。

美国等西方国家军队都编配了负责价值观教育的机构和人员。有专职或兼职机构，如美军的国防部教育署，德国国防部的“思想教育委员会”等。又如各级指挥员，他们既是军事工作领导者，也是精神教育工作的领导者和部属的教育者。此外还有作为专职思想工作者的随军牧师。外军认为随军牧师在对官兵进行思想道德教育方面发挥了“无可替代的作用”，因而在部队中编有大量的牧师。据统计，美军共有随军牧师3000多人，平均每700人配有一名牧师；德军约有300名在编牧师；英军则设置了随军牧师团。

（四）开展强势灵活的军事外交。军事外交作为军事“软实力”的生长资源，对于营造有利的战略环境，扩大国家和军队的影响，发挥着重要的作用。因此，美国等国家始终推行积极的军事外交政策，近年来，在以下几个方面尤为突出：不断强化军事同盟关系。冷战后，美国主要加强了以北约和美日军事同盟为两大支柱的军事同盟。为相关国家和地区积极提供军事援助。美国的军事援助带有明显的功利性，如通过向斯洛伐克、波兰、匈牙利、罗马尼亚等国家提供军事援助，换取他们对伊拉克战争的各种支持；通过对保加利亚的军事援助，获得了美军在该国的驻军权，从而提高了介入东欧事务的能力。频繁举行联合军事演习。美军频频举行联合军演，增进各国军队间的协同配合。提升国家间的互信程度。通过联合军演，可以使参演非同盟国增进友谊，威慑潜在敌人。

三、我军“软实力”的现状亦喜亦忧

（一）我军“软实力”建设的主要经验。我军“软实力”建设的历史经验主要是：(1) 党中央、中央军委高度重视，形成了党对军队绝对领导等优良传统；(2) 建立完善并坚持实行党委制、政治委员制、政治机关制等重要制度；(3) 坚持用创新的军事理论指导军事实践；(4) 不断调整完善体制编制；(5) 加强军队革命化建设，始终把思想政治建设摆在军队各项建设的首位，坚持用马克思主义理论和党的路线方针政策教育官兵、凝聚军心、激励斗志，加强民主法制建设，保证军队内部和军政军民团结，加强军事文化和教育工作，提高部队的教育训练水平和官兵的科学文化素质；(6) 积极开展军事宣传和军事外交，塑造和维护我军正义之师、威武之师、文明之师的形象；(7) 开展舆论战、心理战、法律战等政治攻势，开展反渗透、反腐蚀斗争。

（二）我军“软实力”的现状。总体看来，当前我军“软实力”是比较强大而有持续发展力的，在质量、水平上具有相当规模，与我军“硬实力”的关系相对协调，目前处于平稳发展期。从历史角度看，我军“软实力”有着深厚而优良的历史基础，比过去有长足进步；从现实角度看，我军“软实力”比外军有着独特而强大的政治优势。比如，在威慑力上，我军在相当“硬实力”的基础上，具有严明的纪律、优良的传统、勇猛顽强、血战到底的战斗精神；教育训练水平有了很大提高；全军将士积极备战，形成对敌对势力的有效威慑和遏制态势。在瓦解力上，我军舆论战、心理战、法律战的力量体系建设初具规模，具有瓦解敌军的丰富经验、现实的政治优势和得道多助的道义支持，对敌有很大的威慑力、瓦解力。

在创新力上，目前我们的军事理论和国防科技创新能力已有了新的提高，高新技术武器装备研制能力大幅提升，不断涌现出一大批军事理论成果、国防科技人才。多年来，培养了一大批高素质新型军事人才，为各项任务提供有力的智力支持。通过体制创新，进一步建立完善规模适度、结构合理、机构精干、指挥灵便的军队体制编制。通过政策制度创新，进一步调整和规范军人与国家、军人与社会以及军队内部的关系，形成有利于调动官兵积极性的政策制度。

毋庸讳言，我军软实力也有诸多不足，与发达国家比还有差距，与我国我军的地位、任务要求还有不少问题。好在都在改进、前进中。

四、采取有力措施，增强我军“软实力”

一是要高度重视“软实力”建设，促进军事软、硬实力的全面协调可持续发展。我军“软实力”建设既有优势又有不足的有喜有忧现状，亟需我们转变观念、提高认识、引起重视。要抓住当前的战略机遇期，尽快创立和完善具有中国特色的军事“软实力”理论和军事“软实力”体系。

二是加大军事思想理论创新力度，加强先进军事文化建设。包括理论在内的（广义）文化历来都是综合国力的组成部分。以文化建设手段提升“软实力”是当今世界上许多国家增强“软实力”的重要途径。先进的军事理论和军事文化不仅是生长军事“软实力”的重要文化资源，同时对军事“软实力”的形成和发挥也能起到巨大作用。要充分认识军事文化在提升军事“软实力”中的地位作用，切实把军事文化建设纳入军队建设中，纳入增强军事“软实力”的具体步骤中。进一步加强我军的军事思想文化、军事道德文化、军事制度文化、军事科技文化、军事谋略文化等建设，充分发挥军事文化的价值功能，形成具有我军特色的、先进的军事文化，打造军事文化“软实力”。

三是进一步完善政策制度、优化体制编制，落实依法从严治军方针。政策制度、体制编制作为人与武器装备的融合和保证因素，是促成“硬实力”转化为战斗力的结构性力量，二者在“软实力”中具有重要的地位作用。要通过进一步搞好军地、军民在国防人力、物力、财力动员等方面的分工与协作，为国防和军队建设营造良好的支撑环境；通过理顺军委与总部、总部与战区和军兵种在作战指挥、行政管理、后勤和装备保障等方面的关系，转变职能，明晰权责，从而切实提高军委与总部的战略筹划、战略指挥和综合协调能力。要尽快完善相关政策制度及其运行机制。向科学的政策制度及其运行机制要效益、要战斗力。

四是切实加强军事对外宣传工作，提高军事外交外宣水平。军事对外宣传和军事外交工作，越来越成为军事“软实力”的重要资源和组成部分，必须加以重视。要把该项工作同国家的对外宣传工作一起考虑，使之形成整体合力，共同营造良好的国际舆论环境。要重视改进传播内容、方式，增强可行性、可信性。应充分考虑到国际受众的复杂需要、多元偏好；要提高对外宣传的应急反应能力。一些重大突发事件，如果我们开始反应太慢，应对不及时，就容易丧失先机，以后再弥补将会付出很大代价。对我国发生的一些突发事件，西方常常是道听途说，抢发新闻，大肆歪曲，这时我们再发消息进行解释，就非常被动了。

五是切实加大惩治和预防腐败的力度，坚决克服形式主义、官僚主义和责任感不强等消极腐败现象。腐败现象和形式主义等不正之风，不仅严重损害部队战斗力，而且也败坏了我军形象，从而严重削弱了我军“软实力”。要把反腐倡廉教育作为基础性工作抓好，在广大官兵头脑中筑起牢固的思想防线；要以法规制度为保证，通过健全、落实组织制度、监督制度、领导制度、工作制度和生活制度，充分发挥法规制度在惩治和预防腐败中的强制性、规范性作用；要把强有力的而不是形式性的监督作为惩治和预防腐败的关键，落实监督机制，通过组织监督、舆论监督、法规监督、群众监督等多种方式，进行全方位全员额的监督，真正遏制腐败行为；要通过权力制约和权力监督，防止滥用职权、权力变质。

要大力克服形式主义、官僚主义和责任感、事业心不强等消极腐败现象，树立科学的政绩观，以战斗力为标准，健全考评机制，通过公平、公正、公开的考核评估，促进战斗力包括军事“软实力”的不断提升。

改革开放与马克思主义辩证法*

——纪念改革开放30周年

改革开放的成功，是坚持以中国特色社会主义理论体系为指导的结果，其中也包含着以马克思主义哲学为指导的因素在内。改革开放30周年的历史进程，同时也是实践马克思主义哲学的历史进程，其间充满着丰富的唯物辩证法思想。这里，择其要者，谈谈我们的认识体会。

学习运用矛盾普遍性与特殊性原理，坚定不移地走中国特色社会主义道路

马克思主义辩证法认为，矛盾的普遍性是矛盾的共性，并通过特殊性表现出来。在改革开放和建设中国特色社会主义过程中，我们既始终坚持科学社会主义的基本原则，即事物矛盾的普遍性；又根据中国的国情进行大胆探索，从中国实际出发，尊重事物矛盾的特殊性，始终坚持事物矛盾普遍性与特殊性的统一。正如胡锦涛同志在党的十七大报告中指出的：中国特色社会主义道路之所以完全正确、之

* 本文发表于《求是》2009年第5期。

所以能够引领中国发展进步，关键在于我们既坚持了科学社会主义的基本原则，又根据我国实际和时代特征赋予社会主义建设鲜明的中国特色。

邓小平同志在党的十二大上提出：走自己的道路，建设有中国特色的社会主义。这个伟大创见，既深刻体现了马克思主义哲学关于矛盾的普遍性与特殊性相统一的理论，又丰富、发展了这个理论。在改革开放的历史进程中，我们党围绕“什么是马克思主义、怎样对待马克思主义，什么是社会主义、怎样建设社会主义，建设什么样的党、怎样建设党，实现什么样的发展、怎样发展”四大基本问题，从实践到理论进行了卓有成效的创造，用一系列紧密联系、相互贯通的新思想、新观点、新论断，开辟了中国特色社会主义道路，形成了中国特色社会主义理论体系。我们党成功地运用社会主义建设的辩证法，遵循人类社会发展规律、社会主义建设规律、共产党执政规律，进一步发展社会化大生产，努力借鉴和吸收人类文明优秀成果，始终坚持解放思想、实事求是、与时俱进的思想路线和“一个中心、两个基本点”的基本路线，大力弘扬以爱国主义为核心的民族精神和以改革创新为核心的时代精神，在全面推进中国特色社会主义事业进程中不断推进党的建设新的伟大工程。这一历史过程，既包含着也实践着矛盾普遍性与特殊性相统一的原理，是马克思主义辩证法不断应用和具体化的历史过程。

学习运用矛盾同一性与斗争性原理，实现“一国两制”构想与推进和谐社会建设

矛盾着的对立面既统一，又斗争，由此推动事物的运动和变化。这是马克思主义辩证法的基本观点。在革命战争年代，我们党的任务主要是夺取政权，较多地注重矛盾的斗争性。建立新中国以后，我们党由夺取政权转变为执掌政权，党的十一届三中全会后，我国进入改

革开放新时期，党的中心工作实现了以经济建设为中心的历史转折。我们党根据我国面临的矛盾大都是非对抗性矛盾的实际，特别重视矛盾同一性在认识和解决矛盾中的作用，形成了积极稳妥地解决社会主义建设和改革时期矛盾的新思路。

“一国两制”构想是成功运用矛盾同一性与斗争性原理解决重大现实问题的生动体现。邓小平同志在1984年就指出：“世界上有许多争端，总要找个解决问题的出路。我多年来一直在想，找个什么办法，不用战争手段而用和平方式，来解决这种问题。”在解决祖国统一问题上，他指出：“和平共处的原则用之于解决一个国家内部的某些问题，恐怕也是一个好办法。根据中国自己的实践，我们提出‘一个国家，两种制度’的办法来解决中国的统一问题，这也是一种和平共处。”[①]在实现“一国两制”过程中，我们立足于和平共处，同时又坚决与分裂势力作斗争，促成了香港、澳门的回归。“一国两制”这一富有创造性的战略构想已经变为活生生的现实，这显示了“一国两制”政治构想的强大生命力，也证明了马克思主义的矛盾同一性与斗争性原理的科学性。

随着改革开放的深入和社会主义市场经济的发展，利益多元化、文化多元化的问题日益突出，社会问题也逐渐增多。面对这些新情况新问题，一方面要与消极、错误和腐败现象作斗争，另一方面又要“重在建设”，大力弘扬社会主义核心价值体系，积极发展社会主义和谐文化，构建团结稳定的社会局面。党的十六届四中全会提出构建社会主义和谐社会，而和谐社会就是矛盾统一体，就是矛盾的同一性与斗争性相统一的社会，就要求我们更多地致力于社会矛盾体中各要素之间的相互依存、相互协调和相互贯通，更多地关注矛盾双方的相互依赖和统一，积极化解冲突和纠纷。

在处理国际事务中，我们党也始终坚持和运用矛盾同一性与斗争

① 《邓小平文选》第3卷，人民出版社1993年版，第49页、第96—97页。

性相结合的辩证统一原理。经济全球化使世界各国在利益关系上既互相竞争又互相依存，因此在处理国际事务中，我们既注意矛盾的冲突，又注重矛盾双方的联合，积极倡导构建和谐世界的理念，努力谋求用和平的手段处理国际事务、解决国际争端，从实际出发，通过寻找和扩大共同点，形成相互依存、互利共赢、共同发展的和谐局面。

学习运用重点与全面相结合的辩证法，坚持全面协调可持续发展

马克思主义辩证法是重点论与全面论的统一。在改革开放的历史进程中，从我们党提出并坚持的“一个中心、两个基本点”的基本路线，到新世纪新阶段贯彻落实以人为本、全面协调可持续发展的科学发展观，这些都是对马克思主义辩证法的具体运用和发展。

改革开放以来，面对错综复杂的情况，党中央领导集体，旗帜鲜明地坚持党的基本理论、基本路线、基本纲领和基本经验，把握正确方向，排除各种干扰，领导改革开放和社会主义现代化建设不断发展。

在改革和发展的整个过程中，我们坚持“重点论”，紧紧“扭住”人民日益增长的物质文化需要同落后的社会生产之间的矛盾这一主要矛盾不动摇，紧紧抓住经济建设这个中心不放松，聚精会神搞建设，一心一意谋发展，用发展的办法解决前进中的问题。从“发展是硬道理”到“发展是党执政兴国的第一要务”，再到贯彻落实科学发展观，发展始终是中国特色社会主义事业不变的主题，快速发展则成为新时期最显著的成就。

当然，我们坚持的“重点论”不是“一点论”，而是以全面协调发展为基础和前提的。围绕经济建设这个中心，我们始终把坚持改革开放作为强国之路，把坚持四项基本原则作为立国之本，并把它们统一于建设中国特色社会主义实践之中。在推进物质文明建设的同时，我们始终协调推进政治文明建设、精神文明建设。特别是进入新世纪

新阶段，根据发展的阶段性特征，面对新的情况和新的问题，党中央提出以人为本、全面协调可持续发展的科学发展观，把科学发展观作为我国经济社会发展的重大指导方针，作为发展中国特色社会主义必须坚持和贯彻的重大战略思想，既紧紧抓住经济建设这个中心不放松、不动摇，又注重促进社会各项事业全面发展、协调发展、科学发展，所有这一切，都充分体现了重点与全面相结合的辩证思想方法、领导方法。

总结反“左”反右历史经验沿着正确方向前进*

——学习毛泽东、邓小平关于反“左”反右的论述

中国共产党在90年的奋斗历程中，积累了非常丰富的反“左”反右的正反两方面的经验，这是宝贵的精神财富。认真研究并吸取这些经验，对于加强党的建设，推进党的事业沿着党指引的正确方向前进，具有重要的意义。

一、坚持以马克思主义关于反对错误倾向的理论为指导

马克思主义关于反对错误倾向的理论内容非常丰富，一方面是论述了反“左”反右的重要意义，阐明无产阶级政党内部会产生“左”右倾向错误，强调要及时正确地开展反“左”反右的“两条战线斗争”，保证马克思主义的纯洁性和无产阶级政党的先进性。恩格斯指出：各种机会主义都是工人运动的“灾星”，“工人政党只有在内部斗

* 本文刊载于杨春长主编：《中国共产党反对错误倾向的理论与实践》，中央文献出版社2004年版。

争中才能发展起来，这是符合一般辩证规律的。”[①] 列宁针对无产阶级政党内部不断出现的错误倾向，明确提出了反“左”反右的“两条战线斗争”的概念，并强调了这种党内斗争的重要性。[②] 毛泽东同志虽然晚年犯有“左”的错误，但是在领导中国革命斗争中，成功地开展了反“左”反右的斗争，并强调党是在反“左”反右的“两条战线斗争中巩固和壮大起来”的。[③] 这说明正确开展两条战线斗争是党发展前进的动力，是加强党的建设的有效途径，是坚持、贯彻党的正确路线的重要保证。邓小平同志在新时期针对“文革”错误多次论述反“左”反右问题，并特别强调了反“左”。党的十二大报告中明确讲了要及时正确地开展两条战线斗争。江泽民同志在党的十五大报告中强调要反“左”反右，正确贯彻党的基本路线。新时期以来，在党的第二代、第三代领导集体的正确领导下，成功地反对和防止“左”右错误倾向，取得了中国特色社会主义的伟大胜利。

另一个方面是从如何正确开展反“左”反右的斗争，阐述了许多重要的原则、方法和理论，包括要分清矛盾性质，绝不能把党内斗争与阶级斗争混淆起来；要实事求是，有“左”反“左”，有右反右；要坚持惩前毖后、治病救人的原则，运用批评与自我批评的方法；要集中反对主要倾向，防止一种倾向掩盖另一种倾向；要注意研究错误倾向产生的根源和规律，增强反倾向斗争的自觉性和有效性；要不断总结经验，注意从“自身犯错误的教训中学习”；要努力学习科学理论，提高辩证思维水平；等等。

马克思主义关于反对错误倾向的理论，随着实践的发展而发展，它在不同国度、不同时期（如夺取政权与执政时期），其内容的不同方面有的会发展，有的会收缩；有的会显示出蓬勃的生命力，有的会显得过时。比如，党领导人民夺取政权时期，必然经常遇到“左”右

① 《马克思恩格斯全集》第4卷，人民出版社1965年版，第434页。
② 《列宁全集》第34卷，人民出版社1986年版，第424—425页。
③ 《毛泽东选集》第2卷，人民出版社1991年版，第530页。

倾向的干扰，必须大力开展反“左”反右斗争，列宁当初就指出这种斗争是党风的中心任务、重要任务。[①] 在无产阶级政党执政以后，一般来说，就要以经济建设为心，而不能以阶级斗争和党内斗争为中心。再如，毛泽东同志 1957 年 5 月 15 日曾讲过：“我们从来就是把人群分左、中、右，或者叫进步、中间、落后”，“除了沙漠，凡有人群的地方，都有左、中、右，一万年以后还会是这样。”[②] 这个论述是正确的。但是由于“左”右已经成了敏感的政治概念，因此就不能多讲“左”右了，就必须防止这个政治概念的泛化，否则就容易引起思想混乱。在现实生活中，应该淡化讲“左”、右概念，同时又要强化防“左”、右意识。

二、科学分析认识“左”右错误倾向产生的根源

无产阶级政党与错综复杂的社会矛盾相联系，社会阶级矛盾及新旧事物的矛盾必然要反映到党内，因此党内正确与错误的矛盾斗争会一直存在，只不过许多错误属于一般性质，只有少数错误才是“左”或右的错误。

产生“左”右倾错误的根源将会长期存在。从阶级根源来看，直到新中国成立后，我国仍然是小生产的汪洋大海，现在这种状况有较大改变，但仍不可忽视。小生产的经济地位及其思想文化状况决定了他们有狂热性、不坚定性，容易走极端，容易忽“左”忽右。中国工人阶级相对农民人数较少，受小生产思想影响较深，文化理论水平低，难以辩证思维，分析问题难免主观性、片面性。在王明教条主义统治时期，党在白区的工作损失一天比一天严重，许多工人骨干感到不对路，但自己说不出所以然来，手里没有与教条主义作斗争的武器，眼巴巴看着白区的力量丢光。

① 《列宁全集》第 19 卷，人民出版社 1986 年版，第 148 页。
② 《毛泽东选集》第 5 卷，人民出版社 1977 年版，第 428 页。

从思想认识根源来看，由于我们党的大多数党员、干部的马克思主义理论水平不高，所以很容易发生主观与客观相分离、理论与实践相脱节的问题。在时间上就可能或超越发展阶段，或滞后于实践发展；在空间上就难以因地制宜，难以“到什么山上唱什么歌”；在其他方面也难以辩证地适度把握，如对客观规律性和主观能动性的认识，对事物质与量的认识，对事物矛盾诸方面的认识，对可能性、现实性的认识，对必然与自由的认识，等等。

从社会历史根源来看，我们国家两千多年的封建思想的影响很容易滋生错误倾向。封建主义思想深深影响着许多干部群众，就连那些反封建的斗士闯将也难以完全摆脱。陈独秀的“家长制”、李立三的“一言堂”、毛泽东晚年的个人专断，都是非常严重的。

面临新世纪、新形势、新任务，国际国内各种复杂因素会给我们党的事业带来各种影响。西方敌对势力一直在对我推行“西化”“分化”的图谋，一些党员、干部可能受西方资产阶级世界观、人生观和价值观的影响。改革开放，发展社会主义市场经济，有许多消极因素和必然王国需要我们去应对，这些都难免发生失误甚至是较大的失误。

三、把握“左”右倾向发生的规律，增强防止和抵制错误的自觉性

总结历史经验，主要是为了寻求规律。研究党史90年“左”、右倾错误发生的规律，我们感到有以下几条值得注意：

一是理论水准低、不实事求是，必然产生错误倾向。辩证唯物主义认为，人的认识是对客观事物的反映，正确认识来自对客观事物的准确反映。对于复杂事物的认识，特别是像中国革命和建设这样非常浩大繁杂的客观对象，要取得对它的正确认识，必须有马克思主义理论的正确指导，坚持实事求是的原则，从实际出发。否则，必然发生“左”的或右的错误。在土地革命战争时期，我们党内曾连续出现了

几次严重的“左”、右倾错误。究其原因固然是多方面的，但是，由于当时的主要领导人马克思主义理论水平不高，又严重脱离实际，错误地估计了中国革命的形势则是重要原因。大革命失败后的一个时期中，中国革命究竟是否处于低潮，中国革命是否具备迅速夺取全国胜利或一省数省首先胜利的形势，当时党的主要负责人严重脱离实际，或是根本否认中国革命的低潮，或是在形势稍有好转便认为革命高潮已经到来、与敌人决战的时机已经成熟，结果导致了一次又一次严重的错误。

二是在重大胜利和困难面前容易发生错误倾向。人们在胜利面前容易骄傲，忘乎所以，或者满足于一时胜利，不敢争取更大的胜利，就有可能产生错误倾向。例如全国解放战争时期，在战略决战到来时，有人不敢打前所未有的大战役，不敢同敌人进行战略决战，不敢迅速夺取全国胜利，就是这种情况。在困难面前，如果被困难所吓倒，对前途悲观失望，容易产生右的倾向；而如果在失败面前被复仇情绪所左右，或在困难和挫折面前不认真吸取教训，或误把革命低潮当高潮，则会发生“左”的倾向。例如瞿秋白的“左”倾盲动主义错误就是如此。毛泽东同志早在民主革命时期说过：“反对党风‘左’右倾向，必须依据具体情况决定方针。例如：军队在打胜仗的时候，必须防止右倾。土地改革在群众尚未认真发动和尚未开展斗争的地方，必须反对右倾；在群众已经发动和已经展开斗争的地方，必须防止‘左倾’”。[①]

三是历史转折和形势剧变时期容易产生错误倾向。这不只是由于历史转折和形势剧变时给人们分析和把握形势、制定和执行政策带来一定难度，而且还由于人们对于历史转折和急剧变化的形势往往缺乏充分的思想准备和理论准备。在这样的时期，各种社会矛盾错综复杂并不断变化，有些矛盾会有一个逐步暴露的过程。各种纷繁复杂的现象使局势的发展显露出多种可能性。比如西安事变、60年代中苏关系

① 《毛泽东选集》第4卷，人民出版社1960年版，第268页。

的公开破裂等。

四是党内政治生活不正常时容易产生错误倾向。党内政治生活不正常，尤其是不能正常坚持民主集中制、集体领导原则时，很容易产生错误倾向。邓小平同志指出：坚持民主集中制，“是关系我们党和国家命运的事情”。[①] 所谓党内政治生活不正常，主要是指民主集中制和集体领导原则被削弱乃至破坏，一是过分强调民主，忽视集中，从而形成无人负责的极端民主化倾向；二是片面强调集中，破坏党内民主，甚至实行个人专断。从党的历史看，虽然第一种情况也出现过，如八七会议就“造成了党内相当严重的极端民主化状况”；但是，更为主要的、带有规律性的则是第二种情况。正如邓小平同志所概括的：家长制“在党的历史上产生过很大危害。陈独秀、王明、张国焘等人都是搞家长制的”。[②] 党的“三大”以后，三次连任总书记的陈独秀家长作风严重发展，谁要是提不同意见，他就发脾气，甚至摔东西骂人。共青团中央书记任弼时提出意见书批评陈的错误，陈竟然当面将意见书撕毁。在“中山舰事件”“整理党务案”等问题上，他拒不听从斗争第一线同志的意见，以家长的权威一意孤行，强行贯彻其退让政策。李立三、王明也是个人专断。“从遵义会议到社会主义改造时期，党中央和毛泽东同志一直比较注意实行集体领导，实行民主集中制，党内民主生活比较正常。”[③] 于是，我们党领导全国人民取得了一连串伟大胜利。但是，毛泽东同志逐渐骄傲起来，专断作风日益严重，以至产生了严重的“左”倾错误。

五是纠正重大错误倾向时可能产生其他错误倾向。在反对右倾时容易产生“左”倾，在反对“左”倾时容易产生右倾，这也是在历史上反复出现的一种情况：当反对陈独秀右倾投降错误后，产生了瞿秋白、李立三、王明的“左”倾错误；当反对统一战线问题上的“左”

① 《邓小平文选》第1卷，人民出版社1994年版，第312页。
② 《邓小平文选》第2卷，人民出版社1994年版，第330页。
③ 《邓小平文选》第2卷，人民出版社1994年版，第330页。

倾关门主义错误后，便产生了抗战初期的新投降主义错误；而在这种右的错误基本纠正之后，随着第一次反共高潮和皖南事变的发生，过"左"的倾向又成了主要危险；十一届三中全会纠正"左"倾错误后，资产阶级自由化思潮又出现了。之所以出现一种倾向掩盖另一种倾向的问题，主要是由于人们把主要注意力集中于主要倾向上，而容易忽视次要矛盾。

四、同错误倾向作斗争必须坚持正确的原则和方法

（一）坚持实事求是、有"左"反"左"、有右反右的原则。坚持这个根本原则，就要做到是什么错误倾向就反对什么错误倾向；错误倾向在什么范围存在，就在什么范围反对；要分清一定时期内是否存在，究竟存在着什么错误倾向，是"左"的，是右的，还是两者兼而有之，孰主孰次，从而做到有"左"反"左"，有右反右，没有就不能硬找硬套。如果把本来是"左"的倾向当作右的倾向去反，只能越反越"左"；把本来是右的倾向当作"左"的或视而不见，只能使革命和建设事业遭受更大的损失。

这里有一个重要的问题，就是要正确理解邓小平同志关于"中国要警惕右，但主要是防止'左'"的思想。这个思想是对中国革命和建设经验教训的科学总结，我们要正确理解，准确把握。"主要是防止'左'"是从总体上、战略上、根本上讲的，是指在指导思想上多数情况下要反"左"防"左"，而不是说在任何范围、任何单位、任何时候、任何问题上都只能反"左"防"左"。离开了具体情况具体分析就会脱离实际，违反实事求是原则，就会出现失误，甚至是更大的失误。

在反倾向问题上一定要实事求是，具体分析，有"左"反"左"，有右反右。我们的党是一个大党，我们的国家幅员辽阔，人口众多，情况复杂。不同的地区、部门和单位，由于各自的条件（政治、经济、

文化、历史等）不同，在前进中遇到的错误倾向往往是错综复杂的。其中，有些倾向是相同的，带有普遍性；有些倾向是不同的，带有特殊性。即使是相同的倾向，其表现的程度也往往有所不同。这就决定了各地区、各部门、各单位在反对错误倾向时，要从当时当地的实际情况出发，不能拿一个“模式”到处套，你那里纠正什么，我这里也一定要纠正什么。过去，我们党内反对错误倾向的斗争的一个重要教训，就是容易“刮风”，搞“一刀切”，不具体分析，一说有什么倾向，往往不问在什么地方、什么范围发生的，就全国各地都动起来，全面搞、层层套。应当看到，某一个局部在一定时期内表现出来的错误倾向与全国范围内的主要错误倾向，有时可能一致，有时可能不完全一致，甚至有大的区别，应实事求是地区别对待。同时还应注意到，两种错误倾向也是相互联系、相互转化的。比如在一个时期内，就不能把批判资产阶级自由化倾向和纠正实际工作中“左”的错误对立起来，更不能用“左”的思想和做法去解决资产阶级自由化的问题。不纠正“左”的错误倾向就不能有力地反对“自由化”；不批“自由化”也会妨碍我们纠正“左”的错误倾向。

（二）坚持正确区分矛盾性质，集中反对主要错误倾向的原则。党的建设、党的事业存在着各种复杂的矛盾，尤其是开展党内斗争，必须正确区分矛盾性质，集中反对主要错误倾向。党内斗争包含着反对错误思想、错误倾向和错误路线三个方面的内容。正确与错误、先进与落后的矛盾，无产阶级思想与非无产阶级思想的斗争，正确路线同“左”、右错误倾向的斗争，以及党内斗争与阶级斗争，常常交织在一起。因此，必须分清矛盾性质，集中反对主要倾向。

党内有时候是有路线斗争的，它是党内斗争的重要内容和最高形式，但却不是全部内容和唯一形式，而经常的大量存在的则是思想分歧、思想斗争。因此，决不能把党内的思想斗争与路线斗争画等号。在民主革命时期，王明等人把党内任何矛盾、分歧都看成是路线斗争，并且要在党内进行不调和地、无情地反对那些哪怕是没有形成的和最小的“左”右倾向斗争。王明的错误指导给党造成了严重危害。

党内斗争的实质是正确思想和错误思想的分歧和对立。要解决好党内斗争问题，不但要分清矛盾性质，而且要分清主要矛盾和次要矛盾，从而集中反对主要错误倾向。判断一个时期主要的错误倾向究竟是“左”是右还是什么，或者就没有什么大的错误倾向，对此都不能主观臆断，必须根据不断发展变化的社会实践。不能乱提口号，擅讲“左”右。

（三）坚持防止一种倾向掩盖另一种倾向的适度原则。在我们党的历史上，曾有过不少纠正错误倾向中矫枉过正的现象，也就是毛泽东同志讲过的，反“左”容易出右，反右容易出“左”的问题。正确地防止和解决这种问题，就要在纠正错误倾向时，注意防止或纠正可能掩盖的另一种倾向。纠正错误倾向有三种情形，或适当、或过正、或不及。然而纠正大的错误倾向，由于人们积怨已久，发力必猛，难能适度，常常会矫枉过正。因此，需要遵循“矫枉之矫枉”规律(作者书中有专章论述)，即矫枉之后再矫枉。矫枉过正的认识特征主要是超越限度，过犹不及。比如社会主义时期的阶级斗争问题，纠正“阶级斗争扩大化”问题如果过了“度”，就必然导致抹杀、忽视阶级斗争问题。批判、纠正平均主义过分，就可能出现两极分化。在经济发展速度上，纠正忽视发展生产力、低速度的问题，如果太过，就可能出现片面强求高速度的问题。矫枉过正的思维方式往往是非此即彼的片面性、绝对性，对矛盾着的事物，只见互相对立，不见互相联系。在纠正错误倾向时，很容易走极端。人们虽然深知辩证思维包括适度的重要，但落实到具体思维操作上，却很不容易。所以一定努力学习科学理论，增强辩证思维，掌握适度原则，在反倾向问题上，防止一种倾向掩盖另一种倾向。

（四）坚持惩前毖后、治病救人的原则。在延安整风运动中，毛泽东同志总结了党内斗争的历史经验，第一次提出了“惩前毖后、治病救人”的方针原则：“对以前的错误一定要揭发，不讲情面，要以科学的态度来分析批判过去的坏东西，以便使后来的工作慎重些，做得好些。这就是‘惩前毖后、治病救人’的意思。但是我们揭发错误，批判缺点的目的，好像医生治病一样，完全是为了救人，而不是为了把人整死。”[①] 这样就既能解决党内矛盾，又能加强党内团结。

（五）主要是运用认真开展批评与自我批评的方法。党内斗争基本上是一种思想斗争。党内斗争的目的，是为了教育全党包括教育犯了错误的同志。所以党内斗争本身就是一种党内不可缺少的思想政治教育。因此，必须以正面教育为主，主要是开展批评与自我批评。

刘少奇同志指出："适当的批评，适当的态度和适当的方式，反对‘过’与‘不及’,这就是我们党内斗争中应采取的方法。"[②]"我们必须发展批评和自我批评，正确地进行党内斗争，来反对党内一切坏的现象，克服党的分歧。只须这样，才能使党巩固发展和前进。"[③] 我们党在90年的历程中，逐渐形成了批评与自我批评的传统。在党的生活中，上下左右之间，大家开诚布公，既作自我批评，也互相进行批评帮助，通过这种方法，总结经验，增强团强，使我们党的机体经常保持旺盛状态。

在新的历史时期，由于到处强调反“左”，使得许多人因曲解其意而不敢积极地开展党内斗争，不敢坚持原则，不能认真开展批评与自我批评。所以，组织生活不要尽是歌功颂德。必须正确地开展批评与自我批评。

五、优化防偏纠错机制，沿着正确方向前进

回顾我们党的历史，为什么“左”、右错误倾向屡屡发生？这虽然与犯“左”右倾错误的主要领导人有直接关系，但没有形成反“左”

① 《毛泽东选集》第3卷，人民出版社1991年版，第827页。
② 《刘少奇选集》上卷，人民出版社1981年版，第193页。
③ 《刘少奇选集》上卷，人民出版社1981年版，第160页。

反右、防“左”防右的机制是一个根本原因。

进一步完善党的领导体制、组织结构。优化防偏纠错的机制，一个基本的问题就是完善、改进党的领导体制、组织结构，加强和改进党的思想作风建设和制度建设。毛泽东同志说过，斯大林严重破坏社会主义法制，这样的事件在英、法、美这样的西方国家不可能发生。邓小平指出：毛泽东同志“虽然认识到这一点，但是由于没有在实际上解决领导制度问题以及其他一些原因，仍然导致了‘文化大革命’的十年浩劫。这个教训是极其深刻的”。①

健全并贯彻党的民主集中制，形成勇于坚持真理修正错误的正常氛围。民主集中制是党的根本的组织制度和领导制度。凡是认真坚持民主集中制好的时候，党的事业就兴旺发达，凡是民主集中制遭到破坏的时候，就容易失误。

现在的问题一是民主不够和集中不好；二是在实行集体领导和个人分工负责制中存在着包揽一切和无人负责的现象；三是因制度不健全“无法可依”和因监督不力有法不依、违法不究。解决这些问题，必须认真落实《党章》和党的其他重要制度规定的民主集中制基本原则和制度。

贯彻群众路线，加强民主监督。为了人民和依靠人民是党的根本宗旨和工作路线、工作方法，也是少犯错误、不犯错误的基本途径。要坚持决策和决策的执行符合人民利益的原则，在制定政策措施、工作计划，决定重大事项时，务必要以马克思主义为指导，走群众路线，充分调查研究，反复比较、论证。

防偏纠错的机制，必须靠有力的民主监督机制和选人用人机制来保证。从党内监督来说，要形成科学、合理、有效的自下而上和自上而下的双向监督机制。要拓宽党员实行民主监督的渠道，改进对党员来信来访的处理方式，充分发挥专门机关自上而下的监督作用，要完

---

① 《邓小平文选》第2卷，人民出版社1994年版，第333页。

善党代表大会制度，充分发挥各级党的代表大会的监督作用。从党外监督来说，要认真对待并及时处理人民群众的来信来访和举报工作，发挥各级人民代表大会及其常务委员会的监督功能，切实加强人民政协、民主党派和团体的监督作用，强化社会舆论的监督作用，对批评性舆论所披露和曝光的问题，各级党委要高度重视，认真处理。

要优化选人用人机制。再好的制度和路线、政策，没有优秀的党员、干部落实，还是不行。因此，一定要按照党的干部路线、政策选好人、用好人。

新的实践必然有许多新情况新任务新矛盾。我们要以宪法和党章为遵循，谨防“左”右，戒“左”戒右，慎言“左”右，解放思想，开拓前进。

伟大的治党治国“新路”*

——学习毛泽东与黄炎培1945年7月《延安窑洞对》

近年来，我与许多同志一样，既为党领导的中国特色社会主义伟大事业辉煌胜利而兴奋、自豪，又为严重的腐败现象担忧。

苏共亡党亡国教训，实在值得我们深思，我们应努力“消化”并吸取好这个教训。(列宁曾讲过对重大教训要“消化”好）其教训很多，主要是国内外敌对势力渗透颠覆，苏共党与国家制度落后，高度集权，民主缺失，贪腐盛行，严重脱离人民群众。外因通过内因起作用，内因毕竟是事物生存、发展、变化的根据。亡苏者苏也！

1989年那场政治风波之后，邓小平同志曾讲过：这个党不抓不行了。当初党中央曾制定下发了许多反腐倡廉、联系群众的好文件。后来一个时期腐败风气滋生蔓延，以至于许多群众、党员、干部不满，有的甚至丧失希望、丧失信心。

大家都在思考，都在认真学习贯彻党的十八大以来以习近平同志为核心的党中央的许多重要文件精神。同时，我们也认真学习领悟毛泽东同志1945年7月初，与当时国民政府去延安参观访问的代表

---

* 本文发表于《西部大开发》2013年第12期。

黄炎培先生的对话，大家已约定俗成地称之为《延安窑洞对》(古代有著名的《隆中对》)。

这段著名的对话，1945年9月发表于黄炎培先生的《延安归来》。后来又见之于中央审定出版的重要著作，一是1996年8月中央文献出版社出版、中央文献研究室副主任金冲及同志主编的《毛泽东传(1893—1949)》(第744—746页)；二是2002年中央文献出版社出版、中央文献研究室主任逄先知同志主编的《毛泽东年谱》(第609—610页)。

我数月之前已上书建议，中央文献研究室以后再编辑出版《毛泽东选集》时，增加这篇伟大的对话，这绝对不是一篇寻常、普通的谈话。这实际上是毛泽东主席经过1944年纪念甲申300年（农民起义领袖李自成因骄傲而失败）的认真深刻思考，经过1945年党的七大后的郑重宣示，是抗日战争胜利在即，新中国成立在即，面向全党全国以至全世界的立党治党、立国治国的伟大宣言。

黄炎培先生（1878.7—1965.12）在此次谈话中说："我生六十多年，耳闻的不说，所亲眼看到的，真所谓'其兴也勃焉，其亡也忽焉'，一人，一家，一团体，一地方，乃至一国，不少单位都没有能跳出这周期率的支配力。大凡初时聚精会神，没有一事不用心，没有一人不卖力，也许那时艰难困苦，只有从万死中觅取一生。既而环境渐渐好转，精神也渐渐放下了。有的因为历史长久，自然地惰性发作，由少数演为多数，到风气养成，虽有大力，无法扭转，并且无法补救……一部历史，'政怠宦成'的也有，'人亡政息'的也有，'求荣取辱'的也有，总之没有能跳出这周期率。中共诸君从过去到现在，我略略了解的了，就是希望找出一条新路，来跳出这周期率的支配。"

毛泽东主席对答说："我们已经找到新路，我们能跳出这周期率。这条新路，就是民主。只有让人民来监督政府，政府才不敢松懈。只有人人起来负责，才不会人亡政息。"

据不少资料介绍，黄炎培先生一行六人回到重庆后，曾经给蒋介石、宋美龄等人汇报去延安之行的情况，其中也讲到，延安中共领导人艰苦奋斗，生活朴素，作风特别俭朴，与群众关系亲密，等等。宋美龄说过：相信你说的。可是，中共还没有尝到权力的滋味……

毛泽东主席的对话共57个字，关键词即：人民，民主，监督。他说的人民，就是为了人民，依靠人民；民主，是毛主席一贯主张、倡导，在建军之初，红军物质条件特别菲薄，尽管如此，毛主席还是强调，人民军队必须实行政治民主、经济民主、军事民主，官兵一致，军民一致；监督，就是让人民来认真监督政府、政权、权力和领导人。1949年，新中国屹立东方，“人民”主体地位昭告寰宇，新政权不再是一家、一族、少数人垄断。毛泽东和党中央给许多单位命名都有冠以“人民”二字，这是伟大而崇高的规定性：“人民共和国”“人民政府”“人民军队”“人民海军”“人民空军”“人民炮兵”“人民装甲兵”“人民工程兵”“人民警察”“人民法院”“人民公安”“人民日报”“人民广播电台”“人民银行”“人民邮电”，中国共产党执政，秉承人民意志，代表人民管理国家，真正为人民服务，为人民作战，为人民工作，为人民解难，与人民同呼吸共命运。

在贯彻落实这伟大思想方面，毛泽东同志在新中国成立前做得很好，新中国成立初期也很好，后来有时就变得个人专断了。但无论如何，毛泽东同志在对话中提出的重要思想，是伟大的，应该看作是他提出的伟大的治党治国“新路”，是治党治国的宣言、纲领和方略。以毛泽东为卓越代表的共产党人，是真正追求民主、自由、公正、平等的。共产党人的奋斗目标即最高纲领是实现共产主义，而共产主义社会就是自由人联合体。共产党执政以后，由于社会生产力、经济、文化比较落后等因素，在实现这些目标的过程中，出现一些问题，但它会自我完善，不断改革前进的。

历史常常有惊人的一致。

习近平总书记在党的十八届三中全会提出：“让人民监督权力”。

这是习近平同志担任总书记以来反复强调的重要思想。他多次讲过：要推进民主政治建设，坚决反对并惩治腐败，把权力关进制度的笼子里。

这不是偶然巧合的一致，而是逻辑的一致！从中国共产党成立之日起，就以全心全意为人民服务为唯一宗旨，尤其是党的七大之后，立党治党，立国治国，思想理论日臻成熟，就是要从理论与实践的结合上，真正为人民、靠人民，让人民监督权力。后来执政的几十年中，毛泽东同志有时做得好，有时不好。到了十八大之后，党中央又特别郑重强调“让人民监督权力”！这是我们党螺旋式上升的高层次“复归”，不是简单回归；是我们党波浪式前进的一致，逻辑与历史的一致，否定之否定的一致。这种回归、一致，是对不完善甚至是舛错失误的既往之否定、补正和升华。

黄炎培先生提出的历史周期率问题确实十分尖锐而重要，体现了这位著名爱国人士的广阔胸襟与卓越见识，也道出了他老人家对中华民族、国家命运的崇高关切和担忧，更反映了他对中国共产党的真诚关注、敬重和殷切期望、希冀。

新中国之前的各代历史真是你方唱罢我登场，其兴也勃焉，其亡也忽焉。源盖由于剥削阶级统治集团，剥削人民、压迫人民。

中国共产党执政的政权真正做到为人民、靠人民、以人为本，真正尊重人民的主体地位，让人民监督权力，健全并落实民主法制等制度法规体系，人人起来负责，就可以真正跳出历史周期率，达到长治久安。

今天我们缅怀毛泽东同志诞辰120周年的最好方式，就是继承其遗志、夙愿，把他的伟大思想，尤其是伟大的治党治国“新路”思想学习好、研究好、宣传好、实践好。

为此，近几个月来，我们多次请示请教了许多著名专家领导、学者，并共同商定举办了这个首届学习研讨毛泽东同志与黄炎培先生1945年7月《延安窑洞对》座谈会。

“军队经商必衰垮”是一条规律*

——兼论探索规律的曲折与代价

解放军与武警部队一律不再从事经商活动，这是党中央和中央军委1998年7月通过对国家建设、军队建设深思熟虑作出的重大正确决策，也是党中央、中央军委在复杂的改革与现代化建设实践中，对治党、治国、治军特点、规律的科学认识与运用的典型范例。我们记得，在80年代中期，由于国家经济比较落后，军费比较紧张，中央决定军队可以从事一些生产经营活动，办企业，由此弥补军费不足的问题。这样做对当时军队建设发展起过些作用。但是负作用更大。所以尽快停止制止，意义十分重大。

认识事物的本质、特点和规律很难，因为许多事物非常复杂，治国、治军更是如此。现象与本质、支流与主流、个性与共性交织在一起，事物呈现在人们面前的总是像列宁讲的那样，是一堆“迷离混沌”表象，当对事物的本质、特点、规律没有真正认识、把握之前，可以说没什么“自由”，甚至怎么说似乎都有道理。就以军队经商而言，我们曾经认为这是弥补军费不足的好办法，等等。但是，通过多年的实践检验证明，军队确实不能经商，“经商军必垮”，这是被我们清楚

* 本文刊载于杨春长主编:《论治军规律》，人民日报出版社1998年版。

地认识到的一条重要的治军规律。

军队经商必垮，之所以是一条规律，根本的原因在于它具有必然性和普遍性，它揭示了军队与经商、军队经商与社会之间内部的本质联系，是一种必然趋势。首先，经商必然分散军队干部的精力，严重影响军队建设，正如中央领导所指出的：军队的司令员整天动脑筋考虑怎么赚钱，团长一天到晚老想经商发财这个事情，这怎么能集中精力搞好军队的革命化、现代化、正规化建设呢？军队的根本职能、任务，就是担负好“战斗队”的职能、任务，搞经商就是不务正业、舍本逐末。长此以往，军将不军，必然丧失“军队”尤其是“人民军队”的质的规定性。其次，军队经商很容易与民争利，与地方争利，造成军队与地方的矛盾，影响军政军民关系。人民军队如果得不到地方政府与广大人民群众的支持和拥护，犹如鱼之离水，陷于危险境地。再次，军队经商必然干扰国家发展经济，特别是社会主义市场经济的秩序。发展经济，国家有许多不同的经济职能部门，各司其职，军队从中横插一杠子，它又是一种特殊的武装力量，其他非武装力量怎么与之“公平竞争”？国家的经济秩序混乱，必然导致财源枯萎。国之不兴，何以养兵？第四，军队经商，非常容易使商品交换原则渗入军队的政治生活中来，必然影响和侵蚀官兵的思想作风，滋生腐败现象。这些年来，不少部队发生的一些经济犯罪案件包括大案要案，固然有许多原因，但是其中一个重要原因，就是由于军队经商，有些人成天考虑赚钱，像流传的那样：上午围着“轮子”转（坐车赶路）；中午围着盘子转（请吃、吃请）；晚上围着裙子转（跳舞唱歌），酒杯一端，政策放宽……把一些政治生活准则、政策、纪律淡忘了，或者是由于挡不住巨额“利润”的诱惑，明知故犯，知法犯法，甚至在更大利欲的驱使下，宁可冒绞首的危险。

“经商军必垮”的规律，也已被历史实践所证明。宋朝军队经商之风盛行，严重地腐蚀了宋军的战斗力。宋神宗时，除了众多的地方军外，仅由中央直接提供的军饷和军俸的官兵（包括禁兵与厢兵）就有120多万，占全国人口的百分之一还多。军队庞大，宋王朝采取军队经商的办法养兵，驻扎于陕西、秦风（今甘、陕地区），河东（今山西地区）各路军队都经商，结果是富了官僚，毁了军队，苦了百姓。后来南宋大将刘光世，靠经商、走私发了横财，他还不知羞耻地以历史上的富商大贾“陶朱公”自居。其统领的5.2万人部队，经商的就有8000余人，部队“训练有所不能施”，哪有什么战斗力呢？！晚清王朝的军队也是经商的经商，走私的走私，竞相赚钱发财，当时鸦片走私有巨额利润，“粤营以水师为最优，其岁入得自粮饷者百之一，得自土规（鸦片走私的陋规）者百之九十九”。许多军队为了赚钱发财，执法犯法，兵匪一家，坑害百姓。效忠于清王朝的曾国藩感叹地说：“国藩数年以来，痛恨军营弊病，武弁守备以上，无不丧尽天良！”军权在握的两广总督琦善，利用军队经商大发横财，出租土地250多垧，每年收租银2000多两，他与晋商合资在天津、大沽等地开设全和、时和等三家当铺，资本6万串钱。腐败的清军怎能不垮？到民国时期，许多军阀也纷纷经商。山西军阀阎锡山，办企业、开银行，牟利暴富，贪赃枉法，也是军不成军。历史是无私的，实践是无情的。军队经商必然垮台，只是迟速而已，这就是它内部的必然联系。

“经商军必垮”可以说是被我们清楚地认识到的一条治军规律。对这条规律的探索、认识也不那么容易。在我们明晰地认识这条规律之前，它就朦朦胧胧地存在于各种治军现象的背后，我们大家天天见它，又似乎看不到它，真正是熟视无睹。它有质而无形，单靠感觉无法把握。只有对大量生动、直观的现象，进行科学的抽象思维，才能抓住它，才能认识和把握规律。实实在在地说，前些年我们对军队经商问题认识很不够。当没有认识和把握某种治军规律时，我们难免碰壁，难免失误，甚至要付出学费、代价。事物的本质、特点和规律，有一个逐步展示、暴露的过程，不到一定时候，大家就难以认识其真面目和后果。我们认为，“经商军必垮”确实是新形势下的治军规律。这条规律如果认识、揭示得不及时，再推后一些时间，我们将付出更大更惨重的代价，这代价不仅是经济方面的，更严重的是政治上、思想上和组织上的。可见，党中央、中央军委及时、果断地作出军队一律不准再经商的重大决策，是何等重要，何等正确。这也充分说明，认识和把握治军规律不容易，通常要从经验教训尤其是教训中领悟。恩格斯讲过："伟大的阶级，正如伟大的民族一样，无论从哪方面学习都不如从自己所犯错误的后果中学习来得快。"

还有一些新的治军特点、规律"藏在深闺人未识"，或"犹抱琵琶半遮面"，我们对之还处于未知或知之不深的状态，探索规律是曲折的过程，有时要付出相当大的代价。探索中国革命胜利的规律，付出了多么惨重的代价。是毛泽东同志成功地将马克思列宁主义与中国革命具体实际相结合，才找到了这条规律。治军规律在未被人们认识和运用之前，是一种相对于"自由"的"必然"领域。这种"必然"就是事物发展的客观规律性，"自由"则是对"必然"的认识和客观世界的改造。人们认识世界、改造世界的过程，就是一个不断地从必然王国向自由王国发展的过程。我们只有探索、认识并自觉运用了治军规律，才能取得治军、建军的自由和主动权。我们之所以在治军、军队建设中经常发生这样、那样的问题，就是因为有盲目性，因为对治军规律似知非知，似懂非懂，甚至干了一些违背治军规律的蠢事。比如，"文化大革命"期间，由于林彪、"四人帮"的干扰、破坏，搞所谓"突出政治"，以政治冲击训练，致使部队军事素质严重下降，就是违背了以教育训练为中心的治军规律。这都是探索规律过程的代价。有些代价是难免的、必付的，有的则是可免或少付的。恩格斯曾讲过："自由不在于幻想中摆脱自然规律而独立，而在于认识这些规律，从而能够有计划地使自然规律为一定的目的服务"。他还讲过："美索不达米亚、希腊、小亚细亚以及其他各地的居民，为了想得到耕地，把森林都砍完了，但是他们梦想不到，这些地方今天竟因此成为荒芜不毛之地，因为他们使这些地方失去了森林，也失去了积聚和贮存水分的中心。阿尔卑斯山的意大利人，砍光了被十分细心地保护的松林，他们没预料到，这样一来，他们把他们区域里的高山牲畜业的基础给摧毁了；他们更没有预料到，他们这样做，竟使山泉在一年中的大部分时间内枯竭了，而在雨季又使更加凶猛的洪水倾泻到平原上……因此，我们必须时时记住：我们统治自然界，决不像征服者统治异民族一样，决不像站在自然界以外的人一样，相反地，我们连同我们的肉、血和头脑都是属于自然界，存在于自然界的；我们对自然界的整个统治，是在于我们比其他一切动物强，能够认识和正确运用自然规律”。这些深刻论述，在今天看来，仍倍感中肯和科学，其中一个深刻的道理就是，只有提高认识和探索规律的能力，真正按客观规律办事，才能少些曲折，少交学费，少付代价。我们决不能满足于良好愿望、动机，动机再好，也可能“冒犯”规律，而事与愿违，做出那种搬起石头砸自己脚的蠢事。

以无私的立场和科学的辩证思维认识、处理问题，就能够不付或少付代价，较少曲折，较多成功。规律的“天敌”是私心与唯心。人们之所以在探索规律过程中付出不必要的代价，也主要是由于人们的偏私与认识能力、思维方法的不科学，比如，前面讲的为什么对军队经商问题缺乏深刻认识呢？一个重要的原因，就是因为人们想眼前的多，想长远的少；算经济账多，算政治账少；利益敏感性强，政治敏感性差，常常为自己或那个局部周密谋划，而为国家、军队的宏观的长治久安着想不够；微观问题考虑得细且深，宏观运筹谋略明显不足；主观、片面、僵化的思想方法，常常支配着我们，而开拓创新的远见卓识、科学缜密的辩证思维则由于各种原因很不够。这些思想认识从根本上说是排斥规律的，是很难认识和把握治军规律的。

规律是客观的，对人们都是公正的，就像时间对人都是公正的一样。在认识和运用规律的过程中，从偏私的立场、态度出发，以唯心、主观、片面的思想方法去对待，必然碰壁，即使暂时得计，终久也会受到客观规律的惩罚。因此，认识和运用治军规律，必须站在无产阶级和人民大众的大公无私的立场上，以辩证唯物主义和历史唯物主义的科学态度、方法，才能有所成功。在研究和探索治军规律的过程中，我们要透过现象抓本质，通过外部联系揭示内部联系，把事物的偶然性作为认识必然性的门径，经过去伪存真，去粗取精，由此及彼，由表及里的科学抽象，辩证思维，就能较好地认识、把握并运用治军规律，避免或减少那些不必要的代价。

反腐倡廉　法治是本　贵在“较真”*

——学习党的十八届四中全会文件暨习近平总书记系列重要讲话

党的十八届四中全会通过的《关于全面推进依法治国若干重大问题的决定》提出，要建设中国特色社会主义法治体系，建设社会主义法治国家，强化对权力的制约和监督，全面推进依法治国。毛泽东同志说过：世界上怕就怕“认真”二字，共产党就最讲认真。以前党风不正问题，也反映到军队，出现了一些腐败现象。以前中央为反腐败发了不少文件，并收到一定的效果。可是，效果不是很大。一个重要原因就是不很认真。我们可以说，共产党的所有成就成功，都是由于认真。而那些失误失败则往往由于不认真。党的十八大以来，以习近平同志为核心的党中央，真正为了人民，依靠人民，动真的，来实的，敢于认真“较真”，依法从严治党治军，大力惩治党和军队的各种腐败，加强廉政建设，受到全党全军全国人民的热烈拥护和赞扬。

---

* 本文发表于《人民日报》2015年6月24日，本文有修改。

一、无私无畏，敢于“较真”碰硬

由于发展市场经济和军队一度搞生产经营，有的领导放松思想改造，纵欲贪婪，使党内军内滋生了腐败风气，逐渐生成买官卖官现象。比如，针对有些高中级领导干部多占房子、车子等问题，中央发过文件、指示，要求清退多占用的房子和车子，可是有的不清退，等等。广大干部群众百般忧虑。无数革命先烈、先辈，用生命和鲜血打下的红色江山，很可能由于严重腐败而断送、丧失。

习近平总书记和中央，无私无畏、大张旗鼓、大刀阔斧地坚决遏制、惩治腐败，先后惩处了那些大“老虎”，这是十分伟大而惊人的大决心、大举措、大建树、大贡献，也必将会载入史册。前不久看历史剧《巴尔斯御史》，歌颂元代一位舍得一身剐，敢把大贪大奸拉下马的姚御史。我即兴写了一首诗：“冰炭从来不同器，庙堂敬忠不容奸。抚今倍念忠廉吏，民主法治再加鞭。可恨妖孽祸党国，幸有巨擘挽狂澜。兴利除弊圆国梦，清污扫霾保江山。”①这是大家共同的心情。

二、重典治乱，敢于“较真”施猛药

治乱世犹如治沉疴，必须用猛药。党的十八大以来，习近平总书记和党中央、中央军委，针对严重腐败者及其背后，或位高权重，或积重难返，或盘根错节，或事关重大，或久治无效等严重复杂问题，以很大的决心、很大的力度，以高压态势，严厉打击那些位高权重的贪腐分子。清代名臣孙嘉淦曾给皇帝上书说：“治乱之循环，阳极盛而阴始。事当极盛之地，必有阴伏之机。其机藏于至微，人不能觉。及其既著，积重而不可返。”经年累月积弊难除，正如习近平总书记讲

---

① 《解放军报》2015年1月22日。

的："全党同志要深刻认识反腐败斗争的长期性、复杂性、艰巨性，以猛药去疴，重典治乱的决心，以刮骨疗毒、壮士断腕的勇气，坚决把党风廉政建设和反腐败斗争进行到底。"[①]党的十一届三中全会以后，邓小平同志与党中央针对十年"文革"造成的积重难返的诸多问题，就是施猛药，用重典，大刀阔斧地为改革开放和国家现代化建设扫清障碍开辟道路。党的十八大以来，正是习近平总书记和党中央以巨大的魄力和勇气，以踏石留印、抓铁有痕的风格，反腐倡廉，以为公为民之情怀，行霹雳严厉之手段。打"虎"拍"蝇"，兴党安邦，顺乎党心民意，才赢得了这样好的局面。

三、修"笼"补"网"，善于"较真"建法治

改革开放以来，从党的十五大至十八大，都很重视法治建设。党的十八届四中全会，总结以前的经验，专门对全面推进依法治国问题作出决定。习近平总书记多次讲过，法治是治国理政的基本方式，是国家治理体系和治理能力的重要依托。要加强和改进党对全面推进依法治国的领导，以坚持依法执政、加强党内法规制度建设，提高党员干部法治思维和依法办事能力，深入推进依法治党治国治军。[②]"要加强对权力的制约和监督，把权力关进制度的笼子里，形成不敢腐的惩戒机制，不能腐的防范机制，不易腐的保障机制。"[③]习近平总书记的精辟论断，豪言壮语，表明我们党在治标的同时，从根本上建立健全惩防腐败的科学制度机制。把关"权力"的笼子建设得更好、更严实、更有效，防止用细木条修的笼子关老虎，关豺狼的笼、网关苍蝇。再也不能使那么多大案要犯漏网。

---

① 《习近平谈治国理政》，外文出版社 2014 年版，第 394 页。
② 转引自《解放军报》2014 年 10 月 28 日。
③ 《习近平谈治国理政》，外文出版社 2014 年版，第 388 页。

四、狠抓落实，善于“较真”抓教育

全面推进依法治国关系到我们党执政兴国，关系到人民幸福安康，关系到党和国家长治久安。党中央在多年全国普法教育基础上，进一步加强这方面工作，推进科学立法，民主立法，让广大人民群众在受到法治教育的同时，更好地守法，并认真监督权力的运行。党的十八大以来，全党全军深入开展党的群众路线教育实践活动，大力推进反腐倡廉，严厉惩治腐败分子。可以说这是从延安整风以来，我们党又一次深入、扎实、有效的思想作风整顿，是又一次拨乱反正、拨腐反正的严肃斗争，是一个马克思主义党建思想理论与中国特色社会主义理论体系的学习过程，也是一次理论紧密联系实际的社会主义核心价值观的教育活动。这个过程，不乏雷霆风暴、惊心动魄；不乏春风化雨、润物无声。对贪腐高官是打击、震慑，而广大干部和人民群众则击掌叫好、纷纷点“赞”。广大群众鄙夷、斥责的，有些领导干部理论联系实际变成联系实惠，密切联系群众变成密切联系领导，批评与自我批评变成表扬与自我表扬……这些坏作风真正受到了贬斥，其市场越来越小。

我们党员干部队伍包括军队广大官兵主流始终是好的，贪污腐败分子毕竟是少数。绝大部分党员、干部，军队绝大部分干部战士，多年接受党的正确思想理论的教育，同时许多优秀干部、模范党员、先进人物发挥了巨大的引领、导向、示范作用，这些巨大的正能量有力地抵制了那些歪风邪气。大家又在这次大规模的认真的反腐倡廉过程中，受到了深刻的教育，广大党员干部呈现出了崭新的精神面貌。

国内外有些居心叵测的人，常常利用我们党和军队勇于自我解剖、自我揭短亮丑，披露的一些腐败官员的严重问题，加以放大、夸张，抹黑我们党和军队。这种现象从来没有止息过。宋代名士苏洵讲过：“忧在内者本也，忧在外者末也”。我们对外来的诽谤攻击既不会惊慌，又不能麻痹大意，会冷静而理智地应对。以习近平同志为核心的党中央在反腐倡廉的过程中，注重建立健全制度体制，注重打击要犯，教育广大干部群众，我们坚信，中华民族伟大复兴的中国梦一定会实现。

· 第二部分 ·

哲学探索

两个“活的灵魂”实质一致*

——关于“实事求是”与“具体地分析具体的情况”

列宁曾说过：马克思主义的最本质的东西，马克思主义的活的灵魂是“具体地分析具体的情况”。[①]毛泽东同志在《矛盾论》中也两处转述这句话，并教导我们“必须时刻记得”这个马克思主义的活的灵魂。[②]党的十一届三中全会以来，中央文件、《人民日报》社论、中央领导同志讲话都多次指出：“实事求是”是毛泽东思想的基本点和精髓。1981年召开的党的十一届六中全会通过的《关于建国以来党的若干历史问题的决议》中又指出：“实事求是”是“毛泽东思想的活的灵魂”。“马克思主义的活的灵魂”与“毛泽东思想的活的灵魂”是什么关系呢？我认为，从根本上、实质上说，这二者是一致的。

“灵魂”一词原为宗教术语，指的是寓于人体之中而又主宰人体的非物质存在。后来，人们对这个词加以唯物主义的改造，赋予新意，就把“灵魂”比喻为贯穿于某种事物、现象、思想理论中并起主导作用或基础作用的一种成分、因素。前面谈的马克思主义、毛泽东思想

---

* 本文分段刊载于《教学研究》1981年第4期，发表于《河北日报》1981年9月19日。

① 《列宁选集》第4卷，人民出版社1972年版，第290页。

② 《毛泽东选集》(合订一卷本)，人民出版社1967年版，第287、第292页。

的活的灵魂，就是比喻："具体地分析具体的情况""实事求是"是贯穿于马克思主义、毛泽东思想中的起基础作用和主导、辐射作用的根本因素。之所以说"具体地分析具体的情况"与"实事求是"这两种提法，从根本上、实质上说是一致的，除了因为马克思主义与毛泽东思想从实质上说是一致的，因而它们的"活的灵魂"自然也是一致的以外，还因为：

其一，这两个"活的灵魂"都是置于唯物主义的坚实基础上的，都强调了从实际出发这个唯物主义的基本前提。"具体地分析具体的情况"所讲的"具体情况"，就是"实事求是"所讲的"实事"。可以说"具体情况"等于"实事"。世界上任何具体的事物都是客观实在的。任何客观实在的事物、现象也都是具体的，都是在一定的时间、空间中，一定的条件下存在着的，世界上没有什么抽象的事物。实事求是强调的从实际出发，其实就是从具体情况出发，从具体的时间、地点、条件和具体的事物矛盾出发。

其二，这两个"活的灵魂"都渗透着深刻的科学的辩证法思想，都强调了分析研究客观事物的内部联系，从而把握事物的本质，找出事物发生发展的固有的规律来，并由此找到解决矛盾、改造世界的正确方法。"具体地分析具体的情况"所讲的"具体分析"，就是"实事求是"所讲的"求是"。可以说："具体分析"等于"求是"。因为具体分析正是要分析事物内部的矛盾性，分析事物的内部联系，从而把握事物的本质和规律性。毛泽东同志在《矛盾论》中曾说过：必须从客观的实际运动所包含的具体的条件，去看出这些现象中的具体的矛盾，矛盾各方面的具体的地位以及矛盾的具体的相互联系。至于"实事求是"，毛泽东同志曾解释过："'实事'就是客观存在着的一切事物，'是'就是客观事物的内部联系，即规律性，'求'就是我们去研究。"[①] 这样看来，两个"活的灵魂"所讲的"具体分析"与"求是"，从方

① 《毛泽东选集》(合订一卷本)，人民出版社1967年版，第759页。

法到内容、目的都是一致的。

这两个“活的灵魂”所包含的共同的辩证思想还表现在，它们都体现了要把矛盾的普遍性与矛盾的特殊性相结合，即把马克思主义的普遍原理同具体革命实践相结合。所谓具体分析，就是具体地运用一般原理对具体事物作的具体分析。而且，任何“具体之所以具体，因为它是许多规定的综合，因而是多样性的统一”。[①]这就说明，每一具体事物的“许多规定”中，其中有些规定性是带普遍性的，某些规定性是带特殊性的，普遍性与特殊性联结在一起。分析的真正任务，就是从事物矛盾的总体中，找出其普遍性与特殊性以及二者的辩证关系来。至于“实事求是”，《决议》指出：实事求是就是要把马克思列宁主义的普遍原理同中国革命的具体实践相结合。就是说，在研究具体事物的规律性时，必须以普遍原理为指导，这样才能正确地认识事物。毛泽东同志在论述“实事求是”时还接着指出：实事求是的态度就是要“凭客观存在的事实，详细地占有材料，在马克思列宁主义一般原理的指导下，从这些材料中引出正确的结论”[②]。可见，实事求是与对具体情况作具体分析一样，都体现了把矛盾的普遍性与特殊性相结合的辩证思想。

其三，这两个“活的灵魂”都是对国际共产主义运动包括我党领导的无产阶级革命实践正反两方面经验的高度概括和科学抽象。

列宁在提出马克思主义的活的灵魂的《共产主义》一文中，正是针对着当时欧洲共产主义运动中的一些错误倾向，尤其是那种“共产主义运动中的‘左’派幼稚病”，没有对一定的历史情况的具体分析，抽象地抵制、反对应该利用的议会斗争，批评这些犯了“左”派幼稚病的人们，忽视了“具体地分析具体的情况”这个马克思主义的最本质的东西、马克思主义的活的灵魂。列宁在这里实际上也是对国际共产主义运动经验教训的科学总结。马克思正是坚持了“具体地分析具

① 《马克思恩格斯选集》第2卷，人民出版社1972年版，第103页。
② 《毛泽东选集》(合订一卷本)，人民出版社1967年版，第759页。

体的情况”，从“商品”这一具体事物开始分析，一直到对资本主义一系列矛盾的分析，才得出了资本主义必然灭亡、社会主义必然胜利的伟大理论。列宁正是坚持了“具体地分析具体的情况”，对19世纪末20世纪初世界各种政治力量作了具体的科学分析，才得出了社会主义可以在一国或几国首先取得胜利的伟大理论，并以此为指导，取得了十月革命的胜利。毛泽东同志讲的“实事求是”，也是在20世纪40年代延安整风运动中总结党的历史经验时提出来的。在党的历史上，有的人只研究空洞的理论，不与具体实践相结合，有的人只凭热情，把感想当政策。正如陈云同志所讲的：一种人“思想和行动常常落后于客观实际，不能够随着变化的情况向前进步”；一种人“往往不顾客观条件，违反客观规律，把幻想当作真理，凭主观意志办事，或者把将来有现实可能的事，勉强地放到现在来做。这两种人都不是实事求是”。[①] 陈独秀右倾错误，就是因为没有实事求是，才使革命遭致惨重失败。王明的“左”倾错误也是没有实事求是，才使革命力量受到极大的损失。而毛泽东同志坚持了实事求是，才创造出一条以农村包围城市、最后夺取全国胜利的正确道路，领导中国革命取得胜利，才从理论上和实践上正确地解决了中国这样一个占世界人口近四分之一的经济文化落后的大国中建立社会主义制度的艰难任务。总之，凡是能够具体地分析具体的情况、能够实事求是的时候，无产阶级革命事业就能顺利发展，反之，就受挫折，走弯路。这是一百多年来国际共产主义运动历史包括我们党的历史的科学总结。

综上所述，“具体地分析具体的情况”和“实事求是”在实质上是一致的。这两个科学的概括，都高度地体现了唯物论与辩证法的统一，认识和实践的统一，革命性和科学性的统一，它们是在不同时代、不同背景、不同的民族地区的革命实践中总结出来的，有如珠联璧合、同放光彩。“实事求是”这个毛泽东思想的活的灵魂，是在中国革命

① 转引自《人民日报》1981年8月1日。

的长期艰苦斗争中形成的具有中国共产党人特色的立场、观点、方法的结晶，是马列主义与中国革命具体实践相结合的结晶。毛泽东思想是马列主义的“中国化”，作为毛泽东思想的活的灵魂的“实事求是”，也是马列主义的活的灵魂即“具体地分析具体的情况”的“中国化”。“实事求是”是通过与20世纪20年代后期、30年代前期，在国际共产主义运动中和我党内盛行的把马列主义教条化，把共产国际的决议和苏联的经验神圣化的错误倾向的斗争，并深刻总结这方面的历史经验教训，针对着党内历次“左”右倾错误的共同特征：主观与客观相脱离、认识与实践相分裂，科学地总结出来的。所以，“实事求是”更突出地强调了要反对主观主义，要从实际出发。“具体地分析具体的情况”与“实事求是”这两个活的灵魂，都既是科学的世界观，又都是科学的方法论，前者侧重于方法论，后者则侧重于认识论；前者着重强调具体分析，后者则着重强调从实际出发。让我们牢记这两个活的灵魂，更好地前进吧！

论认识的有限和无限、至上和非至上、相对和绝对以及实践标准的确定与非确定之间的关系*

列宁在《唯物主义和经验批判主义》（下简称《唯批》）哲学著作中，坚持和发展了马克思主义的认识论，把本体论与认识论统一起来，把实践和辩证法进一步引入和贯穿于认识论。在认识论的诸多环节中贯彻了深刻的唯物辩证法思想，如认识对象的有限与无限；作为认识论基础和检验真理标准的实践的有限与无限、确定性与不确定性；思维、认识能力的至上性与非至上性；认识过程的有限与无限；人类认识的积极成果——真理的绝对性与相对性等，由此构成了认识论辩证法的体系。

人类的认识对象是有限与无限的辩证统一，它反映到认识内容中，就必然形成认识的有限与无限的辩证统一。列宁深刻地阐述了辩证唯物论的认识论的原理，提出了“从物到感觉和思想”①的唯物主义哲学的基本路线。“认为物质是第一性的东西，意识、思维、感觉是第二

* 本文发表于《思想战线》1986年第4期。

① 列宁:《唯物主义和经验批判主义》，人民出版社1960年版，第28页。

性的东西”,[①]“客观实在”是认识论的“重要前提”[②],作为认识对象的物质世界是有限与无限的统一。列宁指出:“自然界是无限的,而且它无限地存在着”。[③]“自然界正如它的极微小的粒子(包括电子在内)一样是无限的”。[④]不仅指出了宏观世界的无限性,而且指出了微观世界的无限性。列宁还讲了作为人们的具体的现实的认识对象,又都是个别的有限的客观事物。宇宙万物正是由无限个别的有限事物构成,而每个有限的具体事物以至微观粒子的层次、结构、属性又是无限的。物质世界这种有限与无限的辩证统一,决定了人类对它的反映、认识,也必然是有限与无限的辩证统一。

在物质世界发展的一定历史阶段产生了地球上的人类。人类为了生存、发展而进行的向大自然索取生活资料的实践活动、实践过程,也是有限和无限的统一,这种实践决定了人类思维能力的至上性与非至上性。列宁所使用的实践范畴,有时从总体上、无限性上来讲:“一切人”的实践[⑤],“整个人类实践”,[⑥]“人类实践的总和”。[⑦]有时又讲某一领域、某一代人、某个人的具体实践活动(“俄国革命”“天文观察”“吃一吃布丁”等)。我认为这就是讲的实践的无限性与有限性。哲学教科书应该把有限性与无限性的辩证思想引回到实践范畴中,这样方能与实践所决定的认识的相对与绝对从逻辑上一致起来。

社会实践在不断地解决主观与客观、主体与客体的矛盾中,不断提高了人类的认识能力。正如恩格斯所说的:“人的智力是按照人如何学会改变自然界而发展的。”[⑧]人的思维“按它的本性、使命、可能和历史的终极目的来说,是至上的和无限的;按它的个别实现和某一时

---

① 列宁:《唯物主义和经验批判主义》,人民出版社1960年版,第32页。
② 列宁:《唯物主义和经验批判主义》,人民出版社1960年版,第57页。
③ 列宁:《唯物主义和经验批判主义》,人民出版社1960年版,第262页。
④ 列宁:《唯物主义和经验批判主义》,人民出版社1960年版,第312页。
⑤ 列宁:《唯物主义和经验批判主义》,人民出版社1960年版,第93页。
⑥ 列宁:《唯物主义和经验批判主义》,人民出版社1960年版,第176页。
⑦ 列宁:《唯物主义和经验批判主义》,人民出版社1960年版,第134页。
⑧ 《马克思恩格斯选集》第3卷,人民出版社1972年版,第555页。

候的现实来说，又是不至上的和有限的”。[①]思维的“本性”即人们通过实践，主观能够正确反映客观；思维的“使命”即通过实践去认识客观世界；思维的“可能”是指在无止境的人类世代更迭的实践中认识无限的世界；“历史的终极目的”指在实践中改造世界、推动历史发展。可见思维的“至上性”是受实践的制约的。思维的“非至上性”也同样受到实践的制约。因为思维的“个别实现”即每一个人、每一代人的认识，必然受到社会实践（包括实践的物质手段）的发展水平的限制。列宁指出，思维至上性是在一系列非常不至上地思维着的人们中实现的，只有通过“人类生活”的无限延续才能完全实现。[②]“人类生活”就是人类的生活、实践。列宁还讲了人类通过实践，可以实现由“自在之物”向“为我之物”的无限的转化。[③]人们对物质结构层次的认识，由“水”“火”“气”到“原子”到“夸克”“胶子”……由认识家庭四壁、到“小小环球”、到一百亿光年以外的天体……这种认识能力都是在实践中产生并不断提高的。

客观辩证法决定主观辩证法，实践的辩证法决定认识的辩证法。“生活、实践的观点应该是认识论的首先的和基本的观点”[④]。列宁还多处提到要“把实践标准作为唯物主义认识论的基础”。[⑤]列宁在这里显然是从广义上使用“实践标准”的，实际上就是讲实践是认识论的基础。实践的有限性与无限性决定了认识的有限性与无限性。列宁说：“我们的知识向客观真理接近的界限受历史条件制约”，所以必须“承认我们一切知识的相对性”。[⑥]这里讲的“历史条件”的制约，主要是社会实践的制约。而无限发展的“整个人类实践”则必然会产生无限的认识。列宁还指出，由实践所决定的认识是一个辩证过程。“就是

① 列宁：《唯物主义和经验批判主义》，人民出版社1960年版，第125页。
② 列宁：《唯物主义和经验批判主义》，人民出版社1960年版，第124—125页。
③ 列宁：《唯物主义和经验批判主义》，人民出版社1960年版，第312页。
④ 列宁：《唯物主义和经验批判主义》，人民出版社1960年版，第134页。
⑤ 列宁：《唯物主义和经验批判主义》，人民出版社1960年版，第129—131页。
⑥ 列宁：《唯物主义和经验批判主义》，人民出版社1960年版，第128页。

说，不要以为我们的认识是一成不变的，而要去分析怎样从不知到知，怎样从不完全的不确切的知识到比较完全比较确切的知识。”①

这里涉及一个问题即对认识的“基础”怎么看？现在通行的说法（包括教科书）只讲“实践是认识的基础”。这虽然是正确的但又是不完全的。我认为，列宁在《唯批》中科学地论述了这个问题。他说：“对象、物、物体是在我们之外，不信赖于我们而存在着的，我们的感觉是外部世界的映象。这个结论是由一切人在生动的人类实践中作出来的，唯物主义自觉地把这个结论作为自己认识论的基础。”② 也讲了实践是认识论的基础。也就是说，认识是以“客观实在”和“实践”作为它的双重基础的。这样才能既体现意识与物质、主观与客观的反映与被反映关系，又体现它们之间改造与被改造的关系，才能科学地解释在先前的唯物主义反映论的基础上产生出来的辩证唯物主义的反映论，才能使认识进一步科学化。

人类认识的积极成果即真理，是绝对性与相对性的辩证统一。“绝对真理是由发展中的相对真理的总和构成的”。③“科学发展的每一阶段，都在给这个绝对真理的总和增添新的一粟，可是每一科学原理的真理的界限都是相对的，它随着知识的增加时而扩张、时而缩小。”④“相对真理和绝对真理之间没有不可逾越的鸿沟。”二者的区分既是确定的又是不确定的。⑤ 列宁深刻论述了相对真理与绝对真理的辩证关系，既讲了它们的区别，又讲了它们的联系和转化。作为认识成果的真理的这种绝对与相对的辩证统一，受认识能力的至上性与非至上性的影响、制约，但最终还是被社会实践所决定。在实践的基础上，认识的来源、认识的能力与认识的成果之中，都贯穿着相对与绝对的辩证法。

真理的绝对性和相对性的辩证统一，同检验真理的实践标准的确

① 列宁:《唯物主义和经验批判主义》，人民出版社 1960 年版，第 92 页。
② 列宁:《唯物主义和经验批判主义》，人民出版社 1960 年版，第 93 页。
③ 列宁:《唯物主义和经验批判主义》，人民出版社 1960 年版，第 309 页。
④ 列宁:《唯物主义和经验批判主义》，人民出版社 1960 年版，第 126 页。
⑤ 列宁:《唯物主义和经验批判主义》，人民出版社 1960 年版，第 127—128 页。

定性与不确定性的辩证统一是紧密联系的。列宁指出:“实践标准实质上决不能完全地证实或驳倒人类的任何表象。这个标准也是这样的‘不确定’,以便不至于使人的知识变成‘绝对’,同时它又是这样的确定,以便同唯心主义和不可知论的一切变种进行无情的斗争。”① 实践标准之所以是不确定的,因为实践本身有历史制约性和条件性,一定历史阶段的实践,不可能“完全证实或驳倒”所有的现存的理论(如现在的许多假说);即使为实践证明是正确的理论,它和客观实际的符合也只是近似的;任何实践很少一次成功,我们不能满足于一两次实践,即使被实践证明是正确的理论,还将随实践的发展而发展。真理是一个过程,检验真理也是一个过程。这个过程是曲折的长期的,一时的成败可能是表面现象或假象,由于实践的某些环节还不完善,所认识、改造的对象内在的杂多矛盾尚未充分暴露。因此,实践对真理的检验往往是一个复杂过程,不能把某一两次检验绝对化。实践标准又是确定的,因为实践是检验真理的唯一的客观标准,认识是否正确只能用实践来检验;为实践所证实的真理都是客观真理,包含有绝对真理的成分、颗粒,不管这个真理在发展中怎样修改、补充,但它不可能完全被驳倒;无限发展的实践终将完全证实(或驳倒)一切认识。实践标准的确定与不确定是辩证统一的,而且与真理的绝对与相对性的辩证统一紧密联系着。坚持实践标准的确定性,就是承认客观真理、绝对真理的存在;坚持实践标准的不确定性,就是承认认识的辩证发展,承认相对真理的存在。坚持实践标准的辩证法,才能科学地批判教条主义、相对主义和其他谬论,才能坚持真理、发展真理,更好地实现由相对真理向绝对真理的转化。

总之,列宁进一步把实践和辩证法引入、应用于认识论,坚持并发展了马克思主义的认识论。客观存在的有限与无限相统一的物质世界,是人类认识和改造的对象。在人类同大自然的斗争实践中,使类

---

① 列宁:《唯物主义和经验批判主义》,人民出版社1960年版,第134—135页。

人猿的本能向人类特有的自觉能动性、自觉的能力升华，发展着的实践决定了思维能力的至上性与非至上性的辩证统一。认识论的积累也不断转化为认识能力。人类通过实践，通过改造世界的活动而认识世界，使得客观主观化，客观辩证法转化为主观的辩证法，思维能力也以思维产品的形式积淀下来，获得了与认识对象的有限与无限、与实践发展过程的有限与无限相应的有限与无限辩证统一的认识，其中积极的成果是相对与绝对辩证统一的真理。认识、真理还要回到既是出发点又是归宿的改造世界的实践中去。在这个使主观客观化的过程中，认识、真理得到补充、修正，同时得到检验。检验的标准又是确定与不确定的辩证统一。实践、认识、再实践、再认识……循环往复，以至无穷，这就是认识的总过程。实践是基础，决定着认识的各个环节和过程；有限与无限、相对与绝对的辩证法像一条红线，贯穿于认识的各个环节和过程中。为了坚持、发展马克思主义的认识论，我们不但要批判唯心主义和不可知论，而且要批判杜林与马赫主义者宣扬的绝对主义和相对主义。

试论“现象”的层次性*

任何事物都有一定的结构性和层次性，“现象”亦然。可是，理论界在对“现象”的研究上，却只有从“现象”的横向联系方面去研究，只有用两分法把“现象”区分为真象与假象（当然，这是必要的、重要的），而从纵向上对“现象”的层次性则很少或没有“问津”。

分析“现象”的层次性，笔者想以“现象”所包含、所携带的本质量的大小、多少，以现象表现本质的程度如何为主要依据和尺度进行分析研究，这样划分、分析现象就有如下一些层次：

第一，潜在的现象。任何事物都是从别的事物发生发展而来，由别的事物转化而来。任何事物又不是绝对的同一，其内部必然包含着对自身否定的因素，这种否定因素作为否定的事物潜在于以肯定形态存在的事物之中，这种以否定因素存在的潜在的事物，也是本质与现象的统一，然而它们都没有充分地以自己的特定方式、独立形态表现于外。潜在、自在的现象，是事物内部的否定因素的表现，在事物生成之初，其内部的否定因素的现象形态更不成熟，更难表现于外，随着这种否定因素的生长，其现象就愈来愈多地表现于外，就愈来愈以大量的独立的形态表现出来。潜在的现象与潜在的新的处于萌生时期

* 本文刊载于《河北学刊》1986年第3期。

的、不定型的、不成熟本质的规定和制约，是一种恍恍惚惚、若隐若现、朦朦胧胧、真真假假的特殊的现象形式。一方面，不确定的本质与不确定的现象直接合二而一，未展开的本质因素尚无表现自身的能力，只能以自身反映自身。另一方面，我们讲的潜在现象又与黑格尔讲的刚从"有"或"存在"演化出来的那种"假象"或"映象"不同。黑格尔讲的"假象"或"映象"是丝毫不表现于外的、只能凭主观思维来把握的一种绝对观念的具体发展阶段，而我们这里讲的潜在的现象却是忽隐忽现，若无若有的，严格地说来，它也在迂回曲折地表现出来，它虽不是大量地以特定的独立的方式，表现那种非特定、非独立状态的本质，但它不会不表现，它经常与以肯定形态存在的事物的现象杂糅并存，掺于其间。也就是说，我们通常观察到的事物的现象，并不纯粹是这个以肯定形态存在的事物的现象，而是还包容着事物内部的否定因素的曲曲折折表现出来的外部表现。事物内部否定因素的质，有时也会单独表现，但总是微微弱弱（通常是弱中有强）、隐隐约约（通常是在向"光明正大"过渡）地表现着那种自在的否定因素的本质。不管这些现象是附着于另外一种成熟的现象也好，还是微弱、幽暗、隐约地呈现出来也好，它都毕竟在逐步表现出来，获得了现象的规定，并走向成熟。

第二，假象。假象是歪曲地表现事物的本质的现象。列宁说："本质具有某种假象"，"假象 = 本质的否定的本性"。[①] 假象也是由事物本身固有的本质所决定的，然而又与本质的本性相反。但像通常从某方面对那些可能直接显露本质的现象进行掩盖歪曲，使认识主体从这些暂时现实的外部表现中，得出对于客观事物固有的本质相反的、歪曲的认识。假象与本质的区别、对立程度，比真象与本质的区别、对立程度更明显更强烈，而联系、一致的因素、程度却不如后者直接、明显，也正因为这样，有人认为假象不仅表现本质，其实这是错误的。

① 《哲学笔记》，人民出版社 1956 年版，第 137 页。

假象对本质的反映正是通过假象与本质的对立大于统一的特殊形式表现的。社会领域中有些人们制造假象欺骗别人，正是利用了人们认识能力的局限性，利用假象与本质之间的对立远远地大于它们的统一这种情况。我们可以这样说，假象直接呈现出来的形态，表现的是该事物的“负本质”“相反的本质”。

第三，“低品位”现象即包含本质量较少、表现本质的程度较低的现象。矿业科学中把含铁量、含金量等含金属量程度高的矿石，称为“高品位”矿石，相反的则称为是“低品位”的矿石。统观各种现象，也有类似情形，有的现象包含本质量较多、有的则较少，这里我们且把包含本质量较少的现象称为“低品位”现象，包含本质量较多的现象称为“高品位”现象。

“低品位”现象又有如下三种情况：

首先是偶然性地、零散无序地出现的“低品位”现象。这种现象包含的本质量极少，事物所包含的特殊矛盾构成该事物的特殊本质，这种特殊矛盾的产生与不断运动、展开、直到其消解，也构成了事物本质发生、发展和消灭的过程。事物的特殊矛盾与非特殊矛盾，主要矛盾与非主要矛盾，内部矛盾与外部矛盾都处于一定的联系之中。在这种联系中的非特殊矛盾、非主要矛盾，外部矛盾的性质、因素表现出来，通常就是事物的包含本质量较少的那些现象。其中有一些就是在偶然的特殊条件下引发出来的现象。比如商品的一个重要本质，即价值这种东西，在其表现出来的各种现象中，商品的大多数的价格，通常都围绕着商品的价值轴线上下波动，多数的波动状况离价值轴线不太远，但也有一些上下波动现象距离价值轴线很远，在供不应求的特殊情况下，商品的价格就会特别地高于价值。而在供过于求的特殊情况下，商品的价格又会特别地低于价值。这些偶然的、零散的、少量的现象，所包含的本质量、对事物本质表现程度较小、较低。这种偶然、零散无序的“低品位”现象，往往也是事物最表层的认识主体最先接触的现象。

其次，最重复出现的同一的“低品位”现象，这种现象携带本质量虽不太多，但是，它总是不厌其烦地重复出现，通过多次的重复出现，较稳定地表现事物的本质。就每一次所包含的本质来说是不多的，但它通过多次重复，积少成多，事物的本质就因此而充分地表现出来。从人类诞生以来，曾无数次地接触到光的五光十色的现象，除赤、橙、黄、绿、青、蓝、紫这些可见光之外，还有红外光、紫外光、有反射、折射、干涉、衍射、红移、紫移等，现在又发现了激光。光的共同现象都是发光，正是这种发光的同一现象的无数次地重复出现，才使得人们在科学技术发展的现代条件下，逐步理解到光的本质是电磁辐射，认识到光这种运动形式内部包含着微粒性和波动性的矛盾，才真正揭示了发光的原因和光运动的规律。

再次，是经常出现的各种形式（非同一）的“低品位”现象。雷锋的无私的共产主义精神，崇高的思想品质，既表现在他重复出现的同一的平凡现象中（如许多次的扶老携幼），又表现在他经常出现的各种形式（非同一）的平凡现象中（如捐款给集体、给他人，星期天到工厂义务劳动，节约水电等），这种现象虽然每次携带的本质量不多，但只要经常以各种形式的现象现出，本质量就会变少为多，后两种“低品位”的同质现象的重复出现，经常出现，是由事物内部的特殊矛盾所决定的，就每个现象的存在过程而言是短暂的、易逝的、变动不居的，可是，它又通过重复出现、多形式多次出现，来体现它所表现的本质的稳定性、普遍性和必然性。

第四，“高品位”现象即包含本质量较多、表现本质的程度较强的现象。这种现象主要是由事物内部的特殊矛盾所决定的，并在一定外部条件下产生。许多共产党员、积极分子见义勇为、舍己救人的现象就是这种现象。从反面看也有这种现象，比如，有的人平时看不出他的思想品质、思想境界如何，可是在一些特殊条件下，如生死关头临阵脱逃，走上领导岗位就搞特权，以权谋私。

第五，“本质的现象”。列宁指出，规律是现象中同一的东西，“规律一现象的静止的反映”，“规律是本质的现象”。[①] 这里讲的“本质的现象”，指的是前面说的那两种虽然是“低品位”的但又是反复出现、经常出现的同质现象与“高品位”现象之和。人们从总体上把握了事物现象之后，事物的本质就基本上呈现到了眼前。辩证法的全面性要求，就是要通过全面地研究现象，来准确地把握事物的本质。

第六，与事物同一的现象或“大现象”。我们常说的现象，是个多义词，一种意思是指相对于本质而言的现象，即事物的外部联系和表面特征，是事物本质的外部表现。一种意思是指与事物直接同一的存在状态。如列宁在《辩证法要素》的三、五、八、十一条中就是这样看的。他把事物与现象直接等同起来。[②] 这种“大现象”既是全部现象之和，又是事物全部本质与全部现象的统一，对这种“大现象”的把握，是认识阶段的最高任务和最高目标。主体把握了事物的本质后，还须研究现象，尤其是只通过意识活动掌握了事物的本质后，更须研究事物的现象。例如，从书斋里、课堂上理解了经济管理的本质、战争的本质，但不懂实际的经济现象、战争现象，仍然没真正懂得经济管理和战争。即使是从实际观察研究中通过现象把握了本质，也有必要对该事物的现象（是不断发展着的）进行再认识。这样，才能更生动、具体、全面地把握事物，也才能弥补认识本质、规律的不足，并以这种对本质与现象高度统一的认识指导我们的实践。

总之，不仅事物的本质是多面的、多层次的，而且事物的现象也是多方面的、多层次的。这种情况的客观表现是极其广泛的。从事物发展过程的纵向考察，现象也同样有层次性。这主要是因为，事物的根本矛盾及由此根本矛盾所规定的过程的本质，不到过程完结之日，是不会消灭的。然而，事物发展过程中的各个阶段，情形又往往相互区别。在事物发展过程的根本矛盾的性质和过程的本质，采取了逐渐激化的形式，同时被根本矛盾所规定或影响的许多大小矛盾中，有些

① 《哲学笔记》，人民出版社1956年版，第159页。
② 《哲学笔记》，人民出版社1956年版，第238、第239页。

是激化了，有些是暂时地或局部地解决了，或者缓和了。因此，整个过程就显示出阶段性来，自然界这种现象也很多，生物进化、发展各阶段上呈现出不同层次的现象。星体运动、发展，微观粒子运动发展的不同阶段上也同样表现出不同层次的现象。客观现象的层次性反映到主体认识中，便形成了主体对客体认识的各种层次性。在社会实践中，主、客体的矛盾，认识与实践的矛盾，不断推动着人们由不断地认识现象的各个层次，进入到对本质各个层次的认识。对现象的层次性研究，有助于我们对事物本质、规律的认识。

“创新”是理论研究的关键*

理论文章、学术论著是用来进行理论研究、科学探索和描述科学研究成果的著述。这种著述既是探讨问题、进行科学研究的一种手段，又是描述科学研究成果，进行学术交流的一种工具。由此可以看出，提高理论研究、学术著述的质量，主要涉及两个方面的问题，首先是科学研究情况，其次是对这种科学研究情况的文字反映、书面表述。这两个问题孰难孰易？应该说，还是科学研究难些。科学研究是一种相当复杂、艰难的创造性思维活动，难就难在这种创造性思维活动上。按普通思维难以得到新的科学研究成果，难以得到新见解、新理论，而创造性思维又是艰苦劳动与智慧的结晶。诚如大科学家爱迪生所说，富有创造性的天才，是百分之一的灵感，百分之九十九的血汗。但学术、理论著述毕竟是文章等著作，毕竟有一个写作的问题。通过写，见诸文字才能把所研究、思考的问题、过程一一记录下来，从而在纸面上视觉化，便于反复地推敲，使思考更为确切、缜密，成为学术、理论著述，也才能把所研究、思维的成果表述出来。写作固然要有技巧，讲究辞章，但这毕竟是“其次”的问题，首要的还是理论研究、科学探索本身的问题。所以，我认为，要提高学术、理论著述的

* 本文刊载于《军事应用文写作集成》，长征出版社 1987 年版。

质量，首要的问题在于提高科学、理论研究水平。一般说来，科学、理论研究水平较高，学术、理论著述的价值就较大；科学、理论研究方面拿不出什么新见解、新成果，写作技巧、文法、辞章再好，学术、理论著述的水平也肯定高不了。

现在有些同志不愿写学术、理论文章，感到写了也不容易发表，总以为是个写作问题，以至过多地在写作问题上下功夫，关于写作方面的杂志、报纸订了不少，这方面的书籍买了不少，这方面的讲课听了不少，文章也写了不少。可是学术、理论著述却长进不大。究其原因，主要是没有认识清楚科学、理论研究与写作的关系，没有认识清楚学术、理论文章的本质、任务。如果科学、理论研究方面（或政治理论、军事学术、军事理论或思想政治工作理论、精神文明建设理论等）有些新突破、新见解，又言之有理，持之有故，即使写作技巧、文法、辞章差一些，也会受到编辑青睐的，编辑同志也会帮助修改、润色、加工而发表的。

要提高学术、理论文章的水平，必须从根本上提高科学、理论研究能力，提高创造性思维能力，提高知识水平。这些能力、水平提高了，就容易写出理论科研成果，因而也才能产生有质量的学术、理论文章。具有了相当的科研能力、思维能力和知识以后，怎样提高学术、理论文章的学术、理论水平呢？我认为有如下几点：

要有新见解

创造性是科学、理论研究的灵魂。美国科学史权威乔治·萨尔顿说："科学总是革命的和非正统的，这是它的本性；只有科学在睡大觉才不如此。"英国《自然科学史》一书的作者斯蒂芬·梅森说："科学总要发展，并有新的发观……科学方法主要是发现新现象、创造新理论的一种手段……旧的科学理论就必然会不断地为新理论推翻。"哲学、自然科学、社会科学发展的历史，就是一部不断地革故鼎新、推陈出新、有所创造、有所发现、有所发明、有所前进的历史。科学、理论研究的使命就是要不断地提出新问题，解决新问题，推动科学文化的不断发展。然而要做到这一点却是非常不容易的。在某一科学领域中能够说出一点前人、别人都没说过的正确的新见解，那是很难的。学术、理论文章、著作的价值大小，关键在于其蕴涵的正确的新见解、新理论的多少，在于这种创造性的见解、理论对推动社会发展所起作用的大小。马克思的科学巨著《资本论》，就是崭新的革命理论。对无产阶级革命、人类社会发展有非常重要的意义。爱因斯坦的相对论，是近代物理学最伟大的创造性的新理论之一，它对于自然科学的发展起了巨大的作用。这些学术论著之所以具有十分重大的价值，关键就在于它们富有创造性，回答了社会提出来的重大问题。

要有新见解、新创造，就要有脚踏实地，尊重客观规律，认真研究、敢于创造的精神。纵观古今中外一切有建树的伟人杰士，他们的思想、论著等成果，莫不是尊重客观规律、大胆创造的结果，汉代的司马迁在《史记》中敢于冒犯皇家，为农民起义首领陈涉和除暴安良、行侠作义的游侠列传，实录他们的行为，颂扬他们的精神。唐代的韩愈，“发言真率、无所畏避”，“鲠言无所忌”。当时朝野普遍信佛，对此“群臣不言其非，御史不举其失”。只有韩愈挺身而出，举起反佛旗帜，撰写了《谏迎佛骨表》，极力排佛，触怒了宪宗皇帝，险些被判死罪，经说情才贬为潮州刺史。明末清初的黄宗羲十分注意当时的政治改革，他写了许多论文，揭露、抨击封建专制制度，指出“为天下之大害者，君而已矣”。封建法权的特点在于维护封建等级特权，封建王法是“一家之法”“非法之法”，提出要用“天下之法”来代替“一家之法”，主张“天下为主，君为客”。为臣做官的要“为天下、非为君也；为万民，非为一姓也”，“天下之治乱，不在一姓之兴亡，而在万民之忧乐。”这些君民、君臣关系的大胆的新见解，在黑暗的封建统治下，是非常难能可贵的。毛泽东同志在共产国际、我们党内“左”倾错误路线盛行时，以大无畏的革命气魄，从中国国情出发，在他的许多理论研究文章中，阐述了正确的创造性的革命道路和战略、战术，对中国革命胜利起了巨大的指导作用。党的十一届三中全会之前，社会上流行“两个凡是”，有的同志撰写了“实践是检验真理的标准”的论文，这在当时真是振聋发聩，对解放思想，冲破“左”的错误思潮束缚，起了很重要的作用。有识又有胆，才能“见人所未见，发人所未发”，“人不敢道，我则道之；人不肯为，我则为之”。有识无胆，那些知识、见识就会被怯懦、平庸所扼抑。正如歌德所说：“在每一个艺术家身上都有一颗勇敢的种子。没有它，就不能设想会有才华。”当然，有胆无识也不行，那样，充任一介勇夫还差不多，要在科学、理论研究方面，在学术论文方面，有所建树、有所开拓创新是断断不行的。所以，只有尊重客观规律，认真研究、思索，敢于开拓、创造，才能在科学、理论研究方面，在学术论文方面有所建树，有所造就。

要有新材料

我们每个作者首先都是读者，若设身处地再为其他读者着想，就不难发现，谁也不爱看那种既没有新观点、新见解，又没有新材料的文章。那种没有一点新意的文章就没什么价值，倒是会有负价值，即浪费人力、物力。写文章是为了让人看、给人家一些新的启发，新的知识，让人家有所收益。所以，如果没有什么新观点、新思想，就应该有新材料。列宁就曾多次批评过那些“反复咀嚼被有意庸俗化了的、陈腐的社会主义思想，而不引用新的材料、新的例子，也不进行新的加工”的老调文章。[①] 清代著名戏剧理论家李渔认为，人惟求旧、物惟求新；新也者，天下事物之美称也。而文章一道，较之他物，尤加倍焉。一篇文章没有新见解，就够呛了，再没有点新材料，就更是让

① 《评“自由”杂志》，《列宁全集》第5卷，人民出版社1986年版。

人“旧”不可耐了。

有志于科学、理论研究，撰写学术、理论著述的人，无不重视资料的积累。资料是科学、理论研究的基础，也是从事写作的基础。物质生产要有物质材料，精神生产自然要有精神材料。著名历史学家吴晗说：“资料工作和研究工作实际上是一回事，从来没有一个做研究工作有成绩的人，不搞资料工作的。”只有在平时大量积累资料的基础上，才可能在撰写某方面的论文时以新材料取胜。前些年人们曾争相传阅的《第三帝国的兴亡》，书中并没多少惊世骇俗的新见解、新思想，倒是有不少惊世骇俗的新材料。该书作者威廉·夏伊勒，在第二次世界大战后，利用他在战前和战中在德国采访时积累的资料，写了这部130多万字的有重要学术价值的历史巨著。他说，他看过的档案材料就有数吨重。在数吨重的材料中披沙拣金，便构成了这部各国争相翻译出版的书。

要有新角度

客观事物是复杂的，都是多面体。同一个事物，观察的方位和角度一变，它就会呈现一种新的面貌，正如宋代大诗人苏轼写的《题西林壁》那样：“横看成岭侧成峰，远近高低各不同。”同一座庐山，横看是峻岭，侧看则是险峰，从远、近、高、低不同的视角去看，都能看到不同的状貌，研究的对象同是一个曹操、诸葛亮，从古至今该做了多少文章啊。所以如此，就是因为曹操、诸葛亮是属于复杂的人物，从不同的立足点、不同的角度去研究，都会发现一些新鲜的东西。我们现在研究的“国家发展战略”“社会主义精神文明建设”“思想政治工作”“现代化建设研究”，等等，既可以从新观点、新见解、新材料方面去研究、写作，也可以变换角度，从不同的侧面开展研究，都不失其“新”，只要言之有理，持之有故，就有一定的学术价值。

要有新方法

先就文章的写法来说，就是常写常新，没有凝固不变的格式的。“文成法立，未尝有定格也”。这就像下棋一样：“每一局各有一格，然其中离合进退，与攻击应援，又多有变，不能拘初间一定之局”。论述同一个对象，即使是同样的观点、见解、材料，写作方法不同，也会产生不同的效果，这是我们大家所熟知的。

这里我主要谈的是研究问题的新方法。随着社会实践、科学技术的发展，科学研究的方法也在不断发展。研究同一个问题、用不同的方法就会有不同的效果。科学方法作为使科学研究正确进行的理论、原则、方法和手段，既表现为“从实践上或理论上把握现实的，为解决具体课题而采用的手段或操作的总和，用一定设备进行工作的操作系统，科学研究和叙述材料的方式，艺术鉴赏的方式，从某种美学观念出发概括和评价材料的方式，等等”，具体说来，有研究过程中所采用的各种具体方法和手段，如观察法、实验法、模拟法、类比法、逼近法、统计法、抽象法、分析法、综合法、演绎法、归纳法、假说法、社会调查法、抽象上升为具体方法等；有理论、范畴、概念的认识论意义所形成的方法，如哲学方法、数学方法、控制论方法、信息论方法、系统论方法；有制定理论体系的方法，如逻辑的方法、历史的方法、逻辑和历史相统一的方法。欧几里得几何学的体系使用的是逻辑的方法，许多历史著作的体系使用的是历史的方法，马克思的《资本论》使用的是逻辑和历史相统一的方法。近年来，我们常见到《人民日报》《光明日报》《解放军报》等报刊和书籍发表一些用新方法研究、表达学术、理论的学术理论文章、著作，有的用数学方法，有的用控制论方法，有的用系统论方法。即使研究的是同一个主题，因为方法不同，也使读者耳目一新，有新的启示。大思想家、理论家、科学家、艺术家们从来都是“文不苟作”的。清代顾炎武曾说：“文须有益于天下”，“有益于将来”，“有裨于后代”。他“平生不作无益之文”，坚决反对那种“无稽之谈，抄袭之说，谀佞之文”。我们是无产阶级的、人民的理论、教育、文化工作者，更应该“文不苟作”，反对循私秉笔，以“有益于天下”为我们科学、理论研究、写作的宗旨，这才是提高论文学术水平的大前提。

论从感性认识到理性认识的两种质变形式*

在感性认识到理性认识的飞跃、质变问题上，长期以来，许多哲学教科书、其他哲学书籍都沿用了毛泽东同志《实践论》中关于从感性认识到理性认识的飞跃形式，只讲一种质变形式，即对丰富的合乎实际的感性材料进行抽象思维达到理性认识的渐进式质变，而没有讲到别的质变形式。事物及其在人脑中的反映都具有多样性，它们的质变形式也具有多样性，而不是唯一性、单一性。但是就事物基本的质变形式来说，则有两种，一种是渐进式（非爆发式）质变；一种是突变式（爆发式）质变。由感性认识到理性认识的质变亦如此。

认识过程中的渐进式的质变已为大家所熟知，这在毛泽东同志的《实践论》中论述得非常精辟、科学，这些论述也成为各种哲学教科书表述这一问题的理论依据。这种渐进式质变的完成，必须具备两个条件：

第一，深入实际，进行周密的调查。获得丰富的真实的感性材料，为实现认识质变做好量的准备。这是感性认识到理性认识的飞跃的前提条件。毛泽东同志指出：感觉材料要“十分丰富（不是零碎不全）和合乎实际(不是错觉)”。[①] 而要获得丰富真实的材料就必须深入实际，

* 本文系1987年8月参加全国毛泽东哲学思想研讨会论文。

① 《毛泽东选集》(合订一卷本)，人民出版社1967年版，第267页。

进行周密的调查。在这方面，毛泽东同志为我们作出了光辉的榜样。他在青年时代就很重视调查研究，大革命时期，用32天考察了湖南农民运动；土地革命时期，在苏区进行了兴国、寻邬、才溪乡等地的调查。毛泽东同志通过广泛深入的调查研究，对中国国情有了客观的符合规律性的认识，所以毛泽东同志才可能集中全党智慧提出一条正确的新民主主义革命的总路线，制定出新民主主义革命的正确的战略、策略。陈云同志说：领导机关制定政策，要用90%以上的时间做调查研究工作，最后讨论决定用不到10%的时间就够了。今天我们建设中国特色社会主义，新情况新问题层出不穷，更需要加强调查研究。

第二，运用逻辑思维方法，对感性材料进行加工、改造。这是实现从感性认识到理性认识的飞跃的必要条件。认识的进程不是平稳的进化，理性认识的获得不是单纯的感性认识、感性材料的量的积累，它需要由认识主体进行能动的改造加工，即运用科学的逻辑思维方法通过分析、综合、抽象、概括、判断、推理等思维活动，“将丰富的感性材料加以去粗取精、去伪存真、由此及彼、由表及里的改造制作工夫，造成概念和理论的系统”。[①] 这种质变是在感性材料充分的量的积累基础上发生的，是循序渐进而达到的。因此，是一种渐进式的质变。这种质变形式是人们认识活动中最为常见的，也是最基本的形式，在认识世界中发挥着广泛而重要的作用。所以，我们一定要更好地坚持、运用好这种形式。

由感性认识到理性认识，我认为还有另外一种质变形式，即突变式质变，直觉就是这样一种形式。

我们知道，改变原有看法的新思想新理论的产生，有时不是由于对以往的知识进行严格逻辑推论的结果，也不是对经验材料的简单的概括，而是认识运动的某种突变式飞跃。社会需要和社会实践推动思想、理论超出感性材料和严格逻辑论证的范围，去探求新的结果。直

① 《毛泽东选集》(合订一卷本)，人民出版社1967年版，第268页。

觉思维就是适应社会实践的需要产生的。

究竟什么是直觉呢？目前国内外尚无统一的公认的定义。不少人把直觉理解为“所有出乎意料的、难以置信的、突然的和直接的和飞跃式的东西”。它指的是这样一种现象：在一定条件下，人们脑海中突然闪现出某种新思想、新见解，突然找到了过去百思不解的问题的解决方法，找到了一直未找到的新答案，突然从错综复杂的物质、精神现象中瞬间顿悟出了它们的本质。直觉是一种创造性思维，是在实践的基础上，以关于客观的经验知识为出发点的一种突然把握事物本质的认识方式。它是知、情、意、性、行统一、综合的表现，是人脑对各种现实的能动反映，也是人脑的机能。而决不是柏格森、胡塞尔等直觉主义者认为的那样，是什么脱离实践、脱离经验、脱离意识的一种内心体验的神秘现象。

直觉思维这种突变式质变的存在是客观的，也有一定的普遍性。美国化学家普拉特说过：“我摆脱了有关这个问题的一切思考，快步走到街上，突然，在街上的一个地方——我至今还能指出这个地方——一个想法仿佛从天而降，来到脑中，其清晰明确犹如有一个声音在大声喊叫”。[①] 法国数学家彭加勒讲道：在进行了一段时间紧张的数学研究之后，他到乡间旅行，不再去想工作了，“我的脚刚踏上刹车板，突然想到一种设想……我用来定义富克斯（Fuchs）函数的变换方法同非欧几何的变换方法是完全一样的。”[②] 大物理学家赫姆霍茨说：在对问题作了各方面的研究之后，“巧妙的设想不费吹灰之力意外地到来”。[③] 无产阶级革命导师恩格斯也有过类似的现象。在 1873 年 5 月之前，至少已有几个月一直在思考关于自然辩证法的构想，没有什么明显的结果。到 5 月 30 日早晨，经过睡眠之后，“躺在床上”，“脑子

① 〔英〕贝弗里奇著，陈捷译：《科学研究的艺术》，科学出版社 1979 年版，第 73 页。
② 〔英〕贝弗里奇著，陈捷译：《科学研究的艺术》，科学出版社 1979 年版，第 73—74 页。
③ 〔英〕贝弗里奇著，陈捷译：《科学研究的艺术》，科学出版社 1979 年版，第 73—74 页。

里出现了下面这些关于自然科学的辩证思想……”[①] 恩格斯还认为古希腊科学中包含着“天才的直觉”。[②] 日内瓦大学曾调查过69个数学家，其中有57人承认他们从突发的直觉中得到过帮助。科学家普拉特和贝克在对232名化学家的调查中，发现33%的人在解决重大问题时经常有直觉；50%的人偶尔有；17%的人从未得力于直觉。我国的一些著名科学家如徐京华、何祚庥、杨纪珂也认为，离开了直觉，科学工作几乎是不可能的。水利专家张光斗结合官厅水库、长江葛洲坝工程的例子，说明在处理科技问题时，“忽然凭直觉，想到一个新意见，解决了关键问题”。[③]

直觉这种突变式的质变方式，及其在人类认识世界中的重要地位和作用，从古代就开始了对它的探索、研究。哲学史上就有不少人探索过这个问题。我国古代老子认为，认识的根本任务是把握“道”，但“道”又无形无名，既是感官所不能感知的，也是一般理性思维所不能认识的，所谓“道可道，非常道，名可名，非常名”，只有用一种静观“玄览”的方法才能直接把握“道”，就是要使内心清静、虚寂达于极点，通过“玄览”（帛书“览”作“监”即“鉴”，镜也，心静无扰，犹如明镜，认识对象和结果即会呈现），即内心直观的方法来认识“道”。尽管具有排斥感性和理性的神秘直观的色彩，但也指陈了感性认识与理性认识的局限性，企图超越二者之上追求一种更高的认识形式、认识方法，这在认识史上不失为一种前进性的宝贵探索。我国古代禅宗在革新佛教中，认为只有通过“顿悟”即通过一种神秘的契机、认识能力的突变来把握“真理”，这不属于逻辑思维的间接性认识，而是一种神秘直觉的直接性认识。唐代李翱认为通过“弗虑弗思”，一旦豁然开朗，心就进到了“寂然不动”的状态，就达到了善性毕露的“至诚”境界，也是一种否定感性、理性的神秘的直觉主

① 《马克思恩格斯选集》第4卷，人民出版社1972年版，第407页及《自然辩证法》题注。
② 《自然辩证法》，人民出版社1984年版，第16、第171页。
③ 转引自《复旦学报》（社会科学版）1981年第6期，周义澄文章。

义。西方哲学史上唯物主义唯理论者斯宾诺莎认为知识有三类，第一类是由传闻或泛泛的经验得来的；第二类是由推论得来的知识，他称之为“理性”；第三类是可以直接把握到事物的本质的认识，他称之为“直观知识”（是理性直观），在认识事物本质时没有掺杂其他的中间环节，因此这样得到的才是“真观念”。虽有把感性知识与理性知识割裂开来、对立起来，否认感性认识的可靠性的色彩，但他也在探索直觉思维问题上作出了贡献。

到了近现代，随着科学技术的发展，许多科学家、思想家都把直觉作为从事实、现象到理论、科学，从旧理论到新理论的重要思维形式，并给予高度评价。大科学家爱因斯坦明确指出：“我信任直觉”。“我相信直觉和灵感”。[①] 他强调直觉在科学基本原理的创立和科学命题的验证中的重大作用。他认为物理学家的最高使命是要得到普遍的基本定律，“要通向这些定律并没有逻辑的道路。只有通过那种以对经验的共鸣的理解为依据的直觉，才能得到这些定律”。“要在逻辑上从基本经验推出力学的基本概念和基本假说的任何企图，都是注定要失败的”。[②] 玻恩认为：“实验物理的全部伟大发现都是来源于一些人的直觉”。[③] 美国科学史家库恩在论述科学革命的结构时认为，从旧规范到新规范的变革，不是依靠对常规科学的“解释事业”来获得的，而是依靠直觉。新规范通过“直觉的闪光”而产生，而且这种直觉会在“深深地处于危机中的一个人的思想中突然出现”。[④] 苏联哲学家、科学史家凯德洛夫认为，没有任何一个创造性行为能够脱离直觉活动。苏联军事家伏龙芝认为，要成为优秀的战略家，不管在纯政治还是军事中，都要求有许多专门的、特殊的才能，其中最重要的是直觉……

直觉比之于通常逻辑思维所达到的由感性认识到理性认识的质

① 《爱因斯坦文集》第三卷，商务印书馆 1976—1978 年版，第 70 页；第一卷，第 284 页。
② 《爱因斯坦文集》第一卷，商务印书馆 1976—1978 年版，第 102、第 361 页。
③ 玻恩：《我这一代物理学》，商务印书馆 1964 年版，第 183 页。
④ 库恩：《科学革命的结构》，上海科学技术出版社 1980 年版，第 101、第 70 页。

变、飞跃，更具有突发性。正如物质波动理论的创立者德波罗意所说："直觉则在与繁琐的三段论没有任何共同之处的某种内在的豁然顿悟之中，突然给我们点破……当出现了摆脱旧式推论的牢固束缚的能力时，在原理和方法上均为合理的科学借助于智慧的冒险的突然飞跃的途径，就可以取得最出色的成果"。[①] 通常的逻辑思维是按一定的程序有步骤地自觉地进行的，人们能够意识到结论的产生。这好像解一道复杂的数学题一样，每完成一个步骤，也就接近解题一步。解到最后一步，就可顺理成章地得到结果。直觉则是经过长期深思，在量的积累的基础上，"在一定的关节点上就引起质的飞跃"，[②] 达到新质态的认识。认识主体对这种飞跃发生的时机、具体形式难以自觉地预测。它不受传统意识的羁绊，或将传统意识思维的束缚降低到最低限度。它不是由正常思维循序渐进到飞跃，而是超越阶段、躐等跃进，产生出了新质态的认识。

直觉表现了明显的跨越性，一是纵深跨度较大，从感性的事实、经验出发，不经过概念、判断、推理、分析、综合、假说等抽象思维环节，一跃而抓住新质态的认识。二是横向跨度较大，通过跨越性思维自觉不自觉地把若干表面看来毫不相干的事物联系起来，获得意料不到的认识成果。达尔文在一个偶然的机会读了马尔萨斯的《人口论》，立刻使他想到用生存斗争来解释自然选择："这样终于得到一个能说明进化作用的学说了"[③]。我国古代鲁班受割手的茅草的启发，产生了发明锯子的顿悟。英国气象学家泰勒见到田沟里的旧犁骤然产生了轻便的锚的设想。这种跨越性在拘守于平常的逻辑思维的人来说是不可思议的。弗兰西斯·培根在《新工具》中分析了寻求真理的两条道路，反对"从感觉和特殊事物飞到最普遍的公理"的道路，主张"从感觉和特殊事物把公理引申出来，然后不断地逐步上升，最后才

---

① 《哲学译丛》1980年第6期。

② 恩格斯:《反杜林论》，人民出版社1970年版，第42页。

③ 梅森:《自然科学史》，上海人民出版社1977年版，第390页。

达到最普遍的公理”的一步一步真正归纳的道路。[①]

必须肯定，直觉这种突变式的飞跃也是在实践基础上发生的，飞跃的起点是认识主体在较长时期积累的关于客体的较丰富的经验、知识，这个起点对于直觉所得到的新知识、新见解、新答案来说是旧质态的认识。也就是说，在直觉产生以前，人们头脑中的已经储存着大量的信息，既包括主体意识到可能与解决问题有关的信息，也包括大量储存在记忆深处、长期未浮现在脑际的信息，但这些信息尚未贯通起来，也就不可能找到通向结论的道路。脑中既存的各种信息，或者是主体直接实践获得的，或者是间接实践获取的。现在科学家还不能具体阐明直觉、顿悟瞬间产生的机制。有的心理学家作过形象的描绘，把大脑的活动比作一个大小不固定的舞台，各种信息就像前台和后台的许多演员、工作人员，当一片黑暗时，舞台上的一切都是隐没的，而当亮起一盏聚光灯时，某个或某些演员的形象清楚了，随着聚光灯的移动，形象清楚的演员也在变换，而在聚光灯照亮的区域的附近，还有一些模糊不清的身影。离灯光越远越是模糊，灯光照不到的地方，还有许多人员隐没在黑暗中。人在不自觉的下意识状况下的思考，如同聚光灯在脑中移动，是在提取信息和发现信息之间的联络，直觉意识如同在大脑中突然接通某一线路，原来没照亮的地方突然豁亮了。正如数学家高斯的体会一样，他曾求解一个问题，多年不得其解。后来终于成功了，“像闪电一样，谜一下解开了。我自己也说不清楚是什么导线把我原先的知识和使我成功的东西连接了起来”。[②]当潜存的诸种信息与要解决的问题贯通起来之时，也正是直觉发生之际。于是，主要是由非逻辑思维方法造成的通过瞬间实现的飞跃，完成了认识的质变过程。从旧质态认识的起点一跃而进到一个崭新质态的认识水平上，或者作出了重要的科学发现、发明，或者得出了别的解决问题的方法、答案。

① 《16—18世纪西欧各国哲学》，生活·读书·新知三联书店1958年版，第10页。
② 〔英〕贝弗里奇著，陈捷译:《科学研究的艺术》，科学出版社1979年版，第75页。

直觉、顿悟这种爆发式飞跃之所以能够实现，是需要条件的，它并不像唯心主义的直觉观所认为的那样，是不依赖客观条件的神秘的力量所致。许多人知道，科学家巴斯德说过一句富有哲理的名言——“机遇只偏爱那种有准备的头脑”。也就是说，直觉这种灵感思维只会光顾那些在寻求真理的道路上，努力实践，艰苦研究，勇于探索，执着追求的人们。科学的直觉力只有在丰富的实践经验基础、知识基础的土壤上才能生长。化学家凯库勒说过，在1865年的一个夜晚，由于研究苯的结构“进行得不顺利，我的心想着别的事”，后来“进入半睡眠的状态”，梦见原子像蛇一样扭头回转，忽然其中“一条蛇咬住了自己的尾巴，在我眼前轻蔑地旋转。我如从电掣中惊醒……”顿悟出了苯的环形结构。[①] 凯库勒所以能作出这个惊人的直觉发现，因为当时毕竟有产生这种直觉的实践基础。当时正是有机化学的实验和理论有较大发展的时代，他本人对这类问题的实验、研究思考已有许多年。而且他曾经在大学学习过建筑，建筑艺术中空间结构美的熏陶，对他的分子结构的研究也不无影响。[②] 牛顿从苹果落地所得的启发，门得列也夫的梦幻发现，也无不是以较丰富的经验和知识作为基础。直觉在科学家、思想家那里时有发生，但它并不是他们的专利品，有丰富经验和一定思维能力的普通人有时也会发生直觉。如管理科学中决策学派的代表西蒙，在《人解决问题对人工智能的教益》一文中谈到过，由商学院研究生与有经验的管理人员对面临的同样的商业形势作决策，管理人员从整体形势上很快产生出一种直觉的决策，而研究生却对繁杂的数据花很长时间进行统计和计算，常常找不到问题的症结所在，最后提出的决策方案却并不优于管理人员提出的决策方案。《南征北战》电影中，解放军指挥员在摩天岭上听到敌军的炮声，瞬间就立刻直觉到是敌人要逃走。对于没经验和经验少的人是不可能产生这种直觉的。可见“得之在俄顷，积之在平日”。因为只有主体储

① 〔英〕贝弗里奇著，陈捷译：《科学研究的艺术》，科学出版社1979年版，第59—60页。
② 〔美〕莱斯特：《化学的历史背景》，商务印书馆1982年版，第201—206页。

存了有关研究问题的大量信息，才可能与某一时机中突然到来的外部刺激在脑神经工作中相撞，使以往未贯通起来的信息突然贯通，以极其快速的形式直达结论。这对于正常（“平常”似更确切）认识秩序（如要经过形成概念，作出判断，进行推理等）是一种超越，但决不可能超越实践，超越感性经验。作曲家柴可夫斯基说过：“灵感是这样一位客人，他不爱拜访懒惰者。”① 只有完成了巨大的思维准备活动（寻求所需答案）之后，直觉才能制成或导致良好的结果。因此，那种不在认真实践、刻苦研究上下功夫，而一心等候直觉、灵感的做法，是不科学的，不值得提倡的。

认识领域中从感性认识到理性认识的渐变式质变与突变式质变，既有联系又有区别。它们都以社会实践为基础；都是人脑机能的表现；都是认识主体艰苦实践、劳动的结果；都是由一种质态的认识到另一种质态的认识的飞跃；它们的结果在正确与错误方面都具有或然性；同时也都是知、情、意、性、行的交融统一。二者的区别主要是：①从思维的方式看，前者是沿着正常的逻辑思维秩序，逐步渐进，由逻辑思维形式来实现认识质变过程的；后者则表现出明显的非逻辑性，它的思维跨度大，是直入门庭，立窥堂奥。按照普通逻辑似乎无法解释这一质变过程。但不可否认，在这种非逻辑性的后面隐蔽着辩证思维的本质特性。这种认识同主体的经验知识和思维能力紧密联系着，它以凝缩的形式包含着这些因素。②前者获得理性认识较为间接、迟缓；后者则较为直接、快速。③从发生质变的情形看，前者是按逻辑思维秩序进行，瓜熟蒂落，水到渠成，实现认识质变是必然的、正常的、意料之中的；后者发生的情形则带有偶然性、随机性和突然性，直觉、顿悟、灵感不知何时、何地、何条件下产生。④从主体本身的情况看，前者、主体的自觉性强而显，主体对认识过程中经由什么阶段，如何达到预期质态认识都能自觉把握；后者则不然，主体的自觉

① 周昌忠：《创造心理学》，中国青年出版社1983年版，第205页。

性不强不显，潜意识活动较多，虽冥思苦索，但怎样达到新认识，主体不明白，即使得到了“果”也不明其“因”。先前的自觉思维活动是直觉产生的基础，直觉产生后，又须以随后的自觉思维活动来加工、巩固和发展。

认识过程中的两种质变形式，在人类认识发展史中，如车之两轮，不可缺一，尤其是在科学技术革命时代，越来越要求各种劳动者，用创造性的态度来对待工作。事实上，人们也越来越对创造性思维问题感兴趣。因此，我们要以辩证唯物主义态度研究由感性认识到理性认识的质变、飞跃问题，对两种质变形式，要像恩格斯讲的：对分析与综合“不应当牺牲一个而把另一个捧到天上去；应当把每一个都用到该用的地方，而要做到这一点，就只有注意它们的相互联系、它们的相互补充”①。就当今的情况看，广泛使用的逻辑思维方式及由此实现的渐变式质变还是广泛的、大量的、基本的，我们应在充分发挥这种形式的作用的同时，科学地探索、运用直觉这种突变式质变，以便更好地认识世界、改造世界。

① 恩格斯:《自然辩证法》，人民出版社 1984 年版，第 206 页。

军事指挥的哲学思考*

领导科学在军事领域中的运用，很重要的一方面就是军事指挥问题。军事指挥理论已发展成一门独立学科。从哲学角度对军事指挥进行研究很有必要。

一、军事指挥需要高素质包括哲学素养

军事斗争是具有高度主观能动性的两个或两个以上的社会集团诉诸武力的斗争。他们之间的利益根本对立，双方都采取一切可能的手段、方式来保存自己、消灭敌方。军事斗争是一个很难认识、很难把握的领域。指挥员必须具备高素质包括哲学素养。

战争这个比其他社会活动更具复杂性的现象，已经存在了数千年。据有关资料统计，从公元前3200年到公元1964年，地球上发生过14500多次战争和军事冲突。在人类历史的5164年中，只有329年是和平的。随着社会生产水平的发展，战争的手段、方式也在不断发展。随着军队结构、指挥器材的变化，军事指挥也在不断进步。在战争的“手工作坊”时代，军队基本上由单一的步兵组成，战场有限，

* 本文刊载于《领导与哲学》，国防大学出版社1988年版。

通信器材简陋，指挥员往往靠直接观察实施指挥。现代战争是诸军兵种合同作战，战场广阔，需要处理的信息量大，指挥员离开司令部、参谋人员和先进的指挥器材便不能进行有效的指挥。

军事指挥的实质是各级指挥员和司令部对所属部队整个活动实施不间断的有目的的领导，是为使军队保持战斗准备和战斗力、做好战役和战斗行动的准备以及领导军队完成任务而进行的活动。军事指挥的主要目的是保障最有效地用所属军队完成战役、战斗中受领的任务。

军事指挥的任务，是使军队保持高度的政治思想状态和动员物质准备；不断地获取、收集、研究和分析情况；尽快地定下决心；向所属部队下达任务；拟制作战计划；组织和保持不间断的协同动作；组织与完成军队政治工作和战斗行动的各种保障措施；使部队做好战斗行动准备并对他们实施直接的领导。用军事家苏沃洛夫的话来说，指挥员的任务就是要两次战胜敌人，首先在精神上、认识上，即在意志上和定下正确的决心上，尔后在行动上。指挥的任务也内在地体现了一般指挥的工作程序，即明确任务、判断情况、定下决心、给部队下达任务、组织战斗行动和监督受领任务者的执行情况。

对于军事指挥的重要意义和作用，通常是没有人怀疑和忽视的。在具有全局思维等哲学素养的指挥员的正确领导下，部队的千军万马和众多的武器、技术装备才能有效地组织起来并付诸使用，才能转化为现实的战斗力。军队首长肩负重大使命，掌握着很大的权力。部队中人和物的因素的作用，部队战斗力的实现和发挥的程度，直接取决于军事指挥的效能。因而指挥员的活动是决定战斗、战役和战争中能否变胜利的可能为胜利的现实的一个主要而直接的原因。卓越的指挥能保证以最小的代价取得胜利，而指挥岗位上的笨伯即使在兵力兵器占优势的情况下也可能导致失败。这样的例子在古今中外的战争史上是屡见不鲜的。

现代战争的特点对指挥员提出了新的要求。现代科学技术革命的浪潮不仅撞击着经济领域，而且也冲撞着军事领域，它已经引起并正在继续引起军事领域的重大变化，给现代战争造成了许多新特点：

一是从战争的主体即进行战争的人员、集团看，他们的科学文化水准大大提高，进行战争的主观能力增强。参战的集团、军兵种众多，不仅大规模的联合作战，而且中小型的战斗往往也有多军（兵）种参加。

二是从战争的空间、时间看，现代战争逐步由地面、海上、空中扩展和延伸到地下、深海直至外层空间，作战行动将在前方、后方同时展开，甚至遍及交战国的全部领土，作战方向和作战战线流动性增大。战争的突然性进一步增大，遭袭一方的临战准备时间极为短暂。战役战斗的节奏加快，持续时间将大大缩短。敌对双方力量对比优劣转化迅速，战场情况瞬息万变，战机稍纵即逝。

三是从战争手段和作战方式、方法看，军事暴力的特殊地位，使它优先获取科技最新成果为自己服务。新知识新技术潮水般地涌入军事领域，并在战争中发挥越来越大的作用。第四次中东战争，一颗侦察卫星提供的情报，就给以军初战的被动局面带来转机。英阿马岛之战，一枚具有精确制导和掠海攻击能力的“飞鱼”导弹，就使庞大的“谢菲尔德”号驱逐舰顷刻沉没。电子战作为一种独特的作战形式逐步充斥各个战场，贯穿各个战斗环节。战争方式方法日趋多样，大纵深进攻、空地一体作战、垂直突破、立体防御等崭新战法相继出现。而且各种作战方式结合运用，转换频繁。随着科学技术的发展及其在军事中的应用，作战方式和方法还会产生新的变革。

四是从战争结果看，战争杀伤破坏力和消耗巨大。现代兵器射程远、精度高、威力大，对人员的杀伤、对装备、物资和工程设施的破坏，以及由此带来的战争消耗是惊人的。同时，战况的变化越来越急遽、频繁。

怎样提高指挥效能、效益呢？提高的办法、途径很多，其中主要有：第一，提高指挥员的科学文化水平、思想理论（包括军事理论和哲学等）水平和军事指挥技术水平，熟练使用自动化指挥设施，应用科学的运筹方法。第二，在新式技术兵器和新编制、体制的基础上改进指挥，要尽快地实现指挥过程自动化，尽快搜集、处理情报信息，定下决心。军队指挥的效能完全取决于指挥员，取决于其知识、经验、能力和司令部工作的熟练、准确。

二、主观符合客观是打胜仗的关键

战争胜败的关键是什么？古今中外万千的军事家，无不思索这个问题。我国古代的《孙子兵法》曾以著名的“知彼知己，百战不殆”的原则回答了这个问题。毛泽东同志则从世界观的高度指出：“为什么主观上会犯错误？就是因为战争或战斗的部署和指挥不适合当时当地的情况，主观的指导和客观的实现情况不相符合，不对头，或者叫做没有解决主观和客观之间的矛盾”，“这里的关键，就在于把主观和客观二者之间好好地符合起来”，[①]提出了主观和客观相符合是打胜仗的关键的著名论断。朱德同志在阐发毛泽东军事思想时说过，毛泽东军事思想的根本之点，就是“有什么枪打什么仗，对什么敌人打什么仗，在什么时间地点打什么时间地点的仗”。[②]刘伯承元帅根据自己长期军事指挥实践的经验指出，任务、敌情、我情、地点、时间这“五行”即五种要素，是打仗定下决心的基础，对这些情况不了解或了解得不清楚、不确实，就会“五行不定，输得干干净净”。如果说主客观相符合是打胜仗的关键，那么以主客观相脱离为特征的主观主义，就是军事指挥上的大忌。古今中外的战争没有因主观主义的指挥而不失败的。这种战争中的主观主义，不是因情况判断错误，就是因指挥失宜。第二次世界大战中，美国政府普遍认为，日本无论在经济上还是在军事上所拥有的人力、物力都远不如美国，所以他不敢进攻美国。“日本去袭击美国并和它开战，这无异于自杀”。“日本宣战是和理性不相

① 《毛泽东选集》(合订一卷本)，人民出版社 1967 年版，第 163 页。
② 《朱德选集》，人民出版社 1983 年版，第 168 页。

容的。”然而，铁的事实表明美国的这种判断是错误的，珍珠港事件使其海军力量受到严重打击。苏联在第二次世界大战之初对德国法西斯的侵略的判断也是主观主义的，结果也给初战造成严重失利。我军在第五次反“围剿”的战役中，由于王明路线的主观主义指挥，也使我军蒙受严重损失。古今中外正反两方面的经验告诉我们，战争这种特殊的严酷的活动，更要求做到主观与客观的符合。其他社会实践在这个“符合”的过程中犹可或缓，而战争实践却不然，如果违背了这个“符合”就马上遭到血的严酷惩罚。

主观符合客观的过程，实际上就是一个在实践的基础上，不断搜集、处理、传输信息的过程。在一定意义说，战争就是人流、物流、能流和信息流的有序流动过程，而人流、物流、能流的流向和流量是由信息流指挥、控制的，指挥系统就是对信息进行搜集、处理、评估、决策、传递、分配的组织，指挥过程则是在对信息不断搜集、处理、评估、传递、决策基础上又对信息的再分配。因此，搜集处理、评估、决策、传递信息的水平和能力，已成为指挥水平能力的突出标志。谁能及时准确地获取对方作战企图、战斗行动及其与作战直接相关的其他情报信息，谁就能获得主动权。

现代战争对情报信息更有新的要求，主要是范围大、距离远、时效性强、作战空间大。必须掌握相应范围的情报信息，包括地面、空中、水中、天候、气象等情况。不仅要了解本战区情况，还需了解战略范围（包括别的地区）的情况。不仅要了解当面敌情，还要了解纵深的情况，尤其是敌纵深的核、化和生物武器以及其他各军兵种兵力兵器的配置使用情况。情报信息的时效性随着战况的瞬息万变也大大增强。为适应这种情况，就必须大力提高搜集、处理情报信息的能力。

善于分析处理情报信息，是指挥员的一项基本功。在情报信息像潮水一样纷至沓来时，经验不足、能力不强的指挥员容易被这种情况“淹没”，难以从大量的情报信息中理出最重要、最基本的东西。作战任务虽是中心，但比较确定，比较容易了解。而敌情则是最不确定，最易变幻。主观符合客观是打胜仗的关键，而关键的关键又在于及时准确地了解敌情。要善于从表面的、假象的、片面的、恍惚易逝的形式中去抓取真实的、本质的、全面的、稳定的东西，其间丝毫也离不开唯物辩证的思维方法。

空间、时间是物质的运动形式，当然也是战争运动的形式。不同的地点、时间，在进攻与防御中有不同的意义。时间就是军队，时间就是胜利，这已被无数的战争实践所证实。由于出现了现代化武器和技术兵器，军队机动速度、火力速度大大提高。火箭、核武器能在几分钟内对位于地球上任何一个目标进行有力突击。时间因素的作用空前增大，许多复杂问题要求在几分钟甚至几秒钟解决或传达给执行者。所以，必须提高快速反应能力，提高指挥速度，根据敌人的动态变化，特别是突然的动态变化，迅速准确地采取相应的行动，这样才能保持或取得主动权。

要使主观与客观很好地符合起来，还需要熟知我方情况。拿破仑一生打过很多仗，多数战役是以少击多、以劣势对优势而获胜，其原因是多方面的，其中一个主要原因就是对自己的军队情况非常熟悉，正确地提拔任用一批出身下层社会的青年为将官，因而使其战斗力大大强于其他军队。恩格斯曾就此指出："拿破仑的不朽的功绩就在于：他发现了在战斗和战略上唯一正确使用广大的武装群众的办法"。[①] 三国时期的诸葛亮以知己知彼常打胜仗著称，而他在任用马谡失守街亭上却又在于他对马谡的不够了解，致使他引咎自责，自贬三等。知己较之知敌是容易一些，但有时正是在这些容易之处失足，铸成大错。知己就是对己方官兵和武器装备、地形等不断变化的情况如实掌握，这样才能在与敌情的对比、权衡中有个正确的前提，也才能及时定下正确的决心。

毛泽东同志对指挥员认识过程的第一阶段有过精辟的论述。他说：

---

① 《马克思恩格斯全集》第7卷，人民出版社1965年版，第565页。

"指挥员的正确的部署来源于正确的决心，正确的决心来源于正确的判断，正确的判断来源于周到的和必要的侦察，和对于各种侦察材料的联贯起来的思索。指挥员使用一切可能的和必要的侦察手段，将侦察得来的敌方情况的各种材料加以去粗取精、去伪存真、由此及彼、由表及里的思索，然后将自己方面的情况加上去，研究双方的对比和相互关系，因而构成判断，定下决心，作出计划，——这是军事家在作出每一个战略、战役或战斗的计划之前的一个整个的认识情况的过程。"[①] 严格地按照"十六字诀"的要求去进行科学的辩证思考，从复杂纷繁的情报信息中找出那些整体的、本质的、基本的东西，才算是对战争情况的基本把握。定下决心从来是一种复杂的创造性的过程，是向未知领域跨出的一步。定下决心所依据的信息材料尽管要求是全面而真实的，而事实上总是在不够完整、不够确实、同时又是互相矛盾的情报信息，并且是在敌人的干扰下完成定下决心的。在战争中，敌对双方互为"黑箱"，它比一般的自然客体和社会客体的"黑箱"更难认识，更难控制。因为战争这个大"黑箱"内部各个层的"子黑箱"间关系错综复杂，变量数目众多，随机性大，而且双方都是武装着的活人，"黑箱"中的奥秘，主要地体现为双方指挥员的主观能动性、谋略水平和整个部队的素质。指挥员要运用"黑箱方法"，即通过"黑箱"外部的输入和输出变量的研究，得出关于"黑箱"内部情况的推理、判断，探求其内部本质、规律，从而实现对客体的控制，而且要充分考虑到敌人可能采取的欺骗手段这一因素，善于透过变量看谋略。这就需要迅速的科学的分析与综合，抽象与概括，归纳与演绎，类推与比较。苏联红军元帅伏龙芝说得好，指挥员要成为既精通政治，又精通军事的战略家，必须具备特殊的品质。其中最重要的乃是所谓洞察力，乃是从周围错综复杂的现象中迅速找出主要问题，并根据这一主要问题的分析制定一定的斗争方案和工作方案的能力。

① 《毛泽东选集》(合订一卷本)，人民出版社 1967 年版，第 163—164 页。

三、指挥员要抓好战争中的主要矛盾

指挥员的眼睛始终要盯着主要问题。这可说是许多成功的指挥员的经验之谈。战场如其他领域一样，各种纷繁复杂的现象之间是不平衡的，有的矛盾居于主导的支配的地位，对于其他矛盾的存在和发展起着规定的制约的作用。这对于战争全局的影响至关重大，以至于“一着不慎，全盘皆输”。事无巨细、不分轻重缓急的指挥者，只是一个碌碌无为的忙人，而不能算是一个真正的指挥员。

现代战争仍然需要把在关键时刻集中主要兵力于主要方向上作为一条重要的军事原则。无论是进攻性的作战还是防御性的作战，都有一个主要方向的问题，只有首先把主要方向上的问题解决好，才能从根本上保证实现作战目的。集中兵力原则还有一个要求，就是上级必须将所属的兵力兵器全部统一起来，以期由一定数限的量，通过集中使用，或具有不同组织结构，使之协调一致地去达到作战目的。

集中兵力就是指挥员对军队兵力、火力加以不断组合并形成军事上的主要力量，这个原则的哲学基础是马克思主义辩证法的质量互变思想和主要矛盾思想。

指挥员都熟悉集中兵力原则是指挥中的重要原则，但能够适时地正确运用这一原则，却不是每个指挥员所能够做到的。因而，能否在关键地点和关键时刻集中主要力量并在兵力兵器方面形成必要的优势，就成了衡量指挥员的指挥水平、军事理论水平的重要依据。古今中外的战争史上，许多以劣胜优、以弱胜强的战例，差不多都是善于集中兵力，并以这种优势兵力正确地运用于主要突击方向或主要防御方向上的。

《孙子兵法》说：“能以多击寡者，则吾之所与战者约矣。”就是说能做到以多胜少，那么，能与我作战的敌人就不多了。其他兵书也讲：“兵散则势弱，聚则势强，兵家之常性也”。克劳塞维茨认为，战略上最重要而又最简单的准则是集中兵力。马克思说过，战略的奥妙就在于集中兵力。毛泽东同志曾分析过古今中外许多著名战例，并在分析之后得出了精辟的结论，指出这些战例多是“以少击众，以劣势对优势而获胜”的。“都是先以自己局部的优势和主动，向着敌人局部的劣势和被动，一战而胜，再及其余，各个击破，全局因而转成了优势，转成了主动。”[①]集中兵力的重要性是人所共知的，然而又难于做到这一点，其主要原因有，指挥员缺乏科学的统筹能力和坚强的意志，对敌方情况不甚明确，于是出现不是积极地战胜敌人、而是消极地防止敌人打败的心理状态，这就很容易导致分散兵力；即使有的方向、有的时刻集中了兵力，而对其他地段部队的叫苦、救援作出错误的判断，也容易分散兵力。

毛泽东同志是善于抓好战争中主要矛盾、善于集中兵力的高手。他说，一旦抓住了主要矛盾，其他问题就会迎刃而解。战争中必须“抓住战略枢纽去部署战役，抓住战役枢纽去部署战斗”。[②]淮海战役初期，他强调作战重心是钳制邱清泉、李弥兵团，集中兵力歼灭黄伯韬兵团，完成中央突破。平津战役中期，他强调切断平津，包围唐山，歼灭塘沽之敌。抗美援朝战争第一次和第二次战役，他强调全局关键在于攻占军隅里一带，割断南北敌人联系，只要此着成功即是战略上的胜利。战争实践已经以铁一般的事实证明了毛泽东同志这些决策是非常正确的。

集中兵力（包括火力在内，现代条件下尤其强调这一点）是一个复杂而充满辩证法的过程，它是由量变到部分质变再到根本质变的转化过程，是以部分或整体的飞跃、渐进过程的中断的形式发生的。对分散的、零星的兵力，根据作战目的需要和战争规律，加以不同的排列组合，加以集中使用，就会形成了一个新的质，这个“质”的力量远远大于以分散、零星状态存在的各个量之和，在总体上以优势对劣

① 《毛泽东选集》（合订一卷本），人民出版社 1967 年版，第 458 页。
② 《毛泽东军事文选》，总参谋部出版部 1961 年版，第 20 页。

势的军力对比中，由于在局部上正确地集中兵力，就会造成更强大的优势或绝对优势。在总体的军力对比上是以劣势对优势时，在局部上正确地集中兵力，也能造成局部上的优势。这对于新生事物、进步力量尚属弱小，而要战胜反动的优势力量来说，是至关重要的胜利之道。我军在武器装备方面比之于世界上那些处于优势的反动力量仍然不够强大，因此更需要学习掌握这种以弱胜强的辩证法。

集中兵力是为了胜利完成作战任务，而完成整个作战任务的核心又在于完成主要的作战任务。列宁指出："在决定时机和决定地点拥有压倒优势的"力量乃是"取得军事胜利的'规律'……"[①]"必须善于在每个时机里找出链条上的一个特别环节，并全力抓住这个环节，掌握整个链条，准备稳步地过渡到下一环节；同时，在历史事变发展的链条里，各个环节的次序，它们的形式，它们的关连，它们之间的区别，都不象铁匠所制成的普通链条那样简单，那样笨拙。"[②]使用集中起来的兵力，并不是随意的，而是在那些具有关键性意义的"决定时机""决定地点"。在通常的情况下，尤其是以弱对强的情况下，要想在所有时间、所有空间（所有地段以至地下、海域、空中）都成为强者、成为优势，是不可能的。只有在决定时机、决定地点即主要突击方向上集中优势兵力，才能达到预期目的。

主要矛盾的确定，离不开对诸种矛盾的地位、作用和它们之间相互关系的科学分析。任何事物矛盾的属性，都是在这一事物与其他事物的关系中展现的。主要突击方向的选择，通常是在敌人防御的薄弱地点和要害处。这当然是以周到的和必要的各种侦察所得来的比较可靠而全面的情报信息的正确分析为依据的。主要防御方向的决定，则要依据敌方的主突方向。敌方的主突方向，通常选在对其有重要意义的地方。从战略上要攻克对方的政治、经济中枢以及守卫这些中枢的重兵集团。第二次世界大战中，德军起初向明斯克、斯摩棱斯克和莫

① 《列宁全集》第30卷，人民出版社1986年版，第226页。
② 《列宁全集》第27卷，人民出版社1986年版，第252页。

斯科方向的主要突击就是如此，战役中的突击方向必然受其战略企图所制约。

集中主要力量于主突方向，并不是绝对集中，排斥必要的分散，而是一个主要方向与多个次要方向进攻的辩证结合。这样可以使敌人难以判明进攻的主突方向，割裂敌之防御部署，为各个歼灭敌人及对敌翼侧和后方实施突击，创造有利条件。现代条件下的集中兵力，也主要是采取集中战略武器的火力和迅速适时地机动兵力的方法。而不是停留在过去那种预先在一定空间范围内集中兵力的方法，现代战争中不仅战略武器都分散配置，常规战场上的人员密度也大大减小，据有的资料说，现在军队的战场密度是古典战场的约四千分之一。

与集中兵力相反的是军事平均主义现象，由于指挥员不善于客观地把握敌我情况和进攻与防御、集中与分散、主要矛盾与次要矛盾等辩证法，或者从空间范围上平分兵力，或者从时间“添油”式地增加兵力而造成的兵力平分，这就不能造成应用主要力量于主要作战方向。我军土地革命战争时期中央苏区第五次反“围剿”，当时的指挥在进攻时搞“全线出击”“两个拳头打人”，防御时则是“六路分兵”“全线抵御”，使我军力量蒙受惨重损失，就是一个历史的教训。

黑格尔善于辩证的反思理论告诉我们，反思的两端既同一，又区别。互相对立着的概念之间相互依存着、包含着、反衬着。对这一概念的理解、把握，需要通过对这一概念与那一对立概念的相互联系的理解来实现。就是说，要在对立中把握同一，在同一中把握对立。我们要深刻理解、把握集中兵力，还必须与分散敌方兵力联系起来思索和处理。在我方的集中兵力，与在敌方的分散兵力从而各个击破，是一而二的，是同一过程的两个方面。有效地分散敌方兵力，就意味着我方兵力的集中、加强，就能顺利地实现各个击破。前面讲的在有一个主攻方向的同时，还要有若干助攻、佯攻方向，就包含着力图分散敌方兵力以求各个击破的思想。创造性地分散敌人兵力的过程，也就是使己方集中兵力的过程。或者从横向上分散敌人兵力，分割穿插、各个击破；或者从纵向上分散敌人兵力，如古罗马奴隶英雄斯巴达克，在以一人对付数人的角斗中，他在迅跑的过程中逐一打败分别追上来的对手。解放战争中，陈毅、粟裕指挥部队以“叫花子打狗，边打边走”的战术，各个击败敌军。另外，我方的集中与分散，还需要看到现代战争所造成新的对立统一关系。在敌人使用大规模杀伤武器的威胁下，必须使军队分散配置，迅速接近和突击敌人，只是在实施突击时才迅速而隐蔽地集中。兵力兵器的集中不是机械的凝固化的，而是不断流动变化的。

论逻辑的与历史的一致*

逻辑与历史的一致，既是辩证唯物主义认识论的基本原则，又是辩证思维的基本方法。任何一门科学要形成系统化的逻辑体系，都经历着从简单到复杂、从低级到高级的过程。这些过程是历史过程在思维上或逻辑形式上的反映。由此形成思维中逻辑的与历史的两个辩证统一的环节。

一、逻辑的与历史的内涵特征

“历史的”或“历史的东西”的含义：一是指自然界、人类社会的客观现实自身的历史发展过程；二是指反映客观世界、客观现实的人类认识的历史（包括科学史、哲学史、思维史等）发展过程。“逻辑的”或“逻辑的东西”的含义：它是指客观历史过程在理论形态上的概括反映，是历史的东西在逻辑思维中的再现。

（一）逻辑的与历史的特征。历史的东西的特征：从其内容看，它是生动的、多样的、丰富的；从其过程看，它经历着迂回曲折的过程，总的是顺向前进，但其中包含有异向转折、逆向倒退。例如：战

* 本文刊载于《辩证逻辑与军事应用》，军事科学出版社1989年版。

争发生、发展的历史就是这样，体现了生动、丰富、多样的迂回曲折的特点。

逻辑的东西的特征：抽象性、概括性、稳定性、必然性。逻辑的东西撇开了历史的东西中的个别性、现象和偶然性，反映了历史发展的一般、本质和规律性，揭示了历史发展的总趋势和基本线索。例如：马列主义、毛泽东思想关于战争的理论体系，是揭示战争的本质和发展规律的，它舍去了战争发展过程中的各种表面的偶然的东西，抽象概括出了战争发展过程中的本质性、必然性的东西。唯其如此，才成其为战争的逻辑，即反映战争发展规律的理论体系。

（二）逻辑的方法与历史的方法。逻辑的东西与历史的东西是一致的，这种一致构成人们认识中普遍存在的原则和方法，我们将它作为认识客观现实以及建立科学理论体系的方式加以运用时，就形成逻辑的方法与历史的方法。

第一，历史的方法及其特征。历史的方法就是按照事物历史发展的自然行程来揭示历史规律的研究方法。其特征是：跟随历史的自然行程对历史的先后顺序不加“修正”；尽可能反映全部具体实在；历史的方法主要是一种叙述方法，通过按历史本来面貌的如实叙述，再现历史发展的规律性。

第二，逻辑的方法及其特征。逻辑的方法就是人们在研究事物时，摆脱研究对象的产生和发展的自然行程，以理论的形式揭示事物发展规律的思维方法。其特征是：以对象的结构联系为依据，不追随对象的自然行程、发展顺序；撇开偶然因素，直接探寻事物的本质；逻辑的方法主要是一种说明方法，即以概念、判断、推理等思维形式所构成的逻辑体系的形式，说明客观事物整体的规律性和发展趋势。

二、逻辑与历史的辩证关系

（一）逻辑的东西与历史的东西的辩证关系。第一，逻辑与客观实在历史发展过程的辩证统一。首先，逻辑本身就是历史发展过程的产物，逻辑的思维形式、思维方法、思维原则、思维规律，都是人类在实践的基础上认识客观事物的历史过程中形成并发展起来的。逻辑的每一概念、范畴都是客观历史发展线索中的一个片段、一个环节。概念、范畴的理论体系则是客观事物发展历史的凝缩。历史的东西决定着逻辑的东西，逻辑是历史的概括、反映。其次，客观事物的历史和人们的社会实践经历由低级向高级、由简单到复杂的发展过程。逻辑思维的发展相应地也经历由简单到复杂、由抽象到具体的前进上升运动。认识的低级阶段所形成的概念、范畴，大都是较为简单、抽象的。随着实践的发展、前进，认识能力不断得以提高，才能在此基础上形成较深刻、具体的概念、范畴。逻辑思维的起点、过程和终点，同客观事物、人类的社会实践发展的起点、过程和终点是基本一致的。再次，逻辑与历史的一致不是摄影式、复写式的一致，而是经过修正后的本质的一致。逻辑是历史规律的抽象的观念的反映。恩格斯指出，逻辑是对历史过程的反映，“这种反映是经过修正的，然而是按照现实的历史过程本身的规律修正的”。逻辑的进程撇开了客观事物和人的社会实践历史中的偶然因素，集中地反映了事物历史的规律性。毛泽东同志在《中国革命战争的战略问题》中，用逻辑与历史一致的方法，揭示了战争的本质和规律，科学地抽象概括出了军事指挥员实施正确指挥的规律性的东西。

逻辑与人类认识客观事物历史过程辩证统一。首先，正确的概念和范畴的理论体系与人类认识史相一致。例如，毛泽东同志的《战争和战略问题》《论持久战》等均是理论著作，从简单的战斗到复杂的战役，从普通的常规的战争到特殊的现代的战争，从战争本身到战争与政治、经济、科学文化等的关系……开始的概念、范畴较简单、抽象，然后逐步发展到愈来愈复杂、具体的概念、范畴。各个概念、范畴前后衔接，依次前进。较前的概念、范畴是较后的概念、范畴的前提和出发点，较后的概念、范畴是较前的概念、范畴逻辑发展的结果，同时又是概念、范畴进一步运动的起点。理论体系的进程与人类对战争的认识史相一致。其次，思维的逻辑与个体认识的发展史相一致。个别人的思维运动的逻辑，从一般情况说来，是以简要的、概括的形式再现思维历史发展的逻辑，并且与之相一致。恩格斯曾用高等生物个体发育的过程和生物的进化演变的历史之间的关系，说明人们头脑中辩证思维的逻辑进程和人类思维发展的历史进程相一致的关系，论述了逻辑的和历史的相一致的原则。[①]个体认识的发展史通常都要经历从生动的直观到抽象的理性思维的过程，这与整个人类的认识发展史基本上一致。因为客体在任何主体面前都要经历一个逐步发展、暴露的过程，任何主体的认识能力都只有在实践中不断提高。再次，思维的逻辑与人类认识史的一致，也是包含着差别的一致，而不是绝对一致。人类认识史的发展过程具有难以数计的细枝末节和偶然性因素，而且要经历一条迂回曲折的前进道路，并由此来呈现人类认识规律。而思维逻辑则只是对人类认识史的总的抽象概括，是以纯粹形态把握人类认识的发展规律。逻辑虽不是对人类认识史的简单重复、模写，但经过科学的加工、修正、扬弃之后，却更能深刻、明晰地反映人类认识的发展规律。

（二）逻辑方法和历史方法的辩证统一。第一，逻辑方法和历史方法互相联系、互相渗透。逻辑与历史的辩证统一，在方法论上的表现，必然是逻辑方法与历史方法的辩证统一。逻辑方法离不开历史方法。首先逻辑分析要以研究历史发展的成果为基础。其次，任何现实的对象都是作为过程而存在的，只有把对象理解为发展过程才能把握它。逻辑分析只有分析对象的发展过程，才能揭示对象的本质及其发展规律。最后，逻辑范畴由简单到复杂的运动过程，正是反映对象从简单到复杂的发展过程，思维的逻辑则是对象发展逻辑的再现。历史方法也离不开逻辑方法。首先，以逻辑方法为指导，才不会被历史发

① 《马克思恩格斯选集》第3卷，人民出版社1972年版，第544—545页。

展的表面的、偶然的现象所迷惑。其次，借助逻辑方法才能反映出依次出现的历史现象之间的内在的必然联系，从而揭示出对象的逻辑。

第二，逻辑方法和历史方法的任务与作用相互补充。在揭示事物的发展规律中两种方法互为补充，相得益彰。逻辑方法以历史材料为佐证，才能显得“有血有肉”“坚实、丰满”，不至于成为空洞的抽象。历史的方法以逻辑为指导，才能使其有“灵魂”和生命力，不至于变为偶然事件、现象材料的杂乱铺陈与堆积。坚持逻辑方法与历史方法的统一，把对事物的叙述和说明相结合，实现全面深刻地认识和把握事物。

三、逻辑与历史一致的逻辑要求

（一）运用逻辑与历史一致方法的逻辑要求。第一，必须从客观事实出发，如实地揭示事物的内在联系。在运用逻辑与历史的一致方法时，我们一定要坚持我党的实事求是的思想路线，尊重客观，从实际出发。恩格斯说：“不论在自然科学或历史科学的领域中，都必须从既有的事实出发，因而在自然科学中必须从事物的各种实在形式和运动形式出发，因此，在理论自然科学中也不能虚构一些联系放到事实中去，而是要从事实中发现这些联系。”[①]如不从实际出发，附加任何主观的成分，都会歪曲研究对象的本来面貌，研究的结果必然失真、走样，达不到科学研究的目的。

第二，把历史过程与研究现状结合起来。在事物发展的自然行程中，特别是在事物发展比较成熟的阶段上，都会表现出该事物的本质和发展规律。而且在事物发展的成熟阶段，其本质、规律展示得更为充分。“人体解剖对于猴体解剖是一把钥匙。低等动物身上表露的高等动物的征兆，反而只有在高等动物本身已被认识之后才能理解。”[②]

① 《马克思恩格斯选集》第3卷，人民出版社1972年版，第469—470页。
② 《马克思恩格斯选集》第2卷，人民出版社1972年版，第108页。

马克思说的这段话，具有深刻的方法论的意义。它告诉我们，坚持逻辑与历史的统一，就要把研究对象的历史发展过程与现实状况结合起来。研究对象的历史发展过程，可以发现历史过程的基本线索，把握事物发展的必然性。研究现状，能洞悉该对象业已成熟并充分暴露出来的各个部分和各个环节上的联系以及它们在整体中地位和作用。同时，从对象的成熟点去看其过去，可以了解对象从过去发展到现今的内在联系，更清楚地理解事物发展的历史过程。

第三，必须把历史叙述和理论分析结合起来。运用逻辑与历史一致的方法，是为了揭示事物的本质及其发展规律。为此，必须把历史的叙述与逻辑的理论分析有机结合起来。逻辑方法只是撇开了偶然因素的历史的方法。“采用这个方法时，逻辑的发展完全不必限于抽象的领域。相反，它需要历史的例证，需要不断地接触现实。”[①]没有历史事实的依据、基础和佐证，逻辑分析就成了纯粹的玄说谬谈。而历史叙述中也绝对少不得逻辑的理论分析，没有理论分析，就难以抽象、概括出事物的本质、规律。另外，即使由于研究对象、领域的不同，因而要求的研究方法的侧重点也有所不同，有的要求侧重于逻辑分析，有的要求侧重于历史过程的叙述。但是，不论侧重于何种方法，都要坚持逻辑方法与历史方法的统一。

（二）违反逻辑与历史一致的错误表现。第一，割裂逻辑与历史的辩证统一，只作纯粹的空洞的逻辑推演，就会只注意逻辑的东西，而忽略历史的东西。在办事情、想问题时，只从已有的模式、概念出发，把已有的概念、模式凝固起来，把逻辑当成第一性的东西，违背了逻辑与历史的辩证关系，势必导致只从逻辑理论“条条”出发的教条主义之类的错误。

第二，割裂逻辑与历史的辩证统一，只作历史现象的罗列，只重视历史的东西，而忽略了逻辑的东西，就必然只知追随在客观事物发

① 《马克思恩格斯选集》第2卷，人民出版社1972年版，第124页。

展变化的后面，事无巨细地搜集记录着已经发现的一切现象素材，就事论事，抓不住事物的本质、规律，其结果只能是忙忙碌碌的事务主义，或者是置逻辑理论于不顾的经验主义。

四、逻辑与历史一致的军事应用及其意义

（一）逻辑与历史一致的方法，是研究认识战争和军队建设本质及其发展规律的重要方法。逻辑与历史相一致的问题，实质上就是思维与存在、理论与实践、主观与客观相一致的问题。正确地坚持和运用逻辑与历史一致的方法，就可以在认识事物的过程中，使思维、理论、主观，正确地反映、符合于存在、实践、客观，获得事物的本质性、规律性的认识。运用逻辑与历史的统一的方法，研究认识战争和军队建设，就能更好地再现研究对象的历史发展过程，把握研究对象在现阶段各个本质规定、各个要素、各个环节之间的内在联系，做到历史地、全面地、正确地认识战争和军队建设的发展规律。毛泽东的《论持久战》运用逻辑与历史统一的方法，深刻地分析了中日战争的内在矛盾及其发展规律，对指导抗日战争取得胜利起了非常重要的作用。

（二）逻辑与历史一致的方法，是建立现代军事科学体系的基本方法。任何一门科学体系的形成，都是人们对研究对象理论化、系统化的结果，科学体系本身又是概念、范畴的逻辑体系。对科学发展的历史作完全自然主义的摄影般的描述，不能正确反映对象。马克思说："把经济范畴按它们在历史上起决定作用的先后次序来安排是不行的，错误的。它们的次序倒是由它们在现在资产阶级社会中的相互关系决定的，这种关系同看来是衙门的合乎自然的次序或者同符合历史发展次序的东西恰好相反。"① 马克思的论述方法论意义在于，我们在建立

① 《马克思恩格斯选集》第2卷，人民出版社1972年版，第110页。

某一科学和范畴的理论体系时，必须运用逻辑与历史相统一的方法正确反映科学对象。在当今各种科学研究都在飞跃发展的情况下进行军事研究，必须按照研究对象发展的历史顺序，安排概念、范畴的逻辑顺序，把逻辑分析与历史叙述有机结合起来，真正做到观点正确、事实可靠、逻辑严谨、体系科学。

（三）运用逻辑与历史一致的方法，有助于在国防和军队建设中实施科学决策。正确运用逻辑和历史一致的方法，才能更好地从客观的历史发展着的“实事”中“求”出“是”，即客观规律，从而实现国防建设中的科学决策。历史的方法，可以使我们在观察国防建设时，注意跟踪客观对象的实际演变过程，从事实出发，具体地了解对象在自然行程中的各种细节、曲折。逻辑的方法，则可以使我们从本质方面、必然性方面合理地再现客观对象的运动发展过程。把两种方法辩证统一起来加以运用，将更好地帮助我们作出科学决策。我军战略重点的转变，是正确运用逻辑与历史一致方法的结果。

邓小平治军方法研究*

邓小平同志在60多年的革命军事生涯中，尤其是在近20年来领导军队现代化建设的实践中，运用马克思主义的立场、观点和方法，成功地领导我军建设，形成了他独具特色的治军方法。工人哲学家狄慈根在读了马克思的《政治经济学批判》和《资本论》之后，曾经写信给马克思说："我从您的著作的字里行间体会到，您的精湛的经济学的前提是一种精湛的哲学。"邓小平精湛的建军治军思想中，也同样渗透着精湛的哲学思想，即科学的世界观与方法论。

一、解放思想与实事求是相统一

列宁讲过："建立革命军队，这是一个艰巨、复杂和长期的过程"，"要是没有我们'敢于'胜利的信心，就根本谈不到努力地和成功地集合军队、领导军队"。邓小平在新时期领导人民军队建设的过程中，坚持解放思想与实事求是的统一，以彻底唯物主义者的大无畏精神和科学态度，正确认识、处理了军队建设中许多重大问题。

新时期的改革和现代化建设，不但要拨乱反正，而且要开拓前进。

* 本文刊载于杨春长主编：《邓小平治军方法研究》，军事科学出版社1994年版。

邓小平指出，搞改革，搞现代化建设，“没有一点胆略是不行的”，“没有勇气是不行的”。“搞改革完全是一件新的事情，难免会犯错误，但我们不能怕，不能因噎废食，不能停步不前。胆子还是要大，没有胆量搞不成四个现代化，但处理具体事情要谨慎小心，及时总结经验。小错误难免，避免犯大错误”。正是以这种科学的思想方法为指导，邓小平亲自领导了国家和军队的现代化建设与一系列重大改革。进入80年代，他又遵循解放思想、实事求是的思想路线，科学地分析世界格局的变化及发展趋势，提出了世界大战的危险虽然存在，但是随着和平力量的增长，世界大战可以避免的重大论断，作出了我军建设指导思想实行战略性转变、裁军百万等重大决策。开创了新时期我军革命化现代化和正规化建设的新局面。

解放思想、实事求是是建设有中国特色社会主义理论的精髓，二者是紧密联系、相辅相成的。离开科学求实精神的胆略、气魄，就会如脱缰之马、无舵之舟，偏离正确方向，莽撞行事。而且即使方向正确，革命热情也难以持久，难以理智地分析、认识和妥善处理各种复杂的矛盾。没有革命胆略、气魄，不解放思想，也就谈不上真正的求实。求实不是一件容易的事。认识和改造世界必须要有与困难作斗争的胆略。思想不解放，畏首畏尾，踌躇不前，口将言而嗫嚅，足将进而趑趄，这也不敢说，那也不敢干，就必然窒息智慧，扼杀才能。

邓小平同志的求实精神、务实作风是有口皆碑的，以至得到国际舆论的称赞。他指出：“实事求是，一切从实际出发，理论与实践相结合”，“是一切共产党员所必须牢牢记住的最基本的思想方法、工作方法”。他主张在重大决策之前，必须加强调查研究，弄清国情、军情，“加速改进军队装备”，要“在现有的国力下”进行。他主张理论与实际相结合，“要用马克思主义的立场、观点、方法来分析问题，解决问题”，强调领导干部的责任，就是要把中央的指示、上级的指示同本单位的实际情况结合起来，分析问题、解决问题，不能当“收发室”，简单地照抄照转。强调要在“结合”上下功夫，从结合中产生新章程、新办法。他主张要勇于实践、善于实践；凡革命事业、有益于人民的事业，就要努力去干；患得患失，怕这怕那，不干本身就是错误；干就“要有一点精神，不要怕挨批判，不要怕犯错误”。他主张求实、务实必须“具体化”，必须真抓实干，“作表面文章，不讲实际效果、实际效率、实际速度、实际质量、实际成本的形式主义必须制止。说空话、说大话、说假话的恶习，必须杜绝”。

二、“抓方针”“抓战略”，统筹全局

方针，一般是特指社会集团等行为主体活动、前进的方向和目标，以及为此而规定的基本行动准则。战略的原初涵义，是研究战争全局的规律性的东西。现在战略这一概念已由军事领域扩展到政治、经济等领域，泛指带有全局性、长远性、根本性的重要谋划、方略。一个正确的方针、战略，就是一面号召广大群众齐心奋斗的旗帜。邓小平同志非常重视方针和战略问题，他曾讲过：“我的抓法就是抓头头，抓方针。重要的政策、措施，也是方针性的东西，这些我是要管的”。“有了正确的方针，事情就好办了”。在军队建设方面，邓小平提出了把我军建设成为一支现代化正规化革命军队的总方针，提出了“把教育训练提高到战略地位这个方针”，重申了积极防御的战略方针，在现有国力下，加速改进部队武器装备、科研先行、质量第一、梯次装备的方针，等等。这些正确方针，为军队建设指明了正确的方向。与此同时，邓小平指出：“还要抓战略”。邓小平以伟大战略家的眼光，深刻指出：“和平和发展是当代世界的两个大问题”，这是“带全球性的战略问题”。根据这种科学的战略分析，我军转入了和平时期建设的轨道。他强调，要充分利用今后较长时期大仗打不起来的和平环境，在服从国家经济建设大局的前提下，抓紧时间，有计划、有步骤地加强以现代化为中心的根本建设，提高军政素质，增强我军在现代战争条件下的自卫能力。

邓小平作为一位伟大的战略家，多次阐述过战略与策略、全局与局部的关系问题。他指出，军队建设要服从并服务于经济建设大局。同时搞四个现代化建设，不能忽视国防现代化，否则就成了“三个现代化”。在改革中，更要增强战略观念、全局观念，要防止“吝少失多”“溺近迷远”、因小失大。对局部、暂时有利而对全局、长远不利的就不能做，对全局、战略有利而对局部不利的，则要有步骤分阶段地逐步实行，并尽可能地关照局部。

三、抓中心、抓关键，“扭住不放”

邓小平善于从错综复杂的矛盾中抓住主要矛盾，从千头万绪的工作中抓住中心环节。1979 年 3 月，他指出：“目前时期的主要矛盾，也就是目前时期全党和全国人民所必须解决的主要问题或中心任务，由于三中全会决定把工作重点转移到社会主义现代化建设方面来，实际上已经解决了。我们的生产力发展水平很低，远远不能满足人民和国家的需要，这就是我们目前时期的主要矛盾，解决这个主要矛盾就是我们的中心任务。”80 年代后期，他再次强调指出：“搞四个现代化建设，努力发展社会生产力，作为压倒一切的中心任务。”全党全国的主要矛盾、中心工作，决定了军队的相应的主要矛盾、中心工作。我军建设的主要矛盾，是现代战争的客观需要同我军现代化水平还比较低的矛盾。这个主要矛盾，决定了我军建设必须以现代化建设为中心。这些年来，中央军委围绕我军建设的主要矛盾、中心问题，进行了卓有成效的工作，使我军的现代化水平有了很大提高。在军队建设的诸多内容中，邓小平把教育训练看作是具有战略意义的一项根本建设和经常性的中心工作，多次指出，要把教育训练提高到战略地位。

邓小平抓主要矛盾、中心工作有一个很大的特点，就是“扭着不放”。他说，对“建设现代化的社会主义强国”这项中心工作，“要横下心来，除了爆发大规模的战争以外，就要始终如一地、贯彻始终地搞这件事，一切围绕这件事，不受任何干扰”，要“扭着不放，‘顽固一点’，毫不动摇”。在改革日益深化的过程中，既有来自“左”的障碍，也有来自右的影响，各种矛盾交错在一起，倘不注意，中心工作就会受到干扰。1992 年年初，邓小平在视察南方时又提醒全党排除各种干扰，要始终如一地抓住主要矛盾，搞好中心工作。

四、着眼新特点，一般与个别相结合

邓小平同志提出的建设有中国特色的社会主义的理论，包括新时期军队建设的思想，可以说是运用一般与个别相结合的科学方法的结晶。

要搞好一般与个别的结合，就必须吃透要结合的两头。邓小平同志特别强调要学习好马列主义毛泽东思想。在改革深化的过程中，他担心“一些同志，特别是一些新上来的中青年同志在日益复杂的斗争中迷失方向”，要求“领导干部，在繁忙的工作中，仍然有一定的时间学习，熟悉马克思主义的基本理论，从而加强我们工作中的原则性、系统性、预见性和创造性”。同时，邓小平非常注重事物矛盾的特殊性。把握了特殊性，才能认识其本质。他说：“中国式的现代化，必须从中国的特点出发。”“要适合中国情况，走出一条中国式的现代化道路。”军队的改革和现代化建设，要看到“军队有它的特殊性”“军队有军队的特点”。“解决部队的思想问题，也要实事求是。要针对每个单位、每个人的不同情况去做思想工作”。邓小平一贯反对不顾具体实际的教条主义，他认为，如果照搬照抄马列，照搬照抄外国的，就一定会窒息革命事业的生机和活力。

五、建立健全制度，依法从严治军

邓小平同志治军思想、治军方法的一个显著特点，就是重视依法从严治军。他科学地总结了我党我军几十年建设的经验教训，多次强调指出："领导制度、组织制度问题更带有根本性、全局性、稳定性和长期性。""制度问题是决定因素"。没有法制，就谈不上治军。我们国家、军队在几十年的发展过程中，形成了许多好的条例、条令等法规、制度，并发挥了重要的作用。十一届三中全会以后，特别是1983年以来，在党中央、中央军委和邓小平同志领导下，军事法规建设又有了很大进展。有了法纪制度，就要依法从严治军。邓小平指出："执行规章制度宁可要求严一些，不严就建立不起来。""治军要严，首先对领导班子要严，对高级干部要严。"

随着社会文明程度的不断提高，人们的主体意识、民主意识也不断增强。治军不仅要注意严，而且要注意严得科学。邓小平以他"绵里藏针"、刚柔相济的领导艺术，在治军过程中，注意实行科学管理。他指出"要提高干部的管理水平"，"要注意研究和解决管理方法"，批评错误"要摆事实、讲道理、防止片面性"，"决不能用简单粗暴的方法来对待"。

六、"抓头头"，重治官

邓小平深有感触地谈过："我的抓法就是抓头头"。"抓头头"，就是通过各种办法促使各级领导干部特别是高级领导干部，在德才方面以身作则，名副其实，领导、治理好所管辖的那个单位，完成好任务；同时要选拔任用好干部；严格地赏优罚劣。邓小平指出："领导干部，特别是高级干部以身作则非常重要。群众对干部总是要听其言、观其行的。连队指导员不以身作则，就带不出好兵来；领导干部不做出好样子，就带不出部队的好风气，就出不了战斗力"。"越是高级干部子弟，越是高级干部、越是名人，他们的违法事件越要抓紧查处"。邓小平同志治国治军有方，很重要的一条，就是因为他善于"抓头头"，善于制定和实施正确的干部政策，赏罚黜陟，严明有度。

七、“领导就是服务”，治军必须爱兵

带兵必须爱兵，这是治军的通则。我军是人民的军队，广大士兵、军官是军队的主人翁，是军事历史的创造者。对如何带兵，一些年轻军官还有一些不同认识。有的认为，现在的士兵文化水平高了，主要靠知识带兵；有的认为，依法治军，只能靠条令、靠纪律进行硬性管理；有的认为，现在都讲领导艺术、管理方法，带兵主要是个方法技巧问题。这些认识都有一定的道理，但又都不尽全面、不尽科学。无论以什么带兵、治军，都离不开“根本态度”问题。如果缺乏爱兵、信兵、靠兵的根本态度，知识再多、方法技巧再妙、法规再严，也不可能真正带好兵。因此，邓小平指出：“一定要关心群众生活”，“信任群众、走群众路线”，搞好“连队的伙食”，把广大战士干部培养成为军地两用人才，“使他们到地方工作更好地发挥作用”，要结合新时期的新情况，“坚持官兵一致的原则”。这些论述指明了新时期带兵治军的根本态度、根本方法。不少同志说，现在干部难当、兵难带。应该承认，确实有“难”的一面。但是只要发扬我军光荣传统，把爱兵、信兵、靠兵的“根本态度”问题解决好，再努力提高方法、艺术水平，这种“难”就能转化为“不难”。

八、“善于总结经验”，把握治军规律

“善于总结经验”，把握事物规律，是邓小平同志思想方法、领导方法和治军方法的一个重要特点。他多次说过：工作的好坏，关键在于“是否善于总结经验”。事业千头万绪，征程千难万险，我们靠什么呢？他说：“我们不靠上帝，而靠自己的努力，靠不断总结经验，坚定地前进。”

“善于总结经验”，是认识规律、把握规律的重要途径。规律是事

物内部本质的、必然的联系，是“以铁的必然性发生作用并且正在实现的趋势”。它虽然以各种现象无处不在、无时不显，但是难于捕捉。“善于总结经验”，就是运用马列主义、毛泽东思想的立场、观点和方法，对历史的现实的经验教训，进行科学分析，经过去粗取精、去伪存真、由此及彼、由表及里的思索、加工，从感性经验上升到理性认识，从而抽象、“蒸馏”出事物内在的本质、规律。

治军规律初探*

“天行有常，不为尧存，不为桀亡。”治军有律，不因彼在，不因此无。人民解放军在70多年的发展过程中，有前进，有曲折，有经验，有教训，有辉煌，有血泪。其间，不但凝聚着广大指战员为人民利益一不怕苦、二不怕死、英勇顽强、团结奋战的崇高精神，而且积淀着一种不以人们的主观意志为转移的东西——战争规律、治军规律。军事规律，这种客观的东西，这种“铁的必然性”，一直在决定、支配着军队的发展。作战胜利，是由于遵循了战争规律；失败，是由于违背了这个规律。军队建设发展前进，是由于我们自觉不自觉地顺应和遵循了治军规律；军队建设发生失误，出现曲折，是由于我们自觉不自觉地违背了治军规律。规律奖赏我们时，并不以为然（不自觉地认识成功、胜利是遵循规律的结果）；而规律惩罚我们时，才不得不警醒起来，不得不去反思那是违背了规律。

一、治军规律的本质

治军，主要是指执政党、国家和军队高层领导统御、治理军队的

* 本文刊载于杨春长主编:《论治军规律》，人民日报出版社1998年版。

活动，也包括军队中、基层指挥员带兵、管理部队的行为。建军即建设军队或军队建设，是执政党、国家与军队领导以及广大官兵，为建设军队所进行的各种工作的总和。治军与建军（建设军队）两个概念基本上是同义的。

辩证唯物主义认为，所谓规律，就是客观事物内部的本质联系和发展的必然趋势，是现象中的相对同一、相对稳定的东西，它决定事物发展的基本过程和方向，具有客观性、普遍性、重复性、稳定性等特点。列宁在研究什么是规律的问题时，曾经引用了辩证法大师黑格尔《逻辑学》中的一句话："规律就是本质的关系"。列宁发挥和改造了黑格尔关于规律的定义，他指出："规律是现象中同一的东西"，"规律是现象中巩固的（保存着的）东西"。"规律就是关系。……本质的关系或本质之间的关系"。① 毛泽东同志论述这个问题时指出："客观事物的内部联系，即规律性"。②

治军规律、军队建设规律的本质或内涵，我们认为是指军队与国家政治、经济、科学文化，军队建设与战争，以及军队内部主要因素之间的本质联系，是军队发展的必然趋势，是执政党、国家领导和军队各级指挥干部必须认识和把握的军队发展的客观法则。

"人们要想得到工作的胜利即得到预想的结果，一定要使自己的思想合于客观外界的规律性，如果不合，就会在实践中失败"。③ 古代军事家孙膑从军事实践中也悟出："知道，胜"，"不知道，不胜"。"道"就是指客观规律的意思。认识并掌握客观规律，就能胜利，反之就不能胜利。

治军规律是客观的，不以人们的主观意志为转移的。马克思把规律的作用，称之为"铁的必然性"。他说："规律本身，是以铁的必然

① 《列宁全集》第38卷，人民出版社1986年版，第158、第159、第161页。
② 《毛泽东选集》第3卷，人民出版社1960年版，第80页。
③ 《毛泽东选集》第1卷，人民出版社1960年版，第272页。

性发生作用并且正在实现的趋势”。[1]也就是说，客观规律，无论人们喜欢不喜欢，服从不服从，承认不承认它，它都存在并发挥着支配事物发展的作用，正如古代荀子在《天论》中所说：“天不为人之恶寒而辍冬，也不为人之恶辽远也辍广”。人们可以认识和利用摩擦生电的规律，发展电力事业，广为社会造福；可以认识和利用生产关系一定要适合生产力状况的规律、阶级斗争的规律来改造社会；可以认识和利用“枪杆子里面出政权”的规律来为无产阶级夺取政权、巩固政权；可以认识和利用商品经济的价值规律来发展社会主义市场经济；同样，也完全可以认识和利用治军规律，为建设现代化、正规化的革命军队服务。斯大林曾讲过：“马克思主义把科学规律……了解为不以人们的意志为转移的客观过程的反映。人们能发现这些规律，认识它们，研究它们，在自己的行动中考虑它们，利用它们以利于社会，但是人们不能改变或废除这些规律，尤其不能制定或创造新的科学规律”。[2]可见，那种迷信规律，把规律偶像化，认为人只能是规律的奴隶的错误思想，是非常有害的。

规律的“天敌”是私心、唯心主义与形而上学。规律是客观的，对人们都是公正的，就像时间对人都是公正的一样。在认识和运用规律的过程中，从偏私的立场、态度出发，以唯心主义、形而上学的思想方法去对待，必然碰壁，即使暂时得计，终久也会受到客观规律的惩罚。因此，认识和运用治军规律，必须站在无产阶级大公无私的立场上，以辩证唯物主义和历史唯物主义的科学态度、方法，才能有所成功。在研究和探索治军、建军规律的过程中，我们要透过现象抓本质，通过外部联系揭示内部联系，把事物的偶然性作为认识必然性的门径，经过去伪存真，去粗取精，由此及彼，由表及里的科学抽象，辩证思维，就能较好地认识、把握并运用治军规律。

① 《马克思恩格斯全集》第23卷，人民出版社1965年版，第8页。
② 《苏联社会主义经济问题》，人民出版社1971年版，第2页。

二、治军规律在现象的背后，在经验教训中

治军规律在未被人们认识和运用之前，是一种相对于“自由”的“必然”领域。这种“必然”就是事物发展的客观规律性，“自由”则是对“必然”的认识和客观世界的改造。人们认识世界、改造世界的过程，就是一个不断地从必然王国向自由王国发展的过程。我们只有探索、认识并自觉运用了治军规律，才能取得治军、建军的自由和主动权。我们之所以在治军、军队建设中经常发生这样、那样的问题，就是因为有盲目性，因为对治军、建军规律似知非知，似懂非懂，甚至干了一些违背治军、建军规律的蠢事。我们要想取得治军的自由，不但不能离开治军规律去主观随意地自由发挥、盲干乱干，而且必须通过认识、利用治军规律来治理军队、建设军队，也就是必须按照治军、建军规律办事。恩格斯曾讲过：“自由不在于幻想中摆脱自然规律而独立，而在于认识这些规律，从而能够有计划地使自然规律为一定的目的服务”。他还讲过：“美索不达米亚、希腊、小亚细亚以及其他各地的居民，为了想得到耕地，把森林都砍完了，但是他们梦想不到，这些地方今天竟因此成为荒芜不毛之地，因为他们使这些地方失去了森林，也失去了积聚和贮存水分的中心。阿尔卑斯山的意大利人，在山上砍光了被十分细心地保护的松林，他们没有预料到，这样一来，他们把他们区域里的高山牧畜业的基础给摧毁了；他们更没有预料到，他们这样做，竟使山泉在一年中的大部分时间内枯竭了，而在雨季又使更加凶猛的洪水倾泻到平原上……因此，我们必须时时记住：我们统治自然界，决不像征服者统治异民族一样，决不像站在自然界以外的人一样，相反地，我们连同我们的肉、血和头脑都是属于自然界，存在于自然界的；我们对自然界的整个统治，是在于我们比其他一切动物强，能够认识和正确运用自然规律”。[1] 这些

① 《马克思恩格斯选集》第3卷，人民出版社1972年版，第153、第517—518页。

深刻论述，在今天看来，仍倍感中肯和亲切，其中一个深刻的道理就是，只有真正按客观规律办事，才能真正获得自由，获得成功。动机再好，再正确，也可能“冒犯”规律，而事与愿违，做出那种搬起石头砸自己脚的蠢事。

规律在实践中，规律在经验教训中。认识治军规律，必须积极地投身实践，调查研究，科学思维。治军规律是能够被认识、运用的。人在客观规律面前并不是完全消极被动的，人们在实践中，可以认识或发现客观规律，并用这种认识指导实践，即应用客观规律来改造自然，改造社会，为社会谋福利。在治军实践中，经过大量而细致的工作，人们也是能够认识和把握治军规律的。一是可以通过现象认识本质。治军规律、治军活动本质的东西隐藏在现象的背后，不能被我们直接感知，只有从部队存在的客观事实出发，全面掌握治军活动中的各种现象，详细地占有材料，然后进行科学抽象和加工制作，得出理性认识，从而把握治军规律。二是可以研究特殊找到一般。探索治军的指导规律，首先要具体地研究军队建设的新情况，尽可能找出各种影响因素，并对影响方式、途径作深入考察，从中引出具有代表性的个别问题，再从大量个别问题的相互联系中，概括出一般问题，找出规律性的认识。三是可以通过偶然发现必然。军队是一个多层次、多变量的非线性和偶然性情况的集合体，治军规律是通过大量的军队建设的偶然事件表现的。在对新形势下治军活动大量现象的研究中，如果就不同的个体或不同的时间、地点、条件而言，我们往往很难确定这些现象之间的内在必然联系，但是，从整体上和一定范围、一定时期来说，通过对大量偶然现象的统计分析，就可能得出某种问题发生的可能概率，发现必然的因果联系，从而预见宏观上的整体趋势。

有些治军规律还“藏在深闺人未识”，或“犹抱琵琶半遮面”，我们对之还处于未知或知之不深的状态；有些治军规律，认识到了，但不等于能运用好；有些治军规律虽然有所认识和把握，但大规律下面的小规律（列宁讲过事物有一级本质、二级本质，规律似亦如此，是有层次之分的)，总规律下面的具体规律，则似知而不知或全然不知，还处在“彼岸”世界。

三、治军基本规律

治军基本规律主要有二条，一是国情决定律（或政经决定律），即国家政治、经济等决定军队建设的性质、宗旨、任务和规模、水平的规律。这是治军、建军的基本规律。治军的基本规律支配着其他治军规律，其他具体治军规律都是基本规律的展开或具体化，基本规律对具体规律有统管和辐射的作用。政经决定律表明，国家的政治、经济、文化、地理、人口等因素，对军队建设有决定作用。一支军队是为无产阶级与广大人民群众服务的，还是为剥削阶级服务的；军队的职能、任务是保卫人民的和平劳动，保卫人民的政权，还是对内镇压人民群众，对外搞侵略、扩张，这都由领导、统御这支军队的阶级、政党和国家的性质所决定。国家的地理、幅员和人口等状况则决定着军队的军兵种结构和总量规模等。同时，军队建设状况也反作用于国家的政治、经济、文化等。这一规律对治军者的直接要求，就是必须服从党对军队的绝对领导，服从国家利益的需要，服从国家建设大局。怎么治军、建军，一切要从有利于国家利益出发。这一规律还要求，国家必须重视和关心军队建设，使军队建设与国家政治、经济建设协调发展，而不能滞后，即使是和平时期无战争，也决不可轻视、忽视军队建设。平时养兵千日训练不好，用兵一时就难了。这种常识之中就蕴含着规律。

二是战争制约律，即治军、军队建设一定要适合战争需要的规律。这也是治军、建军的基本规律。这一规律揭示战争与治军、军队建设之间的本质联系，战争对治军、建军有支配、制约甚至是强制的作用。“打什么仗，建什么军”。战争的样式、特点，制约军队建设的发展，要求军队建设必须与之相适应，不适应就要在战场上付出惨重代价。军队建设、治军所做的一切工作，一切准备，都是为着适应战争的需要，离开适应战争需要，治军、建军就是盲目和无价值的。战争实践不但是军队建设的目的和动力，而且也是检验军队建设成败优劣的根本标准。同时，军队建设的发展，也不断促进和推动战争的发展。遵循战争制约律，现在就是要按照高技术条件下局部战争、信息化战争的要求治军、建军，认真做好军事斗争的准备，凡是战争所要求的，就加强之，发展之；不符合这种战争要求的，就坚决淘汰之，改进之。以上两条治军基本规律，规定和指导着治军具体规律的方向、内容和发生作用的方式。

四、治军具体规律

治军具体规律比较多，从不同的角度、层面、标准去研究、概括，会有不同的看法。比如，前面讲到的“经商军必垮”，就可以说是新形势下的一条治军具体规律。本文根据军队建设或治军的主要内容、战斗力生成的要素划分，治军具体规律有如下八条：

一是训练中心律，即和平时期的治军、军队建设必须以军事训练为中心的规律。这是和平时期的军队建设的主要矛盾所决定的。这一规律揭示了治军、建军中军事训练与其他工作的本质联系，军事训练与战斗力、与军队建设之间的本质联系，反映了军队建设和发展的必然趋势。遵循训练中心律就要坚定不移地坚持以军事训练为中心，确实提高部队训练、院校教育质量，大力提高官兵的素质水平。军队除了在战争时期以打仗为中心任务外，和平时期的军队建设，就是着重解决自身存在和发展中的一系列矛盾问题，比如军事工作、政治工作、后勤工作、装备技术工作之间的矛盾，上级与下级、军官与士兵、军队与地方之间的矛盾，各军兵种之间的矛盾，部队与院校之间的矛盾，军费少与建设任务重的矛盾，官兵素质、武器装备状况与适应高技术条件下局部战争、信息化战争需要的矛盾，等等。在军队建设的各种矛盾中，我军现代化水平（包括教育训练水平）较低与高技术条件下局部战争、信息化战争需要的矛盾，是主要矛盾。解决这一主要矛盾即大力加强教育训练，加强现代化建设，就是军队的中心工作、主要任务。这不是人们主观随意的规定，而是军队的根本职能和发展规律所决定的。

二是政工保证律，即政治工作是军队建设的根本保证的规律。这一规律揭示了政治工作与其他工作，与军队的性质、宗旨、职能之间的本质联系，反映了军队建设和发展的必然趋势。

遵循政工保证律，在当前特别重要。党中央和中央军委颁发全党全军的政治工作条例，十分明确地规定了政治工作的地位作用。所以我们必须把思想政治建设摆在军队各项建设的首位。思想政治建设，是搞好军事训练、后勤保障以至整个军队现代化建设的基础。在部队里，错误的、消极的东西不能让它蔓延。要做到拒腐蚀、永不沾，最基本的经验就是要经常不断地进行强有力的思想政治工作。

新形势下运用政工保证律，有许多新情况、新问题。为了运用好这个规律，还需要认识和把握反映新的历史条件下的具体规律，比如义利结合规律、寓教于乐规律、随机渗透规律、疏堵并举规律、法制强化规律，等等。当前国家与军队的改革力度不断加大，有些官兵对改革措施不太理解，对改革带来的利益关系调整承受不了，各种矛盾相对集中地反映出来。这种情况下，只有按照政治工作的客观律办事，加强思想政治工作，才能与党同心同德，克服暂时困难，保证改革攻坚顺利进行，促进军队改革前进。

三是辎重保障律，即武器装备与后勤工作必须适应军队建设与作战需要的规律。这条规律揭示了武器装备、后勤工作与战斗力、与军队建设之间的本质联系，反映了军队发展的必然趋势。武器装备、后勤工作是决定战争胜负的重要因素，现代条件下，这种因素愈来愈重要。从某种意义上讲，打仗就是打装备，就是打后勤。按照这条规律办事，必须根据国力和军费情况，着力加强武器装备建设，加强后勤现代化建设。要通过改革，寻求一种花钱不太多，效益又最佳的发展途径，包括走好军民融合式发展道路。

四是科技强军律，即军队现代化建设一定要依靠科技牵引的规律。这条规律揭示了科学技术与战斗力、与军队建设之间的本质联系，科技水平决定武器装备等水平。科技强军是新形势下一条普遍性的治军、建军规律。这对我军来说越来越重要。认识、把握并运用好这条规律，就能取得治军建军的主动权，在今后世界军事斗争中立于不败之地，否则就会落伍，以至担负不起保卫祖国的神圣使命。

五是人才为本律，即人才是建军、治军之本的规律。这条规律揭示了人才与战斗力，与治军、建军之间的本质联系，人才与军队建设中其他因素之间的本质联系。人尤其人才更是战争胜负的决定因素，也是治军、建军成败得失的决定因素。军队战斗力的基本因素，主要是人、武器装备及其二者的结合即编制体制。这些主要因素中，人是起决定作用的因素。即使是在现代高技术条件下，人的决定因素也没有改变。毛泽东同志说过，政治路线确定之后，干部就是决定的因素。邓小平讲，人才、干部是事情成败的关键。徐向前元帅说过：人才是创业之本，对军队建设来说，人才是建军之本。和平时期治军、带兵，人才的作用也至关重要。统领千军万马，提出科学思想，研制先进武器，搞好教育训练，都需要杰出人才。没有人才，就没有军队。没有大批杰出人才，军队就难以建设好，更别说打赢高技术条件下的局部战争、信息化战争了。

人才的基础是“德”，特点是“才”。没有“才”就说不上是“人才”。“才”的主要标志是卓识高见、能力强，具有创造性思维。邓小平同志讲过一段很深刻的话：资本主义社会不好，但它在发现人才、使用人才方面是非常大胆的。它有个特点，不论资排辈，凡是合格的人就使用。并且认为这是理所当然的。从这方面看，相对于资本主义的某些先进做法，“我们选拔干部的制度是落后的”。这种“落后制度”需要大力改变，以期对各种人才发现于未名时，支持于困难时，起用于脱颖时。

六是体制适合律，即军队的结构、体制编制一定要适合建军与作战需要的规律。这条规律揭示了军队的结构、体制编制与战斗力、与军队建设之间的本质联系。体制编制这种军队的结构“形式”，取决于军队的“内容”，亦即军人、武器装备等素质、水平状况，这些“内容”决定“形式”，“形式”又反过来对“内容”产生重大的反作用。形式适合内容，就促进内容发展。否则，就限制、束缚、阻碍内容的发展。在现代科学技术高度发达的条件下，事物的结构越来越重要，人们为了谋求事物整体功能的提高，往往不仅在事物内部诸要素上下功夫，而且在结构上下功夫，以结构求功能。结构问题，体制编制问题，目前已成为军队建设的“瓶颈”。因此，需要专家、机关与领导进一步科学论证，防止“长官意志”“本位主义”等错误的“拍脑门”决策。通过对若干改革方案的比较论证，采取最优方案。

七是理论先导律，即军队建设与战争实践必须以军事理论为先导的规律。这一规律揭示了军事理论与军事实践（包括建军与作战）之间的本质联系，反映了军队实践发展的必然趋势。在实践的基础上产生了思维、思想、理论之后，人类自主自觉的活动就再也离不开思想理论的指导。就是个体的人，也几乎都是先思而后行，成熟者则三思而后行。社会集团包括军队的行为，更是在一定的思想理论指导下发生的。三国时代，“曹操比于袁绍，则名微而众寡，然操遂能克绍，以弱为强者，非惟天时，抑亦人谋也”。曹操以弱胜强，就是靠“人谋”即谋略和思想理论指导的正确。19 世纪初，普鲁士王朝军事改革成功，如果没有克劳塞维茨军事理论的指导是不可能的。19 世纪中叶，俄国与日本的军事改革，也都与其理论指导分不开。第二次世界大战前夜，法国的国力、军力同德国旗鼓相当，加上其盟国英国的力量，比德国占有较大的优势。但是法国的军事理论仍然停留在第一次世界大战时的水平上，因而未能使新的武器装备和新的体制编制的优势充分发挥出来，结果导致失败。德国在编组大量坦克和机械化部队的基础上，研究出了与之相适应的新的军事理论，以“闪击战”横扫大半个欧洲。两方胜负，盖因为理论指导的不同。足见军事理论对军事实践的巨大指导作用。

科学理论是客观事物本身固有的本质和规律的正确抽象和概括，是透过大量偶然现象，揭示出事物发展的必然性，预见事物发展趋势、过程和结局的正确认识，因而能够有效地指导人们的实践活动，使之达到预期目的。我军以科学的理论即马列主义、毛泽东思想和邓小平理论，包括马克思主义军事理论、毛泽东军事思想和邓小平新时期军队建设思想为指导。靠毛泽东军事思想的指导，我军才取得历次革命战争的胜利，才使一支弱小的武装发展成为强大的革命军队；新时期靠邓小平新时期军队建设思想的指导，我军才战胜自身“肿”“散”“骄”“奢”“惰”等弊端，赢得今天革命化、现代化和正规化建设的新局面。只有在科学理论的指导下，今后我军建设才能沿着正确方向不断前进。

法规、条令教人怎样做，思想、理论教人怎样想。“做”又依赖于、受导于“想”。我们必须坚持以科学的军事思想理论为指导，同时一定要面向实践，面向世界，面向现代化，大力研究和发展军事科学。邓小平指出：“我们要实现现代化，关键是科学技术要能上去”，“科研先行”，“科研要走在前面”。这里既讲了武器装备方面的科研，也讲了军事思想理论方面的科研。我们要大力加强军事思想理论研究，鼓励大家解放思想，扎实研究，下苦功夫、大功夫，争取有真正的突破。要战场上战胜敌人，须先在军事思想理论上高于敌人。这就是所谓“两次”战胜敌人。

八是治军从严律，即实现建军治军目标必须依法从严治军的规律，军队的性质、职能、任务要求军队必须遵循严格训练、严格管理、严格要求的规律。这一规律揭示了军队管理与军队特殊性质、职能、任务之间的本质联系，反映了军队建设发展的必然趋势。军队是执行特殊政治任务的武装集团，军人要承担常人所不能承担或难以承担的责任、艰辛、心理压力和生命危险，这种特殊的性质、职能和任务，要求必须依法从严治军。

“治国而缓法制者亡，理军而废纪律者败”。这是古人对治国治军经验的总结。我军建立之初，毛泽东在三湾改编时就建立了一些重要制度，在向井冈山转进途中，规定了一些纪律。早在“古田会议决议”中，毛泽东就特别强调“编制红军法规”。1949 年 1 月，毛泽东指出：要系统总结依法治军的经验，“并制成条例或章程，以便普及全军，成为定制”。新中国成立后，他还强调：“军队已经制定了一些条例。总之，工、农、商、学、兵、政、党这七个方面的工作，都应当好好地总结经验，制定一整套的方针、政策和办法，使它们在正确的轨道上前进”。从新中国成立开始至 1966 年 5 月，国家立法机关、国务院、中央军委颁发的军事法规有 200 多个，各总部也制定了许多法规，基本上做到了治军有法可依。十年“文化大革命”，冲击了依法治国治军。邓小平同志大力拨乱反正，强调“治军要严，首先对领导班子要严、对高级干部要严”。还强调，“必要的规章制度一定要恢复和健全”，“制度是决定因素”。确实做到有法必依，违法必究，执法必严。1989 年中央军委提出了“从严治军、依法治军”的方针、原则。现在法制尚不完善，需要进一步建立健全。有了法制，就必须遵守，在法制面前人人平等，不能搞特殊。不能允许治军建军中的随意性，不能允许破坏法制。执行制度和纪律，在对象上不分官兵、不分上下级，全员都要严；在标准、要求上不能时严时宽，全时都得严；科学管理则强调的是遵循治军规律，讲究方式方法。

上述两条治军基本规律与八条具体规律的内在逻辑关系有三个层次：

第一个层次，是揭示军队建设本质、基础和动力的治军基本规律，即政经决定律、战争制约律，这两条基本规律支配和影响其他具体规律。

第二个层次，是揭示军队建设基本要素的发展规律，揭示军队建设发展形式和道路的具体规律。这些具体规律是：训练中心律、政工保证律、辎重保障律、科技强军律、人才为本律、体制适合律、理论先导律。这些具体规律受治军基本规律的支配和制约，也受治军从严律的重要影响。

第三个层次，是揭示军队建设特征即治军特征的规律即治军从严律。

在治军规律的表述上，我们反复学习、借鉴哲学、经济学、教育学和逻辑学对规律的概括与表述。马克思主义哲学认为世界发展规律，有对立统一规律、质量互变规律、否定之否定规律；人类社会发展的基本规律，是生产关系一定要适合生产力状况的规律。逻辑思维规律，有同一律、矛盾律、排中律。社会主义的基本经济规律，斯大林曾表述为：用在高度技术基础上使社会主义生产不断增长和不断完善的办法，来保证最大限度地满足整个社会经常增长的物质和文化的需要。这些规律的表述，有单句，有复句，各有其理，各有其特点。

论邓小平同志对矛盾学说的运用和发展*

著名的工人哲学家狄慈根曾写信给马克思说，我从您的《资本论》等著作的字里行间体会到，您的精湛的经济学的前提是一种精湛的哲学。学习邓小平理论，我们也有这种感受，它的字里行间也体现着精湛的哲学即唯物辩证法，而且很有特色，其中较为突出的就是在实事求是基础上正确地阐述并解决矛盾问题的科学方法论。

邓小平同志对于矛盾问题即对立统一规律有许多理论联系实际的论述。他在指导革命与建设的实践中，在论述和解决国内外的诸多矛盾问题中，始终注意科学地辩证地把握矛盾的两个方面，在矛盾的对立中把握同一，在矛盾的同一中把握对立。学习和研究邓小平同志在矛盾问题上的理论贡献，有助于我们提高辩证思维水平。

一、坚持矛盾的客观性，如实地正视矛盾、揭露矛盾

坚持矛盾的客观性，是唯物主义辩证法与唯心主义辩证法的根本区别。邓小平同志“两手抓”“两点论”思想作为对马克思主义矛盾理论的继承，必然要突出矛盾理论的客观性。邓小平在新的历史条件

---

* 本文发表于《求是》杂志1998年第14期。

下恢复实事求是这一党的思想路线，并把它作为指导建设中国特色社会主义事业的世界观和方法论。实事求是地对待矛盾，就是要如实地反映事物的本来面目，不附加任何主观成分，如实地揭示事物的内在矛盾，坚决反对弄虚作假、文过饰非、形式主义等坏风气。

邓小平同志坚持矛盾的客观性，首先表现在大胆地承认矛盾，揭露矛盾，不遮掩矛盾，不回避矛盾。矛盾是客观存在的，不以人们的主观意志为转移，不承认矛盾，矛盾还是存在，而且还会因为得不到及时解决而激化。相反，承认矛盾，矛盾也并不因此而扩大，而且还会因为得到及时处理而解决。邓小平在领导我国人民进行改革开放和社会主义现代化建设的过程中，首先对“以阶级斗争为纲”“两个凡是”等“左”的倾向作了坚决的批评，果断地提出并实现了从“以阶级斗争为纲”到以经济建设为中心的转变。而随着改革开放的深入进行，又有一些人借口改革开放而搞资产阶级自由化，企图否定共产党的领导和社会主义制度。对于这些错误倾向，邓小平决不姑息迁就，决不回避退让。对我们国内、党内存在的落后与腐败问题，邓小平从不掩饰。他的名言是：承认落后才能改变落后。诚哉，斯言。广大群众痛心疾首的腐败问题，也需要正视，大胆揭露，正确解决。遮掩矛盾，则会扩大矛盾。我们在改革开放过程中，国际上也有一些敌对势力以所谓“人权”为借口对我国施加压力，干涉我国内政。面对着国内国际的一系列重大矛盾，邓小平以大无畏的革命精神正视之、揭露之，并且凭借他实事求是的思想态度和丰富的斗争经验，条分缕析，从中理出头绪，分出轻重缓急，抓住重点、难点，使各种复杂的矛盾逐步得到解决。

邓小平坚持矛盾的客观性，还表现在不人为地夸大矛盾，更不主观地制造矛盾。邓小平在处理新时期所面临的一系列矛盾时，十分注意防止夸大和制造矛盾，如在社会主义时期阶级矛盾的认识上，他坚持社会主义条件下仍然在一定范围内存在着阶级矛盾和阶级斗争，但并不因此而对阶级矛盾作出过高的估计。即使在资产阶级自由化思潮严重泛滥的时候，他也坚决反对回复到“以阶级斗争为纲”的老路上去。又如在分析社会主义时期生产力与生产关系、经济基础与上层建筑的矛盾时，他既肯定了矛盾的客观存在，又指明了这种矛盾是在双方基本一致基础上的矛盾，因而是非对抗性的矛盾，可以在社会主义制度的前提下通过改革逐步得到解决，而不能改变社会主义的根本制度。再如在对物质文明与精神文明、改革与发展、开放与独立、效率与公平、民主与法制等一系列矛盾的认识和处理上，他也是既看到它们之间的矛盾，又不人为地夸大这些矛盾，而是更多地寻求它们之间的联结点、统一点，力求实现双方的协调发展。

二、重视矛盾的特殊性，具体地分析矛盾

在坚持矛盾普遍性的基础上，邓小平更为重视矛盾的特殊性。矛盾的特殊性，是我们解放思想、实事求是、改革创新的依据，是因时、因地、因人、因情而制宜的基础。随着世界科学技术与社会经济的发展，特别是随着我国社会主义建设实践的发展，很多具体的、实际的问题摆在我们面前，需要我们一个一个地去认识，去解决。另外，党内存在的教条主义弊端，造成一种思维倾向，即片面地用矛盾的普遍性来否定矛盾的特殊性，重视普遍性，忽视特殊性；重视某些既成的理论，忽视不断发展变化的实践；喜欢“一刀切”，不注意区别对待。为了与这种教条主义倾向作斗争，就必须特别强调矛盾的特殊性。矛盾的普遍性存在于矛盾的特殊性之中，我们只有把握好矛盾的特殊性，才能更加深入地认识矛盾的普遍性。邓小平重视矛盾的特殊性，具体体现在：

首先，具体分析不同矛盾的特殊情况。社会主义是人类社会发展的必然趋势。但在不同的国家，由于历史传统不同，地理环境不同，生产力发展水平不同，社会结构不同，因此在建设社会主义的具体道路上也必然会有不同的特点。邓小平经过总结历史的经验教训，指出

要建设好社会主义现代化中国，就不能拘泥于马克思、恩格斯和列宁的某些论断，也不能照搬照抄别国经验、别国模式。而应该把马克思主义普遍原理与中国的具体实际相结合，探索出一条中国特色社会主义道路。一个国家的建设是这样，一个地区、一个单位的建设也必须注意各自的特殊情况。

其次，充分考虑不同矛盾的特殊地位、作用。在以人（个人或群体）作为矛盾双方的矛盾中，双方各自的特殊地位和利益往往是矛盾的焦点，对此邓小平给予了高度重视。在国际上，他坚决维护中华民族的民族利益，也尊重其他国家的民族利益。在国内，他注意通过改革来调整各个方面的特殊利益。在经济形式上，他主张在坚持公有制为主体的前提下允许多种经济成分并存，在分配方式上主张实行以按劳分配为主体的多种分配方式并存，这是因为邓小平考虑到了各个地区、部门、单位的不同发展水平和不同利益。邓小平要求处理好国家、集体和个人三者之间的关系，也体现了他对各个层次的特殊利益的尊重和兼顾。在改革过程中，邓小平主张建立经济特区，主张对不同的地区采取不同的政策，这也说明了他对不同地区的特殊情况及特殊利益的正确对待。

三、注重矛盾的同一性，辩证地处理矛盾的两个方面

矛盾的同一性与斗争性是互相联结的，认识和处理这两方面的关系时，应具体分析，因矛盾情况而异，或强调同一性，或强调斗争性。在新民主主义革命时期，毛泽东根据当时中国社会矛盾的特点，把矛盾的斗争性作为其矛盾论思想的重心。强调阶级矛盾、武装斗争和暴力革命。然而即使在那时，他也没有忽视矛盾的同一性。他主张团结一切可以团结的力量，建立广泛的革命统一战线，就充分说明了这一点。

邓小平在新的历史时期，从实际情况出发，吸取“文化大革命”

搞“斗争哲学”的教训，在坚持矛盾斗争性的基础上，适度地把矛盾的同一性作为重点，强调安定团结，和谐合作等。这是因为，从国际上说，和平与发展已经成为时代的主题；在国内，剥削阶级作为一个阶级已经消灭。社会主义社会的生产关系与生产力之间、经济基础与上层建筑之间的矛盾是社会的基本矛盾。在社会主义社会的诸多矛盾中，主要的已经不是对抗性的矛盾。国际国内的这种新的情况，要求我们在分析和解决矛盾时更为重视矛盾的同一性，辩证地协调矛盾的两个方面。

邓小平辩证地协调矛盾的两个方面，方法之一是坚持“求同存异”。有些矛盾双方的同一和斗争表现为利益上的“同”和“异”。在双方根本利益一致的情况下，重视同一性就是坚持“求大同，存小异”。在国内，由于阶级矛盾已经不是社会的主要矛盾，邓小平要求全体人民在根本目标一致的前提下团结起来。为此他主张摒弃“以阶级斗争为纲”的口号，有些问题不争论，集中精力搞现代化建设，强调安定团结，强调建立广泛的统一战线，调动一切积极因素，团结一切可以团结的力量，一门心思搞建设。在港、澳、台问题上，邓小平创造性地提出“一国两制”基本国策。在国际上，邓小平坚决反对霸权主义，反对战争，强调和平与发展是世界的主题，主张在和平共处五项原则的基础上发展与其他国家的关系，建立国际政治、经济新秩序，他还主张采用共同开发的办法解决某些国际争端。

邓小平辩证地协调矛盾的两个方面，方法之二是争取“殊途同归”。有些矛盾只是解决问题的方法之争，而并不是根本目标的冲突。在这种情况下，重视矛盾的同一性，就是要争取“殊途同归”。邓小平认为，社会主义现代化建设的根本目的，就是发展社会主义社会的生产力，增强社会主义国家的综合国力，提高人民群众的物质文化生活水平。只要有利于这一目标的实现，各种力量都要发挥，各方面的积极性都要调动起来，各种方法都可以试验，各条道路都可以探索，各国经验都可以吸取。因此，他提倡“不争论”，主张在正确的方针路线指引下，积极对外开放，吸取其他国家包括资本主义国家在经济管理、科学技术、思想文化等各个方面的积极成果，以促进我国的社会主义现代化建设。

邓小平辩证地协调矛盾的两个方面，还非常重视矛盾双方的互相依存和在一定条件下的互相转化。如在改革开放与坚持四项基本原则，物质文明建设与精神文明建设，发展经济与打击经济犯罪及惩治腐败，公平与效率，民主与法制等一系列问题上，邓小平既充分认识和指出它们之间的区别、差异，又较多地强调双方的相互依存；如不搞好改革开放，四项基本原则就不可能得到真正的坚持，而不坚持四项基本原则，改革开放也会偏离社会主义的道路；物质文明建设不搞好，精神文明建设就没有雄厚的物质基础，而精神文明建设不搞好，物质文明建设也会失去正确的方向和强大的动力；不打击经济犯罪、不惩治腐败，经济建设就不可能获得成功，而经济建设不搞上去，各种经济犯罪和腐败现象也难以消除。

邓小平在强调矛盾同一性的同时，也重视矛盾的斗争性。对于林彪、“四人帮”的倒行逆施，他作了坚决的斗争；对于坚持“两个凡是”，反对改革开放的“左”的错误，他作了坚决的斗争；对于资产阶级自由化思潮，他作了坚决的斗争；对于国际反华势力对我国施加的压力和所作的干涉，他更是进行了坚决的斗争。因此，不能认为，邓小平注重矛盾的同一性，就是否定矛盾的斗争性。

四、注意矛盾的系统性，从全局上把握各种矛盾

现代系统论认为，事物是以系统的形式存在的。系统内部的各个要素依据一定的结构互相联系、互相作用着。从矛盾的观点来看，这种结构，就是矛盾。由于一个事物（系统）总是存在着很多部分（要素），它们互相交错，结成一对对矛盾。因此一个事物（系统）内部总是存在着多种矛盾。不仅事物内部的各个要素之间存在着矛盾，而

且一个事物作为更大的系统的一个要素，与其他事物也存在着矛盾。所有这些内外矛盾交织在一起，构成了一张错综复杂的矛盾之网。邓小平十分注重矛盾的系统性，善于用系统的、全局的、战略的眼光来看待矛盾。

首先是抓住全局的重点。在任何矛盾系统中，必有一对矛盾是主要矛盾，在该矛盾系统中起着主导的、支配的作用。而在任何矛盾的两个方面中，又总有一方是矛盾的主要方面，在该对矛盾中起着主导的、支配的作用。邓小平在领导我国改革开放和社会主义现代化建设过程中，始终注意抓住主要矛盾和矛盾的主要方面。他通过对我国当前社会矛盾的分析，认为我国当前的主要矛盾是人民日益增长的物质文化需要同落后的社会生产之间的矛盾。而在这一社会主要矛盾中，主要方面又是落后的社会生产。只有抓住这一主要矛盾的主要方面，把发展社会生产作为我们的主要任务，才能逐渐满足人民日益增长的物质文化需要，才能充分体现社会主义制度的优越性。因此，他多次讲要“扭住”这个主要矛盾不放松，他反复强调坚持以经济建设为中心，并把它作为党的基本路线的核心内容。晚年还再三嘱告全党，要坚持党的基本路线一百年不动摇。

邓小平注意从全局上把握各种矛盾，还表现在区分矛盾的层次上。事物的各种矛盾作为一个系统，是具有层次性的。我们在抓重点的时候，必须明确这一重点是相对什么矛盾系统而言的重点，不能把不同层次上的重点混为一谈。邓小平在要求我们抓重点的时候，还要求我们注意不同层次上的重点。例如，邓小平指出，对于整个国家的工作来说，必须以经济建设为重点，一切工作都必须围绕这一重点，服从这一重点。然而对于各项具体工作来说，他又要求人们在服从总的重点的同时把握各自的重点。如在政治上，必须坚持安定团结这一重点；在对外关系上，要把国家的主权、国家的安全始终放在第一位；在决定生产力发展的几个因素中，必须坚持“科学技术是第一生产力”；在总结改革开放十年来的经验教训的时候，他指出十年来我们的最大失误是在思想教育方面。这些不同的论述，从不同的方面阐述了各个不同层次的矛盾的重点。

抓主要矛盾和矛盾的主要方面固然是十分重要的，但主要的矛盾方面并不能代替整个矛盾，主要矛盾也不能代替整个矛盾系统。系统论思想的特点在于它要求通过各个方面的综合平衡而达到整体最优。邓小平在领导我国进行社会主义现代化建设的过程中，充分注意了矛盾的系统性和重点的相对性，不是把一对对矛盾、一个个矛盾方面分离开来加以理解，而是把它们作为一个系统来理解，注意各种矛盾之间的互相联系、互相制约。例如在社会主义现代化建设中，经济建设这个重点离不开其他各个方面。正因为如此，他在强调以经济建设为中心的同时，明确指出："为了建设现代化的社会主义强国，任务很多，需要做的事情很多，各种任务之间又有相互依存的关系，如像经济与教育、科学，经济与政治、法律，等等，都有相互依存的关系，不能顾此失彼。……现代化建设的任务是多方面的，各个方面需要综合平衡，不能单打一。"①

① 《邓小平文选》第2卷，人民出版社1994年版，第249—250页。

论矛盾特殊性*

毛泽东同志在《矛盾论》中集中地论述了矛盾特殊性问题，构成了哲学形态的矛盾特殊性学说，为马克思主义哲学和中国革命作出了重要的贡献。

一

在毛泽东同志以前，矛盾特殊性并没有成为系统的哲学理论。经典作家们虽然论述过这个问题，但都是从某些个别方面尤其是从这个理论的实践意义方面讲的。马克思在《〈黑格尔法哲学〉批判》中曾强调过，不仅要揭露资本主义制度中实际存在的矛盾，而且要理解这些矛盾的根源和必然性，“从它们的特殊意义上来把握……特殊对象的特殊逻辑”[①]，马克思在《资本论》中科学地分析、揭示了资本主义制度这个“特殊对象的特殊逻辑”，进而根据资本主义制度的矛盾特殊性，指出了资本主义必然灭亡，社会主义必然胜利的必然趋势。恩格斯除了讲矛盾特殊性问题的重要性以外，还以当时的自然科学成就为根据，阐述了物质运动形式的矛盾特殊性问题。他指出：“要不研

* 本文发表于《中国特色社会主义研究》2015年第2期。

① 《马克思恩格斯全集》第1卷，人民出版社1965年版，第359页。

究个别的实物和个别的运动形式，就根本不能认识物质和运动；而由于认识个别的实物和个别的运动形式，我们也才能认识物质和运动本身。”① 恩格斯根据当时自然科学的成就，把自然界基本运动形式概括为四种，即机械运动、物理运动、化学运动和生物运动。这四种运动形式各有其特殊矛盾、特殊本质。机械运动主要是作用与反作用；物理运动主要是各种微观粒子之间的吸引和排斥；化学运动主要是化合和分解；生物运动主要是同化和异化，遗传和变异等。恩格斯还尖锐地批评了抹杀矛盾特殊性的社会达尔文主义。1875 年 11 月，他在给彼·拉·拉甫罗夫的信中指出：社会达尔文主义“想把历史的发展和错综性的全部各种各样的内容都总括在贫乏而片面的公式‘生存斗争’中，这是十足的童稚之见”。② 恩格斯强调了每一种特殊的运动形式只适应于为该种运动形式所固有的同样特殊的物质形态，物质形态的特殊性决定了物质运动形式的特殊性，列宁高度肯定了矛盾特殊性理论在革命实践中的重大意义，指出：“共产主义者的任务，象在任何时候一样，也是要善于把共产主义共同的基本的原则应用到各阶级和各政党相互关系的特点上去，应用到向共产主义客观发展的特点上去，这种特点每个国家各不相同，我们应该善于研究、探求和揣测这各种特点。”③列宁还提出了著名的论断：“马克思主义的最本质的东西，马克思主义的活的灵魂：具体地分析具体情况。”④ 他还深刻地阐述了个别与一般的辩证关系：“个别一定与一般相联系而存在。一般只能在个别中存在，只能通过个别而存在。任何个别（不论怎样）都是一般。”⑤ “任何个别经过千万次的转化而与另一类的个别（事物、现象、过程）相联系。”⑥

① 《马克思恩格斯全集》第 20 卷，人民出版社 1965 年版，第 579 页。
② 《马克思恩格斯全集》第 20 卷，人民出版社 1965 年版，第 652 页。
③ 《列宁选集》第 4 卷，人民出版社 1972 年版，第 243 页。
④ 《列宁选集》第 4 卷，人民出版社 1972 年版，第 290 页。
⑤ 《列宁全集》第 38 卷，人民出版社 1986 年版，第 409 页。
⑥ 《列宁全集》第 38 卷，人民出版社 1986 年版，第 409 页。

以完备的哲学理论形态论述矛盾特殊性问题，是毛泽东同志继承和发展马克思主义哲学思想的一个重要成果。毛泽东同志科学地提出了“矛盾特殊性”这一哲学范畴，并对其内涵和外延作了深刻的论述。他还从理论和实践的结合上阐明了矛盾特殊性理论的重要意义，也为我们指出了具体分析矛盾特殊性的科学态度和方法。毛泽东同志对矛盾特殊性理论的实践运用方面给我们作出了光辉的榜样。毛泽东同志的矛盾特殊性学说，指引我们党和国家取得了革命和建设事业的巨大成就，它作为马克思主义理论宝库中的一块瑰宝将永放光彩。

二

矛盾的特殊性就是矛盾着的事物及其每一个侧面各有其特点。大千世界是由无限多样的具体事物、现象构成的，其中每一种事物、现象及其各个组成部分都有其特殊的本质。黑格尔就曾深刻地看到了“一切事物都是个体的，而个体事物又是具有普遍性或内在本性于其自身的”。黑格尔还说：“哲学是最敌视抽象的，它引导我们回复到具体。”他从唯心主义出发，以辩证的态度肯定了哲学反思由以抽象、概括的基础的东西是具体、个别，并强调要注重研究具体、个别。毛泽东同志对矛盾特殊性的内涵作了鲜明、通俗的规定，使较为艰深的哲学理论在不失其科学性的前提下通俗化，这更便于哲学的真正主人——广大劳动群众的理解、把握。

矛盾特殊性的外延是极其广泛的，是无限的。毛泽东同志从不同角度对矛盾特殊性的难以数计的外延进行了归纳概括。一是从事物矛盾发展的不同层次及其各个组成部分之间相互联结的状况的分类，论述了矛盾特殊性的五种情形；二是从诸种事物矛盾不同的地位和作用的分类，指出了矛盾特殊性的另外两种情形，即主要矛盾与非主要矛盾，主要的矛盾方面与非主要的矛盾方面；三是从矛盾斗争形式方面分类，指出由于矛盾的性质不同，这种不同的性质主要有两类即对抗性的与非抗性的，相应地就有对抗的斗争形式与非对抗的斗争形式。这也是对矛盾特殊性表现状况的又一种科学分类。

矛盾特殊性问题本身是个辩证唯物主义的重要问题，毛泽东同志在对这一问题的分析、论述中，体现了鲜明的辩证唯物主义的客观性、辩证性和实践性的特点。

矛盾特殊性是不是客观的？哲学史上历来有两种根本对立的看法。中世纪唯实论者托马斯·阿奎那认为，共相先于殊相而存在，因为后者只是分沾了潜存的共相。共性的东西先于个别事物并规定个别事物的存在，否定了矛盾特殊性的客观性。黑格尔虽然对一般与个别的辩证法有着深刻的见解，但他认为现实世界的基础并不是个别、特殊的客观实在的事物，而是那个“绝对观念”。毛泽东同志继承了唯物主义的传统，吸取了唯心辩证法的合理成分，首先肯定了矛盾特殊性的客观性，指出“矛盾特殊性就是各种物质运动”的特点，是客观事物及其各个侧面的特点。同时，他还特别强调反对主观性，指出，所谓主观性，就是不知道客观地看问题，也就是不知道用唯物的观点去看问题。这样，就把矛盾特殊性置于坚实的唯物主义基础之上了。

对矛盾特殊性问题的研究，充分运用辩证法不是一件容易的事。毛泽东同志则成功地做到了娴熟而充分地运用辩证方法研究矛盾特殊性。

矛盾特殊性是指具体的个别的事物、现象和性质，在研究这些各个特殊又带一定独立性的特殊性时，毛泽东同志是在“联系”中把握特殊性的。

孤立地研究带一定独立性的特殊性，决不会抓住事物的真正特殊性，只有在各种特殊事物、现象的联系、比较之中，才能发现其真正特殊之所在。自然界存在着许多的运动形式……所有这些物质的运动形式，都是互相依存的，又是本质上互相区别的。各种物质都是运动的，但每一物质的运动形式所具有特殊的本质，为它自己的特殊矛盾所规定。这些物质运动的特殊性，只有在把它们联系起来加以分析比较时，才能具体把握。机械运动、物理运动、化学运动、生物运动和社会运动，当把这些运动联系起来考察时，就发现了运动的主体，运动的承担者都有区别，运动的形式、状态和性质都有区别，运动的动力、运动由以发生的矛盾状况都有区别。毛泽东同志在1940年写的《论政策》一文中，对当时各种社会力量进行了分析比较，在此基础上发现他们的区别，又在“区别上建立我们的政策”。他指出：各项不同的政策，都是从这些阶级关系的区别而来的。可见，特殊的事物、现象是在相互联系中存在的，又是在相互联系中呈现了它们的特殊性。把握特殊性，必须对这一事物与其他事物的联系加以分析比较。发现其真正的区别之日，就是把握其真正的特殊性之时。

在研究事物矛盾发展过程和各阶段的特殊性时，要注意研究“过程中”和“阶段”中的矛盾各方面的特殊性。不仅从纵向的各过程、各阶段联系起来考察，而且把横向的各过程、各阶段的各方面联系起来考察，通过分析比较来把握其特殊性。“所谓了解矛盾的各个方面，就是了解它们每一方面各占何等特定的地位，各用何种具体形式和对方发生互相依存又互相矛盾的关系，在互相依存又互相矛盾中，以及依存破裂后，又各用何种具体的方法和对方作斗争。”矛盾着的各方面的互相依存、互相矛盾的情况都是以具体的特殊的形式存在并表现出来，如国民党和共产党在两党关系发展的各阶段中，矛盾双方联结、依存、斗争的情况各不相同，这些特殊的内在联系使得我们党在一定时期与国民党建立了革命的统一战线，在另一时期统一战线受到破坏。

毛泽东同志研究矛盾特殊性，注意与矛盾的普遍性联系起来，并精辟地分析论述了矛盾特殊性与矛盾普遍性的对立统一关系。他指出，我们研究一定事物的时候，应当去发现这两方面及其互相联结，发现一事物内部的特殊性和普遍性的两方面及其互相联结。普遍性存在于特殊性之中，没有特殊性就没有普遍性。任何特殊性无论怎样特殊，又都离不开一定的普遍性。同时，由于事物范围的极其广大，发展的无限性，所以，在一定场合为普遍性的东西，而在另一一定场合则变为特殊性。反之，在一定场合为特殊性的东西，而在另一一定场合则变为普遍性。这种共性个性、绝对相对的道理，是事物矛盾问题的精髓。联系普遍性研究特殊性有着重要的理论意义。在若干特殊事物中，抽象了共性即普遍性的东西之后，所余的不能进入共性的东西乃是特殊事物之特殊之处。懂得这点，才不至于面对特殊而抓不住特殊。

特殊性与普遍性的区别具有相对的意义。在这一发展过程中是特殊性，在那一发展过程中则可能成为普遍性，在这一范围是普遍性，在那一范围则可能成为特殊性。特殊性与普遍性的确定性与一定的条件紧密地联系在一起。观察它们不能用凝固的眼光。而要使一定的特殊性上升为普遍性，就要创造一定的条件。对人民有利、对社会发展有积极作用的新生事物起初总是极其特殊，少见的，要普及这些新生事物，就要遵循事物发展的客观规律，创造条件，使新事物内在的蓬勃生命力充分发展。联系普遍性研究特殊性，从它们的对立统一关系中可以更好地认识特殊性的特点、作用。从特殊事物中抽象出来的普遍性具有本质性、共同性、深刻性的特点，而特殊性与普遍性相比则具有另外的特点，即具体性、生动性、丰富性。普遍性的东西对特殊性的东西有指导、统摄作用，特殊性则是由此产生普遍性的“母体”，以及继续丰富、充实普遍性的基础，它在社会实践中是人们认识矛盾的基础，解决矛盾的前提。

在矛盾特殊性问题的研究中，充分体现了唯物辩证法关于发展、变化的思想。

毛泽东同志分析矛盾特殊性的五种情形，其中详细地分析了每一物质运动形式在其发展长途中的每一个过程的特殊的矛盾和过程发展的各个阶段中的特点。事物发展过程的根本矛盾及为此根本矛盾所规定的过程的本质，非到过程完结之日，是不会消灭的，但是事物发展的长过程中的各个发展阶段，情形又往往互相区别。这是因为事物过程的根本矛盾的性质和过程的本质虽然没有变化，但是根本矛盾在过程中的各个发展阶段上采取了逐渐激化的形式。并且，被根本矛盾所规定或影响的许多大小矛盾，有些是激化了，有些是暂时地或局部地解决了，或者缓和了，又有些是发生了。因此，过程就显出阶段性来。事物是矛盾的集合体，是过程的集合体。规定事物性质的根本矛盾的双方又统一又斗争的情况不断发展变化，使事物必然呈现出不同时期的特点。受根本矛盾规定和制约的其他矛盾也在不断地发展变化着，有些由隐到现，有些由激变缓，有些由无到有，有些由生到灭，也使事物在其发展征途中呈现出不同阶段的特点。所以，事物既是矛盾、过程的集合体，又是矛盾、过程的各方面、各阶段特殊性的集合体。特殊性既有质的方面，也有量的方面。事物的质不可能完全被普遍性抽象了去，只能抽象一部分。特殊性随着事物矛盾结构的发展变化，其质与量的方面都在发展变化。不过是量的方面在随时随地地变化着，其质的方面的发展变化则相对稳定、缓慢。在平时量的变化中，就已潜在着这一特殊性变为另一特殊性的根据和可能。当量变积累到一定程度时，就引起特殊性的质变，于是这一特殊性变为另一特殊性，事物发展由这一过程、阶段推进到下一过程、阶段。正是这种特殊性的生动、活跃的发展变化，使得世界万事万物显现出永新常殊的状态，才使大千世界复杂多样，万古常新。

在分析抗日战争的双方即中国和日本的特点时，毛泽东同志指出，战争就是这些特点的比赛。这些特点在战争过程中将依其本性发生变化，一切东西就都从这里发生出来。事物矛盾特殊性的发展变化具有最一般的意义。我们不仅要从事物的相对静止的存在状态上考察其特殊性，更应从事物的绝对运动的动态中把握其特殊性。如果否定了后者，实际上就抹杀了矛盾特殊性的灵魂，就不可能真正地把握特殊性，到头来会由此掉进形而上学的泥坑之中。

毛泽东同志的矛盾特殊性学说所体现的深刻的辩证性，还在于它渗透着精湛的对立统一思想、一分为二的思想。

黑格尔的唯心主义辩证法，认为概念包括普遍性、特殊性和个别性三个环节，各个环节既有差别，又互相联系，不可分割。[①] 恩格斯有时用“普遍”“特殊”“单一”的关系表述“一般”与“个别”的关系。“普遍”表示世界上一切事物、现象所共有的东西；“特殊”用以表示某一领域或某类事物现象所共有的东西；“单一”则是表示被考察系列中的一个个别成分。[②] 毛泽东同志继列宁之后，以矛盾分析方法，把“普遍”“特殊”“单一”概括为既对立又统一的普遍与特殊、一般与个别的唯物辩证法的一对基本范畴，并就这对范畴之间的对立统一关系作了深刻的论述。这样的概括、分析，是对一般与个别这个古老的哲学范畴在自身发展进程中的高级阶段上的更为深刻的认识。这样的分析、概括更具有简括性、普遍性和深刻性。恩格斯就曾经说过，他和马克思有一个目的，就是把黑格尔加给辩证法的神秘形式剥去，并从辩证法的“全部的单纯和普遍性上把它们清楚地表达出来”。[③] 毛泽东同志把“普遍”“特殊”“单一”概括为对立统一的普遍与特殊，一般与个别，并揭示了它们的内在的辩证联系，就是从这个辩证法范畴的“全部单纯性和普遍性上”的“清楚”表达。“普遍”既可以是对物质世界所有“特殊”事物某种性质，某些方面的最高、最一般的抽象，也可以是对客观世界中某一领域、某一类事物中特殊性的抽象，但不论怎样，“普遍”都是共同的、一般性的东西。“特殊”既可以是相对于“属”的“种”，也可以是具体的“单一”“个别”，但不论怎样，“特殊”都是矛盾着的事物及其各个侧面的特点。世界上任何一个事物、现象无不具有特殊性与普遍性这两重性质。正如毛泽东同志所说，每一事物内部不但包含了矛盾的特殊性，而且包含了矛盾的普遍性，普遍性即存在于特殊性之中。所以，在这个意义上，对客观事物与认识所作的普遍、特殊、单一的三级抽象、概括，不如两级抽象、概括得普遍、深刻。

① 《小逻辑》第 164 节，商务印书馆 1980 年版，第 334—335 页。
② 《马克思恩格斯全集》第 20 卷，人民出版社 1965 年版，第 576—577 页。
③ 恩格斯:《反杜林论》，人民出版社 1970 年版，第 9 页。

事物矛盾及其各个侧面都是不平衡的，它们在事物发展中的地位、作用必然有主次之分、大小之别。对这种特殊性的矛盾分析，就是主要的矛盾和主要的矛盾方面这两种矛盾特殊性情形。毛泽东同志说，这两种矛盾特殊性情形是必须特别地提出来加以分析的。在研究矛盾特殊性的问题中，如果不研究事物发展过程中主要的矛盾和非主要的矛盾以及主要的矛盾方面和非主要的矛盾方面，也就是说不研究这两种情况的特殊性、差别性，那就将陷入抽象的研究，不能具体地懂得矛盾的情况，因而也就不能找出解决矛盾的正确方法。对于这两种矛盾特殊性情形的研究，是革命政党正确地决定其政治上、经济上和军事上的方针、政策、措施的重要方法之一，是一切领导干部都应当注意的。

毛泽东从理论与实践的结合上，对主要矛盾与次要矛盾，主要矛盾方面与次要矛盾方面的定义及其相互之间的对立统一关系，作了科学的论述，又构成了一个关于主要矛盾、主要矛盾方面的完整的理论系统，也是对矛盾特殊性理论的深化和具体化。

从特殊、个别所包含的共性的多少，对特殊、个别进行矛盾分析，又有典型的个别与非典型的个别的对立统一。毛泽东同志在领导工作中，特别强调抓典型、蹲点、解剖麻雀，一个重要的思想就是对包含共性因素较多的典型个别，进行重点考察研究，揭示其中包含的共性及其与个性的关系，从而更好更快地认识其他个别，认识一般。毛泽东同志把这一过程方法论化，使我们的领导机关、领导干部自觉地运用抓典型带动全盘，指导普遍。这是做好各项工作的一个重要方法。

毛泽东同志的矛盾特殊性学说具有鲜明的实践性。实践性是马克思主义哲学的显著特点之一。作为唯物辩证法一个重要内容的矛盾特殊性理论，是人类在实践中不断认识的结果，是社会实践的结晶，同时它又必须为实践服务。为使矛盾特殊性理论更好地为实践服务，毛泽东同志详细、深刻地论述了矛盾特殊性理论对人类实践尤其是对无产阶级及其政党的革命实践的重要意义。《关于建国以来党的若干历史问题的决议》充分肯定了这一点：毛泽东同志“指出不仅要研究客观事物的矛盾的普遍性，尤其主要的是要研究它的特殊性，对于不同性质的矛盾，要用不同的方法去解决”。

矛盾的特殊性是我们认识事物的基础的东西。任何事物矛盾内部都包含着本身特殊的矛盾。这种特殊矛盾构成了一事物区别于其他事物的特殊的本质。科学研究的区分就是根据科学对象所具有的特殊的矛盾。只有研究矛盾的特殊性，才能确定一事物区别于其他事物的特殊的本质，找到事物运动发展的特殊的原因、特殊的根据。

矛盾的特殊性又是人类认识运动的秩序的起点。人们总是以不同事物的特殊性为起点，由认识个别的、特殊的事物，逐步地扩大到认识一般的事物。只有在认识了许多不同事物的特殊的本质之后，才能在此基础上进行科学的抽象、概括，把握该类事物的共同本质。这种对事物一般本质的认识，又反转过来成为对尚未认识或尚未深入认识的其他个别事物进行深入认识的指导，从而认识事物的新的特殊的本质，并补充、丰富和发展对事物共同本质的认识。人类的认识正是在这种从特殊到一般、又由一般到特殊永恒的循环往复的进程中不断深化、不断发展的。

只有分析研究矛盾特殊性，才能找到有效地认识事物、解决矛盾、改造世界的正确方法。认识世界是为了改造世界。改造世界就是使自然、社会更适合人类的需要，让自然、社会按人类的理想愿望发生变化。然而，要顺利地实现这个目标，就必须找到适合于、符合于客观事物特殊的矛盾状况的方法。不同质的矛盾需要用不同质的方法才能解决。正如毛泽东同志所说，无产阶级和资产阶级的矛盾，用社会主义革命的方法去解决；人民大众和封建制度的矛盾，用民主革命的方法去解决；殖民地和帝国主义的矛盾，用民族革命战争的方法去解决；社会主义社会中工人阶级和农民阶级的矛盾，用农业集体化和农业机械化的方法去解决；共产党内的矛盾，用批评和自我批评的方法去解决；社会和自然的矛盾，用发展生产力、发展科学技术的方法去解决。人们往往在一个新问题、新矛盾面前手足无措，想解决它而没有办法，关键在于对这一特殊矛盾的特殊之处若明若暗，不甚了了。如果真正明白了这一矛盾的特殊性质、特殊地位、特殊作用，其内部矛盾与外部矛盾的特殊联结情形，解决这个矛盾的方法会即刻产生出来。毛泽东同志还结合革命实践中的经验教训，深刻地论述了矛盾特殊性问题的重要性，雄辩地论证了能否重视分析研究矛盾特殊性，是马克思主义者与教条主义者的一个分水岭，是革命事业成败的一个关键问题。

为要使矛盾特殊性理论成为群众手里的尖锐武器，更好地为实践服务，毛泽东同志在怎样分析矛盾特殊性的方法上，从正反两方面进行了论述。他指出，不论研究何种矛盾的特殊性……都必须对它们实行具体的分析。离开具体的分析，就不能认识任何矛盾的特性。我们必须时刻记得列宁的话，对于具体的事物作具体的分析。客观事物具有多样的性质、表象、内容、形式，正如马克思指出的："具体之所以具体，因为它是许多规定的综合，因而是多样性的统一。"[①] 对具体事物矛盾这种多样性、丰富性、复杂性，必须采取具体分析的方法，才能正确地反映事物的客观面貌。同时还应该看到，事物矛盾及其具体方面又是时时刻刻处于运动变化过程之中，而且它与周围事物的具体联系也处于不断变化之中，因此，对具体事物的具体分析是流动的而不是凝固的。所谓具体分析，就是要分析、了解矛盾每一方面各占何等特定的地位，各用何种具体形式和对方发生互相依存又互相矛盾的关系，在互相依存又互相矛盾中，以及依存破裂后，又各用何种具体的方法和对方作斗争。研究这些问题，是十分重要的事情。

分析矛盾特殊性，一定不能带有主观性、片面性和表面性，而应具备客观性、深入性和全面性的科学态度。这是前面谈过的矛盾特殊性本身具有的客观性、辩证性所决定的。正如恩格斯指出的："唯物主

① 《马克思恩格斯选集》第2卷，人民出版社1972年版，第103页。

义的自然观不过是对自然界本来面目的朴素的了解，不附加以任何外来的成分。”[①]我们坚持了唯物辩证的科学态度、方法，就能较好地根据客观事物的特殊性情形去认识它，就能深入事物里面精细地研究矛盾特点，从事物内部及其与外部的诸种联系中把握矛盾特殊性。

三

毛泽东同志的矛盾特殊性理论，不是从书斋里推演出来的，而是对中国革命实践的科学总结。毛泽东同志和我们党成功地实践了矛盾特殊性理论，领导革命和建设事业取得了伟大的胜利。

《中共中央关于建国以来若干历史问题的决议》指出：在一个半殖民地、半封建的东方大国里进行革命，必然遇到许多特殊的复杂问题。靠背诵马克思列宁主义一般原理和照搬外国经验，不可能解决这些问题。主要在20世纪20年代后期和30年代前期，在国际共产主义运动中和我们党内盛行的把马克思主义教条化、把共产国际决议和苏联经验神圣化的错误倾向，曾使中国革命几乎陷于绝境。半封建半殖民地的中国社会，民族矛盾和阶级矛盾复杂地交错在一起，敌我矛盾和人民内部矛盾之间的差别和联系复杂地交错在一起，民族统一战线内部各阶级、阶层之间诸种不同性质的矛盾和各种斗争复杂地交错在一起，主要的矛盾和次要的矛盾、全局的矛盾和局部的矛盾的发展、变化复杂地交错在一起，党内正确路线与“左”右倾错误路线以及我党与共产国际的矛盾复杂地交错在一起，等等。以上这些纷纭复杂的方方面面的矛盾又都交错在一起。这些特殊复杂的矛盾情况，恐怕比当初列宁预见的东方大国革命的特殊背景、特殊过程还要复杂而特殊。

对当时中国社会特殊、复杂的矛盾情况，我们党的一些领导人

① 《马克思恩格斯选集》第3卷，人民出版社1972年版，第527页。

曾作了错误的分析。陈独秀在《中国国民革命与社会各阶级》中认为:“资产阶级的力量毕竟比农民集中，比工人雄厚。”“工人阶级在国民革命中固然是重要分子，然仅只是重要分子而不是独立的革命势力。”根本看不到我国工人阶级先进性和革命的彻底性，看不到几亿农民反封建的革命力量。所以，他得出了错误的结论:“在普通形势之下，国民革命的胜利，自然是资产阶级的胜利。”放弃了无产阶级在民主革命中的领导权，致使革命在强大敌人的突然袭击下遭到惨重失败。王明对中国的特殊国情更没有真正的了解。他在《为中共更加布尔什维克化而斗争》一文中认为:“现在阶段的中国资产阶级民主革命，只有在坚决进行反对资产阶级的斗争中，才能得到彻底胜利。”“中国革命的特点之一，便是在现在资产阶级民主革命的阶段中，已经含有存在着一定的个别的社会主义革命的成分。”王明搞的一切斗争、否认联合，混淆革命发展阶段等“左”倾错误，给革命事业造成了极大损失。沉痛的教训告诉我们，如果停留在马克思列宁主义一般原理或外国经验上，对中国革命的特殊性没有真正的了解，就不可能实现马列主义普遍真理与中国革命具体实践相结合，就不能把革命引向胜利。

毛泽东同志同各种理论脱离实际、忽视矛盾特殊性的错误倾向进行了坚决的斗争。他特别强调要研究中国的特殊国情、特殊的革命。他说:“中国社会的性质，亦即中国的特殊的国情，这是解决中国一切革命问题的最基本的根据。”[①]他从理论和实践的结合上正确地把握住了中国特殊的国情与特殊的革命道路，成功地实现了马列主义普遍原理与中国革命具体实践相结合，不断把中国革命引向胜利。毛泽东同志科学地调查研究了中国的特殊的历史状况、社会状况和中国革命的特点，正确地解决了革命的道路问题。他说:“革命的中心任务和最高形式是武装夺取政权，是战争解决问题。这个马克思列宁主义的革命

① 《毛泽东选集》(合订一卷本)，人民出版社1967年版，第609页。

原则是普遍地对的，不论在中国在外国，一概都是对的。”“但是在同一个原则下，就无产阶级政党在各种条件下执行这个原则的表现说来，则基于条件的不同而不一致。”① 在对中国革命与外国革命的比较分析中，揭示了中国革命的特点。在资本主义国家，在没有法西斯和没有战争的时期内，那里的条件是国家内部没有了封建制度，有的是资产阶级的民主制度；外部没有民族压迫，有的是自己民族压迫别的民族。因此，在资本主义国家中的无产阶级政党的任务在于经过长期合法的斗争、积蓄力量，准备城市起义，最后夺取政权。而中国则大不相同。中国有另外的特点。不是一个独立的民主的国家，而是一个半殖民地半封建的国家。在内部没有民主制度，而受封建制度压迫；在外部没有民族独立，而受帝国主义压迫。所以，没有议会可以利用，无组织工人举行罢工的合法权利。强大的敌人长期占据着几乎所有的城市。因此，中国的革命并不是经过长期合法斗争以进入起义和战争，而是以武装斗争为主要形式；也不是先占城市后取农村，而是在农村建立革命根据地，走以农村包围城市、最后夺取城市的道路。

在抗日战争初期，毛泽东同志对中日双方特点的分析，成为制定正确的战略战术的基础。他指出中日双方的四个特点，其中“敌强我弱”是基本的特点，这个特点决定了战争不可避免和中国的抗战不可速胜。“敌退步我进步”，“敌小我大”，“敌寡助我多助”，这三个特点是中国人民抗日战争必然取得最后胜利的主要根据。“这些特点，规定了和规定着双方一切政治上的政策和军事上的战略战术，规定了和规定着战争的持久性和最后胜利属于中国而不属于日本。战争就是这些特点的比赛。”② 根据对战争特点的深刻分析，毛泽东同志科学地推断出抗日战争必然经历的三个发展阶段，由此又建立了我党我军在三个阶段中相应的正确的战略策略。抗日战争胜利的实践，充分证明了毛泽东同志论断的英明。

① 《毛泽东选集》（合订一卷本），人民出版社 1967 年版，第 506 页。
② 《毛泽东选集》（合订一卷本），人民出版社 1967 年版，第 418 页。

解放战争我方进入战略进攻阶段后，毛泽东同志以伟大革命家的胆略和高超的指挥艺术，亲自组织指挥了对战争全局有决定意义的三大战役。他根据对东北、华北和华东、中原地区敌我双方战略战役部署、态势的特点，制定了不同的作战方针，分别采取了不同的打法。辽沈战役，乘敌举棋不定，进退两难，决定先取锦州，关住大门就地歼敌。淮海战役，针对聚集在徐海地区的密集之敌，采取中间突破、“攻济打援”的方针，破例地以大部分兵力阻援打援，造成了攻歼敌第一个兵团时，抓住了前来救援的另一个兵团，围歼第二个兵团时，又抓住了第三个兵团的有利态势。平津战役，敌已成惊弓之鸟，摆成一字长蛇阵，随时想跑。我军先是隔而不围，围而不打，稳住敌人，接着是先打两头后取中间，把敌军截为数段，各个歼灭。经过三次大的战略决战，历时四个多月，歼敌150万余人，取得了辉煌的胜利。

建立新中国以后，在过渡时期中，我们党和毛泽东同志创造性地开辟了一条适合中国特点的社会主义改造的道路。我国与苏联以及其他国家的情况不同，我国的民族资产阶级具有特殊的两面性。根据我国的特点，我们党和毛泽东同志依据新民主主义革命胜利所创造的向社会主义过渡的经济、政治条件，采取社会主义工业化和社会主义改造同时并举的方针，实行逐步改造生产资料私有制的具体政策，实现了马克思和列宁曾经设想过的对资产阶级的和平赎买。这种政策，在一定程度上减轻了资产阶级对社会主义改造的抗拒和破坏，保护和促进了生产力的发展。后来毛泽东同志提出的正确处理两类不同性质的矛盾的理论，也具有非常重要的意义。

党的十一届三中全会以来，我们党科学地总结并吸取了在社会主义革命和建设中的经验教训，又重新恢复了实事求是的光荣传统。实事求是就是从具体的特殊的客观事物中，揭示出该事物固有的特殊规律，也就是马克思讲的把握特殊对象的特殊逻辑。邓小平同志在《中国共产党第十二次全国代表大会开幕词》中指出，“中国的事情要照中国的情况来办”，要“把马克思主义的普遍真理同我国的具体实际结合起来，走自己的道路，建设有中国特色的社会主义”。在毛泽东思想包括矛盾特殊性思想指引下，我国各条战线已经并将继续取得更大的成就。

领导要听实话明实情*

一个无产阶级革命者，一个共产党员，要做老实人，说老实话，而且还要爱听老实话。尤其领导人更要爱听老实话。

说老实话和听老实话是密切相关的。自己爱说假话的人也爱听假话，而爱听假话的人也就会说假话。两者相辅相成。这在“四人帮”身上表现得特别突出。“四人帮”是说谎话的专家，他们说谎成性，骗人成瘾，文章、言论常常以谎言作基础。他们不但自己说谎，也鼓励别人说谎，耳朵只灌得假话，真话、难听话，则听不进去。在“四人帮”的影响下，党的实事求是的作风遭到了破坏，有的同志沾染了说假话的坏习气，有的同志对别人的话辨不出真假，常常受假话的骗，有的甚至乐于听阿谀奉承话、歌功颂德话和假话。因此，难知民情、实情……

真善美的东西是在同假恶丑的东西的斗争中不断发展的。办假事，说假话，作为阶级社会的一种丑恶现象，在社会主义社会不可能很快消灭。总会有少数人为了个人的目的，说假话，搞假情况、假报告。毛泽东主席教导我们，要学会分析。对于一件事情，好生想一想，区分它的真假，就是分析。有些同志不是这样，他们不懂得辩证法，不

* 本文发表于《解放军报》1977年12月6日。

懂得如何明辨真伪、是非。对于下面来的情况、报告，不问个为什么，一概都信。有的发现是假的，也不追查，不认真处理。这种假的东西一多，不但会使领导干部了解不到下面的真实情况，而且会败坏社会的作风。

假话有各种各样，有的是凭空编造，公开撒谎；有的是移花接木，张冠李戴。这样的假话还比较容易识别。还有一些假话，多少有一点事实的影子，真的与假的混杂在一起。如把七分成绩说成十分，把前一阶段做的工作，取得的成绩，移到后一阶段来，把几个单位做的事，记在一个单位的账上。因为它不是毫无一点根据，带有一定的欺骗性，比较容易骗得人们相信。“泥人怕雨打，假话经不住调查”，揭穿假话的唯一办法就是调查研究。一切假话，不论它听起来多么“合理”，似乎毫无破绽，但都经不起事实的检验。只要深入调查，就能弄清真相。说假话是搞唯心主义，它常常利用听话的人不搞唯物主义来钻空子。听话的人搞唯物主义，勤于作调查研究，假话就骗不了人。

说假话的人也常常利用听话的人的私心来钻空子，叫作投其所好。《红楼梦》里贾母给薛宝钗祝贺生日，问薛爱看何戏？爱吃何物？薛已了解到贾母“喜热闹戏文，爱吃甜烂之物”，于是“总依贾母素喜者说了一遍”。贾母自然高兴。薛宝钗还吹捧贾母说：“我来了这么几年，留神看起来，二嫂子（指王熙凤）凭她怎么巧也巧不过老太太。”贾母听了更是得意扬扬。揣摩贾母的脾性，说顺耳的话去博得她的欢心，这是薛宝钗的办法。现在薛宝钗这样的人也还不少，如果领导不明智、有私心，就会被蒙蔽，被利用。你爱听成绩、好大喜功，他就故意添枝加叶、把成绩多说一点；你怕说缺点，他就有意把缺点隐瞒起来。没有私心，自已站得稳，立得正，又有点认真的精神，假话就不太容易进耳朵了。

历史上各朝各代都有著名的欺上瞒下，说假话报假情况，爱听恭维话受蒙蔽的典型事例。大凡明君英主，都能较好地听实话、察民情、明实情。而那些昏君庸官，则相反。清代明臣孙嘉淦，曾历经康、雍、乾三朝，官至御史、尚书等要职。他后来被史家颂扬，就是因为他敢于直谏，敢于向乾隆皇帝呈上著名的《三习一弊疏》当时康乾盛世、歌舞升平、花团锦簇，实际上已经产生了许多社会矛盾和危机。他提醒乾隆，在三呼万岁、遍地讴歌中，要有危机意识，要防止因“三习”即三种习惯——“耳习于所闻”“目习于所见”“心习于所是”，而滋生“一弊”即“喜谀而恶直”“喜柔而恶刚”“喜从而恶违”，努力做到听实话、明实情、广纳群言、诤言，任用忠臣贤臣廉臣直臣。

对领导干部来说，能听实话、明实情是很重要的。大家都讲实话并听实话，反对说假话，假话就没有市场，说假话的人就会到处碰钉子，就能养成实事求是的优良作风。

发展必须完善动力机制*

进入新世纪以来，把发展作为第一要务，全面建设小康社会，加快推进社会主义现代化建设，不仅需要正确的路线方针政策指引、完善的法律制度保障，也需要强大的动力支持，解决不了发展过程中人们的动力问题，发展同样会落空。因此，把发展作为执政兴国的第一要务，就必须完善发展动力机制。

一是要不断增强精神动力。过去在长期革命斗争中，我们就是通过发扬革命和拼命精神，严守纪律自我牺牲精神，大公无私和先人后己精神，压倒一切敌人、压倒一切困难的精神，取得了革命的胜利。今天我们搞建设，促发展，同样需要强大的精神动力。要通过科学理论武装激发精神动力。党的十一届三中全会以后，全国人民用邓小平理论武装头脑，坚定建设中国特色社会主义的理想信念，有力地冲破了过去“左”的思想束缚，精神上得到了极大解放，积极性空前高涨，激发出了努力建设小康社会的强大精神动力。当前，以中国特色社会主义理论为思想武器，坚定理想信念，同样会激发出全面建设小康社会的精神动力。因此，要进一步学好用好这个理论，用马克思主义发展的这一最新成果武装人、引导人、激励人、鼓舞人。要利用催人奋

* 本文发表于《北京日报》(摘要) 2002年9月23日。

进的目标激发精神动力。有目标，才能有盼头，有奔头。催人奋进的正确目标从来都是我们党带领群众成就事业的强大精神动力之源。抗日战争时期，我们党提出的“打倒日本帝国主义”的目标，解放战争时期的“打倒蒋介石，解放全中国”的目标，抗美援朝时期的“抗美援朝，保家卫国”的目标，都在全国上下激发出了强大的精神动力。今天党中央明确提出把发展作为第一要务和全面建设小康社会的宏伟目标，同样会激发群众的责任感、使命感、自豪感，激发出强大的精神动力。因此，要在全国上下深入宣传、学习和领会这一“目标”，各地区、部门、单位要结合实际制定自己的发展规划和目标，通过这些宏伟目标激发精神动力。思想政治工作是我党组织群众、宣传群众、发动群众的特有政治优势。发展的事业是群众自己的事业，因此，要通过加强思想政治工作，让群众认识到发展是自己的根本利益所在，从而激发群众的积极性和创造性。要通过深入细致的思想引导、疏导，充分尊重人、关心人、爱护人，激发群众的工作热情。

二是要进一步开发和完善物质动力机制。物质动力是满足人们物质利益而产生的动力。工资、奖金、晋级、分房、配车以及其他福利待遇提高等，都可生成人们的物质动力。毛泽东在谈到动员群众时曾说过，一切空话都是无用的，必须给人民以看得见的物质福利。党的十一届三中全会以来，我们国家建立了奖金制度等一系列物质利益原则方面的激励措施，逐步消除了过去干不干一个样、干多干少一个样、干好干坏一个样的“吃大锅饭”现象，极大地提高了人民群众的积极性。现在谋求新的发展，同样要进一步加大物质动力的力度。其一，要让人民实实在在地获得更多的实惠。在全面建设小康社会的过程中，尽可能地改善群众的工资、住房和福利等待遇，使人民群众获得更多的物质利益。同时，随着社会全面进步，人民群众的政治、经济和文化利益全面得到实现，物质生活水平和精神生活水平不断上新台阶。其二，要进一步完善物质奖励制度。改革开放以来的实践证明，完善的物质奖励制度是激发人创造力的有效措施。特别是当社会主义市场经济成为我国经济体制改革目标时，物质奖励的动力会越来越明显。因为市场经济的实质就在于充分利用各个人对自己利益追求的天性来激发人的最大潜能，为社会作出最大贡献。随着我国社会主义市场经济的进一步发展，物质奖励的驱动力在我国社会无疑会增强。因此，唯有进一步实行物质奖励制度，对那些干得多的人让其多得、贡献大的人给予重奖，才能充分调动起积极性。其三，要处理好效率和公平的关系。干多了不能多得会影响积极性，分配差距悬殊，也会影响人的积极性，还会影响社会的稳定。因此，在加大物质动力时，主要是提高效率，但也要照顾公平，以调动一切可以调动的积极因素。

三是充分发挥各级组织的推动力、凝聚力和号召力。社会组织是构成社会的基础结构，组织本身就具有推动、凝聚和号召功能，组织的力量是社会发展的重要动力之一。列宁曾说过，组织能使力量增强十倍。毛泽东在井冈山斗争中总结红色政权能够存在的原因时，专门提到了共产党组织的力量。因此，促进发展，必须充分利用各级组织的推动力、凝聚力和号召力。要加强组织领导，建立最佳领导班子，使组织领导层实现革命化、知识化、专业化和年轻化，领导水平和决策管理水平上新台阶，从而充分发挥组织的组织领导、目标选择、管理协调、行为定向的推动作用。要加强组织内部环境建设，通过营造良好的工作环境、生活环境、管理环境、竞争环境、人际环境，把群众组织起来、团结起来，从而充分发挥组织行为整合、团结协调、活动督导的作用。要加强组织内部思想建设，通过组织目标拉动、教育疏导、激励强化，发挥组织的号召作用。

四是大力调动各级领导干部的带动力。人民赋予领导干部以一定的权力，领导干部就有责任、有义务带领人民群众努力工作，推动各项事业的发展。领导干部是促进发展的决策者、组织者、指挥者，领导带了头，群众才能有劲头。因此，在全面建设小康社会的过程中，各级领导干部首先要提高自己领导发展的能力，只有政治强、作风正、本事大，才能有很强的带动力。各级领导要加强自身修养，充分发挥自己的人格魅力，来增强带动力。过去我们党领导人民之所以能取得那么多历史功绩，在很大程度上是与领导人格高尚、榜样作用显著分不开的。实现我们党在新世纪初全面建设小康社会的路线、方针、政策，首先是要通过领导的行动表现出来的。领导无疑将成为群众看得见、摸得着，最容易为之感动的模仿对象。反之，领导如果“说一套，做一套”搞双重人格，不但不会有带动力，还会有负面影响。因此，各级领导要从自身做起，要求别人做的，自己首先去做，要求别人不做的，自己坚决不做。这样才能桃李不言，下自成蹊，带领群众加快推进社会主义现代化的新发展。

重视精神的作用与精神万能论*

“精神万能论不是批判了吗？现在怎么还一个劲地强调理想信念、理论和精神文明的作用？”有的同志这样说。显然这是一种模糊认识。在积极提倡精神文明的今天，有必要把这个问题弄清楚。

物质世界经过亿万斯年的发展进化，才产生了人类，随之在世界上才长出了“意识”这朵绚丽多彩的花朵（列宁比喻过），意识才从此在世界发展中发挥了它的作用。有点辩证唯物主义常识的人都知道，意识、精神（这是同等程度的哲学范畴）对物质世界有很大的反作用，其中精神文明即文明的精神、进步的精神，能促进社会生产力发展，促进社会进步的精神，诸如正确地反映了客观实际的、以马克思主义为指导的意识形态——理论、路线、思想、观点、道德、情操，以及科学、技术、文化知识，等等，对社会历史的发展起着重要的作用。列宁曾精辟地论述过意识的作用。他说：“人的意识不仅仅反映客观世界，并且创造客观世界。”①

意识、精神的作用，尤其是精神文明即进步的精神的能动作用，首先表现在它能正确认识世界，即正确地“反映客观世界”。

客观世界从大的事物到小的事物，都是现象与本质的统一体。但

* 本文发表于《中国军队政治工作》2014年第7期。

① 《列宁全集》第38卷，人民出版社1986年版，第228页。

本质与现象不同，它不是直接地呈现于事物的表面，不是人的感官可以直接感觉到的，它隐藏于现象的后面，是观之无形、听之无声、嗅之无味、触之无状而又客观存在的东西。认识的真正任务就在于认识事物的本质，而要想认识事物的本质，就必须按毛泽东同志说的那样去做，即在占有十分丰富并合乎实际的材料的基础上，进行去粗取精、去伪存真、由此及彼、由表及里的正确的理性思维。这就是说，要认识事物的本质，离不开意识、精神，尤其是正确的、进步的、文明的、精神的能动作用。我们今天要建设现代化的社会主义强国，要向工业、农业、科学技术和国防现代化进军，有许多的未知领域展现在面前，有许多事物的本质、规律都还不可能一下子就完全认识清楚。这就需要充分发挥精神文明即进步精神的作用，既要有正确路线、理论作指导，又要有先进的科学、文化，还要有正确的思想方法、科学的工作态度。这样才能较好较快地认识建设事业中各种事物的本质和规律，从而找出解决各种问题的正确途径。

列宁的话还告诉我们，意识、精神的作用，尤其是精神文明即进步的精神的作用，还在于它能够改造世界，即所谓“创造客观世界”。人的大脑不仅是认识事物的器官，也是指挥人的运动的器官，人的运动器官可以按照人的意识、指导思想去活动，作用于别的客观事物，可使客观事物的状态发生一定的变化。从古代埃及的金字塔，我国的万里长城、大运河，到现代世界上高度现代化的工业、交通运输、农业、科技、国防方面的设施上，都明显地盖着人类意识、精神的印记。列宁所说的“创造客观世界”，指的就是人类可以按自己的目的、意志，凭借一定的物质手段，去改变物质的存在状况，使自然过程和社会过程发生一定的变化。比如在自然过程中，生物的遗传和变异本来是自然界的过程，但是随着科学的发展，现在人可以用人工方法控制遗传和变异，培养出人所期望的某些生物的变种来，而且今天已建立了一门遗传工程学的新科学。在社会过程中，人的精神、意识发生的作用，尤其是精神文明所发生的作用同样也是很大的。在客观条件具备的情况下，原始社会后的每一社会形态里的进步的集团、阶级，都充分发挥了精神的能动作用，把前一个社会形态送进了坟墓。在战争中，精神的作用显得也很突出，毛泽东同志说过："自觉的能动性是人类的特点。人类在战争中强烈地表现出这样的特点。战争的胜负，固然决定于双方军事、政治、经济、地理、战争性质、国际援助诸条件，然而不仅仅决定于这些；仅有这些，还只是有了胜负的可能性，它本身没有分胜负。要分胜负，还需加上主观的努力，这就是指导战争和实行战争，这就是战争中的自觉的能动性。"[①] 他还说："战争是力量的竞赛，但力量在战争过程中变化其原来的形态。在这里，主观的努力，多打胜仗，少犯错误，是决定的因素。客观因素具备着这种变化的可能性，但实现这种可能性，就需要正确的方针和主观的努力。这时候，主观作用是决定的了。"[②]

新中国成立前三座"大山"的推倒，新中国成立后社会主义新中国的建立，就是在一定的物质条件下，在实践的基础上，千千万万革命者在共产党的正确领导下，发挥精神文明即革命的进步的精神的作用的结果。"世界不会满足人，人决心以自己的行动来改变世界。"[③] 无产阶级所进行的革命、建设，往往是在艰难困苦的条件下进行的。战争年代是以劣势装备对付敌人的优势装备，新中国成立后搞经济建设又是一穷二白的基础，因此更需要充分发挥精神文明的作用。在我党领导人民前进的道路上，处处闪耀着这种精神文明的光辉，比如20世纪20年代的井冈山精神，鼓舞着人们在物质条件异常菲薄的情况下，创造了革命根据地；30、40年代的延安精神，鼓舞着人们战胜了各种困难；抗日战争时期，毛泽东同志在党的七大上提倡的愚公移山精神，鼓舞着人们英勇奋斗，打败了日本侵略者；50年代的"穷棒子"精神，鼓舞着人们打下了初具规模的社会主义的经济基础；60年代的

---

① 《毛泽东选集》(合订一卷本)，人民出版社1967年版，第445—446页。
② 《毛泽东选集》(合订一卷本)，人民出版社1967年版，第454—455页。
③ 《列宁全集》第38卷，人民出版社1986年版，第229页。

雷锋精神，使当时团结友爱、助人为乐、爱国家、爱集体蔚成风气。今天在进行现代化建设时，特别是目前进行经济上的进一步调整，更需要建设社会主义精神文明。实现四化没有正确的理论、路线指引不行，克服困难没有信心和勇气不行，安定团结没有良好的道德风尚不行，抵制消极、腐朽思想影响，没有进步思想不行，经济建设没有科学文化不行……总之，社会主义的精神文明在以往曾发挥了巨大的作用，在今后还需要努力建设精神文明，并让它继续发挥巨大的作用。

“把精神的作用说得如此重要，这不是精神万能论吗？不是唯意志论吗？”

肯定精神的重要作用与精神万能论、唯意志论有根本的区别。辩证唯物主义充分肯定意识、精神尤其是精神文明的重要的能动作用。首先，从精神、意识的来源上看，是坚持了物质第一性、意识第二性，物质决定精神，物质是世界的本原这个唯物论的大前提的。辩证唯物主义认为，意识在任何时候、任何地方都是物质的反映。其次，从意识、精神如何发生作用看，辩证唯物主义并不是孤立地讲纯精神的作用，而是说，精神对物质所产生的能动的反作用，还需要依赖于物质，凭借于物质。马克思、恩格斯曾说过：“思想从来也不能超出旧世界秩序的思想范围。思想根本不能实现什么东西。为了实现思想，就要有使用实践力量的人。”[①] 这就是说，孤立的精神，是不能产生什么作用的，它只有与“人”这个高级的特殊物质，而且是“使用实践力量的人”相结合，才能起到它的作用。再次，从意识、精神所起的作用的程度来看，辩证唯物主义认为，精神所起作用的大小，能否变为现实，取决于客观现实、社会实践要求的程度。也就是说，意识、精神所起作用的大小，是受物质制约的，它只能在物质条件规定的限度内发挥。三国时代的智慧的代表诸葛亮再怎么“眉头一皱，计上心来”，充分发挥精神的反作用，也创造不出现代的汽车、坦克来，而只能创造出

① 《马克思恩格斯全集》第 2 卷，人民出版社 1965 年版，第 152 页。

当时物质条件下的“木牛、流马”。19世纪的人们也曾想造出一种机器人来为人类代劳，可是那时只能流于幻想，只有到了20世纪才成为现实。我们都希望四个现代化在三两年内就成为事实，都希望目前就能达到年产亿吨钢，亩产万斤粮，可是物质条件不具备，再发挥意识的反作用，也难能实现。总之，辩证唯物主义所讲的意识、精神的反作用，是以第一性的物质的作用为基础的，是与人类的实践分不开的，主观能动性是以客观的决定性为前提的。

精神万能论、唯意志论则大相径庭了，它在哲学的基本问题上主张精神第一、物质第二，精神决定物质，精神是世界的本原，精神派生万物。如唯意志论者叔本华认为：“意志是世界的物自体，是世界的内在内容,是世界的本质。”[①] 他说“整个身体无非是客观化了的意志”，有什么样的意志，才有什么样的人体器官，吃东西的意志产生了肠胃，抓东西的意志产生了手，走路的意志产生了腿脚。“四人帮”曾经把“存在第一、思维第二，客观第一、主观第二”攻击为形而上学，是什么“完全抹煞人的主观能动作用，完全抹煞物质变精神、精神变物质的飞跃”。显然，他们把唯物主义的基本原则歪曲为形而上学，他们那所谓的主观能动作用就必然是置于唯心主义的前提下了。

精神万能论在看待精神如何发生作用的问题上，也是唯心的。它认为精神是独立的实体，精神可以先于物质、离开物质独立存在，那么精神发生作用的过程，也就无须依赖和凭借物质了。林彪鼓吹精神万能论时说过：“思想的力量可以代替物质的力量，以至于超过物质的力量。思想能够起这样的作用。”他这种“代替论”，就是精神万能论的一个典型的特征。

精神万能论还认为，精神作用的程度是万能的、无限的，是不受客观物质条件制约的。陈伯达曾说过：“有物焉，据于人群心间，听之无声，望之无形，金城汤池，无其固也，十万甲兵，莫之敌也。斯为

① 洪谦主编：《西方现代资产阶级哲学论著选辑》，商务印书馆1964年版，第12页。

何物？曰其惟意志乎！”在陈伯达看来，意志的力量简直是无敌了。只要发挥意志的作用，在战争中，不管客观条件如何，当防御时就可以守必固，因为意志的力量胜于金城汤池；当进攻时，就可以攻必克，因为对方即使是十万甲兵、金城汤池，也无奈何他这种意志的力量。“四人帮”是精神万能论者。他们鼓吹什么共产主义不需要物质基础，搞所谓“富过渡”，就是超越我国生产力的实际状态，在生产关系问题上搞精神万能论，给我国造成了灾难性的损失。

精神万能论许多时候是为反动剥削阶级服务的，它是腐朽没落的反动阶级作垂死挣扎时精神状态的哲学表现。因为他们已经没有什么力量。只好把希望寄托在精神、意志上。法西斯头子希特勒在《我的奋斗》中说：“只有靠思想力量，而不是靠物质因素，才有可能组成一个国家。只有在思想力量的保护下经济生活才能繁荣。”希特勒对唯意志论者尼采崇拜得五体投地，他“常常到魏玛去参观尼采博物馆，大肆宣讲他对这个哲学家的尊敬，让记者拍他出神地瞻仰这个伟大雕象的照片”。[①] 在第二次世界大战中，希特勒还把《尼采全集》作为至宝赠送给意大利法西斯头子墨索里尼。“四人帮”也是一伙腐朽没落势力的代表，一方面他们没有什么力量，一方面他们又不甘心失败，又要拼命挣扎，所以只好崇尚精神万能论。张春桥就说：“精神万能论不能批判，在一定场合、一定时间，精神万能论是对的。”

小资产阶级急于改变现状，容易激进、狂热，当客观条件不具备时，这种特性就成为唯意志论、精神万能论的温床。我们这个小资产阶级成分较大的党，在社会主义建设实践中，有的时候受精神万能论、唯意志论的影响，思想认识路线曾偏离过辩证唯物主义，过分地夸大精神、意志、理论的作用，因而在工作指导上搞了一些“左”的东西，犯了“左”的错误。如1958年曾流行过的“跑步进入共产主义”“不怕做不到，就怕想不到”“人有多大胆，地有多大产”“思想有粮就有

---

① 见《第三帝国的兴亡》第一篇第4章，世界知识出版社1959年版，第145页。

粮，思想有钢就有钢”“巧媳妇可做无米之炊”等口号，就反映了当时受精神万能论影响，产生了唯心的工作指导的情况。这给国民经济带来了痛心的损失。我们应吸取历史教训，再也不能重犯那种过分夸大精神反作用，以至搞精神万能论的错误了。

那么，正确的精神，即精神文明是不是万能的呢？列宁曾经讲过：“马克思的学说所以万能，就是因为它正确。它十分完备而严整，它给予人们一个决不同任何迷信、任何反动势力、任何为资产阶级压迫所作的辩护相妥协的完整世界观。”[①]列宁这里说的马克思学说的“万能”，是站在唯物主义立场上说的，因为马克思的学说本身就是一种彻底唯物主义的理论，是在这样一个不言自明的大前提下讲的。列宁讲的“万能”，并不意味着这种理论的作用是不受客观条件制约的，并不意味着这种理论可以脱离开物质能发生作用。只是表明，由于马克思的学说是正确地反映了人类社会、自然界、思维领域普遍规律的科学，所以它对于无产阶级革命和社会主义建设事业都具有普遍指导意义。只要完整、准确地理解列宁的思想，就只能作如是观，而不应该得出什么背离唯物主义的结论来。类似这样的话，革命导师说过不少。列宁在《怎么办？》中还讲过：“没有革命的理论，就不会有革命的运动。”毛泽东同志讲过，马列主义是“百战百胜的武器”，“是‘放之四海而皆准’的理论”，[②]还有已为广大群众熟悉并接受了的、经久不衰的格言谚语：“有志者事竟成”，也同样是已经赋予了一个内在的前提，即在一定的物质条件下，在实践的基础上。

对精神万能论常常会有两个方面的批判，一方面是机械唯物主义的批判，因为机械唯物主义在本体论和认识论上是无视或忽视意识、精神的能动作用的，因而它也要批判唯心主义的精神万能论。对精神万能论另一方面的批判，是辩证唯物主义的批判，辩证唯物主义不是因为精神万能论肯定了精神的作用，而是反对把精神的作用说成是脱

① 《列宁选集》第2卷，人民出版社1972年版，第441页。
② 《毛泽东选集》(合订一卷本)，人民出版社1967年版，第498—499页。

离物质的，而且夸大到万能的地步。

我们现在建设社会主义精神文明，要充分发挥精神文明的作用，一方面要防止机械唯物主义，防止抹杀或忽视精神的反作用，从而更有效地加强精神文明的建设，加强理论的学习、教育和宣传，加强思想政治工作。另一方面，也要继续批判唯心主义、精神万能论，不要因为强调精神的重要作用，强调精神文明建设，就使精神万能论死灰复燃、沉渣泛起。而是要坚定不移地坚持辩证唯物主义的思想路线，既重视社会主义物质文明建设，又重视社会主义精神文明建设。

提高领导能力必须在理论与实践的结合上下功夫*

党的十六届四中全会决定，要加强党的执政能力建设。这是我们党建党以来的第一个关于加强执政能力建设的决定，对于党执政兴国、巩固党的执政地位、实现党的伟大目标，具有非常重要的意义。

一、领导能力就是理论与实践相结合的能力

如何做一个合格的领导者，如何提高领导能力呢？我们可以从党的80多年的历史中找到结论，从党的伟大实践中受到教育，从许多杰出的领导人物的经历中受到启示：他们一个共同的特点，就是成功地实现了理论与实践的结合。

邓小平曾经这样评价毛泽东："毛主席最伟大的功绩是把马列主义的原理同中国革命的实际结合起来，指出了中国夺取革命胜利的道路。"[①] 同样，我们也可以说，邓小平等最伟大的功绩是把马克思主义基本原理与当代中国实际结合起来，把国家建设和党的建设推向一个崭新的发展阶段。马克思主义基本原理与中国具体实际相结合（以下简

* 本文发表于《中国军事科学》2015年第7期。

① 《邓小平文选》第2卷，人民出版社1994年版，第345页。

称“结合”），既是马克思主义的根本原则，也是我们党领导中国革命和建设取得胜利的关键。做一个合格的领导者，提高领导能力，必须做到这种“结合”。

领导者的职责、使命，就是完成党和国家赋予的任务，完成上级交给的任务，代表人民的根本利益，反映人民群众的意愿、要求。所以，领导者必须掌握好马克思主义的基本理论，理解好党和国家的路线、方针、政策，同时要了解实际情况包括广大群众的思想实际、工作实际等情况，做到既了解上面的，又了解下面的；既懂得理论、又了解实际，从而把二者结合好。“结合”得好坏直接决定了领导者的能力、水平。

从根本上说，领导者的任务就是带领群众认识世界、改造世界，认识矛盾、解决矛盾。完成这样的任务，必须懂得客观世界的特点、规律。对于我们军队的领导干部来说，要担负起带兵治军打仗的艰巨任务，就必须懂得新形势下带兵和治军的特点、规律，懂得高技术战争条件下局部战争、信息化战争的特点、规律。关于客观世界包括治军打仗的特点规律的学问，也就是理论。不懂得不掌握科学理论，就没有正确方向，就抓不住事物的本质，就难以按客观规律办事。同时，改造客观世界，治军、打仗，还需要了解实际情况，实现理论与实际相结合。否则，理论与实际不结合或结合不好，就难以认识世界、改造世界，难以认识矛盾、解决矛盾。

二、搞好“结合”需要抓好几个环节

一是辩证思维。辩证思维的基本前提是吃透两头，一头要“吃透”理论，即学好马克思主义等基本理论，对马克思主义的立场、观点和方法学习掌握好；另一头是要“吃透”实际，对实际情况有本质的真切的了解。“吃透”理论，就要坚定对马克思主义的信仰、信念、信心，这是实现“结合”的思想前提和基础。现在有许多人包括不少领导干部不信马列而信神信鬼、求神拜佛，这怎么可能有科学的辩证思维呢？在改革开放初期，邓小平对当时社会上否定毛泽东思想的错误思潮予以坚决反对和抵制，捍卫并发展了毛泽东思想。为了统一全党和全国人民的认识，他建议党中央研究起草《关于建国以来党的若干历史问题的决议》，并就起草问题作了九次讲话，特别强调“最核心的一条”，是“确立毛泽东同志的历史地位，坚持和发展毛泽东思想”；“不写或不坚持毛泽东思想，我们要犯历史性的大错误”。1986年9月2日，他在接受美国记者华莱士采访时坦言：“我是个马克思主义者。我一直遵循着马克思主义的基本原则。”话虽不多，却是这个伟大的马克思主义者对自己坚定信仰的严正阐述。

“吃透”理论必须既要“完整准确”，又要注意“要精、要管用”。在学习马克思主义理论时，邓小平同志始终坚持“完整准确”与“要精要管用”的统一：一方面，他反对割裂和曲解马列主义、毛泽东思想，主张“完整地准确地掌握马列主义、毛泽东思想的科学体系”；另一方面，他又坚决反对学习马列生吞活剥、学用脱节，强调“学马列要精，要管用的”。所谓“精”，就是重点学习马列经典著作，注重掌握马克思主义的基本立场、观点和方法；所谓“管用”，就是要有针对性，用来解决实际问题。邓小平学习马列，始终注重把握科学体系和精神实质。

关于辩证思维，列宁曾讲过：“思维应当把握住运动着的全部‘表象’，为此，思维就必须是辩证的。”[①] 辩证思维的本质特征，就是把握现实运动的“全部总和”，从多样性的统一方面再现运动着的现实世界，从而达到对具体真理的认识。有的学者认为，辩证思维的规律就是辩证法的规律；有的学者则归结为三条：由抽象上升到具体的规律、分析与综合结合的规律和逻辑的与历史的统一的规律，等等。我认为，辩证思维，就是站在马克思主义的立场上，运用唯物辩证法，对客观

---

① 《列宁全集》第38卷，人民出版社1986年版，第245—246页。

事物进行思考、分析。

坚持共性和个性的辩证统一是事物矛盾问题的精髓。辩证思维必须坚持和运用好这个“精髓”。邓小平始终坚持社会主义的“共性”，又高度重视社会主义的个性，强调“中国特色”。一方面，他深知事物矛盾的普遍性即共性，往往体现着事物的本质和基本特征。事物矛盾的特殊性即个性，必然与共性相联系，否则就会失去质的规定性而不可能存在。社会主义的共性，是社会主义的本质和社会主义制度的基本特征，是社会主义制度与其他社会制度的根本区别所在。建设中国特色社会主义，前提是走社会主义道路，否则，“中国特色”就无从谈起。不论遭遇多大困难、挫折，邓小平都始终坚信：“只有社会主义才能救中国，只有社会主义才能发展中国。”他倡导改革，主张打破传统僵化体制的束缚，同时又强调改革绝不是要改变中国的社会主义性质，而是为了促进社会主义优越性的充分发挥。中国改革必须坚持社会主义普遍原则，坚持社会主义道路，否则就偏离了正确方向。另一方面，他也深知，个性毕竟不同于共性，它丰富多样，更生动活泼。共性总是寓于个性之中，并通过个性表现出来，共性如果不与个性相结合，就会僵化、枯死。中国乃至世界社会主义事业的经验教训表明，社会主义的共性，必须通过各国社会主义的个性表现出来。社会主义的个性，是社会主义本质、特征的具体形式。

辩证思维，切忌绝对化，片面性，走极端。在实现共性与个性相结合、理论与实践相结合的过程中，邓小平始终与各种错误倾向作坚决的斗争。一方面，他反对以个性否定共性，即反对片面强调某一国家建设社会主义的特殊形式而否定社会主义的共性，指出这种倾向难免导致狭隘的经验主义。另一方面，他又反对教条主义，即反对以共性否定个性，反对以理论剪裁实践，反对照搬照套某种理论或经验模式。他指出，这种片面强调社会主义的共性，否定在不同国家建设社会主义应有不同的方法、道路的倾向，容易导致教条主义的错误。上述两种倾向看似迥异，实则两极相通，殊途同归，最终都会背离社会主义。那么，究竟如何来衡量“结合”及其成效呢？为了消除人们的思想困惑，邓小平提出了著名的“三个有利于”标准。他指出：“判断的标准，应该主要看是否有利于发展社会主义社会的生产力，是否有利于增强社会主义国家的综合国力，是否有利于提高人民的生活水平。”邓小平历来主张说实话、报实情、办实事、求实效，他提出的许多重要理论概括，如中国正处于社会主义初级阶段，社会主义的根本任务是发展生产力，改革是中国现代化的必由之路，大力发展社会主义市场经济，“一国两制”，等等，都是他求真务实、辩证思维的具体体现，都是对中国特色社会主义建设和改革规律的深刻揭示和运用。邓小平求真务实、“照辩证法办事”的思想方法和领导作风，举世公认，就连美国前国务卿基辛格也由衷赞叹：“邓小平是世界上做的比说的多的少数几个政治家之一。”

辩证思维必须善于抓好主要矛盾。对于执政党和各级领导人来说，理论联系实际、理论与实际相结合，最重要的实际就是主要矛盾、中心工作、关键问题。如果不能抓住主要矛盾，就可能主次不分或主次颠倒，即使身在实际之中也难以抓住最大的、最本质的实际。在20世纪五六十年代，我们党曾提出要从中国实际出发建设社会主义的思路，并进行了宝贵的探索，留下了许多可资借鉴的重要经验，但也发生了一些重大失误。其根本原因之一，就在于抓错了主要矛盾。痛定思痛，邓小平对中国社会所处阶段和社会主要矛盾作了科学分析。他准确地断定，在夺取政权、建立社会主义制度之后，中国最大的、最本质的实际，就是正处在并将长期处在社会主义初级阶段。此间，中国社会的主要矛盾已经不是阶级斗争，而是人民日益增长的物质文化需要同落后的社会生产之间的矛盾。这一主要矛盾，决定了社会主义社会的根本任务就是发展生产力，决定了我们党的中心工作要“以经济建设为中心”。

二是敢于创新。敢于创新，关键在一个“敢”字。做一个合格的领导者，有较强的领导能力，包括必备的魄力，绝不能因循守旧，胆小怕事。有不少干部为了保“乌纱”、保官位，过分地谨小慎微，这也不敢抓，那也不敢闯。改革开放的新形势，社会主义市场经济和信息化战争，对领导干部有许多新的要求，一个重要方面就是必须解放思想，与时俱进，敢于创新，要从那些不合时宜的旧的思想、习惯、体制中解放出来。邓小平实现伟大“结合”，与他敢于解放思想、无私无畏的个人特质是分不开的。邓小平一生“三落三起”，每次人生挫折，都没有使他屈服、沉沦，反而使他愈挫愈奋，更加坚定了对马克思主义和社会主义、共产主义的执着信念。20世纪30年代，他遭受第一次打击时，被称为“毛派头子”，调离领导岗位，但他仍坚信毛泽东指出的革命道路是正确的；遭受第二次打击时，他被诬为“党内另一个最大的走资派”，但他仍坚信马克思主义必然胜利；遭受第三次打击时，他被诬为“死不改悔的走资派”，再次被解除一切领导职务，但仍坚信搞社会主义现代化建设没有错。沧海横流方显英雄本色，在邓小平的每次沉浮中，都充分表现了他对马克思主义的坚定信仰，表现了他无私无畏探索实现马克思主义与中国实际相结合的非凡胆略。在长期的革命生涯中，特别是“三落三起”的曲折经历，造就了邓小平不屈不挠的坚强意志、唯物辩证的思维方式、“柔中寓刚”的斗争智慧和善理大局、善断大事的卓越领导艺术。

要敢于和善于独立思考，不唯上，不唯书，敢于打破常规。有了上述的“吃透”理论，“吃透”实际和辩证思维，就能较好地做到独立思考，打破常规。邓小平如果不能突破僵化思想和教条主义的束缚，如果不能让思想冲破牢笼，他领导的改革就会寸步难行。因此，解放思想是一个长期性的任务。只要实践无止境，认识无穷尽，解放思想就永远不会完结。他还指出：“我们讲解放思想，是指在马克思主义指导下打破习惯势力和主观偏见的束缚，研究新情况，解决新问题。”邓小平在伟大“结合”中，推动了两次全党的思想大解放：第一次是真理标准问题的大讨论和十一届三中全会。它使人们的思想从“以阶级斗争为纲”“两个凡是”等“左”的思想束缚中解放出来，提出以经济建设为中心，带领全党实现工作指导思想的战略转变，开创了改革开放和社会主义现代化建设的新时期，促进了邓小平理论的形成和发展。第二次是 1992 年视察南方的重要谈话。他提出计划经济和市场经济不是区分社会主义和资本主义的标志，社会主义国家也可以发展市场经济，判断改革成败得失的根本标准是“三个有利于”等重要观点，把人们的思想从姓“资”姓“社”的抽象议论中解放出来，从对改革开放的各种困惑中解放出来。从邓小平实现伟大“结合”的过程来看，它的每一个阶段性发展，都伴随着解放思想。解放思想既是其“结合”的逻辑起点，也是“结合”的重要动力。面对重重困难，邓小平展现出了巨大的政治勇气、理论勇气和实践勇气，表现出了一种破旧立新、无私无畏、不屈不挠的精神。邓小平深知，改革开放是一项全新的事业，在中国这样一个经济文化比较落后的国家进行社会主义现代化建设，要闯出一条新路，如果没有革命的胆略、气魄，是不可能的。这个胆略、气魄不是盲目的，而是要有马克思主义的指导。邓小平早在“文化大革命”后再次复出之初，就旗帜鲜明地支持了真理标准问题的大讨论，打破了教条主义和个人迷信的思想禁锢，为改革开放开辟了道路；面对传统体制的历史积弊，他勇敢地提出了社会主义的政治、经济改革问题，并指引中国人民义无反顾地走上了改革开放的历史必由之路；他以非凡的胆略和气魄，建立和发展了经济特区，有力地促进了新的经济体制的建立。邓小平强调，“干革命、搞建设，都要有一批勇于思考、勇于探索、勇于创新的闯将。”每当改革开放进展的关键时刻，邓小平总是鼓励人们勇于探索、大胆试验、努力创新，他大声疾呼：“要克服一个怕字，要有勇气。”“思想更解放一点，胆子更大一点，步子更快一点。”“看准了，就大胆地试，大胆地闯。”他的这些重要思想，打破了保守、僵化的坚冰，迎来社会主义市场经济体制的建立；他提出的“一国两制”，打消了港澳同胞对前景的疑虑，促成了香港、澳门的顺利回归。

三是全心为民。这是实现理论与实践相结合的根本动力。领导干部的根本职责，说到底就是一句话：为人民服务。理论与实际结合的目的也在于实现人民的根本利益和愿望。舍此，再没有别的目的。全心全意为人民服务是我党我军的唯一宗旨。“宗旨”既是出发点，又是中心点，还是归宿和落脚点。真正确立了全心全意为人民服务的宗旨，也就从根本上具备了党员领导干部必备的世界观、人生观、价值观和权力观、政绩观。根本指导思想端正了，才能真正做到理论与实践相结合，才能防止说一套做一套。

全心为民，就能够牢记党的群众路线，深入实际，深入群众，深谙民情，深解民意，能够相信群众，关心群众，依靠群众，为了群众。毛泽东和邓小平全心全意为人民服务的人民情结，是他们追求真理、实践真理的原动力。邓小平说：“我是中国人民的儿子，我深情地爱着我的祖国和人民。”这是邓小平的心声，也是他一生为国为民的写照。他始终坚持群众观点，极为重视体察民情、掌握民意，尊重群众的意愿和首创精神，全心全意为人民谋福利。1979 年春天，安徽凤阳县小岗村农民率先实行了家庭联产承包责任制，邓小平从这种“敢为天下先”的做法中，敏锐地体察到民情、民意，并因势利导加以推广。在谈到为什么要进行改革时，他说：“改革是大家的主意，人民的要求。”邓小平尊重群众，热爱人民，始终把“人民拥护不拥护”“人民赞成不赞成”“人民高兴不高兴”“人民答应不答应”，作为各项方针政策的出发点和归宿。邓小平的人民情结和群众观点，是历史上的民本思想不可比拟的。以往的民本思想尽管重民、为民，但在本质上只是把民众视为统治阶级的工具。

三、实现理论与实践“结合”，必须克服错误思想

各种谬误和错误思想认识，是真理的对立面，也可以说是真理的天敌。要实现理论与实践的结合，必须防止和克服各种错误思想。我们党在七大之前，进行的延安整风，通过整肃主观主义、教条主义等

错误的思想作风，促进了马克思主义普遍真理与中国革命实际的结合，促进了革命的胜利。

官僚主义、主观主义是实现理论与实践相结合的重要妨碍。有了这种思想作风，就不思进取，不爱学习，就高高在上，脱离群众，脱离实际，凭主观印象办事，拍脑门决策，必然产生失误。

极端个人主义、以权谋私、形式主义，思想作风不端正，也是实现理论与实践相结合的大碍。毛泽东同志年轻时曾讲过：私心为万恶之渊薮。私心越重，越难以贯彻执行党和军队的宗旨，难以做到全心全意为人民服务。立党为公，这种“公”心“善”心，是万善之渊薮。有了这种思想品质，才能有利于有助于实现理论与实践的结合。也可以说私心是实现“结合”的大敌，公心是实现“结合”的盟友。

教条主义是实现理论与实践相结合的巨大屏障。党的历史上因“左”的教条主义的错误而妨碍“结合”给革命造成重大损失，这种教训有多次。特别是王明的教条主义，简单照搬马列个别结论，使红区力量损失90%，白区的力量损失100%。新中国成立以后，也犯过“左”的教条主义的错误。马克思主义是在斗争中发展的，它在发展过程中既要战胜来自右的方面即“过时论”的歪曲，又要克服“左”的方面即教条主义的扭曲、干扰。毛泽东、邓小平在革命实践中，对教条主义作了坚决的斗争。邓小平告诫全党：“绝不能要求马克思为解决他去世之后上百年、几百年所产生的问题提供现成答案。……真正的马克思列宁主义者必须根据现在的情况，认识、继承和发展马克思列宁主义。”[①]如果一切从本本出发，思想僵化，迷信盛行，就要亡党亡国。粉碎“四人帮”后，邓小平从思想路线的拨乱反正入手，明确指出“两个凡是”不符合马克思主义。他引用毛泽东多次说过的话：马克思主义经典作家包括他本人都犯过错误。邓小平指出，毛主席历来反对本本主义，我们对待毛泽东思想，也要这样。在解决新问题的

① 《邓小平文选》第3卷，人民出版社1993年版，第291页。

实践中，邓小平不仅恢复和发展了毛泽东思想的活的灵魂——实事求是、群众路线、独立自主，而且以新的独创性的见解丰富和发展了毛泽东思想。例如，他提出的社会主义市场经济理论，既有对毛泽东关于社会主义社会必须发展商品生产和商品交换、运用价值规律等思想的继承和发展，又从根本上打破了把计划经济和市场经济看作属于社会基本制度范畴的思想束缚，为我国经济体制改革奠定了理论基础。邓小平始终在实践的基础上把坚持和发展马克思主义统一起来，这使他不仅能够真正地坚持马克思主义，而且在改革开放的新形势下，带领全党成功地实现了马克思主义与中国实际的结合，创立了当代中国的马克思主义——邓小平理论。

·第三部分·

精神文明与思想政治工作研究

在物质文明较差的基础上可以建设较高的精神文明*

——对人民解放军精神文明建设经验的哲学思考

在党的正确领导下，人民解放军经过几十年的战斗历程，创造了无产阶级军队特有的精神文明，从而成为举世公认的文明之师。人民军队这种以社会主义、共产主义思想为核心的精神文明，是它区别于剥削阶级和小资产阶级军队的重要标志，是人民军队战胜一切艰难险阻，打败国内外强大敌人的力量源泉。

人民解放军的精神文明建设过程，是在一定的物质基础上，尊重客观规律性和充分发挥人的主观能动性辩证统一过程。研究这一历史经验，对我们建设社会主义精神文明是有益的。

一、人民解放军建设精神文明具有一定的物质基础

我军精神文明是在革命战争年代，在生产力水平十分低下、经济落后的社会环境里，在物力、财力和物质生活极其艰难困苦的情况下

* 本文刊载于《全军精神文明建设论文集》，总政宣传部编，1983年版。

建立和发展起来的。小米加步枪等简陋装备、设施，即是战争年代我军战斗力的重要物质基础，也是我军精神活动的重要物质基础。在社会主义建设时期，我军的物质条件有了很大的改善，不过与现代化要求相比，仍是不够发达和相对落后的，但我军的精神文明建设仍然不断发展前进，按照党和人民的要求，精神文明建设努力走在全社会的前列。

那么，人民军队的精神文明是不是不具备物质基础，而是仅凭主观愿望和努力创造出来的呢？不是。马克思主义的唯物史观明确指出，社会存在是社会意识产生的物质基础和前提。社会存在主要是社会生产方式，它包括生产力和生产关系两个方面。精神文明中的科学、教育、文化等方面，比较直接地反映着社会生产力的发展水平；而人们的政治思想、伦理道德等社会意识形态部分，则是由作为经济基础的社会生产关系直接决定的，生产力对社会意识形态的最终决定作用，只能通过生产关系间接地实现。因此，研究精神文明的物质基础，决不应该撇开生产关系孤立地研究生产力，而应该全面地历史地研究生产力与生产关系相互联结、相互矛盾状况。由于生产关系与生产力的矛盾和上层建筑与经济基础的矛盾紧密联系，生产力对社会意识形态的决定作用，不仅要经过经济基础的中介，而且要经过政治制度的中介，所以我们在考察一定精神文明的物质基础时，还要联系一定的阶级关系、政治关系进行研究。从这样的观点出发，就可清楚地看到，人民军队虽然在武器装备以及物质生活条件方面比较差，但却有着建立先进精神文明的深刻的社会经济根源和充分的客观必然根据。

从过去的革命战争年代来说，首先，帝国主义、封建势力、官僚资本主义对中国人民的残酷剥削、掠夺和压迫，造成人民极端贫穷痛苦，严重阻碍生产力的发展，是半封建半殖民地旧中国的生产力与生产关系矛盾的集中表现。在这一矛盾基础上产生的人民大众革命斗争实践，是我们军队形成自己的精神文明的社会条件。军队的高度革命精神正是中国人民的不屈不挠、英勇斗争的革命性的集中表现和升华。

其次，在半封建半殖民地的经济状况中，随着资本主义的初步发展，出现了占国民经济10%左右的现代性工业，工人阶级队伍也随之壮大起来。这就具备了以马克思主义为核心的新型精神文明的阶级条件。特别是由于在中国社会历史条件下形成的工人阶级对中国民主革命的领导权以及工人阶级及其政党对武装斗争和武装力量的领导权，使以农民为主要成分的军队具备了以马列主义毛泽东思想为指导，建立精神文明的阶级基础。

再次，半封建半殖民地政治制度所具有的“对内没有民主而受封建制度压迫，在外部没有民族独立，而受帝国主义的压迫”的特点，决定了中国革命只能以长期革命战争为主要斗争形式。长期的革命战争为我们军队的精神文明建设提供了社会实践基础。

因此，人民军队虽然生长在经济落后的国度里，与物力财力的极大困难相联系，但是在我国的具体历史条件下的社会基本矛盾运动基础上产生的革命的特点和规律性，仍然使之具有着建立较高水平的精神文明的深刻的根源和基础。

目前，我国仍处于社会主义初级阶段，经济和科学技术还比较落后。但在社会主义制度已经巩固的情况下，我们的社会主义精神文明建设更具有了坚实的客观基础，并且随着物质文明建设的发展，这个基础将日益深厚。以生产资料公有制为基础的社会主义生产关系和社会主义市场经济的不断健康发展，日益显示出其促进生产力迅速发展的巨大优越性。人与人之间新型的同志式的平等互助合作关系，会在新的融合后的基础上日益发展，这就使我军的每个成员和广大人民群众一起，从切身利益和现实生活中获得树立社会主义、共产主义理想、道德、信念的源泉。

人民民主专政的国家制度，以马列主义、毛泽东思想为指导的社会意识形态，是团结教育人民，引导人民提高社会主义、共产主义觉悟，战胜各种落后和腐朽思想侵蚀的强大武器和有力保证。广大劳动人民作为生产资料和社会的主人，他们学习文化科学知识的权利得到充分保障，他们充分发展才能的要求受到鼓励和支持。在社会主义建设过程中，人民群众和我军指战员的文化科学知识水平必将普遍地逐步得到提高。

总之，我国的社会主义社会现在还处在初级发展阶段，物质文明还不发达，但是，如同有了一定程度发展的现代经济，有了当代最先进的阶级——工人阶级及其先锋队共产党，社会主义革命就有可能成功一样，在建立起了社会主义制度以后，我们就能够在建设物质文明的同时，建立起较高水平的社会主义精神文明。

历史事实说明，对一定精神文明的物质基础的认识，只有坚持唯物论和辩证法的统一，把它作为包含整个社会基础矛盾运动的综合范畴，加以具体、历史地考察，才能得出符合实际的结论，避免各种片面性。坚持这样的观点和方法，才能在现实条件下透过物质文明水平的现状，了解和把握建设社会主义精神文明的深刻根源和充分根据，克服无所作为的消极情绪，澄清那些所谓“消极腐败现象是生产力水平低的必然反映”等模糊认识，坚持以社会主义、共产主义思想为核心的思想建设先行，在现有经济发展水平基础上，在建设物质文明的同时，满怀信心地为实现党的十四届六中全会《决议》提出的关于精神文明建设的目标而奋斗。

二、人民解放军建设精神文明的能动性、创造性

与自然现象可以自发地由可能转变为现实不同，人类社会现象中的任何客观可能性，不经过人的自觉能动性的发挥，都难以自发地转变为现实，尤其精神文明的精神，是比任何物质技术工程都艰难复杂不知多少倍的思想工程，它需要经历一个在曲折的矛盾运动中进行无数创造性劳动的过程，特别是在经济不够发达的条件下，思想道德建设和文化建设更加艰巨，因此，需要把这种能动性、创造性发挥到最大限度。在党的领导下，我军以社会主义、共产主义思想为核心的思

想道德建设，正是在这一定的物质条件基础上，充分发挥符合于客观实际的主观能动性和高度的首创精神，取得了精神文明建设的伟大成就和宝贵经验。

人民军队思想道德建设中根据和符合客观实际的能动性创造性的发挥，主要表现在：

第一，不间断地系统而又联系实际地进行马列主义、毛泽东思想的教育，使社会主义、共产主义思想体系逐步变成广大指战员的指导思想。与此同时认真地进行科学、文化教育。持久、深入地进行马列主义、毛泽东思想和社会主义、共产主义的教育，既是建设新型精神文明的根本任务，又是建设新型精神文明的根本途径。我军从建军开始，就一直在党的绝对领导下，坚持不懈地对广大指战员进行马列主义、毛泽东思想和社会主义、共产主义的教育。

实践证明，先进阶级及其军队最易于接受先进的社会意识，但这并不意味着这种思想的灌注和教育是轻而易举的。特别是我军的大部分成员来自农民，进行革命思想理论的教育就更显得艰难。在这种思想教育中，我军各级领导都体现了高度的能动性、创造性。一方面，从科学理论的完整性、系统性出发，注意对部队进行系统的教育，同时，经常性的大量的思想教育又是在及时正确的调查研究的基础上，针对人们的现实思想，以马克思主义为指导，对群众最关心、最担心的问题给以深入浅出的说明解释，对群众思想上的模糊观念、错误思想进行耐心细致的说服教育。因而使教育富有针对性、有效性。在进行政治理论教育的同时，人民军队在各个时期也十分重视科学文化教育。毛泽东同志在战争年代就指出，没有文化的军队是愚蠢的军队，愚蠢的军队是不能战胜敌人的。教育的发展，不仅直接推动生产力的发展，而且也不断促进人们认识能力、思想道德水平的提高。因此，即使在艰苦的条件下，也办起了多种形式的教导队、识字班、文化学校、宣传队，以至红军大学、抗日军政大学等，组织广大指战员在学政治、学军事的同时学习科学文化，使广大指战员由原来文化低甚至目不识丁，到掌握了一定的文化知识，有力地促进了社会主义、共产主义思想觉悟和军事素质的提高。

第二，正确开展积极的思想斗争，抑制和纠正各种非无产阶级思想。早在我军初创时期，毛泽东等同志就针对红军存在着的单纯军事观点、极端民主化、非组织观点、绝对平均主义、主观主义、个人主义、流寇思想、盲动主义残余等各种非无产阶级的思想影响，坚持对部队进行思想教育，坚持对各种错误思想进行斗争。1929 年古田会议决议的制定和贯彻，使红军的面貌焕然一新，生机勃勃，逐步肃清了一切旧式军队的影响，为建立人民军队的精神文明奠定了牢固的有深远意义的基础。抗日战争期间，在延安整风运动中，号召全党全军特别是中高级干部克服主观主义、经验主义、宗派主义，使全党全军的思想、理论水平得到空前的提高。解放战争期间，我军开展新式整军运动，以自我教育为主，纠正错误思想，大大提高了指战员的思想觉悟。回顾这些历史情况，我们可以清楚地了解，一种意识形态的能动作用的结果，不仅取决于它本身的性质，而且在相当程度上取决于它和与之相对立的意识形态相互较量、斗争的情况。敢于和善于纠正各种非无产阶级思想在我们队伍中的反映，坚持马克思主义的纯洁性，坚持以无产阶级先锋队的精神面貌去改造世界、改造党和军队，这是我党我军建设精神文明的根本保证，也是我们党和军队在政治上、思想上立于不败之地的根本保证。

第三，建立、健全实在、管用的规章制度，并在实践中认真地贯彻落实，促使人们在工作、生活实践中培养先进的思想、道德，从而使精神文明逐步趋于实践化、制度化、生活化、经常化。我军根据各个时期的客观情况，逐步建立、健全的一系列规章制度，已经成为部队的光荣传统。它既是先前精神文明建设的结晶，又是而后进一步加强精神文明建设的重要措施。比如，把党支部建设在连上，后来逐步建立的党代表（后又改为政治委员）制度、政治工作机关和政治工作制度，使各级都有一个坚强的领导核心和政治思想工作的法规性的章程。又如，军队内部的民主生活制度，即在集中领导下的政治民主、经济民主、军事民主，使党的群众路线在部队中得到具体的体现。我军不断健全的各种规章制度，一经产生之后，经过各级领导认真的倡导和党员干部的带头执行，就在客观上造成一种促进精神文明建设的优良的外部环境。

第四，充分发挥广大党员和各级领导干部的模范带头作用。人民军队的精神文明首先体现在部队的广大党员干部身上。这批党员干部既是精神文明的倡导者、宣传者，同时又是精神文明的担当者和践履者、示范者。要求别人做到的事，自己首先做到；禁止别人做的事，自己一件也不做。也正因为这样，他们所倡导、宣传的那些内容，对广大士兵群众，就更显得可亲可信可行，从而显示其有力有效的动员作用和号召作用，更有效地带动整个部队的精神文明建设。

以上几个方面是相互联系、相互制约而发生作用的。这些经验虽然是革命战争年代逐步积累、形成论文，并经过后来几十年不断巩固和发展的，但其中也必然反映着精神文明建设的一般规律性的要求，包含并渗透着精神文明建设的普遍指导原则。因而，只强调其中所反映的革命战争条件下的特殊性，而否定它的普遍指导意义是错误的。当然，不看时间、对象、条件，生搬硬套也是不行的。

三、在建设精神文明中，既要反对唯意志论，又要反对机械论

人民军队以社会主义、共产主义思想建设为核心的精神文明建设，是一个坚持辩证唯物论反对唯意志论、坚持唯物辩证法反对机械论的过程。

我军从20世纪20年代以来，在经济落后的条件下，逐步建设起来的革命的先进的意识形态方面的文明，确实是伟大的奇迹。它是中国共产党人坚持唯物辩证法，发扬坚强的革命精神和高度能动性的创造物。但是，这绝不是纯主观意志的创造物，党领导人民军队坚持唯

物辩证法，与唯意志论和各种形式的唯心主义划清界限。

“人类始终只提出自己能够解决的任务，因为只要仔细考察就可以发现，任务本身，只有在解决它的物质条件已经存在或者至少已在形成过程中的时候，才会产生。”[①] 人民军队就是在历史进程中已经存在或正在形成的物质条件基础上，创造着自己的精神文明的。它充分发挥主观能动性，但决不像唯心主义那样抽象地脱离实际地发挥能动性；它在既定的客观物质基础上，充分注意尊重建设精神文明的客观规律性，而不是离开唯物主义的立场，去随心所欲地想创造什么就创造什么。它在深入进行精神文明建设的同时，又尽其所能地进行了物质文明方面的建设，尽力改善部队的武器装备和指战员的物质生活条件；在进行政治思想工作中，注意掌握思想发展的规律性，认真从当时当地的实际情况出发；党组织和各级领导干部在对群众进行“言教”的同时，又辅之以模范的有巨大影响力的“身教”，从而为人们形成进步的思想意识创造了一个健康的客观环境；在进行正确的理论教育的同时，党又不断地领导广大指战员把正确的思想理论转化为成功的实践，这种革命的成功的实践，就成为干部、战士不断产生新的进步思想观念的基本来源和动力。我军这种从辩证唯物主义立场出发，实事求是地建设精神文明的根本经验是实在的、宝贵的。

唯心主义和形而上学是建设精神文明的大敌。林彪、“四人帮”过去宣扬精神万能论，搞了大量的极左的东西，败坏了我军政治思想工作的声誉和实事求是的优良传统，严重地破坏了我军精神文明的建设。在建设精神文明中，我们的同志有时也会自觉不自觉地发生一些违背唯物主义和辩证法的错误，以为自己既然是社会和自然的主人，那么自己的言行就与客观事物的规律天然和谐、高度一致，也就可以为所欲为了；容易满足于自己良好的主观动机，以良好的动机代替了对客观规律的尊重和探索；在复杂事物面前，虽也做了一些调查研究，

① 《马克思恩格斯全集》第13卷，人民出版社1965年版，第9页。

但浅尝辄止，功夫不到，依然被复杂事物的客观规律拒之门外，或者脱离实际，提出一些不切实际的高指标；或者不顾环境、对象和条件，搞一些不科学的措施、方法，等等，这样就容易干扰精神文明建设。

建设精神文明，必须坚持辩证的唯物论，反对机械唯物主义。我们尊重唯物论，但并没有被贫乏的物质条件遮住视线、束缚住手脚。我们坚持了辩证的唯物论，对特定的历史条件进行具体分析，透过贫乏的物质条件，看到了我们建设先进精神文明的充分的、深刻的客观基础，敢于斗争，勇于创造，以符合客观实际的正确的能动性，创造了新型的精神文明。

有些同志在批判了精神万能论以后，走向另一个极端，扭曲了“唯实”“务实”的精神，片面崇尚物质条件，把唯物论阉割为束缚和窒息人的自觉能动性的机械论。有人简单地把精神文明看成物质文明的派生物，对生产力的决定作用的原理，撇开一定历史条件下的社会基本矛盾运动，作抽象、孤立的理解，不懂得意识能动作用和社会意识相对独立性原理。因而，他们对我们今天能在建设物质文明的同时，建设起较高的社会主义精神文明信心不足，并轻视、贬低思想政治工作。这种机械论倾向的危害是很大的。它必然造成一些人在建设精神文明中，消极观望，被动应付，对各种消极腐败现象以及反动、落后的思想，放任不管或抑制不力，客观上为其泛滥大开绿灯。

发扬革命传统是建设精神文明不可缺少的内容。但有些人，特别是一些青年对发扬革命传统却不太感兴趣，认为这些东西过时了。我们要注意教育、引导。

综上所述，建设精神文明，一定要坚持唯物论与辩证法的统一。在坚持唯物主义的基本原则时，防止滑向机械论，绝不能把唯物主义变成削弱思想建设的借口，变成束缚主观能动性的桎梏。在坚持辩证法、高度重视思想建设和自觉能动性发挥时，防止各种形式的唯心主义、形而上学乘隙而入，绝不能把辩证法变成随心所欲的“变戏法”。

社会主义精神文明重在建设*

社会主义精神文明，是我们团结奋斗的一个目标，它是有中国特色社会主义的一个重要组成部分。这种崭新的精神文明形态，是批判地继承了前人所创造的优秀思想文化，又在社会主义实践中不断创新和发展，它既没有离开人类文明发展的大道，又与以往的精神文明有着本质的区别。社会主义精神文明这种特殊的性质，决定了其本身的发展必须重在建设，一切着眼于建设。

坚持一切着眼于建设是社会主义精神文明建设的一个重要指导原则。所谓一切着眼于建设，就是一切着眼于“立”、着眼于“创新”，它和一切着眼于“破”、着眼于“批判”，是两种根本不同的指导原则。坚持一切着眼于建设，是新时期党和国家的工作重点的必然要求。社会主义初级阶段的主要矛盾决定党和国家的工作重点，也决定精神建设的着眼点，党和国家的工作重点已经转移到经济建设上来，与此相应，精神文明建设也应该坚持重在建设的原则，很好地为经济建设服务。只有这样，精神文明建设才能对解决我国社会主义初级阶段的主要矛盾发挥更大的作用。

重在建设，是历代社会精神文明自身发展的必然逻辑，是精神文

* 本文刊载于《中国特色社会主义建设概论》，八一出版社 1993 年版。

明进程中经验教训的结晶。

从"人猿相揖别"时起，人类走出蒙昧、洪荒，在物质生活资料生产的过程中，相应地出现了精神生产，创造了物质和精神的成果。例如，石器工具、火的使用、早期语言、原始歌舞、洞穴壁画、兽牙项链、猎物的弓箭等。这是人类文明的曙光。这时的人类社会还处在"采集现成的天然产物为主"的蒙昧时代和"经营畜牧业和农业"，学会"增加天然产物"的野蛮时代。严格地讲，这时还谈不上什么精神文明，但即使是精神文明雏形、发轫，也表明了它从起步之初就是建设的结果，而不是"批判""破坏"的结果。

随着人类生产实践的发展，人类社会逐渐跨进了文明时代的大门。"文明时代是学会对天然产物进一步加工的时期，是真正的工业和艺术产生的时期。"以加工为特征的工业和艺术，不同于农业和畜牧业。农业畜牧业是自然生长的过程，而工业是对天然物质进行加工，艺术是对思想精神资料进行加工，它们受自然条件的制约比前者大为减少，从而表现出人类对世界的改造能力大为提高。这时，无论是物质产生还是精神生产，都进入了一个崭新的阶段。人类进入文明时代以后到社会主义文明诞生之前，相继出现了奴隶社会的文明、封建社会的文明和资本主义社会的文明。恩格斯曾把这三大奴役制社会的文明称为文明时代的三大时期。

文明时代的每一个成果，都是广大群众辛勤建设的结晶。奴隶社会代替原始社会，社会分工进一步扩大，石器工具被青铜器工具所代替，物质生产和精神生产有了进一步发展。例如，埃及的金字塔，标志古巴比伦文学最高成就的《吉尔伽美什与阿伽》史诗，印度的哈拉帕文化，古希腊的哲学、文学、几何学等，都凝结着奴隶制时代脑力、体力劳动者的智慧。

封建社会代替奴隶社会，生产上由青铜时代进入了铁器时代，文明的创造又进了一步，就精神文明来说，各方面都有了进一步的发展，例如，中华民族的古老艺术至今令人惊叹不已：四大石窟中的艺术形象被西方人称为瑰宝，秦始皇兵马俑和铜车马等文物的艺术造就和精湛工艺举世赞誉；文学艺术遗产源远流长，从楚辞、汉赋、乐府，到唐诗、宋词、元曲，及至明清的小说，像一颗颗璀璨的明珠；科学技术处于世界领先地位，火药、指南针、印刷术和造纸术四大发明，不仅标志着中国古代文明发展的水平，而且大大加速了近代文明在欧洲的兴起，成为“对精神发展创造必要前提的最强大的杠杆”。[①]思想道德领域也形成以儒教文化道德为主要内容的中华民族的传统文化，其中有不少合理成分流传到日本、南亚等地，以至成为该国地区经济腾飞的一个重要原因。

资本主义社会取代封建社会，社会化的大生产代替了手工劳动的小生产，无论是物质生产方面，还是文化科学技术方面，两个文明都以前所未有的规模和速度向前发展。在它的上升时期，产生了与资本主义发展要求相适应的民主主义思想，启迪民众、破除封建的和宗教的蒙昧主义，用自由、平等、博爱的口号，对抗封建社会的等级制度和专制主义。以反封建为题材的文学、艺术和绘画也取得了灿烂的成就。尤其在教育、科学、技术方面有很大的发展，创造出了前所未有的生产力和近、现代意义上的自然科学。在短短二三百年中从蒸汽机发展到电气化时代，再发展到原子时代。

社会主义社会的精神文明，比之于先前社会，有了巨大的发展。比如以马克思主义为指导的意识形态，先进的科学、文化、艺术与思想道德，苏联人造宇宙飞船登上月球，我国造出了人造卫星、银河计算机等，这些都是广大劳动群众积极建设的成果。

精神文明进程中也有沉痛的教训。数千年之前，古埃及被喜克索斯人征服后，造成了古埃及文明的中断；美索不达米亚被山区蛮族征服，造成了幼发拉底河、底格里斯河即两河流域文明的破坏；日耳曼蛮族侵占罗马后，对当时本已非常发达的罗马文化严重摧残，这

① 《马克思恩格斯全集》第47卷，人民出版社1979年版，第477页。

成为欧洲中世纪黑暗的一个重要原因。我国古代秦始皇焚书坑儒也破坏了文明的发展。到了近现代，也有类似情况发生。八国联军侵略我国，火烧圆明园，成为帝国主义摧残文明的一个铁证。希特勒法西斯迫害犹太民族、犹太文化，至今使人们记忆犹新。我国在“文化大革命”中，由于“左”倾错误，动辄批判、破坏，使精神文明建设受到严重破坏。“文化大革命”教训的可悲之处还在于，当时领导人的初衷、出发点还是为了建设真正的社会主义。由于用“大批判”来发展科学技术和思想文化，反而导致了停滞甚至后退。这些深刻的教训告诉我们，精神文明必须重在建设，而不能搞什么“大批判”等“左”的事情。

社会主义精神文明必须坚持重在建设的原则，是社会主义社会本质的必然要求。社会主义社会是建立在生产资料公有制基础上的人民当家作主的社会，这就必然要求在思想道德和科学文化建设的过程中，充分发挥广大劳动者的积极性和首创精神，坚持百花齐放、百家争鸣的“双百”方针。

从现实中广大青少年的心态、思想情况看，也必须强调精神文明重在建设的原则。“文化大革命”以后，我们曾经历了一个价值失落、精神空白的时期，由于新旧政治、经济、文化体制等的转换，不少人曾产生了对集体主义的怀疑和否定，这在文学上也有表现，有位诗人曾写道：“我们生下来不是为了／一个神圣的预言，走吧／走过驼背的老人搭成的拱门／把钥匙留下”。这实际上是一种困惑情绪，是亟待正确引导、加强精神文明建设的呼吁。我们与新中国同时成长起来的一代人，在集体主义价值观教育下，对未来充满遐想，对理想充满热情，那时的精神食粮是《钢铁是怎样炼成的》《青春之歌》《雷锋日记》等，这一代人的日记、座右铭是保尔、雷锋、焦裕禄的名言。可是当一场“左”的运动即“文化大革命”过后，对社会的思想文化产生了巨大的冲击，使许多人困惑。直至现在，随着经济成分的多元化，也出现了价值观等困惑情况。因此，仍然必须加强教育引导，进行积极的建设工作。

精神文明重在建设，就要把注意力集中到团结人民、充分发挥发人民的社会主义积极性和创造精神上来，集中到满足人民的文化和精神生活需要上来，集中到加强思想道德建设和教育科学文化建设上来，归根到底，集中到促进社会生产力的发展上来。坚持一切着眼于建设，对于思想性质的问题，要用教育疏导的方法去解决，通过讨论的方法、说理的方法、批评和自我批评的方法，帮助人们摆脱旧思想、旧观念、旧习惯的影响，逐步提高人民群众的思想道德水平和分析、鉴别、抵制各种错误思想的能力，而不应该采取简单的批判、斗争的方法。

在建设社会精神文明的过程中，注意精神文明发展的阶段性和层次性。所谓阶段性，就是精神文明在不同的社会历史阶段上，有着不同的发展高度。不仅社会主义的精神文明与共产主义的精神文明具有阶段性的区别，社会主义初级阶段的精神文明与实现社会主义现代化以后阶段的精神文明也有阶段性的区别。所谓层次性，就是指在同一历史阶段上，精神文明建设的主体和精神文明建设的内容具有不同的层次。主体的层次性，是指人们处在不同的实践环境，有着不同的经历，受着不同程度的教育，科学文化水平的思想道德境界也就不同。精神文明建设内容的层次性，是指不同思想觉悟和不同文化水平的人，对精神文明有不同的需求。当然，层次之间都有一定的联系。低层次必然向高层次发展，高层次又含有低层次的内容。一个层次一个层次地由低向高攀登、循序渐进，从量变到质变是事物发展的规律，也是精神文明发展的规律，社会主义精神文明发展具有阶段性、层次性的规律，要求人们在精神文明建设中，要从实际出发，根据不同阶段、不同层次，提出不同要求，把先进性的要求同广泛性的要求结合起来。总之，只要坚持精神文明重在建设的原则，社会主义精神文明就一定会不断发展。

精神文明建设必须坚持百花齐放百家争鸣的方针*

“百花齐放，百家争鸣”的方针（简称“双百”方针），经过三十多年的实践证明，是促进科学、理论进步的方针，是促进我国社会主义文化艺术繁荣的方针。这个方针正确地反映了科学、文化艺术的特点和它们的发展规律。科学、文化、艺术都是社会生活的反映。社会生活是千姿百态、丰富多样的，因而反映社会生活的科学、文化、艺术也应是丰富多样的。同时，精神生产者即科学、文化、艺术作者的经历、思想认识也是千差万别的。“双百”方针正适应了这种客观情况。“双百”方针是我们党在1957年提出来的。1957年毛泽东在《关于正确处理人民内部矛盾的问题》一书中作了论述。“双百”方针提倡艺术上不同形式和风格的自由发展，科学上不同学派的自由争论，有利于促进艺术发展和科学进步，促进文化事业的繁荣。党的“双百”方针的提出，大大解放了人们的思想，活跃了理论界、学术界、文化界的空气，形成了比较宽松和谐的气氛，推动了我国科学、文化事业的发展。当时在理论界、科学界、文化界形成了一种共识，认为利用行政力量，强制推行一种风格，一种学派，禁止另一种风格，另一种

* 本文刊载于《中国特色社会主义建设概论》，八一出版社1993年版。

学派，都有害于科学和文学艺术的正常发展。科学与文化艺术中的是非问题、风格问题等，应当通过科学、文艺界的民主、自由讨论去解决，通过科学、文艺的实践去解决，而不应当采取强求一律的粗暴简单的方法去解决。

贯彻“双百”方针是进一步解放思想，发展马列主义毛泽东思想和科学、文化的需要。党的十一届三中全会以来，我们党和国家在社会科学与自然科学等方面取得了世人瞩目的辉煌成就，很重要的一个原因，就是贯彻了毛泽东、邓小平提出的解放思想与百花齐放、百家争鸣的方针，党中央和广大干部群众勇于冲破“左”倾错误思想和旧的模式的束缚，在实践中不断探索，不断总结前进。社会主义初级阶段是一个很长的历史发展过程，我们对这个阶段的状况、矛盾、发展及其规律的认识，在许多方面还知之不多，知之不深，知之不准。我们的许多政策、措施和理论还有待于完善。一定要解放思想，贯彻“双百”方针，在马克思主义指导下，冲破落后的传统观念和主观偏见的束缚，改变因循守旧、不接受新事物的精神状态。我们决不能停留在对马克思主义的某些原则、某些本本的教条式理解上，或者停留在对社会主义的一些不科学的甚至扭曲的认识上，或者停留在那些超越社会主义初级阶段的不正确的思想上。而要勇于探索，大胆试验，及时总结经验，创造性地开拓前进。在遵守宪法的前提下，实行学术自由，创作自由，讨论自由，批评与反批评的自由，充分运用民主的途径和方法，大力繁荣和发展哲学、社会科学与其他科学文化。

科学、文化、艺术的内容，不仅有阳春白雪与下里巴人之分，而且有正确与错误之分。我们党提出“双百”方针，促进科学、文化艺术发展的目的是引导人们在共产党的领导下，沿着社会主义道路工作、生活。贯彻“双百”方针，不能违背党的基本路线，不能允许搞资产阶级自由化，同时也要打破僵化的思想状态。文化艺术除了有一定的思想政治教育功能以外，还有满足人们娱乐、欣赏需要的功能。因此，贯彻“双百”方针，必须既要防止右，更要反对“左”。

社会主义精神文明建设，要本着古为今用的精神，批判继承祖国的文化遗产。我国是世界四大文明古国之一，历史上有许多光辉灿烂的文化。这些优秀的历史文化遗产，是我们繁荣社会主义文化事业继往开来的基础，也是我国精神文明建设的一种特有的优势。英国学者坦普尔在英国著名科学家李约瑟博士指导下出版了《中国——发明和发现的国度》一书，该书认为，现代世界赖以建立的基本的发明创造，有一半以上是源于中国。除四大发明以外，现代农业、现代航运、现代石油工业、现代气象观测、现代音乐、十进位数学、纸币、多级火箭、水下鱼雷、毒气、枪炮、降落伞，等等，都源于中国。在思想道德修养方面，中华民族也有着优秀的历史传统。中华民族素以勤劳、勇敢、仁义、俭朴、智慧著称于世，同时又是以酷爱自由、平等，富于革命传统，热爱祖国、维护祖国统一，公而忘私，见义勇为，互助友爱等得到世人赞誉。孔子宣扬的仁、义、礼、智、信、忠、孝；孟子倡导的民贵、君轻，富贵不能淫，贫贱不能移，威武不能屈；范仲淹主张的先天下之忧而忧，后天下之乐而乐；文天祥所践履的“人生自古谁无死，留取丹心照汗青”；岳飞的精忠报国、抗敌御侮；孙中山追求科学文明，“天下为公”；等等，都在历史上产生过巨大的积极的影响，在今天也仍应该科学地分析和继承这些文明遗产，而绝不能采取民族虚无主义的态度。当然，弘扬民族传统文化，并非良莠不分、兼收并蓄。对历史文化、思想道德传统中的糟粕，必须坚决批判抵制。比如，直到今天还残存的封建社会的宗法观念、特权思想、专制作风、依附思想、拉帮结伙、男尊女卑、封闭保守、求稳拒变、崇洋媚外等思想意识，就必须对之进行批判抵制，继续肃清其影响。

社会主义精神文明建设，要本着洋为中用的精神，大胆吸收和借鉴世界各国一切文明成果。1992 年春天，邓小平同志在视察南方的重要谈话中指出：“社会主义要赢得与资本主义相比较的优势，就必须大胆吸收和借鉴人类社会创造的一切文明成果，吸收和借鉴当今世界各国包括发达资本主义国家的一切反映现代化生产规律的先进经营方式、管理方法。”社会主义精神文明建设必须吸收借鉴其他社会精神文明的积极成果。特别是资本主义精神文明，是在现代化大生产基础上，在先前社会文明积累的基础上形成的。我们更要注意研究、吸收、借鉴。否定资本主义剥削制度，是社会主义的历史使命；吸收和继承资本主义社会创造的一切文明成果，也同样是社会主义的历史使命。从历史上、逻辑上看，社会主义高于、优于资本主义。要真正高于、优于资本主义，就必须认真学习、吸收其一切先进的东西。否则，不分良莠，一概排斥，只能落后。中共中央关于社会主义精神文明建设指导方针的决议指出：在人类历史上，在新兴资产阶级和劳动人民反对封建专制制度的斗争中，形成民主和自由、平等、博爱的观念，是人类精神的一次大解放。近几十年来，资本主义国家为了维护其统治，为了发展经济，在精神文明建设方面采取了不少得力措施，并取得明显的成效，如新加坡，以严厉的法制手段建立良好的社会秩序和社会公德；以中国儒家文化道德，对国民进行道德教育；大力加强教育和科技事业的发展，努力提高国民的文化素质；实行严格的公务员制度，以政府官员的廉洁和效率著称于世。邓小平同志曾指出：“我们应当借鉴他们的经验。”日本、美国、法国、德国、瑞士、荷兰等国家，在精神文明建设方面，都各有其成功并值得我们吸收、借鉴的内容。学习世界各国先进的东西，不能盲目照搬照抄，而要从我国实际出发，有分析有批判地学习、借鉴。不分良莠，一概学习，与一概排斥，表现方式虽然不同，结果都是殊途同归，必然导致落后。

建设精神文明，要注意扫除各种丑恶现象。近几年来，由于多种原因，社会上一些丑恶现象滋长蔓延，如赌博、迷信、卖淫、嫖娼、吸毒、行贿受贿、以权谋私等，严重地毒害着人们特别是青少年的身心健康，妨碍现代化建设和改革开放，损害社会主义形象。在社会主义精神文明建设中，要把扫除各种丑恶现象作为一项重要任务，而且要长期坚持，抓出成效。

贯彻“双百”方针，就要坚持重在建设的原则。“双百”方针告诉我们，要以海纳百川的博大胸怀，倡导创新，允许失误。一切着眼于建设，就是一切着眼于“立”、着眼于“创新”，它和一切着眼于“破”、着眼于“批判”是两种根本不同的指导原则。坚持一切着眼于建设，是新时期党和国家的工作重点的必然要求。社会主义初级阶段的主要矛盾决定党和国家的工作重点，也决定精神文明建设的着眼点，党和国家的工作重点已经转移到经济建设上来，与此相应，精神文明建设也应该坚持重在建设的原则，很好地为经济建设服务。只有这样，精神文明建设才能对解决我国社会主义初级阶段的主要矛盾发挥更大的作用。

社会主义精神文明建设的目标，就是要使广大人民群众“有理想、有道德、有文化、有纪律”。实现这个目标，在建设社会主义精神文明的过程中，要注意精神文明发展的阶段性和层次性。所谓阶段性，就是精神文明在不同的社会历史阶段上，有着不同的发展高度。不仅社会主义的精神文明与共产主义的精神文明具有阶段性的区别，社会主义初级阶段的精神文明与实现社会主义现代化以后阶段的精神文明也有阶段性的区别。所谓层次性，就是指在同一历史阶段上，精神文明建设的主体和精神文明建设的内容具有不同的层次。主体的层次性，是指人们处在不同的实践环境，有着不同的经历，受着不同程度的教育，科学文化水平与思想道德境界也就不同。精神文明建设内容的层次性，是指不同思想觉悟和不同文化水平的人，对精神文明有不同的需求。当然，层次之间都有一定的联系。低层次必然向高层次发展，高层次又含有低层次的内容。一个层次一个层次地由低向高攀登，循序渐进，从量变到质变是事物发展的规律，也是精神文明发展的规律。社会主义精神文明发展具有阶段性、层次性的规律，要求人们在精神文明建设中，要从实际出发，根据不同阶段、不同层次，提出不同要求，把先进性的要求同广泛性的要求结合起来，鼓励先进，照顾多数，切忌搞“一刀切”。

社会主义政治文明论*

党的十六大对发展社会主义民主政治，建设社会主义政治文明进行了全面部署，提出了一系列新思想、新观点、新论断，构建了建设社会主义政治文明的基本框架，特别是把建设社会主义政治文明与建设社会主义物质文明和精神文明摆在同等重要地位，确定为社会主义现代化建设的三大基本目标之一，意义非同寻常，这标志着建设中国特色社会主义的理论与实践进入了一个崭新的境界。

推进社会主义政治文明建设势在必行

物质文明、政治文明和精神文明是一个有机的整体，体现了社会经济、政治和文化，生产力和生产关系，经济基础和上层建筑的有机统一。三个文明之间相互联系，相互促进，共同推动社会的全面发展。物质文明为政治文明和精神文明提供基础条件和物质保证。精神文明为物质文明和政治文明提供精神动力和智力支持。政治文明为物质文明和精神文明提供政治方向、政治保证。此外，政治文明还为物质文明建设和精神文明建设提供有力的政治环境和政治制度保障。历史上，

* 本文发表于《求是》2003年第21期。与王幸生、吴志忠合作。

凡是经济发展、文化昌盛的时期，都是政治比较清明、社会安定的时期；反之，凡是政治腐败、社会动荡的时期，必定导致经济衰退、文化萎顿。在我国，社会主义物质文明、政治文明和精神文明“三位一体”，统一于建设中国特色社会主义的实践之中。

社会主义政治文明是社会主义的本质规定性与现代政治文明规定性的有机统一。社会主义政治文明在主体地位上否定了政治生活中少数人对多数人的统治，真正实现了人民当家作主的理想；在政治制度上否定了人剥削人、人压迫人的政治制度，确立了人民群众广泛参与的政治制度和机制；在价值选择上否定了崇尚强权、弱肉强食、两极分化的政治理念，以社会公正、平等、共同富裕为价值取向。与此同时，社会主义政治文明着眼于世界政治发展前沿，汲取人类在政治生活领域所创造的一切积极的、有益的文明成果，尊重现代政治文明建设的内在规律，以创造出比资本主义更高的政治文明。

新世纪之初，我国进入全面建设小康社会、加快推进社会主义现代化建设的新阶段，我们党提出发展社会主义民主政治，建设社会主义政治文明，有着特别重要的意义。

建设社会主义政治文明是全面贯彻“三个代表”重要思想的内在要求。建设社会主义政治文明既是“三个代表”重要思想的有机组成部分，又是全面贯彻“三个代表”重要思想的内在要求。其中，始终代表中国先进生产力的发展要求，不断解放和发展生产力，必然要通过建设社会主义政治文明为其开辟广阔的道路。改革开放以前，我国经济发展上不去，在一定程度上与社会主义民主政治建设和政治体制某些环节的不完善有直接关系；改革开放以来特别是十三届四中全会以来，我国国民经济持续快速健康发展，从某种意义上说，正是不断推进民主法制建设，政治体制改革迈出新步伐的成果。始终代表中国先进文化的前进方向，必然要求培育先进的政治意识，发展先进的政治文化和政治制度。文化与政治紧密相联，政治建设上一旦滞后，就很难在文化建设上领先。始终代表中国最广大人民的根本利益，必然要求加强社会主义政治建设，推进政治体制改革。贯彻“三个代表”重要思想，核心在坚持党的先进性，这就必然要求改革和完善党的领导方式和执政方式，加强和改进党的领导。

建设社会主义政治文明是建设中国特色社会主义的本质要求。中国特色社会主义是经济、政治、文化和人的全面发展相统一的社会。建设中国特色社会主义的过程，是一个使中国社会逐步摆脱落后状态，走向高度文明、高度民主，实现人的全面发展的历史过程，只有充分发扬社会主义民主，才能充分调动起全国人民从事社会主义现代化建设的主动性、积极性和创造性。因此，建设社会主义政治文明是中国特色社会主义的本质要求和重要特征，也是建设社会主义的一条重要规律。列宁早就指出，“没有民主，就不可能有社会主义”，“胜利了的社会主义如果不实行充分的民主，就不能保持它所取得的胜利”。[①] 邓小平通过深刻总结我国社会主义历史经验教训指出：“没有民主就没有社会主义，就没有社会主义现代化”。江泽民同志在新的历史条件下明确了民主政治的政治文明属性，从建设人类政治文明的高度，深化了对这个问题的认识，明确指出：“发展社会主义民主政治，建设社会主义政治文明，是社会主义现代化建设的重要目标。”实践业已证明并且还将证明，没有社会主义政治文明，就没有社会主义和社会主义现代化。

建设社会主义政治文明是全面建设小康社会的现实要求。党的十六大确立的全面建设小康社会的奋斗目标，是一个经济、政治、文化、社会全面发展的目标，客观上要求社会主义民主更加完善，法制更加完备。改革开放以来特别是十三届四中全会以来，我国的民主政治建设取得了长足发展。但同时也必须看到，目前我国政治建设和政治体制的某些方面或环节还不能完全适应经济文化发展的要求。全面建设小康社会，加快推进社会主义现代化建设，逐步完善社会主义市

① 《列宁全集》第28卷，人民出版社1986年版，第168页。

场经济体制，保持国民经济持续快速健康发展，推进科技、教育和文化等事业的全面进步等，无不对政治建设和政治体制改革提出新的更高的要求，同时也为继续推进政治建设和政治体制改革提供了必要条件。我国目前正处在推进社会主义政治文明建设的有利时期。我们必须紧紧抓住这一可以大有作为的时机，积极发展社会主义民主政治，把社会主义政治文明建设提高到新的水平。

党的领导、人民当家作主和依法治国的统一，是社会主义民主政治的重要优势。我们党将中国特色社会主义政治文明的基本特征概括为“党的领导，人民当家作主和依法治国的统一”，这是当代中国共产党人在长期实践的基础上得出的科学结论，表明我们已经初步确立了适合中国国情、具有鲜明时代特征的中国特色社会主义政治文明的基本框架。这个基本框架既与资本主义的政治制度模式有着本质区别，又超越了过去苏联式的社会主义制度模式，也不同于其他社会主义国家的政治制度模式，是社会主义政治文明在当代中国的新发展，是中国共产党人对马克思主义民主政治思想的新贡献。党的领导、人民当家作主、依法治国的统一表现为：

党的领导是人民当家作主和依法治国的根本保证。我们党历来以实现和发展人民民主为己任。中国人民当家作主的理想，只是在共产党执政以后才成为现实。改革开放以来，我们党坚定不移地推行政治体制改革，有力地促进了社会主义民主政治建设。我国目前正处于并将长期处于社会主义初级阶段，我们面对的国际背景和我国社会的政治经济结构决定了我国社会各阶层在根本利益一致的基础上，存在着一些不同利益和利益发展要求之间的矛盾。在这种情况下建设社会主义民主政治，必然要求有一个坚强有力的政治领导核心，集中代表中国人民的整体利益和意志，正确处理、协调和兼顾各种社会利益关系。这个核心只能是中国共产党。不懂得党的领导在我国政治文明建设中的决定性作用，就不懂得社会主义政治文明建设的真谛，社会主义民主政治建设就会迷失正确的方向。

人民当家作主是社会主义民主政治的本质。在建设社会主义政治文明的过程中，党的领导和依法治国归根结底是要保证人民当家作主，而不能代替人民当家作主。党和各级政府的一切权力都是人民给的。我国宪法明确规定："中华人民共和国的一切权力属于人民。"共产党执政就是领导、组织和维护人民当家作主，最广泛地动员和组织人民群众依法管理国家和社会事务，管理经济和文化事业，维护和实现人民群众自身的根本利益。

依法治国是党领导人民治理国家的基本方略。依法治国就是广大人民群众在党的领导下，依法管理国家事务，管理经济和文化事业，管理社会事务，保证国家各项工作依法进行，逐步实现社会主义民主的制度化、法律化、程序化。党的领导、人民当家作主以及它们之间的内在联系，归根到底要通过法治、规范和科学的程序来实现。无论是坚持和完善党的领导还是保障人民群众的民主权利，都离不开社会主义法治。违反社会主义法治原则，就会危害党的领导、侵犯人民的权利和自由。

总之，坚持党的领导、人民当家作主和依法治国的统一，就是在中国共产党的领导下，通过依法治国，实现人民当家作主这一根本目的。这是社会主义政治文明区别于一切剥削阶级社会政治文明的本质特征，是建设中国特色社会主义政治文明的基本思路，也是社会主义民主政治的重要优势。

实现社会主义民主政治的制度化、规范化、程序化

实现社会主义民主政治的制度化、规范化、程序化，是我国社会主义民主政治建设的基本经验，也是政治文明建设的一个基本规律。在社会主义条件下，人民当家作主是全方位的、多层次的，因此社会主义民主政治的制度化、规范化和程序化的要求也是全方位的、多层次的。这就要求我们，一方面通过法律制度对社会各政治主体在政治

活动过程中的地位作用、职责范围、活动方式作出原则规定，实现民主制度化；另一方面要建立健全与民主制度相配套的民主运行机制，实现民主规范化、程序化。为此，当前应当重点抓好以下几个方面：

进一步提高基本政治制度的制度化、规范化、程序化水平。一是要坚持和完善人民代表大会制度。保证人民代表大会及其常委会落实宪法规定的各项职权，依法履行职能；人民代表大会及其常委会要坚持群众路线，充分反映各方面的意见，保证立法和决策更好地体现人民的意志；优化人大常委会的构成，加强人大常委会的组织建设，进一步提高人大常委会的决策水平和工作质量。二是要坚持和完善共产党领导的多党合作制度和政治协商制度。坚持“长期共存、互相监督、肝胆相照、荣辱与共”的方针；坚持共产党的领导，充分尊重民主党派的意见和权益，加强同民主党派合作共事，更好地发挥我国社会主义政党制度的特点和优势；保证人民政协发挥政治协商、民主监督和参政议政的作用；从制度上巩固和发展最广泛的爱国统一战线。三是要全面贯彻党的民族政策，坚持和完善民族区域自治制度，巩固和发展平等团结互助的社会主义民族关系，促进各民族共同繁荣进步。

进一步提高各项具体制度和机制的制度化、规范化、程序化水平。主要内容有：推进政治体制改革，使人民的民主选举、民主决策、民主管理和民主监督制度化、规范化、程序化；扩大基层民主，健全基层政治组织和民主管理制度；完善公开办事制度，建立社会协商对话制度；对干部实现民主监督，保证人民群众依法直接行使民主权利，管理基层公共事务和公益事业，使民主生活在基层扎根；深化政府机构改革，转变职能、政企分开，形成行为规范、运转协调、公正透明、廉洁高效的行政管理体制。

进一步提高解决政治生活中重点难点问题的制度化、规范化、程序化水平。一是要进一步提高党的执政水平。我们党是执政党，全党同志增强执政意识、提高执政本领，关键是要改革和完善党的领导方式和执政方式，坚持依法执政。二是要实现决策的制度化、规范化和程序化，完善深入了解民情、充分反映民意、广泛集中民智、切实珍惜民力的决策机制，提高科学决策水平。各级决策机关要完善重大决策的规则和程序，建立社情民意反映制度，建立与群众利益密切相关的重大事项向社会公示的制度和社会听证制度，完善专家咨询制度，实行决策的论证制和责任制，防止决策的随意性。三是要深化干部人事制度改革，树立科学的用人观念，坚持德才兼备的用人原则，扩大党员、群众对干部选拔任用的知情权、参与权、选择权和监督权，形成广纳群贤、人尽其才、能上能下、充满活力的用人机制，防止和减少用人上的失察失误。四是要建立结构合理、配置科学、程序严密、制约有效的权力运行机制，从决策的执行等环节加强对权力的监督，重点是加强对领导干部特别是主要领导干部的监督，保证把人民赋予的权力真正用来为人民谋利益。

从我国国情出发，坚定不移地走自己的政治发展道路

我国的政治文明建设是社会主义制度的自我完善和发展，因此必须坚持从我国国情出发，借鉴人类政治文明的有益成果，走中国特色的政治发展道路，而绝不能照搬西方的政治制度模式。

选择好社会主义政治文明建设的突破口。一是积极发展党内民主，通过党内民主推进人民民主。党内民主与人民民主是社会主义政治文明建设的两个基本方面。党内民主是人民民主赖以发展的前提，制约着人民民主的发展程度。反过来看，人民民主的发展又会促进党内民主的发展和完善。党的先进性决定了首先必须在党内发展与社会主义政治文明相适应的民主思想、民主行为、民主程序，从而在整个社会政治生活中发挥示范、引导和辐射作用。发展党内民主的关键在于坚持、完善民主集中制。要以保障党员民主权利为基础，以完善党的代表大会制度和党的委员会制度为重点，从改革体制入手，建立健全充分反映党员和党组织意愿的党内民主制度。扩大在市、县进行党的代

表大会常任制的试点。积极探索党的代表大会闭会期间发挥代表作用的途径和形式。按照集体领导、民主集中、个别酝酿、会议决定的原则，完善党委内部的议事和决策机制，进一步发挥党的委员会全体会议的作用。改革和完善党内选举制度。建立和完善党内情况通报制度、情况反映制度和重大决策征求意见制度。二是积极扩大基层民主，通过基层民主推动整个民主政治的发展。近年来，农村基层民主、城市社区自治和企业职工代表大会制度已经成为发展我国民主政治的伟大实践。基层民主不断发展和完善的过程，就是人民群众不断学习民主政治知识、提高民主素质的过程。它可以形成一种民主的文化氛围，广泛地进行民主观念的传播与相关训练，探索和积累民主建设的经验，逐步扩大和推进全社会的民主进程。在农村，要认真贯彻执行《村民委员会组织法》；在城市，要完善城市居民自治，发展社区民主，建设管理有序、文明祥和的新型社区。在企业，要继续完善职工代表大会和其他形式的企业民主管理制度，发挥职工代表大会和工会在民主选举、民主决策、民主管理、民主监督中的作用，保障职工的民主权利，维护职工的合法权益。

大胆借鉴吸收人类政治文明建设的一切有益成果。社会主义民主是在批判地继承资本主义民主的基础上建立和发展起来的。资本主义政治制度、政治运行机制以及政治学说，具有鲜明的阶级属性，不能不加分析批判地利用。对那些反映人类社会政治制度建设一般规律的东西，必须大胆吸收和借鉴；对那些与资本主义基本制度相联系，专为资本主义基本制度服务的东西，则应当予以摒弃。正像邓小平指出的那样，我们讲民主，不能搬用资产阶级的民主，不能搞资产阶级“三权分立”那一套，采用他们那一套，非乱不可。我国的政治发展模式要与我国经济、政治和文化的发展水平和发展要求相适应。我们要建设的政治文明是中国特色的社会主义政治文明，而不是别的政治文明，既有自己的民族性，又有社会主义的本质规定性。

社会主义政治文明建设既要积极又要稳妥。我国当前最大的国情，就是处于并将长期处于社会主义初级阶段。在这个阶段，由于经济、文化和历史等因素的制约，社会主义民主政治的发展完善必然是一个长期的渐进过程。我们要看到社会主义民主政治建设的必要性和紧迫性，坚定不移地发展社会主义民主政治，加强社会主义政治文明建设。同时，也要看到我国是一个经济文化还不发达的社会主义国家，高度发达的经济文化基础还不具备，封建意识残余根深蒂固，资产阶级思想影响长期存在，在我们的前面还有许多未曾认识和把握的东西。因此，社会主义政治文明建设绝不能操之过急，必须在坚持四项基本原则的前提下，有步骤、有秩序、积极稳妥地向前推进。只有这样，才能巩固当前来之不易的民主团结、生动活泼、安定和谐的大好政治局面，才能为全面建设小康社会，实现中华民族的伟大复兴提供有力的政治保证。

思想政治工作要提高效益*

经济效益，就是在经济活动中，劳动成果与劳动耗费和劳动占用的比较。在这里，劳动成果、劳动耗费、劳动占用都是以劳动时间来计量的，这三者都是同质的东西。如果劳动时间用货币来表示，且劳动占用（即资金占用）一项用支付利息的多少来衡量，那么，经济效益就可以简化为劳动成果与劳动耗费的比较。其公式是：

经济效益 =（劳动成果 − 劳动耗费）/ 劳动耗费

如果劳动成果为10，劳动耗费为8，则经济效益是(10−8)/8=25%。所以，经济效益与劳动成果成正比，与劳动耗费成反比。在经济效益中，劳动成果是人们经济活动所要达到的目的，而劳动耗费和劳动占用，是人们达到某一目的所付出的代价。因此，经济效益是对人们在经济活动中，所达到的目的与所付出代价之间关系的反映。

思想政治工作也有个“投入”和“产出”的问题。这种“产出”与“投入”之比，我们可以把它看作是思想政治工作的效益。具体点说，就是我们做思想政治工作时，所投入的人力、物力、财力和时间的总代价与所得到的结果，二者的比例关系之间，“投入”越大，“产出”越小，思想政治工作的效益就越低，相反，“投入”少，“产出”多，效益就高。

* 本文刊载于杨春长著：《邓小平新时期建军思想研究》，解放军出版社1989年版。

在大力发展商品经济、市场的年代里，到处都在竞争，都在大讲效率、大讲效益。思想政治工作也要讲究效率和效益，而且不讲也得讲了，这是商品经济的必然要求，必然反应。

思想政治工作如果不讲究效益，就会严重地削弱思想政治工作的客观地位和重要作用，就会对改革和建设掣肘拽腿、甚至会被取消资格。

一、以前常常是思想政治工作的时间用了不少，却效益不高

——思想政治工作要提高时效。

思想政治工作的一个流弊，就是不讲究效益，没有或缺乏科学的时间观念。大家都熟悉，政治教育一布置就是“不能少于 × × 天时间”；一总结、汇报就是“用了 × × 天时间”。好像用了多少天时间就成了思想政治工作做得如何的重要标志甚至是唯一标志了。当然不可否认，任何工作、事情都要在一定的空间、时间里进行。没有一定的时间是肯定不行的。问题是，有些时候，做思想政治工作不注重其他方面，而只是机械地卡时间。有些时候，做思想政治工作单靠时间“泡”“磨”，结果只能是，时间耗费了不少，可是效率、效果不好。

马克思讲过：“一切节约归根到底都是时间的节约”。[①]人们常说，最大的浪费是时间的浪费。现在深圳等许多经济发达的地方都在流行一个口号：时间就是金钱，效率就是生命。我们做思想政治工作何尝不是这样？时间和效率问题是思想政治工作要认真重视的问题。

二、以前许多人在思想政治工作方面点子、法子想了不少，却效益不高

——思想政治工作在方式方法上更要注意扎实、生动、科学化。

① 《马克思恩格斯全集》第 46 卷上册，人民出版社 1965 年版，第 120 页。

以前在思想政治工作方面，虽然许多方式方法是成功、合适的，但也确有不少方式方法太陈旧、僵化，因而不少同志在力图突破那种陈旧、僵化的方式方法时，片面追求形式上的新颖、灵活，又有些不注重实效。所以，在思想政治工作的方式方法的改革上，还是要注意求实，使之生动化、科学化。

首先，方式方法问题根本的还是个态度问题，或者从广义的方式方法上说，端正思想政治工作的态度和感情是最重要最根本的方法。态度不正、感情不诚，即使“教育机智”发挥得再好，也可能临时奏效。有的基层单位、领导干部也不见得能说会道，就是凭着在真正关心人、爱护人的基础上，“碌碡砸碾盘——实打实（石打石）”地来，思想工作的效益还不错。被做工作的对象，他能感到你真正关心他、你实实在在，也就能产生出好的效果来。可是有的单位，做思想工作要么是不着边际的空话套话，要么是绕绕弯弯、躲躲闪闪，不太实在，这肯定没啥效益。人们常说，“诚则灵”，是很有道理的。这里的“诚”实际上包含有两层意思，一是忠诚于人民的事业、诚心待人，关心群众的切身利益；二是态度诚恳、方式方法实实在在，开诚布公，不搞“假大空”。

其次，为适应新的改革形势，把思想政治工作做得更加生动、活泼、富有成效。我们要克服保守、封闭性教育，从实际出发，适当搞些开放性教育，走出去，请进来，向先进单位学习，善于借好“东风”。青年多的单位，可采取些丰富多彩又有实效的文化、娱乐、体育活动，如讲演会、对话活动、智力竞赛、知识竞赛、技能竞赛、书画展览、歌咏比赛、有组织联谊、交谊活动等。充分发挥已有电教手段等作用，运用电视录像、电影、微机、录音等，把思想政治工作做活，更让人喜闻乐见。

再次，深入实际，深入群众，勇于在思想政治工作方面开拓进取。要进一步减少文电、克服文山会海，领导干部、政工干部要深入实际、深入群众，在第一线发现问题解决问题，在第一线发现经验，总结、推广经验。要倾听实践的呼声、群众的呼声，确实把思想政治工作做到入耳入心的地步。

三、以前专门的思想政治工作做了不少，但还没达到最佳效益

——思想政治工作要注意与其他工作搞好“结合”“渗透”，所有院校要努力搞好“教书育人”“管理育人”“服务育人”。

思想政治工作的保证、服务作用，很重要的一个方面或者说是最根本的方面，就是要体现在通过思想政治工作来教育人、培育人，简单说就是“服务育人”。前面我们讲的那些内容都是讲的“服务育人”，就是说做思想政治工作的干部要当好表率，让人家做到的，首先自己做到；要求别人成为什么样的人，自己要努力成为这样的人。同时还要通过强有力的思想政治工作为教育人、培育人服务，努力提高这种服务质量，通过改革创新克服这方面的“服务态度”不好、办法不多、“缺斤少两”的现象。“缺斤少两”就是思想政治工作的质量不高、火候不够。

教育人、培育人在各项领导、管理工作中也要注意“结合”“渗透”。简单说就是要注意搞好“管理育人”。现在讲究科学管理、民主管理。管理、管理，就是既要管辖，又要处理；既要敢管，又要有理。管理就是人们为了达到某一共同目标而有意识、有组织，不断地进行的引导、协调活动，管理的本质就是协调处理人与人之间的活动和利益关系。离开了对人的教育、培育和服务，就很难把管理搞好。管理的一个基本原则就是教育性原则。这个原则要求管理的一切环节、过程，都应当对所属人员具有教育作用。“管理育人”通过养成教育对形成个人和集体的优良思想作风，具有重要的特殊作用，这种作用甚至是专门的思想政治工作所不能替代和比拟的。我们要加强本单位管理工作中的管理育人，既管物又管人；既管人的工作、任务完成情况，又管人的思想作风。

“教书育人”“管理育人”“服务育人”三者紧密结合好了，综合管理的工作任务也就完成好了，现代化、专业化、知识化、革命化也

就容易“化”了。

四、以前不少政工干部辛辛苦苦，却效益不高

——思想政治工作者必须努力提高自身素质、能力。

党务工作、思想政治工作机关部门以及这方面的干部，是思想政治工作的直接的组织者、实施者。在以经济建设为中心的情况下，对思想政治工作者要求更高了。要求这些同志具备较为系统的知识结构和能力结构（见下图）。

思想政治工作者智能结构图

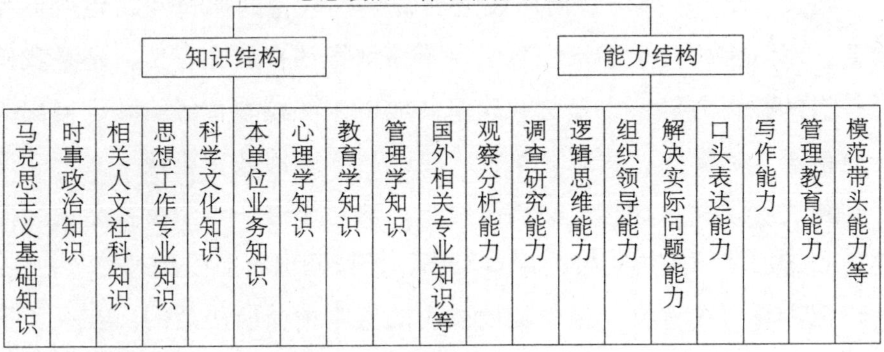

上述知识结构、能力结构主要是从思想政治工作者的智力因素着眼和分析概括的。其实思想政治工作的效益如何，除了上述这些因素以外，还有很重要的一个方面，就是党务工作者、政治工作者的思想作风、道德品质、气质修养的状况。我们在工作、生活中经常见到，有的政工人员，虽然能说会道，点子、办法不少，但是效果、效益不好，根本原因就是自身思想作风素质不好。台上他说人，台下人说他。让思想作风不好的人做思想政治工作，有时还有负作用。这些人讲的话，让人讨厌。政工干部不能说一套，做一套。政工干部的素质、能力提高了，在实际工作中就可以不仅发挥其权力性影响力，而且可以发挥非权力性影响，增强思想政治工作效益效果。

坚定不移地把德育放在首位*

经过1989年那场政治风波之后，学校教育的德育问题显得更为重要。军队院校几十年来注意坚定不移地把德育放在首位，这是我们党一贯的教育方针，也是总结改革开放以来院校教育经验教训得出的一个最基本的结论。我们在军校大学生思想政治教育座谈会上，就这个问题进行了深入探讨，交流了经验。这对于进一步坚持社会主义办学方向，加强和改进院校的德育工作，无疑是很有益处的。

把德育放在首位，是由院校教育的根本性质所决定的。在经历了一些曲曲折折的问题之后，我们更加清醒地认识到，院校教育是不是把德育放在首位，实质上是一个能否培养出社会主义事业可靠接班人的问题，是一个重大政治原则问题和办学方向问题。对我们军队院校来说，把德育放在首位尤为重要。我军在保卫国家安全、维护国家稳定、保卫四化建设中处于特殊重要的地位，必须保证在政治上永远合格。而要做到这一点，在一定意义上讲，取决于院校教育能不能坚定不移地把德育摆在首位。军校培养的人才政治上是否合格，直接关系到枪杆子掌握在什么人手里，关系到国家的长治久安。正因为如此，国内外敌对势力总是把包括军队院校在内的高等院校，作为他们推行

* 本文发表于《解放军报》1990年7月27日；刊载于《军队院校德育经验研究》，解放军出版社1992年版。

"和平演变"战略、进行思想文化渗透的重点。我们同他们的这种争夺接班人的斗争，在高等院校表现得十分尖锐复杂。面对这种形势，我们必须始终保持清醒的头脑，在任何情况下，都要坚定不移地把德育放在院校教育的首位。

把德育放在首位，落到实处，必须大力加强和改进政治理论课教学。大量事实说明，对马克思主义理论的无知、冷漠，对西方思潮中资产阶级思想理论观点的盲目推崇、接受，必然会步入歧途。青年学生正处在世界观、人生观、价值观形成时期，又酷爱思索，可塑性很大。只有加强马克思主义理论教育，引导他们打牢思想理论根底，才能使他们提高抵制各种错误思潮的能力。而这一任务，主要应通过政治理论课教学来完成。政治理论课教学是院校德育的主渠道、主阵地。衡量一个院校是不是把德育放在首位，很重要的一条，是看对政治理论课教学究竟重视不重视。这些年来，军队院校始终把加强和改进政治理论课教学作为一件大事来抓，在继承我军优良传统的基础上，不断地探索改进，总结积累了不少经验。比如：引导学员系统、准确地学习和掌握马克思主义的基本原理；旗帜鲜明地坚持四项基本原则，抵制西方错误思潮对学员的侵袭；坚持理论联系实际的原则，下功夫解决学员中存在的深层次的思想认识问题，不断坚定社会主义信念；加强社会实践环节，让学员经风雨，见世面，走与工农兵相结合的道路；注重通过政治理论课教学提高学员思想认识的功能，引导学员自觉改造世界观，对马克思主义"真学、真信、真用"，等等。这些成功的经验，增强了政治理论课教学的时代感、针对性、原则性和说服力，为培养军队建设的合格人才，发挥了积极的作用。但是，必须清醒地看到，由于国际反动势力对社会主义国家加紧推行"和平演变"战略，由于社会主义事业出现了暂时的曲折和困难，由于资产阶级自由化思潮泛滥，使政治理论课教学面临着前所未有的挑战。面对这种挑战，我们必须更深入地研究和解决政治理论课教学中存在的问题，保证让马克思主义理论牢牢地占领这一阵地。

把德育放在首位，落到实处，必须把它贯穿于院校教学的全过程，常抓不懈，一抓到底。首先，要贯穿于从学员入学到毕业的全过程。学员入学后的不同阶段，有不同的思想特点，会出现不同的思想认识问题。增强德育的针对性、有效性，必须根据学员不同阶段的思想特点，有的放矢地、经常地做好工作。其次，要贯穿于各学科、各专业教学的全过程。自觉地把德育与文化基础课、专业基础课和其他军事课的教学结合起来，寓德育于智育之中，使学员在学到科学知识的同时，掌握马克思主义的世界观和方法论。第三，要贯穿于学员业余生活的全过程。学员的课余时间，正确的东西不去占领，错误的东西就必然会乘虚而入。政治理论课和思想工作是教育人，生动活泼、健康有益的文化生活和从严治校、科学管理也是教育人。要拓宽育人的渠道，把德育渗透到学员的日常生活中去。

把德育放在首位，落到实处，关键在党委。坚持社会主义办学方向，保证党中央和中央军委的办学方针在院校贯彻落实，是院校党委的首要职责。我们相信，只要党委重视，各方努力，院校的德育工作就一定能够不断得到加强，培养出更多政治合格、军事过硬、业务精良的现代军事人才。

论弘扬和培育民族精神*

党的十六大报告中指出：必须把弘扬和培育以爱国主义为核心的团结统一、爱好和平、勤劳勇敢、自强不息的伟大民族精神，作为建设社会主义先进文化的一项极为重要的任务。

一、中华民族精神的演进及重大作用

中国自古以来就是一个多民族的国家，各族人民长期在这块幅员辽阔的大地上共同劳动、生息、繁衍，在长期的生产斗争、阶级斗争等社会实践中形成了博大精深、内容丰富的中华民族精神。

中华民族精神的产生、发展经历了从古代的“奠基”到近代的“丰富”，又到现当代的“升华”的螺旋式演进发展过程。在古代中国小农经济基础上，在以自给自足经济活动为主的社会实践中，逐步形成了以家族为核心的社会结构，从而体现为以自然主义、整体主义与伦理主义为特征的民族精神。这种民族精神从心理上感召、凝聚了生活在中国疆域内的各个不同民族，形成了统一的中华民族大家庭和大一统的中国文化，进一步产生了诸如“国而忘家”（贾谊：《新书·阶

* 本文系全国“三个代表”重要思想理论研讨会百篇入选论文，2003年7月，与王幸生、贺更行合作。

级》)、"仁民爱物"(《孟子·尽心上》)、"和为贵"(《论语·学而》)、"自强不息、厚德载物"(《周易》)等民族精神雏形。中国古代的民族精神反映的是自然经济、宗法社会条件下勤劳勇敢、重视道德、克乱求治、贵和求一(统一)的精神。这些精神对中华民族的发展产生了重要的影响。中国近代反侵略、反压迫的民族民主运动和爱国救亡运动等实践,丰富了中华民族精神。1840年以后,由于坚船利炮的西方列强入侵,中国逐渐沦为半殖民地半封建社会,中国人民饱受帝国主义、封建主义和官僚资本主义的三重压迫,民族危机和社会危机空前深重,从鸦片战争、太平天国运动、戊戌变法,到义和团运动、辛亥革命,中国人民在反压迫、反侵略的过程中,形成了反抗压迫、维新图强、自强不息、爱国救亡等革命精神,进一步丰富、发展了中华民族精神。五四运动开辟了中国文化发展的新纪元。特别是中国共产党成立以来,党领导各族人民进行了革命、建设和改革的伟大实践,极大地发展、升华了中华民族精神。沿着五四新文化运动的方向,中国共产党批判地继承了中国古代传统精神和近代的革新精神,在领导人民进行革命、建设和改革中,逐步形成了"井冈山精神""长征精神""延安精神""两弹一星精神""抗洪精神",以及邓小平同志倡导的"五种革命精神",等等。这些崇高精神是对民族精神的丰富、发展和升华,是历史性与时代性的统一,是爱国主义与社会主义、共产主义的统一。

民族精神在五千多年的文明史以及今后的岁月里,已经发挥作用并将继续发挥重大的作用。党的十六大报告中指出:"民族精神是一个民族赖以生存和发展的精神支撑。一个民族没有振奋的精神和高尚的品格,不可能自立于世界民族之林。"民族精神激励、催生、焕发出巨大的生产力、战斗力、凝聚力和创造力:

第一,民族精神是民族生存、发展的精神支柱。黑格尔说过,民族精神是认识自己和希求自己的神物。这句话有一定的道理。它说明民族精神是该民族的思想精华和精神依皈、精神支撑。一个民族能否生存和发展,本民族物质力量的大小固然是重要因素,但绝对离不开民族精神的支撑。古往今来，许许多多民族、国家有的昙花一现，有的虽然在数十年、数百年中也曾一度领先，拥有雄厚物质力量而称雄一时，但在另一个历史时期却衰落不堪，风光不再，被迫将领先地位让给其他民族。而有的民族，如中华民族，虽历经浩劫磨难，甚至濒临亡国灭种危机，但又能重振雄风，再建辉煌，就是因为有伟大的民族精神。她在中国共产党的领导下，亿万人民以英勇卓绝、前赴后继的斗争，重新屹立于世界的东方。这种曲折历史充分证明了中华民族精神的伟力。

第二，民族精神是克服困难、战胜强敌的思想武器。从古至今，中华民族克服了无数困难，战胜了许多强敌，非常重要的一点，就是广大人民群众在一定的物质条件下，充分发挥了民族精神的重大作用。回顾20世纪风云激荡的百年史，中国人民经历了从积贫积弱到走向繁荣富强的沧桑巨变。在这个过程中，我国各族人民尤其是中国共产党高度重视并大力弘扬民族精神，爱国主义像一面旗帜，号召和鼓舞广大人民群众万众一心，同仇敌忾，坚决斗争。由于民族精神的导向、激励，大家团结一心，英勇顽强，战胜了一个个艰难险阻，正是民族精神以及共产党人的革命精神这种强大的思想武器，才使我党我军和各族人民，在物质力量、物质武器较差的基础上，战胜了强敌、奇灾，赢得了胜利。

第三，民族精神是综合国力的重要因素。在传统的观念中，综合国力似乎仅仅体现在经济、科技和军事实力上，但当代世界发展的趋势证明，民族精神也是综合国力的重要因素。民族精神是衡量一个国家综合国力强弱的一个重要尺度，综合国力，主要是经济实力、技术实力，这种物质力量是基础，但也离不开民族精神、民族凝聚力，精神力量也是综合国力的重要组成部分。这是运用历史唯物主义对当今世界大势所作的精辟论断。民族精神之所以是综合国力的一个重要因素，是因为它能够充分发挥物质因素的作用，能够在党和政府的领导下，把各种力量凝聚起来，沿着爱国、兴国的方向，以团结一致、勤劳勇敢、自强不息的意志力、战斗力、凝聚力和创造力，促进经济发展，推动社会全面进步。

二、中华民族精神的本质特征

中华文明包括民族精神著称于世，它有显著的中国特色、特征。中华文化发育很早。在广大劳动人民社会实践基础上，各个时代的思想家对各种文化进行了加工。如春秋战国时期，学派蜂起，百家争鸣，在漫长的封建社会里，占统治地位的主流意识形态是儒家思想，同时儒、释（佛）、道等各家的思想也对中华文化及其民族精神的形成发展起了一定的作用。天人合一的自然主义的宇宙精神，天下一家的整体主义的社会精神，以德为本的伦理主义的人格精神，都体现了古代中国农业社会的发展要求。

爱国是中华民族精神的根本特征。爱国主义像一条主线贯穿于民族精神和中华民族数千年的文明史中。团结统一、爱好和平、勤劳勇敢、自强不息的民族精神，都始终围绕一个核心，即爱国主义。世界历史上许多古代民族和国家并没有延续下来；而近代意义上的民族国家，通常是在十六世纪以后伴随民族统一而形成的。因而，明确的爱国主义传统，在西方仅仅是近代二三百年的事，而我们中华民族，却是五千年来薪火未绝，源远流长。

注重整体思维是中华民族精神的一个突出特征。中国自古就有“天下同归而殊途，一致而百虑”（《周易·系辞下》）的思想，认为只有“天下为公”（《礼记·礼运》）、“一匡天下”（《史记·货殖列传》）、“大一统”（《汉书·董仲舒传》：“《春秋》大一统者，天地之常经，古今之通谊也。”），只有同心同德、万众一心，才能战胜一切艰难险阻，才能不断发展进步。古朴的整体思维注重综合性、统一性（而不像西方那样注重分析，各有利弊），它把自然界和人类社会现象看作一个统一的整体，并力求从整体的相互统一和相互联系上来观察和把握这些现象。在中国古代哲人看来，人类社会是一个整体，自然界是一个整体，一个国家是一个整体，一个人也是一个整体。因此，人们在观察、认识这些现象时，就努力从统一体的视角来考察事物的相互联系。这种整体思维特点反映在人类与自然的关系上，认为“天人合一”（“天人合一”的观念在中国古代出现很早，也为各派思想家所崇奉，但表述各有不同。董仲舒在《春秋繁露·深察名号》中说：“事各顺于名，名各顺于天，天人之际，合而为一。”而“天人合一”一词的连用，见张载的《正蒙·乾称》篇：“儒者则因明致诚，因诚致明，故天人合一”）；在社会问题上，主张团结统一；在人际关系上，力求实现和谐协调。

“贵和”是中华民族精神的又一重要特征。这种民族精神深层所蕴涵的价值观就是“和为贵”。在中国历史上，各家各派的思想理论虽有不同，但都有一定的“贵和”精神。儒家主张“温良恭俭让”，以仁为本，以和为贵，是礼治主义的“仁和”论；墨家提倡“尚同尚贤”，兼爱非攻，是非战主义的“贵和”论；道家主张“无为而治”，道法自然，宽容不争，是自然主义的“平和”论；法家力主“严刑峻法”，以法求治，以法求和；兵家倡行“兵计权谋”，贵和尚武，不战屈兵，从而以和止战，以和致胜；佛家信守“众生平等”，慈悲为怀，积德行善，是出世主义的“贵和”论。宋代张载说：为天地立心，为生民立命，为往世继绝学，为万世开太平。还倡导“民胞物与”，友善地待人待物。这些共同的“贵和”精神，就是在处理人和人之间，群体与群体之间的关系中，在社会生活中，力求政通人和，强调要和气致祥、和气生财，注重人际和谐，既看重自己的主体性，也尊重他人的主体性；在军事斗争中，强调“天时不如地利，地利不如人和”（《孟子·公孙丑下》）；在各民族之间，强调要友好相处，和睦相亲；在国与国的相互关系上，主张“协和万邦”（《尚书·尧典》）、“非攻”（《墨子·非攻上》），反对“以强凌弱、以众暴寡”（《墨子·天志中》）性质的不义战争，国与国之间平等相待，和睦相处；在身与心的内在关系上，注重身心和谐，实现人的身心健康。

中华民族精神还有一个显著特征，就是它具有强大的生命力。为什么数千年来，历史上曾有过的不少民族（包括也曾辉煌过的强大民族）成了匆匆过客，没有延续、壮大起来，而中华民族却经坎坷而不衰，历曲折而弥坚？根本原因就是在社会实践中形成的民族精神不同，因为中华民族精神具有强大的生命力。中华文化是由五十六个民族共同创造的多民族文化，是多源发端、多流生成的，既具有多样性，也具有统一性；既具有稳定性，也具有自新性。民族精神是民族文化的内核，中华文化发展的几次高峰，都和融汇各民族进步文化有着本质的联系。中华民族精神生命力强大还在于，它能够不断扬弃、不断自新，在前进过程中实现自我完善、自我超越，它能够吸取国外文化的有益成分，抵制和战胜外来文化的有害成分。比如古代对印度佛教文化的汲取和改造，近代以来对西方文化的消解、吸收、扬弃，战胜日本帝国主义奴化文化等。改革开放以后，我们党在高扬中华民族精神的同时，注意学习外国文化的优长，逐渐整合和创造出具有中国特色的社会主义先进文化。

三、完成新使命任务亟待弘扬和培育民族精神

大力弘扬和培育民族精神，能够团结中华民族，调动一切积极因素，把人民群众建设中国特色社会主义的积极性和创造性最大限度地激发出来、凝聚起来。实现中华民族伟大复兴是近代以来几代中国人的梦想，而历史已经证明，建设中国特色社会主义是实现这一夙愿的唯一途径。投身并满腔热忱地支持这一伟大事业是当代中国爱国主义的集中体现。只有大力弘扬中华民族的爱国主义精神，才能为民族复兴的伟业提供旺盛而持久的精神动力。建设中国特色社会主义是亿万群众的事业，是造福于人民、也依赖于人民的事业，全社会全民族的凝聚力、积极性和创造性对我们的事业具有决定性的意义。民族精神像一条纽带，可以把全国各族人民不分地域、不分职业、不分年龄凝聚在一起，引导人们心系国家命运，以振兴中华为己任，将自己的聪

明才智贡献给祖国。建设中国特色社会主义也是空前艰巨的事业，需要几代人的艰苦奋斗，需要一种昂扬的精神状态。中国人民历来以勤劳为立身、持家、兴国之本，强调“民生在勤，勤则不匮”（《左传·宣公十二年》），倡导“克勤为邦”（《尚书·大禹谟》）。“忧劳可以兴国，逸豫足以亡身”（欧阳修：《新五代史·伶官传·序》）。弘扬和培育民族精神可以激励人民用辛勤的劳动和艰苦的创造，来开创我们的幸福生活和美好未来，同时对于那种沉湎于酒绿灯红、骄奢淫逸、挥霍浪费的不良风气也是有力的矫治。

大力培育和弘扬民族精神，能够在世界范围内的各种思想文化相互激荡的情况下保持和发展我们民族优秀的文化，为民族复兴创造良好的文化条件。文化与经济、政治相互交融，在综合国力竞争中的地位和作用越来越突出。人类文明的进程既是一个百川归海的世界性的潮流，也是一个百花齐放、异彩纷呈的过程。各个不同民族的文化都为人类的发展、进步作出了贡献，都有存在和发展的理由。不同的文化传统、社会制度和发展道路应彼此尊重，在竞争比较中取长补短，在求同尊异中共同发展。然而，西方某些国家总是处心积虑地利用其经济、科技和文化上的强势地位，推行文化霸权主义。抵御西方强势文化的渗透和侵略，是发展中国家的重要任务。尤其需要看到的是，冷战结束了，但冷战思维在西方垄断资产阶级战略家的脑海里依然阴魂不散，他们一刻也没有放松对我“西化”“分化”的战略图谋，始终不遗余力地推行其思想文化和价值观念。改革开放极大地振奋了中华民族精神，但由于各种原因，崇洋媚外及民族虚无主义时有泛起之势。一些人片面地否定中国传统文化，贬损中华文明。邓小平同志在改革开放初期就指出：“必须发扬爱国主义精神，提高民族自尊心和民族自信心。否则我们就不可能建设社会主义，就会被种种资本主义势力所侵蚀腐化。”①

---

① 《邓小平文选》第2卷，人民出版社1994年版，第369页。

大力弘扬和培育民族精神，能够在社会主义市场经济条件下，促进良好的道德风尚，实现推进社会进步和人的全面发展的双重目标。市场经济所孕育和催生的公正、公平、信用、守法、创新、效率等观念，具有重要的进步意义。但也应看到，市场经济追求利润最大化的机制，也会滋生极端个人主义、拜金主义，市场经济肯定人的物质欲望的合理性，也容易引发轻奉献、重享受的价值观倾向。当前我国社会生活中的一些腐朽丑恶现象，与这种负面影响不无关系。解决这些问题固然需要综合治理，但同样离不开弘扬和培育民族精神。中华民族精神历来否定和批判“一己私利”，肯定和赞扬“天下之利”。把为一己之私利而置天下之大利于不顾的人视为“贼民”和“小人”。中国传统文化还强调“先义后利”“以义为上”，主张以诚信为本，“君子爱财，取之有道”。弘扬这些优秀的民族精神，可以对市场经济的负面效应起到良好的疗救和匡正作用。

大力弘扬和培育民族精神，能够在爱国主义的旗帜下凝聚海内外中华儿女，激发整个中华民族包括台湾同胞的爱国情感，推进祖国统一。实现祖国统一是海内外中华儿女的共同心愿。中国自秦王朝统一以来的两千多年里，朝代更迭，政权兴替，版图盈缩，但主体一直是一个统一的多民族的国家。正是长期以来统一国家内形成的各民族共同的经济、政治、文化乃至感情的联系，使中国这个多民族国家的发展除了几次短暂分裂之外，始终保持了统一的主导趋势。维护国家统一，自古以来就是中华民族爱国主义传统中最重要的内容。当前，大力培育和弘扬民族精神，能够有力地孤立和打击少数死硬的民族分裂分子，为实现“一国两制”、和平统一提供强大的精神动力，创造有利的舆论环境。

四、以有力措施弘扬和培育民族精神

要使民族精神的教育进入学校教育、社会教育的主渠道主阵地，使之系统化、制度化、经常化。民族精神承传于祖国的文化和历史中，不熟悉、不了解祖国的文化和历史，就不可能得到民族精神的熏染和沾溉。古人讲："观乎人文，以化成天下"（《周易·贲·彖》），认为欲灭其国者先灭其史。可见文化和历史教育的重要。要把中华民族优秀文化和历史包括民族精神的教育灌注于从幼儿园到大学各级学校的教育中，使之进入课堂、进入教材、进入人心。要通过纪念馆、博物馆、旅游地、广播、电视、电影、互联网、文学艺术作品等，多形式多渠道地宣传、培育民族精神。要积极开展面向人民大众、为人们所喜闻乐见的各类精神文明建设活动，大力发展企业文化、乡村文化、军营文化、校园文化、广场文化等。要十分重视思想文化阵地和文化市场的建设。一切新闻媒体，一切文化娱乐场所，一切文化市场，都必须毫不动摇地宣传民族精神等先进文化。

宣扬和学习民族英雄，唱响民族英雄颂歌。中华民族历史上涌现过无数民族英雄，他们是民族精神的模范实践者，是民族的精英。比如，汉代马援"男儿要当死于边野，以马革裹尸还葬耳"的英雄气概，宋代杨家将秉承忠义，舍身卫国，岳飞"三十功名尘与土，八千里路云和月"的精忠报国壮举，文天祥"人生自古谁无死，留取丹心照汗青"的坚贞节操，明代于谦"粉身碎骨浑不怕，要留清白在人间"的高尚气节，清代林则徐"苟利国家生死以，岂因祸福避趋之"的奉献精神。近现代以来，在革命斗争中涌现出更多的英雄模范。这些民族英雄的高风亮节，具有强大的感召力、凝聚力，团结和动员着一代又一代的中华儿女为民族独立和富强而前赴后继，浴血奋斗。多年以来，我们宣传新时代的英模人物较多（这是应该的，以后还要坚持），而宣传历史上的民族英雄不够，应适当改进。既要大力宣传好现时代体现社会主义、共产主义精神的英模人物，又要适当宣传好历史上的民族英雄，处理好这种时代性与历史性、先进性与广泛性的关系。宣扬和学习民族英雄，不仅要在学校教育中适当增加民族英雄的内容，而且还要充分利用各种社会资源和大众传媒大力弘扬民族英雄精神。尤其是在一些具有历史影响的爱国主义教育基地、民族英雄的出生地或献身地，为民族英雄树碑立传，扩大影响。要有组织有计划地编写、出版民族英雄的传记、事迹著作和影视作品，深入持久地宣传他们的高尚精神。一些有识之士为民族英雄建立了网上纪念馆，是一种创新，应予以鼓励。

在中国特色社会主义建设实践中丰富发展中华民族精神，借鉴其他民族精神的优长。任何民族精神，既是在历史文化传统基础上形成的，又是对现时代实践活动中客观需要的回应。民族精神要真正深入人心、永葆活力，必须与时代同步，与新的社会实践相结合。因此，培育和弘扬民族精神一定要着眼于新的社会实践和时代要求，要在弘扬中培育，在培育中弘扬。要注意总结人民群众创造的新鲜经验，不断推出富有时代精神风貌的先进典型。要把继承与发展统一起来。一方面，要继承我们民族优秀的传统；另一方面，也要注意克服民族文化中某些与时代不相适应的消极成分，引导民族文化与时俱进，例如从贵义贱利到义利并重，从安分知足到开拓竞争，从民贵君轻到民主政治，从节衣缩食到正当消费。要把保持民族特色与树立世界意识统一起来。海纳百川，有容乃大。在自己的发展进程中勇于并善于从世界其他民族的文化中汲取营养，是中华文化长盛不衰的重要奥秘。我们既要反对民族虚无主义，也要反对狭隘的民族主义。在经济全球化和中国加入 WTO 的新形势下，要以宽广的胸襟和伟大的气魄，迎接世界范围的八面来风，在抵制腐朽文化的同时，善于借鉴和吸收世界各民族的优长，如俄罗斯民族的开拓、勇猛、坚韧精神，美利坚民族的求实、创新（冒险）、开放精神，不列颠民族的法治精神，德意志民族的理性、严谨、执着、服从精神，法兰西民族的自由、博爱精神，日本民族的忠诚、守纪、忧患、好学精神，并且将之有机地整合到中华民族精神中来，实现民族精神的真正弘扬和发展。

大力提高军人素质走内涵发展的建军道路*

改革开放以来，军队建设不断前进，不断解决前进路上的各种问题。关于军队建设的理论与实践非常复杂、丰富，其中一个很重要的内容就是要高度重视军队干部战士的素质问题，并特别强调教育训练的战略地位。我们要大力提高军人素质，走内涵发展的建军道路。

一、军人素质是军队基础的基础

素质，主要是指反映人的本质的内在结构，包括自然本质和社会本质两方面的内在要素结构。人才学认为，素质是人才成长的内在因素。我们经常讲，政治路线确定之后，干部就是决定的因素。干部之所以起决定作用，就是因为他们是领导者、决策者。他们的素质水平如何，直接关系到领导水平、决策水平的高低。在军事斗争中，武器是重要的因素，但不是决定的因素，决定的因素是人而不是物。进而言之，决定因素是人的素质，即政治思想素质、军事专业素质、文化素质、心理素质、身体素质。纵观人类社会发展中，军事斗争历史，几乎胜利者都在于人的素质强，失败者则由于人的素质差。过去的战

* 本文发表于《南京政治学院学报》1992 年第 4 期。

争年代，我军常常以少胜多，以弱胜强，在劣势装备的情况下，战胜了日本帝国主义、国民党反动派，在抗美援朝战争中打败了美国侵略者，一个重要原因就是我军干部战士的素质好。邓小平同志就讲过："我们军队的素质在战争年代是很好的，在抗美援朝时也是很好的，老实说，有那样的素质，就是用现有的武器，也可以打仗，也可以学会适应现代化的战争的条件，打败强大的帝国主义。"①

在新时期的军队建设中，邓小平同志针对现代科学技术高度发展并日益发挥重要作用的实际情况，强调国防现代化、军队现代化建设"关键是科学技术的现代化"，要"在现有的国力下加速改进军队的装备"；同时，他还指出："现在世界上有人说，什么都是技术决定，不要完全迷信这个。当然，我们也要讲究技术，不讲究技术是要吃亏的。但是，把电子计算机看成能代替全部指挥职能，那不可能，那样人的能动性也就没有了。"② 邓小平同志在总结我党我军的宝贵经验时还指出："过去我们没有飞机，没有大炮，没有兵工厂，就是靠人的因素，这种人不是普通的人，是有坚定信念的人，是有较高军政素质的人。"③ 可以说，马克思主义经典作家们都是作如是观的。毛泽东指出："武器是战争的重要因素，但不是决定的因素，决定的因素是人不是物。"他还讲过："一切事情是人做的，持久战和最后胜利没有人做就不会出现。""战争的胜负，固然取决于双方军事、政治、经济、地理、战争性质、国际援助诸条件，然而不仅仅决定于这些；仅有这些，还只是有了胜负的可能性，它本身没有胜负。要分胜负，还必须加上主观的努力，这就是指挥战争和实行战争，这就是战争中的自觉的能动性。"④ 列宁也讲过："现代战争也同现代技术一样，必须有质量高的人才。没有具有主动精神的、自觉的陆海军士兵，要在现代战争中取胜是不可能的。"⑤

---

① 《邓小平文选》(1975—1982 年)，人民出版社 1983 年版，第 58 页。
② 《邓小平文选》(1975—1982 年)，人民出版社 1983 年版，第 83、第 75、第 74 页。
③ 转引自《解放军报》1987 年 2 月 28 日。
④ 《毛泽东选集》(合订一卷本)，人民出版社 1967 年版，第 437、第 445—446 页。
⑤ 《列宁军事文集》，战士出版社 1981 年版，第 12 页。

海湾战争中，伊拉克的武器装备比美国相差一至两代。但美国打赢的这场高技术化的现代战争，并不说明伊拉克的失败完全是由于技术差和装备劣。全面分析，就应该看到，伊拉克战略决策的失误、作战指导的错误，以及军队战斗意志低下等，都是伊军失败的重要原因。相比之下，美国则在战略指导、政治外交、指挥协调、军人素质等方面，确实比伊拉克高一些。美军虽然拥有大量先进的武器装备，但在总结经验教训时，仍然肯定“人和武器同样重要”。在伊军方面，士气高时，战况就好些。比如参加海夫吉作战的伊军3个营，装备的是老式T-55坦克，与美军打了36个小时，美军伤亡百余人。地面决战前夕，伊军士气瓦解，几十万人，数千辆坦克，几千门大炮，仅100小时就溃散投降。这说明，再先进的技术装备也要靠人来掌握，没有较高素质的人，装备再精良也很可能会吃败仗。

我军干部、战士现在的素质总的来说是好的，特别是近些年来，大力加强军队的思想政治建设，保证了军队的政治上合格；扎扎实实进行教育训练，军事（专业）素质、文化素质、心理素质、身体素质都有很大提高。经过边境自卫还击作战的考验，证明我们这支人民军队是合格的，是能够胜利完成党和国家交给的任务的。但是，还“要看到我们各级干部指挥现代化战争的能力都很不够，不要把自己的眼睛蒙住了。承认我们哪些方面有缺点，哪些方面还不足，这就是解决问题的起点，克服弱点、克服缺点的起点。……现在我们一定要承认我们的科学技术水平与世界先进水平相比，还差很长的一截。要承认我们军队打现代化战争的能力不够，要承认我们军队的人数虽然多，但是素质比较差……特别是各级干部的指挥、管理能力弱。指挥现代化战争，包括我们老同志在内，能力都不够。”[①] 军人的素质既是军队基础的基础，又是战斗力构成中最根本的因素。认认真真抓基层、扎扎实实打基础，就是要认认真真、扎扎实实地重视和提高干部战士的素质。

① 《邓小平文选》(1975—1982年)，人民出版社1983年版，第58页。

二、站在战略高度，全面协调地提高五种素质

人的政治素质、军事素质、文化素质、心理素质、身体素质，在战争中的地位、作用既相区别又相联系，政治素质是灵魂，军事（专业）素质是核心，文化素质、心理素质、身体素质是基础和保证。注意它们的区别，就是说其作用、功能不能互相代替或不能完全代替；注意它们的联系，就是说其作用、功能在实践中是互相渗透、互为补充的。恩格斯在《反杜林论》中论述辩证法思想时，曾援引拿破仑的话讲过：军人的不同素质状况在战争中会产生不同的作用，军事技术素质与思想作风、组织纪律素养，在战争中产生的特殊作用，二者不能相互代替，而是能够互相补充。两个军事技术好但组织纪律差的马木留克骑兵，可以绝对打赢三个军事技术差但组织纪律好的法车骑兵；可是随着数量增大达到成百上千时，则会出现相反的结果。

现代战争杀伤力大，高度紧张复杂，对军队这个执行政治任务的武装集团，有着特殊的政治要求，要求军人特别是各级指挥员的政治素质强，必须坚贞不渝忠于自己的国家、民族和人民；军人要以国家利益、人民利益、大局利益为重，勇于献身、艰苦奋斗、坚忍不拔，一不怕苦，二不怕死；有严格的组织纪律性和优良的思想作风，服从指挥，善于协作配合。我军在这些方面历来是优势，有许多宝贵的优良传统、作风。但是以往政治上的合格，只能说明过去，不能完全说明未来。持久的合格必须在持久的教育训练中促成。

现代战争对于其他几种素质的要求也非常高。过去一个几乎没有什么军事素养，目不识丁的老百姓入伍后，腰里别上两颗手榴弹就可以上战场打仗。而今则大大不同了，军队日益成为知识密集的武装集团，战场也越来越变成现代科学技术、军事理论的竞技场，普通科学技术和高科技充斥于战争的全过程。海湾战争就是一次现代高科技战争的演示。没有较强的军事（专业）素养、文化素质、心理素质和身

体素质，就适应不了现代战争的需要。显然，没有足够严格的训练是不行的。

在现代条件下，科学文化知识对战争的作用日益增大，因此，邓小平同志特别强调干部要学习“必要的现代科学知识，学点历史、地理、外语；有条件的，还要使他们学点专业技术”。毛泽东同志说：没有文化的军队是愚蠢的军队，而愚蠢的军队是不能战胜敌人的。因此，我们要站在战略高度，统筹协调，既要搞好军事训练，又要把科学文化教育进一步搞好。

军事角逐往往伴随着激烈的心理较量。古代兵法就讲：心战为上，兵战为下；攻心为上，攻城为下。现代战争中这种情形仍有增无减。有的军事理论家称心理战为陆海空战之外的第四种战争。战火硝烟尚未散去的海湾战争，双方都很注重心理战，伊拉克军队心理素质差也是败北的一个重要原因。我们部队干部战士的心理素质总的来说比较好，同时也有不少问题，主要是年轻干部、战士的认知能力、意志、气质还不够好，难以适应复杂环境、艰苦任务的需要。有些青年干部战士缺少磨炼，不注重自我修养，比较脆弱。心理素质水平的提高，必须通过有力的思想政治工作，严格的训练、管理。国际上一些国家的军队还专门进行心理训练，有专门的场地设施。我们也必须加强这方面的工作。

三、教育训练的战略地位要落实落实再落实

以前在教育训练战略地位的落实方面，既有成功的经验，也有不少问题和教训。比如，军委曾提出要把院校建设作为军队建设的战略重点，要“四个舍得”，即舍得用好的干部办院校，舍得送最好的干部、战士上学，舍得把好的装备配给院校，该花的钱要舍得花。有的时期院校建设确实受到高度重视，办得红火、扎实，效果好。有一位大军区领导同志讲，既要搞好部队建设，又要确确实实把院校教育训

练抓紧抓好。下功夫把院校搞好，培养好几百几千名连长指导员，就等于抓住了未来几百几千个连队。这真是一种远见卓识。

教育训练是有组织有计划地对人进行的传授知识、习练技能、改变思想的一种社会活动，它对于提高人的素质有着关键性的作用，它是劳动力再生产和科学再生产的必要手段，是人类文化赖以传递和交流的环节，因而它对社会的延续、发展具有根本性的促进作用。马克思就讲过："要改变一般人的本性，使它获得一定劳动部门的技能和技巧，成为发达的和专门的劳动力，就要有一定的教育和训练。"[①]一些工业发达国家通过智力投资提高劳动生产率，已有很多事实为证。据有的国家抽样调查，受教育程度与社会劳动生产率提高的百分比是：小学为43%，中学为108%，大学为300%，至于科技进步同人才教育训练的关系就更为密切。目前世界上普遍认为，经济和军事竞争有赖于科技竞争，科技竞争有赖于教育竞争。国与国、军队与军队之间的差距，从现象上看是经济差距，实质上是科技的、人才的、教育训练的差距。

由于教育训练的发展，大大推动了科学技术的发展，科学技术成果又越来越多、越来越快地融入军事领域，物化为新型的武器装备，改变了包括军人在内的战斗力的形态，同时也改变了战争的方式。战斗力的整体状况取决于军人、武器装备及其二者的结合。这种结合状况的"可能性空间"有四种，一是低水平的互相适应；二是武器装备水平高，人的素质差的不适应状况；三是人的素质水平高于武器装备水平的状况；四是人的素质与武器装备在较高水平上的互相适应。从我军目前的实际情况看，近期还难以达到第四种情况的水平。第二种情形既不符合我国国情，也不利于提高军队水平。相比之下，第三种情形虽不如第四种情形理想，但又优于另外两种情形。我们应在世界相对和平的历史机遇中，从国力出发，加速推动武器装备的现代化，着重抓好干部战士素质的提高，这就必须扎扎实实地抓好教育训练。

---

① 《资本论》第1卷上册，人民出版社1963年版，第195页。

谈谈青年学生的人生观价值观教育问题*

——西安地区军校千名大学生思想调查

1993年春夏，根据中央军委和总政首长指示，我们调查了西安地区九所军队院校青年学员的人生观价值观情况，对1000名学员作了问卷调查，同207名学员和校系干部、教师进行了座谈，对一些典型学员作了详细了解，深深感到，加快改革开放、发展社会主义市场经济，对青年学生价值观念、行为方式产生的巨大影响，其积极方面是主导的、根本的，但是，由此而带来的新问题也不容忽视。

一、把青年学员培养成为政治合格、献身国防的人才，迫切需要加强人生观价值观教育

关于人生价值问题，奉献与索取的关系问题，仍然是当前大学生关注、思考的热点问题，近年来有力的人生观价值观教育产生了积极的效果。从调查的情况看，绝大多数学生的人生价值取向是正确的，他们认为奉献精神永远是时代的最强音，个人价值的实现是在对社会作出奉献的过程中完成的，越是发展市场经济，越要强调奉献。

* 本文刊载于总政宣传部《宣传简报》1993年第21期，与王树合作。

一是能够在奉献中正确认识自我，在社会需要的天平上称出自己的分量。第四军医大学一些研究生认为，谈论人生价值，最根本的是在现实的社会关系中把握自己。我们来到社会上，成了研究生，即使主观上不想索取，事实上已经从社会上索取了许多。如果不讲奉献，就是对别人劳动的无偿占有。六大队学员王某某在301医院实习时，发现一位老人突然窒息，便口对口地吸出老人的瘀痰，并找来医生抢救。事后有32名患者联名写了感谢信，医院为他请功。还有许多学生在实习期间自己拿钱为病人买药、主动护理重病人。还有的学生拒收病号家属的"红包"。同学们说，在病人的眼睛里我们看到了自己的价值，在奉献中认识了自我。

二是能够在奉献中调整自我，从社会需要中找准自己的位置。多数学员能够以奉献作为精神支柱，让社会来选择自己，在奉献的前提下调整自己的志向选择。他们认为，离开了对社会的奉献，只想让社会适应自己，就会觉得处处不如意，自我的路就会越走越窄。学员袁某某家里从1983年开始做生意，经济收入可观，两个哥哥不让他报军校，但他还是来到了二炮工程学院。他说，尽管军人生活苦，收入低，可是我感到自己来保卫祖国很有价值，我至今不后悔。

三是能够在奉献中发展自我，把自我价值的实现融入军队建设的实践中。多数学员认为，军校大学生只有在军队建设的实践中、在奉献中才能全面锻炼和发展自己，离开了祖国和军队建设的需要，空泛地谈论自我价值，个人的发展必然是片面和残缺的。1969年入伍的四医大92级硕士研究生陆某在座谈中说，虽然我也有这样那样的苦衷，但我很崇敬苏宁，他是在奉献中使自我得到全面发展，使个人价值得到充分实现的真正的军人。

随着社会主义市场经济体制逐步发展，人才竞争日趋激烈，这使广大青年学员打消了以往那种"60分万岁"的平庸心理，产生了一种紧迫感、危机感和强烈的进取意识，进而形成一种新的学习热、成才热（包括外语热、科技热、函授热、第二课堂热、考研究生热等）。

四医大消化专业的学员们，有的称为“夜猫子”，常常攻读到深更半夜，有的叫作“实验狂”，搞化学实验已烧烂了9条裤子。该校本科毕业生报考研究生的比例由去年的29%陡增到今年的43%。空军工程学院的12名学员自费集资5000多元买来微机，刻苦练习。二炮工程学院学员掀起了向本院研究非圆齿的“青年科技尖兵”王贵海学习、努力攻关成才的热潮。这预示着军队及社会发展深层动力的增强，必将促成一种更大的社会进步。

调查情况表明，广大青年学员的人生观价值观塑造正处在欲成熟未成熟的可塑期，既有积极向上的一面，又有在种种不良诱因的作用下容易发生摇摆和倾斜的一面，在尽职责讲奉献的主调下，部分学生的人生观价值观问题不少，在言行上常常表现出为自我、向钱看、图享乐的倾向。这就要求我们，必须注重帮助青年学员在人生态度和价值观念上驱浊扬清，加大人生观价值观教育，这是培养合格人才的重要保证。

二、进行人生观价值观教育，要着力抵制和消除拜金主义、享乐主义和极端个人主义的影响，解决好人生目标问题

从我们调查的情况看，有些学员在拜金主义、享乐主义和极端个人主义的影响下，人生观价值观出现了新的问题：一是价值观念上以“自我”为中心。在问卷调查中，有10.7%的学员认为人的本质是自私的；24.3%的学员认为主观为自己，客观为别人；有的学员主张多索取少奉献。2%的学员不崇敬历史与当代的任何人，而是崇敬“我”。个别学员在座谈中说，自我是一切的目的和归宿，自己拿自己的主意，对谁都不要相信。有的学员崇尚“自我设计”“自我奋斗”，学六级外语就是为了出国。还有个别学员盲目自负，目空一切，不服从管理。二是价值取向上以“享乐”为目的。少数学生以奢侈、豪华为荣，把俭朴看成“小气、寒酸”，生怕这样被人瞧不起。有的学员，一天抽

两盒进口烟，放假回家来回坐软卧，有的学员戴1500元的手表，穿400多元的进口皮鞋，1000多元的西装。个别学员受西方颓废的婚恋方式影响，性开放、性自由意识在悄然萌动。三是价值评价上以“实惠”为标准。问卷中3.3%的学员认为“金钱是衡量人的价值的尺度”。有的研究生说，人的价值就看钱的多少，人有各种各样的收获，但最主要最关键的收获就是金钱，我们苦闷，就是因为没有钱。

青年学员对人生目的、意义的思考和对个人前途的展望，都直接间接、或多或少地与怎样看待知识、怎样发挥知识的效用相联系，他们人生观价值观上存在的种种模糊认识，也都从不同的角度和侧面反映出他们的“知识观”。他们是通过激烈的升学竞争筛选出来的优胜者，往往看不到上大学、获取知识所依赖的社会条件，而认为是个人奋斗的结果，很容易把知识作为索取的资本，自视清高。“知识观”问题，已成为青年学员思考人生的一个热点问题，因而也是我们开展人生观价值观教育的突破口。要引导学员树立正确的人生观价值观，正确认识知识的商品属性；看到在社会主义市场经济条件下，知识带有商品的属性，这是社会对知识和科学的尊重；引导学员正确理解知识所带来的个人实惠和社会价值的关系问题，特别是要清醒地认识到自己获取知识的机会和条件是人民所提供的，把知识奉献于人民，为国防建设建功立业是军校大学生的历史使命。

三、采取切实有效的措施，扎扎实实地搞好人生观价值观教育

第一，坚持以马克思主义科学世界观和中国特色社会主义理论为指导。正确的人生观价值观，是在科学世界观的指导下形成的。正确认识和处理社会价值与自我价值的关系，奉献与索取的关系，人民利益和个人利益的关系，坚持全心全意为人民服务，自觉自愿地为祖国为人民无私奉献，为中国特色的社会主义事业努力奋斗，是以马克思主义世界观，归根到底是以对人类社会发展客观规律正确认识为基

础的。

第二，贴近中国特色社会主义的伟大实践，适应发展社会主义市场经济的客观要求，有所作为，搞好教育。发展社会主义市场经济，确实给人们的人生态度和价值观念带来了较大影响，这种影响的积极作用是主要的，主导的。我们的市场经济是社会主义的市场经济，它呼唤着人们艰苦奋斗、公平竞争、遵守法纪、开拓进取、蓬勃向上的精神风貌，呼唤着人们的牺牲精神和奉献意识。把社会主义市场经济看成是“下海”，是“一切向钱看”，把学员在人生观价值观上的模糊认识完全归因于发展社会主义市场经济，这是一种误解和偏见。开展人生观价值观教育，必须充分发挥社会主义市场经济给人们思想带来的积极作用，引导学员用社会主义市场经济所要求的法制观念去抵制不择手段捞取金钱的拜金主义，用公平竞争原则抵制不正之风等极端个人主义，用艰苦创业精神抵制享乐主义，帮助青年学员明确哪些是社会主义市场经济条件下所应有的精神风貌，哪些是社会主义市场经济所排斥的错误的价值观念。

第三，针对青年学员的思想特点，改进人生观价值观教育的方式方法。青年学员的人生观价值观正处在可塑期，正确的价值观念确立得不牢，错误的价值观念也不是根深蒂固。因此，人生观价值观教育要坚持正面引导为主。青年学员喜欢求知、求新、求异，愿意在获取知识的过程中领悟人生道理，人生观价值观教育必须与专业知识教育相结合，把育人融进教书之中，充分运用青年学员喜闻乐见的生动活泼有效的自我教育形式，如演讲会、知识竞赛、讨论会等方式方法进行教育。青年学员对人生的探求，往往更多地是从个人的发展前途上思考的，这就决定了人生观价值观教育必须适应学员成长发展的阶段和过程，实施不间断的引导。

第四，优化教书育人环境，坚持教书育人、管理育人、服务育人一体化。人生观价值观的塑造是一项综合性的系统工程，必须上下一起抓，各方共同管，思想教育与管理、服务、各种教学等工作相结合，课堂教育与参加社会实践相结合，各门政治理论课程在力求实现各自功能的同时，加强人生观价值观教育，把人生观价值观教育渗透到院校工作的各个方面，形成一个合力育人的运行机制和良好氛围。

弘扬中华民族优秀武德传统*

中华民族在其悠久而辉煌的历史中，形成了各种优良传统，优秀的武德传统就是其中一个独具特色的组成部分。武德指军旅与军人的思想修养和道德实践，它是军旅和军人的灵魂。春秋时期，随着军事实践的发展，就出现了“武德”这一概念、范畴。《左传》在总结军事斗争经验时提出：“有德不可敌”，“武有七德”，“禁暴、戢兵、保大、定功、安民、和众、丰财者也”。（《左传·宣公十二年》）战国时代的著名军事家孙膑说：“将者不可以无德。无德则无力，无力则三军之利不得。故德者，兵之手也。”（《孙膑兵法·将义》）植根于五千多年中华文化丰厚沃土之上的优秀武德传统，经过历代军旅实践的承传创造，以其卓尔不群、气壮山河的崇高品格屹立于世间，典型地体现了中华民族精神和优良道德风范，成为克服困难，战胜强敌的锐利武器。

一、高扬热爱祖国、牺牲奉献的旗帜，将爱国报国视作军人价值的最高实现

中华民族历代正义之师及其优秀官兵，都是热爱祖国、精忠报国

* 本文发表于《人民日报》1995年4月11日，与贺更行合作。

的。忧国忘身是古代将帅必备的首要品德。“将受命之日忘其家，张军宿野忘其亲，援桴而鼓忘其身。”（《尉缭子·武议》）由于崇高的责任感和险恶的战场环境的需要，使他们能够正视牺牲：“受命而不辞家，敌破而后言返，将之礼也。故师出之日，有死之荣，无生之辱。”（《吴子·论将》）“故善将者，不恃强，不怙势，宠之而不喜，辱之而不惧，见利不贪，见美不淫，以身殉国，壹意而已。”（《将苑·将志》）“倘图身念重，徇国心轻，受人之任，孤人之托，即万年以下，犹令人唾骂矣。”（《草庐经略·忠义》）正是在这种思想的激励下，牺牲奉献成为历代优秀将士前赴后继的选择。汉代大将军霍去病屡建奇功，汉武帝要给他修建府第，他却说：“匈奴未灭，无以家为”；东汉名将马援，以马革裹尸自誓，宣告“男儿要当死于边野，以马革裹尸还葬耳，何能卧床上在儿女子手中耶！”后来他果真实现了誓言；岳飞身刺“精忠报国”四字，并用“以身许国，何事不敢为”表达心声；文天祥“但令身未死，随力报乾坤”；于谦“一片丹心图报国”；戚继光“封侯非吾意，但愿海波平”；林则徐“苟利国家生死以，岂因祸福避趋之”；秋瑾“金瓯已缺总须补，为国牺牲敢惜身？”历代民族英雄、优秀将士的这种高尚品质，不断地激励、教育了后来者。有的军事典籍就号召军人，要向民族英雄学习，“奋立志气，凡于艰苦利害，死生患难，都丢在一边，务要学个相似”。（《练兵实纪·练将》）“天下兴亡，匹夫有责”的民族精神一直在军人身上实践和承传着。在几千年历史里，无数将士热爱祖国、保卫祖国、义无反顾、牺牲奉献的光辉实践，构成了感天动地的军事奇观。

历代军旅中的仁人志士，热爱祖国，保卫人民，舍生取义，杀身成仁的崇高理想和宝贵气节，在今天仍闪烁着光辉，具有很大的教育意义。在继承古代优秀武德传统的过程中，我们要注意剥离并剔除其中像“心随力尽，亦足洒此一腔热血，稍报君恩”（《草庐经略·忠义》）的封建愚忠思想，以及狭隘民族主义观念等消极的糟粕性成分。更要取其精华，弘扬那些忠臣良将视死如归，宁死不屈的高尚气节。

“良将不怯死而苟免，烈士不毁节以求生”（《三国志·庞德传》），“大丈夫宁为玉碎，不为瓦全”（《北齐书·元景安传》），“但使忠贞在，甘从玉石焚”（唐·崔桐《刘展下判官相招以诗答》），“惟有烈士心，白刃不能夺”，（陆游）“粉身碎骨全不怕，要留清白在人间”（于谦）。这种光照青史的重义轻身的人格气节，使苟安降敌成为莫大耻辱，这与国外某些实用主义的投降观形成了鲜明对照。

二、强调爱民保民，将“兵民一体”“爱民者强”的思想贯彻到军旅实践中

中国古代“民惟邦本，本固邦强”和“仁者爱人”的思想在优秀武德传统中有直接和广泛的体现。《荀子·议兵》中提出“爱民者强，不爱民者弱”的著名论断，《续资治通鉴长编·太祖建隆三年》记成都田淳说：“夫百姓，六军之主也”；王夫之《读通鉴论·宣宗》也宣称：“民者，兵之命也”；直到清末蔡锷所言“惟军人之能爱百姓，故百姓亦以其所爱者爱之”等，中华民族历代优秀武德传统都非常强调爱民思想。历史与现实的客观需要，使历代王朝中的明君贤主及其军队中的有识之士认识到兵民一体，两者不可分离。“古之兵，皆出于民者也。故民附则兵多，而勃然以兴；民叛则兵寡，而忽焉以亡。”（《文献通考·兵六》）因而“民为兵之源，兵无民不坚”“兵为民之卫，民无兵不固”（《将略要论》）。同时，历代明智的统治者也认识到，军队在战争中对人民大众的依赖和用兵的终极目的（抚士民），也要求实行兵爱民的政策、策略。

爱民的方式和表现，首要的就是反映人民大众的愿望，维护其利益，即“因民之欲，乘民之力”。“故明王之用兵也，为天下除害，而与万民同享其利，民之为用，犹子之为父，弟之为兄。威之所加，若崩山决塘，敌孰敢当”。（《淮南子·兵略训》）他们理智地看到了民心向背的力量。“攻其国，爱其民，攻之可也。”（《司马法·仁本》）“故

夫战之胜也，民欲胜也”；“民不欲胜，则莫能以胜。”（贾谊《新书·大政》）取胜的关键在于是否代表了人民大众的利益，因此要处处便民利民；“战道，不违时，不历民病，所以爱吾民也；不加丧，不因凶，所以爱夫其民也；冬夏不兴师，所以兼爱其民也。”（《司马法·仁本》）这里主张不仅要爱本国人民，而且要爱敌方人民，并把这叫作战争道德准则。体现了义兵致胜和积极的人道主义思想。

其次，要真正担负起捍卫国民的责任，保护百姓安居乐业。戚继光在《纪效新书·议兵紧要禁令》中说：“你不肯杀贼保障他（指百姓），养你何用？”从古至今，在中华大地上优秀将士用行动、用鲜血和生命保卫国民的事例不胜枚举。

第三，不准侵扰百姓。《司马法·仁本》记载，古代出征礼制要由“冢宰与百官布令于军”，宣布不准扰民的纪律，历代行军也以“秋毫无犯”相制约。著名将领岳飞率领的岳家军，以“冻死不拆屋，饿死不掳掠”闻名于世。士兵中有拿民间一缕麻用来捆马草的，即严厉惩处。部队夜宿民房外，村民邀请进屋，也没人敢进去。当岳家军北进中原时，父老百姓慰劳者云集。而金军想招兵抵抗，黄河以北却无人应征。这说明岳飞的爱民政策和纪律深得民心。蔡锷在总结历代名将用兵经验时指出：“古今名将，用兵莫不以安民爱民为本，盖用兵原为安民，若扰之害之，是悖用兵之本旨也。”（《〈曾胡治兵语录〉序及按语》）当然，对古代将士爱民保民的思想与实践，我们也要看到它有被迫的、功利的一面，有欲安民先爱民的成分，这样才能辩证分析，并加以科学地扬弃，更好地弘扬其优秀武德思想，从根本上确立全心全意为人民服务的宗旨，加强军政军民团结。

三、从祖国利益出发，热爱军旅事业，厉兵精武，建功立业

军队是国家政权的重要组成部分。卫国安邦，维护祖国利益，必须有一支相应的军事力量。孙子在两千多年前就深刻指出：“兵者国之

大事”。古往今来，大凡热爱祖国的仁人志士尤其是优秀将士，都非常热爱军旅事业。尚武、精武首先表现在对居安思危、忘战必危的正确认识上。“天下虽安，忘战必危”（《司马法·仁本》）；“安国家之道，先戒为宝”（《吴子·料敌》）；“苟欲弭兵，莫如备兵”（陈庆年《兵法史略学》）“天下虽平，不敢忘战，致民田猎以讲武。”（苏轼《教战守策》）因此，防范侵略、精武报国就成为优秀将士的共同特征。战国时的赵国老将廉颇不顾年迈，请缨杀敌；汉代班超投笔从戎，终于平定西域，安邦保民；三国时吕蒙克服重重困难，坚持钻研兵书，成为帅才；东晋祖逖、刘琨“闻鸡起舞”，苦练杀敌本领；明朝著名将领戚继光创建“鸳鸯阵法”，重创入侵敌军，等等。历代优秀将帅在“习兵法”“学武艺”，加强自己的技艺和指挥修养的同时，还高度重视训练三军，强调“兵不闲习，不可以当敌”（《邓析子·无厚篇》），“军无习练，百不当一；习而用之，一可当百”（《将苑·习练》）。单从历代军事著作对教育训练的阐述之多来看，足见其受重视的程度。从《司马法》“士不先教，不可用也”，《吴子》“用兵之法，教戒为先”，到《尉缭子·兵教》专论，比较系统地论述了训练的目的、方法、步骤、纪律、奖惩等内容。此后关于军事教育训练的专论不断涌现，有三国时的《将苑·习练》，唐代《长短经·教战》，宋代《百战奇略·教战》，明代《武备要略·练艺》《登坛必究·训练·教兵》《阵纪·教练》等。戚继光的《纪效新书》《练兵实纪》，不仅论述士卒训练，而且特别着重论述练将，并总结历代作战经验，针对当时实战需要开展教育训练。尚武就要精武，精武思想贯串传统武德的始终。古代兵家以“训”为“明耻教战”、上下一心的途径，以“练”为知战阵、精技艺的途径。并且遵循“教得其道”的规律，强调循序渐进，由浅入深；切合实践，不尚空谈；培训骨干，逐级推广等，形成了一套独具特色的精武要则。

中国共产党人深知，为要消灭暴力现象，必须拥有强大的革命暴力。我们今天为建设一支强大的现代化、正规化的革命军队而奋斗，目的是为了保卫国家安全，保卫人民的和平劳动，反击外敌入侵。党中央、中央军委很重视军队建设，中国人民解放军广大官兵更要弘扬古代爱军习武的优良传统，不断提高防卫能力。

四、推崇义勇精神，将英勇无畏、坚韧顽强的品格纳入正义轨道

“夫勇者，德也”（《国语·越语》）。孙子把勇敢当作为将五德之一，认为“将者，智、信、仁、勇、严也。”后代类似提法虽各有差异，但“勇”不可或缺。《六韬·龙韬·论将》称：“将有五材十过”，“所谓五材者，勇、智、仁、信、忠也”，把勇敢放到最前面。宋代《武经总要前集·选将》也继承孙子“五德”说。岳飞强调“用将须择孤寒忠勇，久经艰难，亲冒矢石者”。勇敢既是军人职业特点和标志，也是克敌制胜的关键：“夫战，勇气也。”（《左传·庄公十年》），“战虽有阵，而勇为本焉”（《墨子·修身》），“一人投命，足惧千夫”（《吴子；励士》），“器械为宝，勇斗为首”，“三军勇斗，莫我能御”（《六韬·虎韬·必出》）。但是，中国传统武德从来也不是孤立看待勇敢的，而是更多地把它纳入仁义的轨道，认为只有符合正义的勇敢才是真正的勇敢。“率义之谓勇”（《左传·哀公十六年》），“义之所在，不倾于权，不顾于利，举国而与之不为改视；重死而持义不挠，是士君子之勇”（《荀子·荣辱》），“轻死以行礼谓之勇”（《晏子春秋·内篇谏上》）。因此，“仁者必勇”，而“勇者不必有仁”（《论语·宪问》），“见义不为，无勇也”（《论语·为政》），“违强陵弱，非勇也”（《左传·定公四年》）那些违背人民意愿，逆历史潮流而动的“勇”只能是暴虐残酷。“勇而不义，伤兵”（《管子·法法》）。不仅如此，勇敢也不等同于鲁莽、冲动。“匹夫见辱，拔剑而起，挺身而斗，此不足为勇也。天下有大勇者，卒然临之而不惊，无故加之而不怒”（苏轼《留侯论》）。所以，单纯“力拔山兮气盖世”的一介武夫历来受到鄙夷。孔子认为“暴虎凴（凭）河，死而无悔者，吾不与也。必也临事

而惧，好谋而成者也。”（《论语·述而》）“智勇双全”成为优秀将士追求的目标。曹操曾言道：“将当以勇为本，行之以智计；但知强勇，一匹夫敌耳。”（《三国志·夏侯渊传》）明代《何博士备论·杨素》中说：“战必胜，攻必取者，将之良能也。良将之所挟，亦曰智勇而已”。从对历史上无数忠勇刚烈、见义勇为、智勇双全将士业绩的追寻中，从“义兵致胜”的理论探讨中，我们看到，对义勇的推崇确是传统武德的闪光点。作为中华人民共和国国歌的《义勇军进行曲》，所倡扬的那种义勇精神正是继承了中华民族武德的精要，不断地鼓舞、激励着亿万军民百折不挠地前进。

培养坚韧不拔、自强不息的品质，也是历代优秀武德传统的一个重要内容。“天行健，君子以自强不息”（《周易·乾》），是中华民族的高尚品质，更是历代优秀将士的职业道德。传统武德熔铸民族性格于军旅实践中。“闻鸡起舞”，“中流击楫”（祖逖），“鞠躬尽瘁，死而后已”，“恢宏志士之气，不宜妄自菲薄”（诸葛亮《出师表》），“令人畏敬，全在自强自立”（蔡锷《〈曾胡治兵语录〉序及按语》），这些生动事迹和精辟论述，都表现了历代军旅中优秀将士坚韧顽强、自强不息、不达目的誓不罢休的可贵品质。“孙子膑脚，兵法修列”，正所谓“士有忍死之辱，必有就事之计”的顽强拼搏；“淮阴（韩信）忍辱”是“忍小忿而成大谋，屈一日而伸于后日，此则勇者之所畏”的体现；卧薪尝胆，“勾践灭吴”是“古之立大事者，必有坚忍不拔之志”的证明；辛弃疾赠人与自勉的诗句：“我最怜君中宵舞，道男儿到死心如铁，看试手，补天裂”，形象地表达出壮志未酬誓不休的情怀；明末将领夏完淳在抗清失败后，仍坚信“万里飞腾仍有路，莫愁四海正风尘”。这些忍辱含垢、顽强拼搏的言行，是以钢铁意志和无畏精神来抗击挫折磨难，为达到理想目标不懈进击的体现。从世界军事史的角度看，刚健有为、坚韧顽强确为中国传统武德的显著特色。

五、严明军纪，树立令行禁止、遵纪守法的良好作风

从古代“师出以律，失律凶也”(《周易·师》）的思想出发，历代都把纪律作为军队盛衰存亡的关键。“有制之兵，无能之将，不可以败；无制之兵，有能之将，不可以胜。”诸葛亮认为，军事法制、纪律特别重要，这些搞好了，即使将领弱些也可以胜；相反，法制、军纪松弛、涣散，即使将领能干，也难免会失败。这是很有见地的思想。古人一再强调，纪律法令，一经制定，就必须坚决执行。“申明号令，不可姑息”(明太祖《谕将士》)“令不可轻”(诸葛亮《将苑》)，要达到“视死为易，视令为尊”(《练兵实纪·练将》）的程度，使“禁必欲止，令必欲行。”(《管子·兵法》)“号令一发，三军震慑”，“令严方可肃兵威，命重始足以整纲纪”，“非严不可以服强齐众。”具体到战场纪律来说，突出令行禁止，大军所过，秋毫无犯。从古代《尚书》中的《甘誓》《牧誓》到《司马法·仁本》中的“六无二勿”，《吕氏春秋·怀宠》的“六不”，《六韬·虎韬·略地》的“二无三勿”，《淮南子·兵略训》中的“六毋”，直到《草庐经略·禁暴》的“十一无”，清太宗皇太极的“七勿”，都强调纪律严明，要令行禁止，对敌区民众生命财产加以爱护，禁止侮辱妇女，不能辱杀俘虏等。在行军纪律中，有禁掠财物、践田苗，禁强买强卖、擅入民宅等。在营区纪律中，虽然有的只是一时一地的规定，但也体现出严格而具体的特点，如禁外宿、禁赌博、禁酒、禁谣言讹语、禁屠卖、禁放债、禁军官占役士兵、禁科派勒索、禁宿娼、禁私自对外联系、禁荐引私人、禁入会党等。尽管执行不尽一致，有的动辄“军法从事”，但严明的军纪产生了巨大的效果，并成为“义军”的主要特征。刘邦起兵攻入咸阳后“秋毫无所犯，除秦苛法，与秦民约法三章耳”，结果秦地民众都希望刘邦为王。明太祖朱元璋每逢出征前都告诫将帅严明军纪，“秋毫无犯”，他的大将徐达因执行军纪严，管理部队好，屡受重用。大

将胡大海称“吾武人不知书，惟知三事而已：不杀人，不掠妇女，不焚毁庐舍”，所以军纪严明，战斗力强。宋代的岳家军、明代的戚家军和太平天国早期的军队，都以军纪严明著称，并因之而取得很大胜利。

中国人民解放军之所以由小到大，由弱变强，原因很多，其中之一就是由于它有严明的纪律。三大纪律八项注意赢得了全国人民的尊敬和赞誉，也使中国人民解放军战无不胜，攻无不克。

六、维护军队团结，强调“师克在和”、上下一心，爱兵如子

“师克在和”是古代军事思想关于团结致胜认识的典型概括。历代优秀武德传统，高度重视军内、军外的团结，如君将、上下、军政、军民、盟军团结等。《吴子》称“不和于国，不可以出军；不和于军，不可以出阵；不和于阵，不可以进战；不和于战，不可以决胜”。战国时期赵国廉颇与蔺相如不计私怨，顾全大局，“将相和”的故事传为佳话。“千人同心，则得千人力；万人异心，则无一人之用。”（《淮南子·兵略训》）这些见解真是入木三分。唐代名将郭子仪、李光弼，在安史之乱爆发后，捐弃前嫌，团结奋战，终于平息了叛乱。朱元璋总结自己战胜陈友谅的经验，说自己是“将士一心”。而陈友谅虽兵多将广，但“人各一心，上下猜疑”，终于失败。太平天国的最后败亡，直接的原因是其领导人争权夺势、闹内讧。

古代武德传统强调官兵团结时十分重视将帅要身先士卒，爱兵如子，这无疑抓住了上下团结的关键。“勤劳之师，将必先己”（《尉缭子·战威》），“以身先人，故其兵为天下雄”（《三略·上略》）。“身先”是赢得士卒敬服的前提，爱兵是团结致胜的保证。“视卒如婴儿，故可与之赴深溪；视卒如爱子，故可与之俱死。”（《孙子·地形篇》）“古之善将者，养人如养己子。”（《将苑·哀死》）后代继承这一思想，又从各方面加以发展，总结为带兵如父兄之带子弟，要“教之诲之”“爱

之护之"，还要"惩责之"，"培养之"，将领的内心要"至诚无伪"、"至公无私"。关心士卒疾苦是爱兵的主要问题。三国时诸葛亮在《将苑》中，有"伤者，泣而抚之"的规定。唐代李靖的《卫公兵法辑本·将务兵谋》中，有各营指定专官检查病号饭，以及对伤病者如何照顾等规定。明代《草庐经略·拊循》规定，"疾病医药，亲临珍视"，在《练兵实纪》中也有类似的规定。历史上著名军事将领司马穰苴每于部队扎营后亲自探病问药，吴起亲为士兵吮吸脓疮，岳飞亲为士卒调药等事例，都闪烁着官兵一体，誓同生死的道德光辉。

中华民族的优良传统源远流长，并一直滋养着中华儿女成长。人民解放军作为一支名震中外的正义之师，威武之师，文明之师，是在继承发扬中华民族优秀武德传统的基础上发展起来的。在新的历史条件下，珍视传统，用历史唯物主义观点扬其精华，仍是促进军队发展的重要途径。

知国　爱国　报国*

——海军大连舰艇学院爱国主义教育的思考

海军大连舰艇学院从改革开放以来一直把爱国主义教育作为社会主义精神文明建设的基础工程，反复抓，抓反复，在实践中摸索出一些爱国主义教育的规律，收到了很好的效果。广大青年学员不断由知国到爱国到报国，经受住了战火的考验、艰苦环境的考验，涌现出一大批爱国报国的先进人物。该院的经验受到国家教委和各地教委、高校同志的赞扬。

一、知国是爱国的基础，认真搞好国情、国史、国耻教育

大连舰院的爱国主义教育重视从知国情入手进行爱国主义教育。该院政治部组织编写了《国情知识资料汇编》，通过开设系列讲座，向学员系统介绍国情基本知识，使学生从各方面了解祖国的政治、经济、地理、民族等情况，打下一个理智而恒久地爱国的基础。

他们结合中国革命史教学，以知我中华为主题，运用祖国辉煌史激发学生作为炎黄子孙的自豪感。他们经常举办“知我中华”知识竞

* 本文发表于《人民日报》1997 年 8 月 1 日。

赛、读书演讲、主题征文等活动。连续七年开展了“爱我锦绣中华、做祖国忠诚卫士”读书征文比赛，收到文章7000多篇。在专业课教学中，教员们通过介绍中国古代文明在世界文明中的地位，中国古代科学技术对世界现代科学技术发展的启发作用，以及当代著名科学史专家李约瑟等对中国古代文明的高度评价等，引导学员加深对祖国悠久历史、灿烂文化的了解，激发学员的民族自豪感。

学院十分重视对学员进行勿忘国耻教育，编写了《不能忘却的百年耻辱》《中国近代海军史》等教材，在每一期学员入学后开设专题讲座。他们还把旅顺日俄战争遗址、威海刘公岛北洋水师旧址、天津大沽口炮台等历史遗址和纪念场馆作为对学员进行国耻教育的基地。前几年在纪念甲午战争一百周年时，他们组织学员参观旅顺甲午战争遗址和威海刘公岛北洋水师旧址，开展“勿忘甲午国耻，珍惜今日国荣”讨论，在特定的场景和情境中，启发学员加深对“国家兴亡，匹夫有责”的理解，明确“落后就要挨打，贫弱不能强国”，增强了居安思危的忧患意识和振兴中华的紧迫感。

二、由爱国深化到爱党、爱社会主义

大连舰院在政治理论教育中，系统地讲述中国共产党领导人民推翻“三座大山”、建设祖国、抵御侵略、捍卫主权的光辉事迹，使学员明确，中国共产党人是最忠诚、最坚定的爱国者。该院每年五四青年节，开展“青春火炬接力”板报评比、书画摄影比赛等；每年“七一”进行爱党教育，搞入党宣誓等活动；每年国庆节，组织“爱心献祖国”演讲会、演唱会、诗歌朗诵会；在纪念抗日战争50周年和长征胜利60周年时，组织开展了爱国爱党和革命传统教育活动，受到大家的欢迎。

中国特色社会主义是新时期爱国主义的主题。大连舰院通过理论启迪、思想疏导等途径，引导学员把感性的爱国情感升华为对中国特色社会主义的理性认识。

他们在政治理论课教学中，注意跟踪国家和军队改革开放的进程，深入进行调查研究，及时解答学员产生的思想疑虑。在我国刚提出建立社会主义市场经济体制目标时，他们就结合驻地大连市建立现代企业制度和培育生产资料、科技、人才、资金市场等情况，向学员作专题介绍。他们把大连造船厂、市郊红旗镇等作为相对固定的教育基地，组织学员参观访问，有力有效地解决了学员的思想认识问题。

三、把爱国之情转化为报国之行

报国是爱国的落脚点。大连舰院的爱国主义教育的成功之处、宝贵之处，就在于能够帮助青年学生把爱国之情逐步转化为报国之行。

立足于岗位，热爱本职工作，牢固树立报国之志。军人的职业、任务非常艰苦，有时还很危险。针对学员的思想情况，舰院大力加强思想政治工作，为每个学员队配备了三名教员做德育顾问，建立了学员思想教育导师制度。舰院还把本院的教员、毕业的学员的模范事迹陈列在院史馆。在学员分专业时进行立足本职教育，引导他们干一行爱一行。在学员毕业时进行爱舰爱岛爱海洋教育，引导他们服从祖国挑选。

从严治学，从严管理，从严养成，从严执纪，从严示范。大连舰院党委坚持以此“五严”治校，注重从点滴入手培养学员的良好行为。在从严示范上，院领导以自身的良好形象为学员树立榜样。学院党委认为，军队负有特殊使命，强调的是整体效应，培养的是一批又一批人才，而不是一个人才、少数人才，只有从严治校，才能培养出爱国报国所需的良好思想作风和更多优秀人才。

充分利用军事等实践活动，直接养成报国之行，在训练实践中锻炼学员。在每年一次的舢板远航求生训练中，学员们使用无动力舢板，靠人工荡桨，昼夜航行，从大连老虎滩横渡海峡到山东，然后折回，往返十多天。大家十分紧张、辛苦、劳累。但是，艰难困苦的近似海上实战的环境条件，很好地培养锻炼了学员们的实战生存能力和吃苦耐劳、坚韧顽强的战斗意志。

政治文明与精神文明、物质文明的关系*

政治文明是人类社会政治生活的进步状态，是一定社会政治法律制度形态、政治思想意识形态和政治行为实践所规定和体现的文明。社会主义政治文明是社会主义规定性与现代政治文明规定性相统一的政治文明。所谓社会主义规定性，就是在主体地位上，否定了少数人对多数人的专政，实行了多数人对少数人的专政，真正开始推行人民当家作主；在政治制度上，否定了人剥削人、人压迫人的政治制度，广大人民群众上升到了统治阶级的地位；在价值选择上，否定了那种崇尚强权、表现剥削、张扬两极分化的政治理念，以社会公正、社会平等、社会共同富裕为社会价值取向。所谓现代政治文明的规定性，就是社会主义政治文明建设要尊重现代政治文明建设的内在规律，创造出比资本主义更高的政治文明。

物质文明、精神文明和政治文明是一个整体，相互渗透，相互促进，相辅相成，共同推动社会的全面发展。物质文明为精神文明和政治文明建设提供物质保证。物质文明建设水平高，人们才会有更多时间、物力和能力提高科学文化和思想道德素质，参与民主政治生活。物质文明还是推动精神文明和政治文明建设的决定力量，精神文明和

* 本文发表于《中国青年报》2002年8月25日，与吴志忠合作。

政治文明发展总是在发现、解决物质文明建设遇到新问题的过程中得以实现的。精神文明为物质文明和政治文明提供理论指导、智力支持和精神动力。精神文明作为思想上层建筑，不仅服务于作为经济基础的物质文明，而且服务于作为政治上层建筑的政治文明。物质文明和政治文明建设都离不开科学理论的指导，离不开人的科学文化素质提高、思想道德素质培育，离不开充分而持久的智力支持。政治文明为物质文明和精神文明提供正确方向和政治保证。政治文明保证物质文明建设和精神文明建设向着有利于本阶级需要的方向发展。政治文明为物质文明建设和精神文明建设提供有利的政治环境和政治制度保障。我国社会主义物质文明、精神文明和政治文明建设有着本质上的内在一致性，呈三足鼎立之势，统一于建设中国特色的社会主义实践。

把发展社会主义民主政治，建设社会主义政治文明作为社会主义现代化建设的重要目标，三个文明建设一起抓，标志着我们党对建设中国特色社会主义文明有了更为深刻和全面的认识。政治文明建设要以中国特色社会主义理论为指导。不断解放和发展生产力，必然要求建设政治文明为其打开更广阔的途径；发展先进文化，必然要求发展先进的政治文化；代表中国最广大人民的根本利益必然要求建设社会主义政治文明，在实现人民的经济利益、文化利益同时，实现人民的政治利益；永远保持党的先进性，必然要求建设政治文明，通过党对社会主义政治建设实施正确领导，不断获得积极成果而体现党的先进性。因此，中国特色社会主义理论不仅是党的建设的根本指导，也是政治文明建设的根本指导思想。社会主义政治文明建设贯彻和体现党的创新理论要求，才能保证其健康发展，体现其真正的价值和意义。

政治文明建设必须坚持党的领导、人民当家作主、依法治国的有机结合和辩证统一。党的领导是政治文明建设的根本保证。中国共产党是领导中国各族人民的核心力量，是人民利益最忠实的代表者，人民当家作主，真正成为国家、社会和自己命运的主人，只是在共产党执政以后才成为现实，离开了党的领导，政治文明建设不可能取得积极成果。人民当家作主是政治文明建设的核心。党的领导不能代替人民当家作主，党和各级政府的一切权力都是人民赋予的，国家一切权力属于人民，党的领导最本质的内容就是，反映人民意志，代表人民利益，组织和支持人民当家作主。依法治国是实现党的领导和人民当家作主的基本途径。党的领导、人民当家作主内在一致性的政治关系不能自然而然地得到实现，要通过依法治国，实现民主政治的制度化、规范化和程序化提供实现途径和根本保障。这三者的统一性，是社会主义民主政治的重要优势。

政治文明建设要努力发展党内民主，通过党内民主推进社会民主发展。办好中国的事情关键在我们党。党在我国政治生活中的性质和地位决定了我国政治文明建设必须首先从发展党内民主做起，使党内政治生活民主化。党内民主发展和完善的过程，就是促进整个社会民主意识增强和民主文化氛围形成的过程，也是促进社会民主机制形成和技术训练的过程。通过发展党内民主，不断探索和总结民主建设经验，逐步扩大和推进全社会的民主进程。

我国社会主义初级阶段经济、政治、文化的相对落后性，决定了既要以积极进取的精神推动政治文明建设，又不能操之过急，要在坚持四项基本原则的基础上，坚定不移地走自己的政治发展道路，坚决抵制西方多党制，决不照搬西方政治制度模式，有步骤、有秩序稳妥地推进政治体制改革。

走好人生之路，实现崇高理想*

——《人生圣经》未竟之跋

朋友，我们都已经站在新世纪的门槛上了。值此世纪之交，感慨良多。我们这个世界虽远不像罗马俱乐部悲观主义者想象的那样可怕，但人口膨胀，环境污染，资源耗费，贫富悬殊，瘟疫蔓延，集团倾轧，兵燹频仍，也实在令人担忧。怎么才能把我们这个地球村——人类的家园维护、建设得美好呢？怎么才能消灭贫穷、战胜愚昧？怎么才能使社会进步、世界和平、祖国昌盛、家庭幸福、个人愉快、事业兴旺呢？怎么才能加快中国特色社会主义建设呢？这些不能不是世人要思考并须努力解决的问题。我们想，这些问题的解决，固然涉及诸多方面，但其中最为基本的一个方面就是提高人的素质。有些人在市场经济情况下，宣传"厚黑学"即升官发财要脸厚心黑，要像狼那样凶残……我们不能苟同，不能对此熟视无睹，应为正确的社会导向机制做出努力。出于这个考虑，我们编写了这本《人生圣经》。列宁曾讲过，《共产党宣言》是无产阶级的圣经。我们这本书是从千余位世界名人名言搜集荟萃而成，可谓神圣的经典。

一位哲人讲过：对于现代化来说，威胁人们的不再是洪水猛兽和

* 本文刊载于杨春长主编：《人生圣经》，国防大学出版社 1996 年版。

各种自然灾害，而是某种心理暴力。为了人类的幸福，必须清除像法西斯主义、霸权主义、“奥姆”真理教和极端个人主义之类的“心理暴力”，把人类几千年来创造和积淀起来的精神文明成果继承、弘扬下去。为此，我们编写了这本《人生圣经》。

饮食男女，齐家教子，寻侣交友，婚丧嫁娶，扶老养幼，治学求道，做工务农，经商下海，仕途奔波，沙场征战……人生万象，都在追求着个体或群体的快乐、成功和幸福。那么正确的方向、途径和方法是什么呢？为研究解决这个问题，我们编写了这本书。以祝福世人：治学的不要厌学，做工的不要怠工，行文的不要辱文，在武的不要黩武，从政的莫作政客，经商的勿做奸商，得意的不要恣意，落魄的不要失魄，有欲的不要纵欲。

人生是一次远航。方向、目标至关重要。没有正确的理想、抱负，人生就像无舵之舟、脱缰之马，不但不会有所作为，而且会走错路，遭受大挫折，大失败。有了正确的方向、目标，人生才有源源不断的动力，而且目标愈崇高，动力愈强大。在正确理想、目标的指引下，持续奋进，就能达到胜利的终点。野心不可有，雄心不可无。二“心”的区别关键是出发点，是为个人或小集团，还是为人民大众。十多年前，我曾较系统地研究过知足观问题。西方人普遍崇尚个性与自由，喜好竞争，不安分，不知足，有的甚至欲壑难填。这或许既是西方发达的一个原因，又是其社会问题难以解决之所在。我们的民族传统文化中则沉淀着一种容易知足的成分，许多人缺少目标，缺乏动力，不愿出头，不好竞争，小注即溢，器小易盈，安分守命，冻饿不死就行。这固然淳朴、敦厚，有利于社会稳定，但不利于民族发展和社会进步。它与温良恭俭让的优良民族传统有关，也与长期封建统治、教化和贫穷落后有关。人生应该知足、知不足。雷锋的话非常好：生活待遇上应知足，工作、事业上应不知足，要永不自满永远进取。目标既不要高不可攀，也别太低浅了。在人生道路上，不如意事常常十有七八。理想的实现不是一项径情直遂的事情，实现理想必须与许多不理想的矛盾问题作斗争。

人生是一组复杂的方程。生与死，苦与乐，得与失，荣与辱，义与利，情与理，爱与恨，顺与逆，每个人都会遇到这些问题，常常又是难题。“终有千年铁门槛，还须一个‘土馒头’（指坟墓）”。在奋力跋涉追求目标，也同时日益靠近坟墓的人生之旅中，有一个基本问题即生死观、苦乐观问题。“人生自古谁无死，留取丹心照汗青”。文天祥以祖国利益为重，视死如归。范仲淹“先天下之忧而忧，后天下之乐而乐”的风范，永垂千古。艺术大师米开朗琪罗说过：欢乐算什么，一万个欢乐也赶不上一个痛苦。这是他为给人类创造美和乐，而不惜终生与苦难为伴的写照。真潇洒不是玩世，大快乐实为志遂。贪图享乐的会骨枯魂摧，苦人乐己的会受人鄙弃，乐人苦己的会得到赞美。人们道德情操好，思想方法对，往往能够以苦为久，以失作得，从而可逢凶化吉，遇难呈祥，变逆为顺。这也许就是先贤说的积怨成祸、积德成福的深刻底蕴吧，这是否也是对佛家关于善恶有报的偈语的印证呢？青年朋友们必然会遇到爱情问题。而朗宁讲过，如果没有爱，世界就会成为一座巨大的坟墓。这话有一定的道理。然而，只有感性的爱是危险的，只有理性的爱是枯燥的，二者和谐统一才是美好的。如何正确地解开人生这个复杂的方程？我们编纂的这本《人生圣经》。所集纳的许多至理名言，以及许多伟人杰士的实践，给大家提供了很好的答案。

人生是一系列的控制过程。为了实现目标，要根据各种信息、情况，对思想和行为进行不间断的调节、改造。缺乏节制的人，如同没有闸刹的汽车一样危险。我小时候父母常常教诲、训诫我：没“闸刹”可不行。他们虽不识几个字，可是这句山西土话却蕴含着非常丰富的哲理。大俗中原来竟有如此大雅，可谓两极相通。我小时不懂，直到后来上大学攻读哲学时，学了“关节点”“度”等质量互变规律的道理后，才懂得了这“闸刹”的深邃、科学和重要。列宁讲，真理再向前多走一步就会变成谬误；伟大、崇高与可悲、可笑之间仅一步之遥。

这一步就靠“闸刹”来控制了。许多人触网获罪、饮恨终生，往往就是因为缺乏理智的“闸刹”。其实，就是善良的人，要成才成功，也离不开闸刹对自我的科学调控。只有理智地控制时间和精力的分配才能有所作为。

人生是一种不断的超越。人类依仗着思维的大脑、勇敢的胆魄、顽强的意志和勤劳的双手，硬是与洪水猛兽拼搏厮杀，在旷古洪荒中，开辟出一条生路，在地球上挣得生存发展的权利；又经过亿万斯年的艰辛奋斗，告别了群居群婚、茹毛饮血的生活，刀耕火种、结绳记事的劳作，赢来了火药、指南针、造纸、印刷术，赢来了蒸汽机、工业文明，赢来了电子计算机、信息高速公路……这期间该有多少艰辛、多少血汗！该有多大的变革、多大的超越！又该有多少披荆斩棘的人生，呕心沥血的人生，不辍劳作的人生，惊天动地的人生，扼腕忏悔的人生，金戈铁马的人生，舍生取义的人生，忘我济世的人生。用车尔尼雪夫斯基的话说，正是这些“盐中之盐、茶中之茶素，人的英杰”，用高尚的精神、伟大的创造，带领整个人类一步步远离野蛮，抛弃愚昧，走向文明人。人类不断发展变化的物质文化生活需要，必然永恒地驱动着自身不懈地奋斗求索，也必将驱动着人类社会走向大同世界，走向“英特纳雄耐尔”，走向“自由人联合体”的“自由王国”。这是人类千秋万代奋斗的最有统一性的伟大目标，它是符合社会发展客观规律的，具有必然性的，因而是“真”的；它体现了人的全面发展的本质，因而是“善”的；它是人类最美好的理想，因而是“美”的。这种真善美的追求，一定会激励着人们不断地进取、超越。

马克思告诉我们：每个人的自由发展是一切人自由发展的条件。我们还处于从必然王国向自由王国的过渡之中，仍然受着自然的束缚和威慑，受着复杂社会关系、邪恶社会势力的困扰和侵害，也还受着自身素质的局限。我们的共同任务就是摆脱这种盲目必然性的奴役状态，成为自己社会关系，从而也成为自然的自觉的主要，亦即真正的自由人。只要我们有了正确的理想、目标，优良的品格情操、心理素质、能力素质和科学的方法，就一定会结束那些物欲横流的人生、损人利己的人生、悲怆苦难的人生、孤独凄惶的人生、醉生梦死的人生、玩世不恭的人生、自贱自戕的人生。

世界的前途是美好的，祖国的前途是美好的，人生的前途是美好的。一个光明灿烂的新世纪正张开双臂拥接我们，让我们携起手走向未来!

时代和社会发展需要千千万万的各类人才。广大青少年乃至中老年要适应建设中国特色社会主义、实现四个现代化的需要，要实现崇高理想、建功立业，就必须努力学习，刻苦磨练，认真改造自己，加强思想修养，树立正确的世界观、人生观和价值观，努力成才。为了世界的和平与发展，立志成为祖国和人民召唤的优秀人才，这不仅是每一位青年人，也是所有身处这场关系到国家、民族兴衰存亡的世界经济科技大竞争、大拼搏的中国人的共同追求。

我们从古今中外许多名家、学者关于人生修养、如何成长的格言名句中，精挑细选，分为理想抱负、道德情操、意志毅力、成才方法等6个部分编写成本书。立志高远，树立正确的理想抱负，是人生走向成功的第一步，“志不立，天下无可成之事”，“伟大的毅力只为伟大的目的而产生”；而崇高的理论愿望，为祖国、人民的奉献追求无疑会极大地推动人们沿着正确的方向前进。道德修养是做人的基础，是成才者不可或缺的。北宋史学家司马光曾说：“才者，德之资也；德者，才之帅也”；法国作家罗曼·罗兰也说：“没有伟大的品格，就没有伟大的人，甚至也没有伟大的艺术家、伟大的行动者。”纵观世界历史灿若群星的人才队伍，爱国报国，为民造福，淡泊名利，甘于奉献，无一不是他们的高尚风范。优良的意志品质又是取得成功的重要保证。司马迁写作《史记》用了15年，达尔文写《物种起源》用了20年，马克思写作《资本论》用了40年，歌德创作《浮士德》长达60年……这也印证了在科学与真知的探索中没有平坦的大道，只有披荆斩棘、坚忍不拔的人才能攀上顶峰的至理名言。在拥有良好品质的同时，正确、科学的方法同样是人们建功立业所必需的，除各专业的具体工作方法外，求真务实、辩证思维、正确谋断、博采众长、循序合律等思想方法，会对人们尤其是广大青年立志成才提供有效的借鉴。人们既不能也不应是生活中的呆子，他们一方面要有正常的生活情趣和追求，另一方面更要在其中得到成功的帮助和支持。因此，书中还专设了青年们如何正确处理婚恋交友的篇章，为有志成才者提供有益的启示。各种劳动者还需社会的培养、使用，受着如何选拔使用等多重制约，书中也就此设篇。这六篇将有机地建构成一个较为完整的人生修养、努力成才的指导方略。

格言名句是人类长期实践经验的结晶，是历代教训的警策，是真理规律的反映，是群众智慧的升华，是优秀传统文化的积淀。因此，中外有思想家、政治家讲，“能发人深省者莫过于格言”，“箴言储满智慧”，“格言集是社会上最大的财宝”。

三年来我与几位朋友为编写好此书，常常挑灯夜战，节假日也难得休息。但是在编写过程中虽然非常苦累，然而也非常愉悦。今天当此书缩上最后一个“结”，写了“9月14日”就要付梓时，更有一种莫名的快慰！为我挚爱的事业而苦累，甘之如饴；事业有所成功，真乃至愉至乐。

英模人物成长的启示*

许多英雄模范人物成长，都有诸多启示。军事科学院研究员公方彬，入伍多年，干一行，爱一行，在每一个岗位上都作出了突出的成绩，而且拿出12万余元的稿费和工资，资助121个贫困学生上学，其中23人考入大学。他两次荣立一等功，曾被广州军区授予模范思想政治工作骨干称号，今年（1999年）又荣获“中国青年五四奖章”。他的模范事迹被中央电视台、中央人民广播电台、《人民日报》《解放军报》等数十家新闻媒体广泛宣传后，产生了很好的社会反响。他的模范实践，对我们有很多启示。

一、美好理想实现于一步一趼的进取中，追求“崇高”是迈向高境界的不竭动力

“一个人不可能天天生活于崇高的氛围中，但绝不能没有远大理想，没有对崇高的追求”。公方彬的话讲得很好。在当今社会，各种诱惑随时冲击着我们的理智闸门，树立正确的理想信念，坚持向“崇高”不懈追求，就显得愈加重要。

---

* 本文发表于《解放军报》1999年11月20日。

公方彬不论是在基层部队当战士、排长、副指导员，还是三次参加边境自卫还击作战，或是在军队院校学习和下部队代职，以及调到军事科学院从事思想政治工作研究的10多年，他一步步坚定社会主义、共产主义的理想信念，把我党我军的宗旨内化为自己的价值目标，并转化为前进的动力，所以他才能够任劳任怨地站岗执勤，冒着枪林弹雨作战，呕心沥血地进行科研，并利用业余时间做青年战士和地方学生的思想工作。他这种执着地追求崇高的精神，一方面说明了他本身对共产主义、对建设中国特色社会主义具有坚定的信念，另一方面也证明了崇高的理想、崇高的事业具有无尽的魅力。他的言行告诉我们，实践理想，追求崇高，这是英雄模范和所有杰出人物成功成才的原动力。因此，我们要坚决纠正那种“远离崇高”的错误导向，要像公方彬那样为实现革命理想而努力奋斗。

二、树立正确的价值观和强烈的责任意识，积极奉献，才能实现人生价值

人们都在追求着人生价值和幸福，但什么样的价值观、幸福观才符合社会发展方向？历来有不同的看法和理解。享乐主义者认为，“人生一世，行乐而已”。社会上流传：“潇洒走一回”，“今朝有酒今朝醉”等。拜金主义认为，金钱是万能的，拥有大量钱财是人生最大的幸福。人生有趋乐避苦、追求幸福的本性，但是，如果把追求金钱和享乐作为人生的唯一目的，就容易堕落。马克思说，“享乐哲学一直是享有享乐特权的社会知名人士的巧妙说法。”“一旦享乐哲学开始妄图具有普遍意义并且宣布自己是整个社会的人生观，它就变成了空话”。[①] 反对个人主义、享乐主义、拜金主义，并不是反对人们正当地享受生活，而是反对那种个人至上、享乐至上、金钱至上的颓废思想，那样

① 《马克思恩格斯全集》第3卷，人民出版社1965年版，第489页。

只会使社会沉沦，民族没落，更不要说艰苦创业，实现“四化”了。公方彬说过：“人人都追求快乐和幸福，但如果没有正确的人生观、价值观指导，就会误入歧途。真正的快乐和最大的幸福在于回报与奉献社会。”他还说：“我不是不需要钱，单位发100元的福利，报190元的书费，我也很高兴，但更清楚来钱要讲正道，花钱要讲价值的道理。”“人如果不能成为金钱的主宰，便会沦为金钱的奴隶。”他把那么多钱都资助了贫困孩子们。他的幸福观、金钱观为我们做出了榜样。一个高尚的人，就是在奉献社会和承担起应有的社会责任中不断成就的。而做到这一点，则是由一个人的世界观和人生观价值观决定的。公方彬的这种高尚品质非常值得我们学习，他的模范事迹给我们的一个重要启示，就是为人民施福造福比受福享福更幸福。因此要把人生观价值观定位在为人民谋福、造福上。

三、不断地改造自己、超越自我是人才成长的基本规律

公方彬常说：“作为党员干部，倡导别人做到的，首先自己应当做到，要言行一致。”他还说，“美好社会环境的构建，不能寄希望于上帝，只能靠我们每一个人的共同努力。”“对社会不良现象，我们每一个人都有批评的权利和义务，但仅批评和怨愤是不够的，还需要建设，需要我们每一个人作出自己的努力。如果说社会中存在着人与人之间冷漠，缺乏爱心和互助，那么就用自己的爱心和帮助来改善这个社会。”

公方彬做到了言行一致。80年代初，他当战士时，军事技术就一直名列全团前茅；在军校学习，除了完成学习任务，他还发表了几十万字的研究文章；进入军事科学院后，他更注意努力学习，不断提高，不断超越自我。正因为如此，他才做出了显著的成绩，并被许多名人词典收录。从公方彬的成长进步中，我们更加清楚地懂得，要有所进步，有所成就，必须兢兢业业地扎实工作。

他非常注重思想改造，不断地反思、反省自己，经常地与自己的缺点、弱点作斗争。工作上发生纰漏、不足，他总是深刻地自责、自我批评。向着崇高目标的追求、奋斗与这种严于自我批评、自我教育，构成了公方彬不断前进、不断超越自我的内驱力。

大凡有高尚追求，勇于磨炼，刻苦学习，注重自我改造和自我修养的人，都会不断进取，不断更新和超越自我。公方彬就是这种不断超越自我的典型。实践反复证明，原苏联著名教育家苏霍姆林斯基所说的："自我教育是起主导作用的方法"，是非常正确的。

杰出人物之所以杰出，之所以与普通人有别，关键的就在于他们有着坚韧的不断超越自我的精神，有不断战胜自身缺点、弱点的欲望和能力。马克思说过："要使作为人的人成为他自己的唯一真实的客体，他就必须在他自身中打破他的相对的定在，欲望的力量和纯粹自然的力量。"① 公方彬由一个普通农民子弟，一个普通战士，成长为一位模范共产党员，优秀的理论工作者，除了党组织的关怀培养以外，就是由于他努力进取。

四、优良集体是人才成长的沃土

人们成长、工作的具体的集体组织的优良与否，直接关系其成长和工作效果。每个人生活、工作的具体单位，领导作风正派，爱才育才，党委、党支部核心领导作用、战斗堡垒作用强，大家团结合作、互帮互助，作风好，正气高，这样的环境、氛围绝对有利于人的成长进步。相反，如果一个单位领导干部作风不正，平平庸庸，单位风气不好，人们之间互相贬损，能者被嫉，贤者受气，优秀人才站不住脚，那种集体、环境只能埋没和损害人才，阻碍人的成长进步。

意大利文艺复兴时期著名诗人但丁慨叹过："要是白松的种子掉在

① 《马克思恩格斯全集》第40卷，人民出版社1965年版，第216页。

英国的石头缝里，它只会长成一棵很矮的小树，但是它如被种在南方肥沃的土地里，它就长成一棵大树”。树如斯，人亦如斯。人们造就了环境，环境也会造就人。公方彬对此说过一段很有感触的话：如果我没有参军，没有入党，没有许多领导、同志对我的关心、培养、教育，我很可能还腰扎草绳在沂蒙山区自顾不暇呢！针对自己取得丰硕的科研成果，他说，“主要是由于党组织的培养教育，大家对我的关心、帮助”。确实是这样的，公方彬无论是在广州军区某个富有光荣传统的老部队，还是在辛勤工作了十多年的军事科学院，领导和同志们都给予他很多关心和爱护。为了促使他更好地成才，原政工研究所领导姚有志、杨家祺等人从工作到婚恋、生活对他进行热情帮助。在思想彷徨、处于困惑时，党委、党支部及时给他做思想工作；在学习、工作上遇到困难时，大家热情帮助他；有了缺点、问题，老同志们也真诚地批评帮助他。军事科学院党委、首长和总政组织部、宣传部，以及共青团中央及其第一书记周强，发现他的事迹后，又组织宣传、给予表扬、奖励……优良集体对他关爱，使他在成才的路上不断前进。由此，我们不能不这样呼吁：为了使更多的人才、英模成长起来，让我们更加努力地优化育人环境吧！

论思想政治工作与经济建设的关系*

2000年6月，党中央召开了关于加强和改进思想政治工作的会议，我有幸参加了筹备会议的调研与文件起草工作，这对我有很大的教育和启发。我们是辩证唯物主义者，既承认生产力在社会发展中的最终决定作用，毫不动摇地坚持以经济建设为中心，同时又充分肯定和重视精神对物质、社会意识对社会存在、上层建筑对经济基础、政治对经济的反作用。我们决不能重复过去搞“思想工作万能”“政治冲击一切”那套思维方法和工作方法，但是也决不能把生产力归根到底对社会发展起决定作用的原理简单化、绝对化、庸俗化。

一、正确认识思想政治工作和经济建设的辩证关系

反思几十年来思想政治工作与经济建设及其二者的关系，正反两方面的经验教训都昭示一个真理：只有正确认识和处理二者的关系，才能使思想政治工作正确地加强、科学地改进，才能真正发挥思想政治工作的重大作用；“生命线”强则“中心”盛，思想政治工作做好了，经济建设及其他业务工作就能沿着正确的方向蓬勃发展。

* 本文发表于《前线》杂志2000年第8期。

思想政治工作与经济建设的关系，同政治与经济的关系有很多相似之处，而且前一种关系植根于后一种关系，是后者的具体体现。所谓“政治”，马克思主义经典作家们曾经从不同的层面对之进行过论述。马克思、恩格斯指出：人类社会随着阶级、国家的产生，随着“居民第一次划分为两大阶级”和“城市的出现”，也就“需要有行政机关、警察、赋税，等等，一句话，就是需要有公共的政治机构，也就是说需要政治”。[①] 列宁指出，“政治就是各阶级之间的斗争”，“政治是经济的集中表现”，“政治就是参与国家事务，给国家定方向，确定国家活动形式、任务和内容”。[②] 他还指出，国家问题“是关系全部政治的主要的和根本的问题”。[③] 毛泽东同志认为：“政治，不论革命的和反革命的都是阶级对阶级的斗争。”由以上论述可见，政治属于上层建筑，是经济的集中表现，是一定阶级或社会集团为了争取其利益形成的思想观点、组织制度及实践活动的总和。我们无产阶级的政治，就是无产阶级和广大人民群众在共产党的领导下，为建立、巩固和发展自己的统治，实现人民根本利益而推翻反动统治，建立、巩固人民民主专政的国家政权，并运用其政权管理社会、发展经济、调节社会关系的重要活动。无产阶级建立自己的政权之前，其政治主要是“阶级对阶级的斗争”；建立尤其是巩固政权后，其政治主要是运用政权管理社会、发展经济。正是在这个意义上，邓小平同志多次指出：“社会主义现代化建设是我们当前最大的政治，因为它代表着人民的最大的利益、最根本的利益。”[④] 这一重要论断包含三层内容，首先是坚持社会主义方向；其次是搞好现代化建设，发展生产力；第三是代表人民群众的根本利益。这三者的统一即我们所讲的政治。

党的思想政治工作是无产阶级政治的重要内容，是实现无产阶级

① 《马克思恩格斯选集》第1卷，人民出版社1972年版，第56页。
② 《列宁文稿》第2卷，人民出版社1977年版，第407页。
③ 《列宁选集》第4卷，人民出版社1972年版，第42页。
④ 《邓小平文选》第2卷，人民出版社1994年版，第163页。

统治，并运用其政权发展经济、促进社会全面进步的重要途径。思想政治工作的本质，是我们党用科学的思想理论，教育、引导和组织广大党员、群众，提高思想政治素质，为完成党和国家的任务而进行的社会实践，具有鲜明的政治性和意识形态色彩，是社会上层建筑的重要内容。

经济是基础，是本原的、第一性的东西，它决定上层建筑，有什么样的经济基础就有什么样的上层建筑。经济基础的性质也决定着思想政治工作的性质和方向。经济基础、经济建设的需要决定了思想政治工作的内容。经济建设搞的越好，越有助于思想政治工作，我们的经济建设搞好了，社会物质基础雄厚了，才能使党的思想政治工作更具有说服力、感召力。事实胜于雄辩。经济建设的丰硕成果有时比搞许多教育，讲许多道理还管用。邓小平同志讲过，人们切身感受到社会主义的优越性，更能拥护社会主义和党的领导。经济建设不断为思想政治工作提出新课题新要求，为思想政治工作发展提供动力。经济建设搞好了，还能够进一步改善思想政治工作的手段、设施等条件。可见，经济建设为思想政治工作奠定基础，提供动力，改善条件，具有非常重要的作用。思想政治工作则通过科学思想理论、进步精神的灌输教育，对经济建设具有指导性和规范性的作用，从而保证其正确的发展方向；思想政治工作还以大量的工作内容为经济建设这个中心服务，使之方向正、动力大、后劲足。思想政治工作必须适应经济基础、经济建设的要求，不能搞“两张皮”，政治、包括思想政治工作，必须为经济基础、经济建设服务。

综上所述，政治与经济、思想政治工作与经济建设，是对立统一的关系。要在它们的对立中把握统一，不仅要看到矛盾双方各自具有不同的性质、地位、作用，而且更要看到双方的互相依存，互相促进，紧密联系，相辅相成，并在一定条件下相互转化。要在它们统一中把握对立，即不仅要看到其互相联系、高度统一，而且要看到它们的区别，它们各有其功能、任务，不能互相代替，二者之间毕竟存在互相矛盾的一面，需要及时、稳妥地协调、处理好这种矛盾关系。辩证的关系需要辩证地看待与处理，而不能把它们对立起来，割裂开来。

进一步具体分析，思想政治工作与经济建设的关系，一是生命线与生命体的关系，生命线的有无、强弱，决定了生命体的存亡、兴衰，这主要是通过思想政治工作保证经济建设正确发展方向体现出来的。二是非中心的工作与中心工作的关系，非中心工作不能干扰中心工作，只能围绕和服从、服务于中心工作，以上这些情形反映了思想政治工作的双重属性，即既具有对于经济建设和其他业务工作的指导性、规范性的地位、作用，又具有从属性、辅助性的地位作用。前者是非常重要的，集中体现了生命线的作用；后者是经常地、大量地发挥作用，以量的积累的方式体现生命线的作用。因此，既不能单纯强调思想政治工作的指导性、规范性，而忽视其从属性、辅助性，也不能只强调其从属性、辅助性，而忽视其指导性、规范性。唯一正确的态度和做法是坚持这二者的具体的历史的辩证统一。

二、思想政治工作要为经济建设提供强大精神动力和重要政治保证

思想政治工作这条“生命线”之所以重要，就在于它关乎事物的兴衰、续绝、存亡。有无思想政治工作以及思想政治工作做的好不好、强不强，直接关系到经济建设和其他业务工作的方向、性质。事物如发生了质变，即意味着原有事物不复存在。从量变来看，思想政治工作做不好，经济建设和其他业务工作不能健康发展，综合国力上不去，在激烈竞争的当今世界，我国就有被开除“球籍”的危险，党的执政地位也就有可能丧失。可见，思想政治工作确实是一切经济工作的“生命线”。

思想政治工作这条“生命线”的真正价值或精髓在于保证经济建设和其他业务工作的正确方向，并为经济建设和其他业务工作服务，

使之顺利发展。

思想政治工作首要的任务是保证经济建设和其他业务工作的正确方向。我们的经济建设及其他业务工作，都是业务性很强的工作，它们都有一个什么样的“性质”“宗旨”“方向”“道路”的问题。我国是人民民主专政的社会主义国家，各种业务工作必须直接或间接地体现这种“国体”的属性，必须巩固和发展社会主义，也就是为中国特色的社会主义服务，为人民服务。有的经济建设、业务工作政治性较强（比如海关工作），而大量的经济、业务工作本身则没有很强的政治性，比如炼钢、织布、种田、销售、文艺、文化教育、军事训练等，这些工作业务性很强，但是也存在为谁服务、坚持什么发展方向的问题。如果思想政治工作跟不上、做不好，就很可能陷入单纯业务工作的圈子，就会不顾集体，不顾国家，不讲政治，就可能使业务工作走偏方向，脱离社会主义的正确轨道。事实上，也确有不少单位在业务工作中不注意政治方向，忽视思想政治工作，为了经济效益或其他目的，生产假冒伪劣产品，生产、流通黄色、黑色书刊、光盘等，严重损害了社会主义物质文明与精神文明建设。思想政治工作就是保证经济建设和其他业务工作，正确地贯彻党的路线方针政策和国家的法律法规，坚持为人民服务的宗旨和社会主义的方向。

列宁曾提出一个著名的观点，即“政治同经济相比不能不占地位。”他还指出：“一个阶级如果不从政治上正确地处理问题，就不能维持它的统治，因而也就不能解决它的生产任务。”“希望我们少搞些政治，多搞些经济，但是不难理解，要实现这种愿望，就必须不发生政治上的危险和政治的错误。”列宁在这里使用的“经济”概念，不是指的经济基础或生产方式，而是指生产任务、经济建设。列宁希望多搞些经济，是指多完成些经济建设任务，多搞些生产工作，不要把时间都用于或过多地用于政治方面。政治占首位，实质是要注意讲政治，许多事情首先要从政治上考虑问题，即确保经济建设和其他业务工作的正确方向。占首位绝非占用很多的人力、物力、财力和时间。

很多的人力、物力、财力和时间还是用于中心工作。

从邪教等问题看出，在实践中，不注意讲政治、忽视思想政治工作的人并不少，而且有些是领导干部。这种现象在社会经济制度发生根本变革和大力发展经济的时期很容易出现。20世纪50年代，社会经济制度大变革，高度重视发展生产力，毛泽东同志就针对当时有些领导干部忙于事务、有些知识分子重“专”轻“红”的问题，振聋发聩地指出：“不注意思想和政治，成天忙于事务，那会成为迷失方向的经济家和技术家，很危险。……思想和政治是统帅，是灵魂。只是我们的思想工作和政治工作稍为一放松，经济工作和技术工作就一定会走到邪路上去。”[①]80年代，改革开放和现代化建设如火如荼地发展。邓小平同志针对当时的问题及时指出：“在工作重心转到经济建设以后，全党要研究如何适应新条件，加强党的思想工作，防止埋头经济工作、忽视思想工作的倾向。”[②]他还指出，要防止一些同志特别是一些新上来的中青年同志在日益复杂的斗争中迷失方向。（1985年在全国党代会上的讲话）

“埋头经济工作”“迷失方向”及“一手软”的问题是我们整个社会主义建设时期始终要通过有力的思想政治工作，注意防止和解决的问题。因为在这个相当长的历史时期内，有相当多的同志不重视思想政治工作，他们认为经济建设能直接带来好处、效益，而思想政治工作则是“虚”的，没啥用。有的企业一搞精简机构就砍政工部门和人员。有人甚至讲，宁可为厂长经理跑断腿，也不为政工干部倒杯水。足见思想政治工作地位之微弱。产生这些问题的根源长期难以消除。

一是在没有发生大的战争情况下，全党全国的工作重心、中心是经济建设，大家要以也必须以主要精力从事中心工作，许多干部两眼一睁、忙到熄灯，成天想的、干的、奔忙的、担心的，几乎都是中心工作问题，殚精竭虑地思考并忙于扭亏增盈、完成任务、占领市场、

① 《毛泽东文集》第7卷，人民出版社1999年版，第351页。
② 《邓小平文选》第3卷，人民出版社1993年版，第48页。

职工就业、住房等问题，这就很容易埋头业务、忽视政治。

二是不少领导干部思想政治素质不够高，战略思维、政治意识、全局观念较差，他们的思维方式、领导方法，难以做到见微知著、防患未然，难以从眼前看到长远、从局部看到全局、从业务看到政治、从个别看到一般、从现象看到本质，这就难以成为政治强、业务精的领导人。1983年，尼克松游历东欧在会见了这些国家的领导和几百名平民以后，说了一段耐人寻味的话："今日东欧进行和平演变的时机已经成熟。"其根据不是这些国家经济建设没有搞好，而是"东欧共产党人已完全丧失了信仰，共产党的意志和信心已经破灭。正在崛起的一代东欧人不是思想家，而是实干家，而实用主义则能为和平演变打开缺口"。这段话已为实践所证实。这太发人深省了！

三是国际国内的敌对势力以各种方式对我进行思想文化方面的侵蚀、渗透、演变，他们在政治、经济、文化、生活等方面散布的非马克思主义、反马克思主义的思想观念，很容易迷惑人，特别是青年以及业务、技术人员，使这些人迷失方向，信奉他们那套思想政治观点。

四是相当多的干部消极地吸取了以前"左"的教训，把有力的思想政治工作看成"左"的东西；把正确的批评教育看成是"大批判""整人"；把精神文明"重在建设"的方针，误解为只立不破，放弃必要的思想斗争；强调关心人、尊重人、爱护人是必要的，可是在把人当成尊重的对象时忽视或忘却了人也是教育的对象。

五是改革开放、发展社会主义市场经济，除了巨大的积极作用外，也容易诱发个人主义、享乐主义、拜金主义和不讲政治的事务主义，有的干部只看到人们物质利益需要的一面，看不到人还有精神需求、精神生活的一面，迷信资金和利益驱动，见物不见人，讲钱不讲德。有的同志认为只要发展市场经济就行了，至于它是"社会主义的"还是什么主义的不要紧，这显然是一种迷失方向的行为。

以上这些情况决定了加强、改进思想政治工作决不是权宜之计，而是一项长期的战略方针；必须依靠有力有效的思想政治工作，保证经济建设和其他业务工作的正确发展方向，即坚持党的领导和社会主义道路，认真贯彻落实党和国家的路线方针政策和法律法规。

思想政治工作的另一个重要任务也是经常的大量的任务，是为经济建设和其他工作服务。我国现在有各种矛盾，在这些错综复杂的矛盾群中，人民日益增长的物质文化需要同落后的社会生产之间的矛盾是社会的主要矛盾。这个主要矛盾决定了经济建设的中心地位。从这个意义上说，“经济同政治相比不能不是中心”。思想政治工作相对于经济建设这个中心而言，是非中心的、从属性、辅助性的工作，必须紧紧围绕并服从、服务于中心工作。如果倒置了这种中心与非中心的位置，必然发生大的错误。“文化大革命”就是典型的例子，它以阶级斗争为纲，思想政治工作取代了经济建设这个中心工作，给党和人民的事业造成了巨大损害。

毛泽东早就指出：“党的组织工作，政权机关工作，工会的工作，其他各种民众团体的工作，文化教育方面的工作，肃反工作，通讯社报纸广播电台的工作，都是围绕着生产建设这个中心工作并为这个中心服务的。如果……不能使生产事业尽可能迅速地恢复和发展，……那我们就不能维持政权，我们就会站不住脚，我们就会要失败。”① 邓小平指出：“要把经济建设当作中心。离开了经济建设这个中心，就有丧失物质基础的危险。其他一切任务都要服从这个中心，围绕这个中心，决不能干扰它，冲击它。”②

思想政治工作为经济建设服务，除了前面讲到的保证经济工作的正确方向外，主要是为中心工作提供强大的精神动力，使更多的人以更大的热情、智慧和干劲投身、献身于党的中心工作。具体来说，服务的方式、途径有这样几种：教育引导，通过马列主义、毛泽东思想、邓小平理论和党的路线方针政策的宣传、教育、灌输，从根本上提高

① 《毛泽东选集》第4卷，人民出版社1991年版，第1428页。
② 《邓小平文选》第2卷，人民出版社1994年版，第250页。

人们的思想政治觉悟；正向激励，通过表扬、赞赏、奖励，有效地激发大家的积极性、创造性，激发人们做好工作、奋发向上的动力；化解矛盾，通过耐心的深入细致的思想工作，疏导情绪，调适心理，排忧解惑，及时正确地解决人民内部矛盾；典型示范，通过宣传先进个人、集体英模典型的模范事迹、高尚精神，启发、促进人们学先进、赶先进；营造氛围，通过新闻传媒和其他宣传途径，进行正确舆论引导，扶植、弘扬正气；批评错误，对各种错误的思想行为和消极腐败现象，及时、有力地予以批评、纠正，扶正祛邪。做好以上这些思想政治工作，一定能够很好地服务于经济建设，使之沿着正确方向，充满生机活力地顺利发展。

三、摆正思想政治工作位置，防止“左”与右的错误倾向

在理论与实践的结合上，正确处理好思想政治工作与经济建设的关系，必须摆正思想政治工作的位置，既不能“过”，又莫“不及”，要注意汲取历史上的经验教训，谨防“左”与右的错误倾向。

在领导改革开放和社会主义现代化建设的过程中，邓小平等中央领导人都强调过：既要反“左”，又要反右，但主要是防止“左”。思想政治工作一定要贯彻这个思想，坚持正确的指导思想，摆正自身的位置。

思想政治工作不同于经济建设和其他业务工作，是为这些工作沿着正确方向、道路前进服务，并为之提供精神动力、舆论支持和组织保证的，而一涉及方向、道路问题，就容易使人们产生宁“左”勿右的思想。“左”一点好像还不是什么方向、道路问题，而右一点则是事关方向、道路的大问题。总结历史上“左”的教训，一是在思想政治工作的地位、作用方面，过分地夸大。把思想政治工作凌驾于经济工作、业务工作之上。二是在对思想政治工作的对象上，混淆两类不同性质的矛盾，把一些本来属于思想认识问题和普通错误问题，当作

政治问题、立场问题、方向问题、路线问题。三是在思想政治工作的目的、任务上，不是为党的中心工作即经济建设服务，而是为自我服务，干扰、冲击经济工作。四是在思想政治工作的方式方法上，没有正确贯彻疏导的方针和解决思想问题与解决实际问题相结合、思想政治工作与实际工作一道做等正确原则，而是搞堵、卡、压，动辄训人、整人。我们要认识吸取这些“左”倾错误的教训，绝不能重犯这些错误。

在我们党的历史上，也产生过思想政治工作受右的错误思想影响的情况。这主要表现为否定或贬低、忽视思想政治工作。在人民军队建军初期，由于受旧军队的影响，部队中曾一度滋长了单纯军事观点，有的官兵认为政治工作是“找麻烦”，有碍军事指挥员的工作，提出取消党代表、政治委员，将政治机关隶属于军事机关，影响了军队建设。毛泽东同志和党中央、中央军委及时发现并纠正了这种错误倾向。80年代，由于各种原因，包括“改造”思想政治工作，发生了“十年最大的失误”（教育）和“一手硬、一手软”的问题。最近这些年来，由于国内外各种错误、反动思潮的影响，党的基层组织建设，思想政治工作在“一些地方和部门处于松懈和软弱无力的状态”，“一手硬、一手软”的现象在一些地方和部门还没有得到完全扭转，以至出现了邪教扰乱社会和消极腐败现象滋长蔓延的问题。防止“左”与右的错误倾向，一定要学习和树立科学的辩证思维，用马克思主义的辩证的、历史的、全面的思想观点观察和处理问题。这样就不会出现一种倾向掩盖另一种倾向，从这个极端跳到另一个极端。比如，在思想政治工作的地位、作用问题上，就不能走极端，纠正“左”的倾向，又发生右的问题。“文化大革命”十年内乱时期，思想政治工作曾被“左”倾思想、路线抬到无以复加的高度。那时经常喊“突出政治”，而且政治可以“高于一切”“大于一切”“先于一切”“重于一切”。这种为“左”的政治路线服务，以“阶级斗争为纲”的思想政治工作，必须彻底纠正，使它真正回归到应有的正确位置上来。恩格斯指出：“每一种事物都有它的特殊的否定方式，经过这样的否定（即辩证否定——引者注)，它同时就获得发展，每一种观念和概念也是如此。”① 我们对“文化大革命”时期思想政治工作的否定，要采取辩证否定的科学态度，而绝不能采取形而上学简单否定的态度，即从这个极端跳到另一个极端。

由于忽视思想政治工作，有的同志认为只要抓经济就行了，有的同志则以为只要抓好法制建设就行了，又出现了别的片面性问题。一个社会的运行和发展，或者说治理一个国家、社会，需要多种机制、多种手段进行调节、整合，既有经济的、行政的、法律的手段、措施，又有文化的、道德的、教育的（包括思想政治工作）手段、措施。从某种意义上说，这些手段、措施一类是刚性的，一类是柔性的。有些矛盾问题，只需要或主要有一种办法就能解决；而大量的社会性的矛盾问题，则需要综合运用多种手段、措施才能奏效。思想政治工作只是这许多手段、措施中的一种。解决矛盾问题，往往没有它不行，有它未必行。因为思想政治工作毕竟是解决问题的一个必要条件，而不是充分条件即全部条件。我们既不能忽视它的作用，又不能不切实际地对其作用有过高的希冀。这些年来，我们高度注意了吸取十年“文化大革命”的沉痛教训，深刻认识到制度问题更带有根本性、全局性、稳定性和长期性，重视了健全社会主义法制。党和国家制定和建立了许多规章、制度、法律、法规，使我们党内的政治生活、社会的运行发展走上社会主义的法制轨道。但是，在强调制度、法制建设的同时，有些同志过分看重甚至迷信“法治”的作用，形成法治崇拜（类似某种拜物教）现象，有人称之为“法治浪漫主义”。在他们心目中，法治的功能作用超现实地夸大了，企图把一切社会关系都纳入法治轨道，认为只要有法治似乎就一切尽善尽美、尽如人意了。孰不知，错综复杂的社会矛盾状况，远非“法治”一种调节机制就能解决好的。法治

① 《马克思恩格斯选集》第3卷，人民出版社1972年版，第182页。

确实是一种非常重要的治国之道，但毕竟不能代替其他治国之道，尤其是不能代替德治、教化或曰思想政治工作的功能和作用。不同质的矛盾要用不同质的方法解决。触犯党纪国法的问题要靠法制来解决；思想道德领域的问题则靠思想政治工作来解决。二者相辅相成，有如车之两轮、鸟之双翼，互补互动，相得益彰，一起促进社会发展。

历史的经验教训告诉我们，一定要摆正思想政治工作的位置，“左”了不行，右了也不行，既不能高，又不可低。这就是毛泽东同志在1949年《关于军队政治工作问题的报告》中指出的：“政治工作在任何一部分革命军队，都应有其适当地位，都应适当强调它的作用，否则这个军队的工作就要受到损失。”“对于政治工作地位的过分强调是不对的，但是没有必要的强调，没有必要的地位，也是不对的。”概括起来，对思想政治工作就是要保证到位，不能退位；科学定位，不可越位；谨防“左”、右，不要错位；努力有为，不硬争位。正确认识、处理思想政治工作与经济建设的关系，就能使思想政治工作正确地加强，科学地改进，并充分发挥它的生命线作用。

思想政治工作要努力创新*

思想政治工作是一门实践性很强的科学，这意味着必须紧紧围绕社会实践、国内外形势以及人们的思想情况，在内容、形式、方法、手段、机制等方面努力进行创新和改进，特别要在增强时代感，加强针对性、实效性、主动性上下功夫。

一、必须在继承思想政治工作优良传统的基础上，积极改进、创新，努力增强时代感

当前世界多极化、经济全球化与科学技术迅速发展，国内改革攻坚、扩大开放，出现了经济成分和经济利益、社会生活方式、社会组织形式、就业岗位和就业方式多样化的发展趋势，人们的思想观念包括人生观、价值观和理想信念，都发生了许多变化，对思想政治工作提出了新的要求。在思想政治工作的内容、形式、方法、手段、机制等方面，我们要继承思想政治工作优良传统，在过去一些好的工作内容、工作方法的基础上，进行整体思考，系统谋划，全面改进。

思想政治工作要紧密结合我国社会主义改革和建设以及国际形势

* 本文发表于《前线》杂志2000年第8期。

发展变化的实际，加强对马克思主义的研究和宣传，不断增强马克思主义理论的说服力和战斗力。要通过有力、有效的思想政治教育和理论学习，正确认识资本主义发展的历史进程。马克思、恩格斯早在《共产党宣言》中就指出，由于资本主义生产的社会化和资本主义私人占有形式这个基本矛盾的运动，资本主义必然灭亡，共产主义必然胜利。列宁在20世纪初期，曾经提出当时已进入帝国主义阶段的资本主义是垄断的、腐朽的、垂死的资本主义。可是现在的资本主义不仅没有在世界上消灭，而且发达资本主义国家在生产力、科学技术等方面还有一定的发展。他们的物质文化生活水平，比我们这些发展中的社会主义国家要高许多。这种现实情况需要我们通过思想政治工作，引导、教育广大干部群众正确认识，要从根本上即社会发展规律方面来认识这个问题。马克思主义的基本原理告诉我们，无论哪一个社会形态，在它所能容纳的全部生产力发挥出来以前，是不会灭亡的；而新的更高的生产关系，在它的物质存在条件在旧社会的胎胞里成熟以前，是决不会出现的。当代资本主义制度所固有的社会基本矛盾依然存在，并不因为西方国家经济、科技的发展而改变这种社会本质。因此，我们还要坚定对资本主义制度本质的认识，既要看到它当前有繁荣发展的一面，更要看到它内部的对抗性社会矛盾不断发展而且会逐步激化的一面，资本主义灭亡是必然的，这是一条不可违背的历史规律。

在新的形势下，社会主义运动也出现了许多新情况、新问题。在马克思主义科学社会主义学说创立以来的150多年中，社会主义的理论和实践一直在不断发展、前进，并且不断显示出巨大的优越性，它在保证全体人民的政治平等和当家作主，消灭人剥削人的制度，消除两极分化、贫富悬殊，建设新型的思想道德文化等方面，取得了巨大的进步，也积累了丰富的经验。思想政治工作要不断教育、引导广大干部群众，正确认识社会主义发展的历史进程，既要看到社会主义这个新生事物在发展中难以避免曲折，而且它的历史不长，经验还不丰富，今后还可能出现一些新的曲折；更要看到社会主义制度的优越性，看到它是符合社会发展客观规律的，是任何反动势力也阻挡不了的。在此基础上，进一步增强广大人民群众对社会主义的信念，对党和政府的信任，对中国特色社会主义伟大事业的信心。

二、思想政治工作要结合新形势，加强针对性、实效性和主动性

思想政治工作的内容、形式、方法、手段等，要在继承优良传统的基础上，积极改进、创新，加强针对性、实效性和主动性。

加强针对性，就是要坚持从实际出发，对症下药，正确把握工作对象的思想脉搏，针对人们的实际思想情况，真正解决问题。思想政治工作要因地制宜、因人制宜、因事制宜、因时制宜。这也就是增强针对性。

加强实效性，就是要求真务实，讲求实效，防止和克服各种各样的形式主义、官僚主义。思想政治工作看起来是务虚的，但是，绝对不能搞空对空、花架子、表面文章那一套，而是要实打实，虚功实做，一定要有强烈的效益观念，也就是说既要讲投入，包括人力、物力、财力和时间的投入，又要讲产出，讲效果，讲效率。我们要彻底改变过去思想政治工作那种只讲投入、不讲产出不讲效益的“大锅饭”做法。具体说来，就是组织报告、开展活动、谈心谈话等，都要实事求是，讲求实效，既要有布置安排，又要有检查落实；既要有一般号召，又要有个别指导；既要有工作要求，又要有奖惩激励措施。使思想政治工作干好干坏、干多干少不一样，彻底戒绝那些“假、大、空”和平均主义、不负责任的现象。

加强主动性，唱响主旋律，打好主动仗。在意识形态领域和一切思想文化阵地，马克思主义、无产阶级思想不去占领，非马克思主义、资产阶级思想就必然去占领。对错误的现象，不去积极地进行抵制、批判和斗争，就等于对他们让步，意味着丧失思想文化阵地。

加强主动性，还要求我们积极地动脑筋、想办法，发挥主观能动性，创造性地开展思想政治工作，用各种新形式、新办法、新手段去

解决问题。现代科学技术和思想文化的发展，为思想政治工作形式、方法、手段创新提供了很好的条件，开辟了无限广阔的前景，现在人类社会跨入了信息时代、知识经济时代，随着大众传媒的日益现代化，卫星通讯、信息高速路、国际互联网等已走进社会生活，这些无疑会给人们的思维方式、工作方式、生活方式等都带来深刻的影响。人们的思想变动节奏加快，民主、参与意识增强，追求、爱好更加多样。思想政治工作需要根据这些变化了的客观情况，拓宽视野，更新观念，调整思路，努力做到六个改变：改变思想政治工作就是上大课、作报告的老套路，学会运用各种信息传播渠道和手段进行生动活泼的思想教育；改变以往“封闭施教”的老套路，重视来自社会各方面的信息，分析、掌握群众的思想动向；改变以往“层层传达”的老套路，把工作的着力点由“上传下达”转向提高对各种社会信息的分析、辨别上来；改变以往“单灌输”的老套路，注重开展双向交流，自我教育，互相教育，从而不断增强思想政治工作的生机和活力；改变以往思想政治工作只对上负责，不对下负责，只在汇报、宣传报道上下功夫，而很少在工作实效上下功夫的情况，今后既要对上负责，又要对下负责，真正讲求实效；改变那种只注重过程，不注重结果的形式主义的做法，今后既要精心设计、精心策划、精心“施工”，又要充分考虑工作中人力、物力、财力、时间与工作效果之比，大力提高思想政治工作的效益。思想政治工作者要广泛了解当今自然科学和社会科学的新成果、新趋势，采用科学技术的新办法、新手段，积极借鉴和运用信息论、系统论、控制论、耗散结构论、协同论、突变论等的科学理论，积极借鉴国外思想工作、舆论工作的有效做法，来改进思想政治工作的形式、方法和手段。

三、优化思想政治工作机制要增强可行性

强化组织领导机制与齐抓共管机制。越是改革开放，越要加强和

改进思想政治工作。任何工作都是要人去做的，加强和改进思想政治工作也不例外。各级党委、领导必须明确自己的职责，切实加强对思想政治工作的组织领导。思想政治工作是一切工作的“生命线”，它关系到各项事业的性质、方向，这条“生命线”对于我们事业来说，有之则存，无之则亡；强之则兴，败之则衰。这里说的存、亡，就是指事物根本属性的变化。所以，对“生命线”的问题必须经常讲、反复讲，党委必须高度重视。其次，要建立健全一套行之有效的法规制度。由于法规制度具有规范性、稳定性和制约性，依靠它开展思想政治工作就能做到有章可循，有据可依，加强思想政治工作就有了可操作性。再次，要建立一支精干高效、“专兼结合”的思想政治工作队伍，使思想政治工作延伸到基层、覆盖住全局。

注重结合渗透机制。结合渗透机制从形式上看，只是一个工作方法问题。但实际上它反映出思想政治工作的本质属性。由毛泽东同志主持写成的《八路军留守兵团政治工作问题的报告》提出：“整个军队的方向就是政治工作的方向。因此政治工作任务，只能根据我军基本任务与当前具体任务去规定，不能在我军基本任务与当前任务以外再有什么政治工作的独立任务。”这一结论，对理解党的思想政治工作与党的中心工作的关系也是同样适用的。党的思想政治工作必须围绕大局，并结合、渗透到具体工作中去。思想政治工作要充分运用结合渗透机制，不回避影响大局的、广大群众最关切的问题，并作为工作的突破口，进入人们的思想、工作和生活，防止空洞说教。例如，要结合坚定社会主义的理念、信念问题，将工作渗透到人们的思想改造、全社会的精神文明建设中；要结合实现“三步走”的战略目标，将工作渗透到动员、教育和鼓舞群众投身于社会主义现代化建设中；要结合经济利益的调整，将工作渗透到关心群众切身利益的过程中；要结合社会治安、环境整治等，将工作渗透到营造良好的社会环境中；要结合加大反腐败力度、加强廉政建设，将工作渗透到密切党群关系、端正党风、实现社会风气根本好转的过程中等。

完善保障机制。提出完善思想政治工作的机制，不是走到“自我服务”的老路上去，而是要通过提高政工人员和政工队伍的工作水平和整体素质，增加必要的经费投入，改善相关设施，更好地发挥思想政治工作的服务保证作用。思想政治工作保障机制包括两个方面，一是健全思想政治工作教学科研机构，加强理论研究，搞好政工人员的理论武装，充实政工队伍的新生力量。二是重视思想政治工作的硬件建设，适当增加经费，购置必要设备，充分运用电化教学、现代传媒等科技手段，尽快实现思想政治工作手段、方式的现代化。

四、认真总结经验教训，创新思想政治工作机制

要以科学的态度，将思想政治工作当作一门科学来看待。任何事物的机制，都是该事物内在规律的外在反映，它的运行要受规律的制约。重视建立和优化思想政治工作机制，其实质就是按照思想政治工作的规律办事。因此，对优化机制的认识不能仅停留在感性经验的层面上，也不能仅仅从个别实践结果中说明机制的对错，而必须认真反思既往，科学地总结经验教训，研究思想政治工作的成败得失，在此基础上反观建立并优化思想政治工作机制问题。

必须坚持党的解放思想、实事求是、一切从实际出发的思想路线。人的头脑是思维的主体，头脑之外一切都是客观实际的东西。人是能够改变客观实际的。不过，这种改革必须从实际出发，依照客观世界的本来面目来认识世界，根据客观规律来改造世界。新时期的思想政治工作在改革开放的过程中，自身也在不断地得到加强和改进，并形成了许多成功的做法和经验。这些做法和经验所以成功，是因为它符合了改革开放的客观实际。这说明，社会实践是优化思想政治工作机制的大课堂，人民群众中蕴含着巨大的创造力。我们必须善于吸取社会实践所提供的丰富营养，充分尊重群众的首创精神，将这些成功的做法和经验认真加以整理，并上升到理性认识的高度，以此作为优化

机制的客观基础。

一切事物的发展都是有规律的。掌握了规律，就能够预见未来，指导实践。社会主义市场经济体制的建立，加速了全社会的知识化、法治化进程。思想政治工作作为上层建筑的重要组成部分，作为精神文明与物质文明建设的重要保证，将其纳入知识社会、法治社会的大系统是社会变革的规律性反映。在优化思想政治工作机制的过程中，运用系统的方法，推进思想政治工作，搞好与信息时代、法治社会的融合接轨，是时代发展的必然要求。为此，要充分考虑增加思想政治工作中的科技含量，用科学精神武装人们的头脑；要借鉴现代管理理论和方法，全方位地开展思想教育工作；要运用先进技术和设备，形成工作网络，增强思想政治工作的时代感、时效性和感召力。牢固树立“以人为本”的思想，是与现代社会相适应的，是优化思想政治工作机制的核心所在。例如，有的单位提出，在企业管理中，必须先抓“人的管理”；在科技开发中，抓科技素质，必须先抓“人的素质”；在经济管理中，抓“成本”必须抓“人本”；在质量管理中，抓“精品”必须先抓“人品”等。

要将思想政治工作作为一项打基础的系统工程对待。任何规律，都反映了客观事物之间的、内在的必然联系。优化机制，就要深刻认识思想政治工作与现代化建设、与党的事业的相互关系，将优化思想政治工作机制作为加强全社会的物质文明与精神文明建设的一项打基础的工作，抓牢、抓实。抓实，就要耐住性子，扑下身子，深入实际，深入群众，多做艰苦细致的调查研究，多听取群众的呼声与建议。抓实，就要反复抓法规制度、计划、措施的落实，发现问题随时解决。抓实，就要发扬求真务实的精神，禁止形式主义，不搞“花点子”。优化机制要有创新精神，充分发挥主观能动性，不唯上，不唯书，只唯实。

做好思想政治工作重在优化机制*

面对世界政治格局多极化、经济全球化与高科技快速发展以及改革开放中出现的经济成分和经济利益、社会生活方式、社会组织形式、就业岗位就业方式多样化的发展趋势，思想政治工作迫切需要整体思考，系统谋划，全面改进。

一、优化机制至关重要

机制，原指有机体各部分的构造、功能、特性及其相互联系、相互作用等。人们把“机制”引入社会生活主要指的是社会机体中某些部门、领域通过建立富有生机活力的制度、体制，运行程序、规则、监督措施等，使该系统健康、有序地发展。思想政治工作也是这样，有没有一个好的运行机制，效果大不一样。回顾历史，我们党正是在不断探索思想政治工作客观规律的基础上，逐步建立、形成了一套思想政治工作的组织领导机制、思想教育机制、工作管理机制等，才保证了不同历史时期党赋予思想政治工作的任务的完成，赢得了新民主主义革命、社会主义革命与建设的胜利。历史经验证明，思想政治工

* 本文发表于《人民日报》2000年5月25日，与沈明合作。

作是我们的传家宝。我们必须不断优化思想政治工作机制，使其更好地发挥服务与保证党的中心工作的作用。

优化机制是加强与改进新时期思想政治工作的需要。我国由高度集中的计划经济向社会主义市场经济转变，给思想政治工作提出了许多新问题，它要求我们在继承思想政治工作优良传统的基础上，更新观念，优化机制。不可否认，在过去战争年代和传统计划经济条件下形成的思想政治工作机制曾经发挥过巨大作用，但其中确有一些已不适应新形势的需要。例如，仅靠行政命令、单一的组织行为开展思想政治工作的机制，自成体系、相对封闭的管理机制，你讲我听、你打我通、单向灌输式的教育机制，等等。取而代之的应是能体现社会主义市场经济特点的思想政治工作新机制。社会主义市场经济是一种社会化、规范化、效能化、法制化的经济，它本质地要求与其相适应的思想政治工作也必须不断优化自身机制。

优化机制是增强思想政治工作生机、活力的需要。保证思想政治工作不断创新、增强实效，必须优化、完善思想政治工作机制。改革开放以来，不少单位对加强与改进思想政治工作进行了许多有益探索，形成了很好的经验。但从总体上说，工作机制不完善、不健全、不适应仍是一个重要问题。一些单位的思想政治工作处于自流自发状态，甚至制度废弛，队伍松散，阵地丧失，就与缺少一套健全、稳定、科学的思想政治工作机制有关。

邓小平曾经指出，制度问题更为根本。制度是建立机制的基础，机制的优化过程就是建立健全并贯彻、落实各项制度的过程。人民解放军的思想政治工作之所以一直充满生机与活力，就是由于我们党高度重视军队思想政治工作的制度建设，形成了一整套行之有效的工作机制。在改革开放的新形势下，有的企业之所以思想政治工作充满活力，也是这些单位以制度建设为基础形成了一套有效的机制。可见，思想政治工作机制能否优化，确实是关系到这项工作能否从整体上、宏观上实现稳定、持续、健康发展的大问题。

二、优化机制应着眼于解决问题

什么是思想政治工作机制？人们对此有不同的理解。有的从功能出发，提出思想政治工作机制包括导向机制、思想教育机制、道德规范机制、氛围营造机制等；有的从管理角度出发，提出思想政治工作机制包括领导机制、责任机制、保障机制、评价机制等。我们认为，优化思想政治工作机制，必须坚持整体性原则，既要考虑思想政治工作功能的发挥，也要注意加强思想政治工作的自身建设，二者相辅相成，不可偏颇。优化思想政治工作机制，一定要真正从亟须解决的问题入手。

强化组织领导机制与齐抓共管机制。越是改革开放，越要加强和改进思想政治工作。任何工作都是要人去做的，加强和改进思想政治工作也不例外。当前，加强和改进思想政治工作迫切需要解决的问题之一，就是要健全思想政治工作的领导体制，强化思想政治工作的管理机制。首先，各级领导干部必须明确自己的职责，确实加强对思想政治工作的组织领导。思想政治工作是经济工作与其他一切工作的生命线，它关系到各项事业的性质、方向。这条生命线对于我们的事业来说，有之则存，无之则亡；强之则兴，弱之则衰。这里说的存、亡就是指事物根本属性的变化。所以，对生命线的问题必须经常讲、反复讲，各级领导干部必须高度重视。其次，应制定一套行之有效的法规制度。由于制度本身具有规范性、稳定性和制约性，依靠它开展思想政治工作就能做到有章可循，有据可依，加强思想政治工作就有了可操作性。现在很有必要大力推行“一岗双责”的领导工作制、一级抓一级的目标责任制以及党委牵头、各业务部门参加和群众团体参加的思想政治工作齐抓共管机制。通过制度的规范、制约作用，改变一些单位和地方口头上讲齐抓共管，实际上又都不管的“脱档漏空”状态。再次，应建立一支精干高效、“专兼结合”思想政治工作队伍，使思想政治工作延伸到基层，覆盖住全局。有队伍不培养，队伍会自然萎缩；仅培养不赋予任务，队伍会形同虚设。因此，要通过加大思想政治工作队伍建设与管理的力度来形成一支过硬的队伍，从而使思想政治工作生机勃勃地开展起来。

改进思想政治教育机制。思想政治教育是思想政治工作的主要功能。过去由于“左”的影响，思想政治工作的形式主义和“假、大、空”倾向大都出在“教育”上；后来出现的“一手硬、一手软”状况，最大的失误也是在“教育”上。因此，适应新时期思想政治工作特点，完善思想政治教育机制，同样是亟须解决的问题之一。新时期思想政治教育必须坚持以树立正确的理想、信念为主题，紧紧围绕经济建设这个中心，从释疑解惑、调适心理、理顺情绪入手，将干部、群众的思想统一到贯彻、执行党的路线、方针、政策上来。在教育内容上，要注意根据当前经济成分、经济利益、社会生活方式、社会组织形式、就业单位和就业方式多样化的特点，针对不同对象不同需求，区分不同层次，制定相对稳定、比较系统的教育内容，将政治导向、思想教育、道德示范、法纪约束及文化陶冶有机地结合起来。在教育方式上，力求灵活多样，生动活泼，并尽量借助现代化、社会化的信息媒体和技术手段。在教育途径上，努力打破自我封闭、自我循环的套路，面向社会，促进群众自我教育、相互教育，形成“大教育”的工作网络，以营造一种生动活泼的思想政治教育局面。

注重结合渗透机制。结合渗透机制从形式上看，只是一个工作方法问题，但实际上它反映出思想政治工作的属性。由毛泽东同志主持写成的《关于军队政治工作问题的报告》曾提出：整个军队的方向就是政治工作的方向。因此，思想政治工作必须始终坚持为党的中心工作服务。党在一定时期的总任务、总目标，是全党、全国的大局。党的思想政治工作必须围绕大局，并结合、渗透到具体工作中去。当前，影响、妨碍经济大局的不可回避的社会热点难点问题不少。思想政治工作要充分运用结合渗透机制，把影响大局的、广大群众关切的问题作为工作的突破口，使思想政治教育进入人们的思想、工作和生活，避免空洞说教。例如，结合坚定社会主义的理想、信念问题，将工作渗透到人们的思想教育中；结合实现“三步走”的战略目标，将工作渗透到动员、教育和鼓舞群众投身社会主义现代化建设中；结合经济利益的调整，将工作渗透到关心群众切身利益的过程中；结合社会治安、环境整改等，将工作渗透到营造良好的社会环境中；结合加大反腐败力度、加强廉政建设，将工作渗透到密切党群关系、端正党风、实现社会风气根本好转的过程中。

建立评估督导机制。任何工作都有一个效益问题，思想政治工作同样要讲效益。有的单位思想政治工作只讲投入，不讲产出；只讲过程，不讲结果，效益问题无从谈起，影响了思想政治工作的开展，挫伤了政工干部的积极性。因此，建立效益评估、督导落实机制以推进思想政治工作，势在必行。思想政治工作的对象是人及其思想，效果不像产品那样有显性、具体、可量化的特征，在实际操作中难以准确把握。但难以把握不等于不能把握。改革开放以来，一些单位已经对此作过有益的探索。比如，在思想政治工作效益的评估标准上，坚持精神成果与物质成果、近期效益与长期效益、个体效益与群体效益、静态效益与动态效益、定性分析与定量分析的统一，借助科学管理中的检测、评估方法，对思想政治工作的实践结果进行多形式、多层次、多方面的综合评估，在此基础上实行奖惩激励政策，就能够克服思想政治工作领域出现的干与不干、干好干坏一个样的现象，进一步增强各单位做好思想政治工作的责任感。

完善保障机制。完善思想政治工作的保障机制是指提高政工人员和政工队伍的工作水平和整体素质，增加必要的经费投入，改善设施，从而更好地发挥思想政治工作的服务保证作用。思想政治工作保障机制包括两个方面：一是健全思想政治工作教学科研机构，改进政治理论教学，加强理论研究，搞好政工人员的理论武装，充实政工队伍的新生力量；二是重视思想政治工作的硬件建设，适当增加经费，购置必要设备，充分运用电化教学、现代传媒等科技手段，尽快实现思想政治工作手段的现代化。

三、优化机制须在探索规律上下功夫

任何机制，都是事物发展内在规律的反映，它的运行也受规律制约。重视建立和优化思想政治工作机制，其实质就是按照思想政治工作的规律办事。因此，对优化机制的认识不能仅停留在感性经验的层面上，也不能仅仅从个别实践结果中说明机制的优劣，而必须科学地总结过去的经验教训，研究思想政治工作的成败得失，并在此基础上思考建立和优化思想政治工作机制的各方面问题。

过去，一些同志总认为，政工干部队伍人越多，思想政治工作的地位越高，叫得越响，思想政治工作就越能加强。结果，有的单位思想政治工作队伍庞大，机构重叠，思想政治工作非但没有加强，反而形式主义、教条主义问题丛生，自我服务、"假、大、空"的现象屡屡出现。这说明，不能一提要建立和优化机制，就只是在增加人员的思维模式里打转转，关键是要在新的历史条件下，加强对思想政治工作特点与规律与制定、健全并落实制度上实现思想政治工作由人治型向法治型、由经验型向科学化的转变。

探索规律，优化机制，必须坚持党的解放思想、实事求是，一切从实际出发的思想路线。进入改革开放的新时期以来，党的思想政治工作也在加强中不断得到改进，并形成了许多成功的做法和经验。这些做法和经验之所以成功，是因为它们符合改革开放的客观实际。这说明，社会实践是优化思想政治工作机制的大课堂，人民群众中蕴含着巨大的创造力。我们必须善于吸取社会实践所提供的丰富营养，充分尊重群众的首创精神，将这些成功的做法和经验认真加以整理，并上升到理性认识的高度，以此作为优化机制的客观基础。现在有的单位、领导对思想政治工作不能说不重视。但往往头痛医头、脚痛医脚，按下葫芦浮起瓢，或者是平时不注意做好思想政治工作，出了问题才临时抱佛脚。要改变这种状况，根本的出路是探索规律、优化机制，在建立健全机制上动脑筋、下功夫。

探索规律、优化机制，必须增强预见性，树立前瞻意识。一切事物的发展都是有规律的。掌握了规律，就能够预见未来，指导实践。现在，社会主义市场经济蓬勃发展，知识经济初见端倪。作为上层建筑的重要组成部分，思想政治工作在优化机制过程中，必须充分考虑增加思想政治工作的科技含量，用科学精神武装人们的思想；借鉴现代管理理论和方法，全方位地开展思想教育工作；运用先进技术和设备，形成工作网络，增强思想政治工作的时代感、时效性和感召力。同时，必须牢固树立“以人为本”的思想，并把它作为优化思想政治工作机制的核心。此外，还应大力加强思想政治工作的法规建设，通过优化工作机制，使思想政治工作真正做到不为个人的主观意志所左右，不为社会上的错误思潮所迷惑，稳定地依法行事，靠制度运作。

探索规律、优化制度，必须将思想政治工作作为一项打基础的系统工程对待。任何规律，都反映了客观事物之间的、内在的必然联系。优化机制，就要深刻认识思想政治工作与现代化建设、与党的事业的相互关系，将优化思想政治工作机制作为加强社会主义物质文明与精神文明建设的一项打基础的工作，抓牢抓实。抓实，就是要耐住性子，扑下身子，深入实际，深入群众，多做艰苦细致的调查研究，多听取群众的呼声与建议；抓实，就是要高度重视抓法规制度、计划、措施的落实，发现问题随时解决；抓实，就是要发扬求真务实的精神，反对形式主义，不搞“花架子”。优化机制要有创新精神，充分发挥主观能动性，不唯上、不唯书，只唯实。只要方向正确，有利于巩固我们党的执政地位，有利于现代化建设，就要敢想敢创。思想政治工作机制真正优化了，必将使这项工作由虚变实、由“软”变硬、由可有可无变为非做不可、由忽冷忽热变为稳定运行、由时为时不为变为长效发展。

思想政治工作要坚持党性和人情味的统一*

党中央2000年6月召开的中央思想政治工作会议指出：新形势新任务以及思想政治工作的现实状况，要求我们必须大力加强和改进党的思想政治工作。在进入新世纪之际，顺应时代的要求，加强、改进思想政治工作，很重要的一点就是要坚持党性和人情味的统一。

思想政治工作一定要坚持党性原则。思想政治工作是我们党的优良传统和政治优势。从一定意义上说，我们党是靠思想政治工作"起家"的，也是靠思想政治工作"看家""持家"和"发家"的。思想政治工作一旦离开了党性原则，就会偏离正确方向，甚至丧失其本质。在革命战争年代，毛泽东同志曾高度概括地指出："掌握思想教育，是团结全党进行伟大政治斗争的中心环节。如果这个任务不解决，党的一切政治任务是不能完成的。"[①]在社会主义建设时期，毛泽东、邓小平、江泽民都强调，思想政治工作是一切经济工作的生命线。几十年来，以具有鲜明的党性原则为根本特征的思想政治工作，保证了我国经济工作和其他业务工作的正确方向，有力地提高了广大人民群众的思想政治觉悟，极大地激发了他们的积极性和创造性。

---

* 本文发表于《光明日报》2001年2月6日，与章德峰合作。

① 《毛泽东选集》第3卷，人民出版社1991年版，第1094页。

当今世界，多极化趋势在继续，但霸权主义和强权政治仍然存在并将有新的发展，西方敌对势力加紧对我国实施“西化”“分化”的政治图谋，不断进行思想文化渗透。邓小平同志早就指出：“西方国家正在打一场没有硝烟的第三次世界大战。所谓没有硝烟，就是要使社会主义国家和平演变。”[①]迎接这一挑战，很重要的一点，就是加强思想政治工作。在意识形态领域，马克思主义与反马克思主义、渗透与反渗透的斗争，是长期的复杂的。实践证明，我们的思想文化阵地如果无产阶级思想不去占领，非无产阶级思想就必然会去占领。思想政治工作是用马克思主义占领思想阵地的有力武器，如果思想政治工作淡化了党性原则，就等于为敌对势力的思想文化渗透打开了方便之门。

我国改革和建设的紧迫任务，要求思想政治工作必须坚持党性原则。党的十五届五中全会提出了第十个五年计划的建议，在新世纪之初，我们将正式制定和实施第十个五年计划。社会主义市场经济体制初步建立后，新旧体制的转换必然引起人们思维方式、生活方式和价值观念的变化，并随之带来许多需要思想政治工作加以解决的问题。在多样化的社会条件下完成改革和建设的紧迫任务，要求思想政治工作这一“中心环节”必须具有党性，增强科学性、原则性和战斗性，通过理论武装和思想教育，坚定广大人民群众对马克思主义的信仰，对中国特色社会主义的信念，对改革开放和现代化建设的信心，对党和政府的信任；用扎实有效的工作弘扬主旋律，宣传主导价值和主流意识形态，防止良知的麻木和精神的失落；用多种多样的形式扩大思想政治工作的覆盖面，适应知识经济的要求，着力提高广大人民群众的思想文化素质，为国家的改革和发展造就大量的高素质人才。

我们党在突出思想政治工作党性原则的同时，也历来注重思想政治工作的人情味。早在1934年，毛泽东同志就在《关心群众生活注意工作方法》一文中提出，要“解决群众的穿衣问题，吃饭问题，住

① 《邓小平文选》第3卷，人民出版社1993年版，第344页。

房问题，柴米油盐问题，疾病卫生问题，婚姻问题”。[①]但在“左”的思想占主导地位时期，思想政治工作淡化了人情味，还将这种正常的人情味当作资产阶级的东西加以批判。这种现象在改革开放后虽然进行了批评和纠正，但是直到现在，少数地方和单位还存在着思想政治工作中只有“火药味”，缺少甚至没有人情味的情况。

党的思想政治工作的主要对象是广大干部与人民群众，是具有独立人格和主观能动性的富于情感的人。马克思说过：“人不仅用思维，而且用全部情感向自己证明对象世界。”[②]人的情感是一种特殊的认知方式。广大干部群众高尚的道德情操，本身就是其思想品德、思想觉悟和思想政治素质的一部分重要内容。积极健康情感的培养，对于人民群众思想觉悟的提高和行为动力的激发，都具有重要的促进作用。这正如列宁所说的：“没有人的‘情感’，就从来没有也不可能有人对真理的追求。”[③]培养积极健康的情感，既需要理性的作用，更需要心灵与心灵之间的沟通，需要情感与情感之间的交流。这就迫切需要思想政治工作富有人情味，去激发、培养、升华人民群众积极向上的情感，使他们以饱满的热情投身到建设中国特色社会主义的事业中去。

情感在思想政治工作中的重要作用，决定了思想政治工作一定要有人情味。感人心者，莫先乎情，情通则理达。思想政治工作主体，要帮助广大干部群众形成正确的思想，提高思想政治素质，引导大家同心同德完成好党和国家提出的各项任务，就必须对人民群众怀有深厚的感情，承认人的主动性，认清人民群众是历史的创造者，注重与群众情感的沟通。人们在接受思想教育信息的时候，是有选择的，这种选择是通过有情感参与的过滤系统实现的。思想政治工作的主体与对象之间缺乏感情沟通，主体所发出的信息就难以被对象所接收，就难以进行思想交流。思想政治工作主体与对象之间的情感沟通，能有

① 《毛泽东选集》第1卷，人民出版社1991年版，第136—137页。
② 《马克思恩格斯全集》第42卷，人民出版社1965年版，第125页。
③ 《列宁全集》第20卷，人民出版社1986年版，第255页。

效地激发干部群众内在的积极情感，促使其思想认识向正确的方向转化和升华。正确思想的产生和升华，往往需要经历长期的甚至是痛苦的思想斗争，这一过程中，人们从思想政治工作主体获得的种种情感体验，如表扬带来的喜悦、激励产生的热情、思想教育的感受等，能起到积极的作用。来自思想政治工作的情感激励，对于干部群众将进步的思想体现于积极的行动之中也有重要作用。苏联教育家苏霍姆林斯基有一句名言："思想不是它们被记住的时候就会成为神圣而牢不可破的，而是在它们生存于充满朝气的情感波澜之中，生存于创造和行动之中的时候，才成为神圣而牢不可破的。"[①] 富有人情味的思想政治工作，对人民群众所激发出来的积极情感，能有效地激活人民群众的意志和理智活动，进而激励人民群众在实践中坚定理想信念，奋发进取，努力工作。

思想政治工作的党性和人情味具有内在的同一性。思想政治工作是用科学的思想理论教育和组织引导广大人民群众，提高其思想政治素质的过程。从本质上说，思想政治工作的党性原则，充分体现了党的性质和为人民服务的宗旨；而思想政治工作的人情味，则是要求带着对人民群众的深厚感情，去宣传、教育、引导、提高、关心群众。显而易见，这两者统一于诚心诚意地为了人民和依靠人民之中。党的基本理论、基本路线、基本纲领，正确地反映了社会发展的客观规律和发展方向，代表着广大人民群众的根本利益。善于用党的基本理论、基本路线、基本纲领统一思想、凝聚人心，使思想政治工作具有党性，是思想政治工作的根本使命和职能；而在现阶段的经济体制转型和深化改革开放时期，真心实意地为广大人民群众释其所惑、解其所难、帮其所需，使思想政治工作富有浓浓的人情味，是思想政治工作的重要任务和保持其生命力的重要途径。

要把思想政治工作的党性与人情味很好地统一起来，就要坚持解

① 《青年共产主义信仰的形成》，安徽教育出版社1986年版，第65页。

决思想问题与解决实际问题相结合。改革开放使我们面临许多新的情况和深层次的矛盾，与人民群众利益息息相关的社会热点、难点问题增多。思想政治工作必须通过宣传科学理论、传播先进文化、塑造美好心灵等多方面的努力，注重解决大家的思想问题，坚定他们的理想信念，提高其思想政治素质。在通过思想教育解决思想问题的同时，各级党组织和政府还要善于从利益动因上多做分析，通过解决诸如农民负担太重、下岗职工生活困难等实际问题，把党的路线方针政策同人民群众的切身利益联系起来，把思想政治工作的党性与人情味融为一体，实现物质力量与精神力量之间的相互渗透、转化，推动其思想问题的解决和思想政治素质的提高。

要把思想政治工作的党性与人情味很好地统一起来，就要坚持教育、引导、提高人与尊重、理解、关心人相结合。思想政治工作是讲道理的工作。思想政治工作主体通过摆事实、讲道理，运用时事政治教育、经常性思想工作等方式，用好批评与自我批评的武器，就能真正触动人们的灵魂，使大家心悦诚服地接受进步思想的影响，这就是真理说服人的力量。同时，各级党组织、政府、思想政治工作部门和思想政治工作者，还要尊重工作对象的人格和自由、平等、民主等基本权利与诉求，倾听他们的呼声，理解他们的喜怒哀乐，关心他们的愿望与疾苦，尽可能地满足他们的合理需求，紧密联系群众、热情关心群众、主动服务于群众，把党和政府的温暖送到广大群众的心坎里。要善于采取群众喜闻乐见的方式方法，通过丰富多彩、生动活泼的活动，把道理讲得入情入理，富有人情味，把雪中送炭、锦上添花的各种好事办好，带动思想认识的提高，以情感沟通促进思想交流，以科学理性驾御丰富情感，融情于理，理中带情，使思想政治工作的党性和人情味两者互相渗透、互相促进。

领导干部成熟的一个重要标志*

——论领导干部必须重视并做好思想政治工作

现代领导科学、管理科学认为，领导或管理就是将人、机器（工具）、金钱、时间、信息等互不相关的资源、因素组合成一个系统以达到一定目标的过程。其实质就是领导者为实现某种预期目标而进行组织、指挥、协调、控制的行为过程。领导、管理工作的基本对象是人。人的行为则是由思想、动机支配的。因此，重视并善于做思想政治工作是领导干部的一项基本职能，而绝不是分外的事。毛泽东、邓小平和后来的中央领导同志都十分重视思想政治工作，强调指出，领导干部一定要真正重视和善于做思想政治工作，努力做一个成熟的领导者。

一、不成熟的领导干部只埋头业务，不问政治；成熟者则既注重业务，更讲政治

领导干部的根本职责、使命，是带领群众认真贯彻落实党的基本理论、基本路线、基本纲领，贯彻执行国家的法律和政策，完成好党

* 本文发表于《思想政治工作研究》2002年第8期，《光明日报》2002年7月9日，与张成富合作。

和国家赋予的各项任务。如果只是埋头业务，不问政治，就可能偏离正确方向，而且到头来业务工作也难以真正搞好。所以，这样的领导干部，严格地说是不称职的，不成熟的。成熟的领导干部则既重视业务工作，更重视政治即党的路线方针政策等，包括重视并做好思想政治工作。这是领导干部最基本的政治素质，是领导干部真正取得领导资格的必备条件。马克思主义认为，社会是一个分层次的有机整体，生产力决定生产关系，经济基础决定上层建筑，并把它归结为社会存在决定社会意识。而人们在改造社会时，则要以生产力的发展为基础，高度重视并充分发挥生产关系对生产力、上层建筑对经济基础、社会意识对社会存在的反作用。这就是无产阶级革命和建设的发展规律和实际过程，即在革命实践中创立科学理论包括路线方针政策，并向广大革命者、建设者宣传、灌输这些理论，最后落实到解放生产力和推动生产力的发展上。从这种意义上说，领导干部重视思想政治工作对社会经济、社会生产力的推动作用，正是对革命和建设发展规律的正确反映。

无产阶级革命和建设的实践证明，一个执政党必须致力于社会生产力的发展，致力于经济的发展。但与此同时，还必须重视政治对经济发展的保证作用。党的历史使命或最终目标是实现共产主义的社会制度。在社会主义初级阶段就是要领导全国各族人民把我国建设成为富强、民主、文明的社会主义现代化国家。邓小平指出："在社会主义国家，一个真正的马克思主义政党在执政以后，一定要致力于发展生产力，并在这个基础上逐步提高人民的生活水平。这就是建设物质文明……与此同时，还要建设社会主义的精神文明。"加强并做好思想政治工作，才能妥善处理各种利益关系，最大限度地调动各方面的积极性，并把各方面的积极性引导好、保护好；才能提高广大干部特别是领导干部的思想政治素质，增强总揽和驾驭全局的能力，从而提高领导经济建设和现代化建设水平；才能坚持党的全心全意为人民服务的宗旨，保证党的坚强团结、党同人民的坚强团结，保持党同人民群众的血肉联系。思想政治工作是我们党的优良传统和政治优势，是建设物质文明和精神文明，建设中国特色社会主义的基本保证。

重视思想政治工作，是改善和加强党的领导的内在要求。领导干部是加强党的领导、实现党的目标和任务的具体组织者、领导者，担负着密切党同人民群众关系、带领人民群众进行社会主义现代化建设的重任。邓小平同志指出："我们说改善党的领导，其中最主要的，就是加强思想政治工作。"思想政治工作在改善和加强党的领导、实现党的崇高历史使命中具有重要意义，不做好思想政治工作，"党的领导既不可能改善，也不可能加强"。

重视思想政治工作。也是客观形势和任务的需要。当前，我们党的领导干部队伍结构发生了和正在发生着重大变化，由于在实行改革开放和发展社会主义市场经济的新的社会环境中，资本主义腐朽思想文化和封建主义残余的影响，由于世界社会主义运动遇到了严重挫折，因而在一些领导干部中确实存在一些模糊认识。有的只埋头于具体业务，忽视思想政治工作，在事关政治方向和政治立场的大是大非面前缺乏敏锐性和洞察力；有的认为现在是讲经济的时代，只要经济搞上去了，政治方向问题似乎不那么重要了。邓小平同志曾经提醒全党："在工作重心转到经济建设以后，全党要研究如何适应新的条件，加强党的思想工作，防止埋头经济工作、忽视思想工作的倾向。"① 特别是防止一些青年同志在日益复杂的斗争中迷失方向。

可见，领导干部重视不重视、会不会做思想政治工作，其重视程度及其能力、水平的高低，关系到党的事业和广大人民的根本利益。领导干部如果没有较高的政治素质、政治水平，就不能保持清醒的政治头脑和坚定正确的政治方向，就很难担负起建设中国特色社会主义的重任。实践证明，在市场经济条件下，领导干部不懂政治也不可能真正懂经济，不问、不讲政治，也搞不好经济建设。

---

① 《邓小平文选》第3卷，人民出版社1993年版，第48页。

重视和加强思想政治工作，是为社会主义经济建设服务的。马克思主义认为，经济是政治的基础，政治是经济的集中表现。没有离开政治的经济，也没有离开经济的政治，政治是为经济服务的。没有强有力的政治保证，经济建设是搞不好的。我们所讲的政治是经济的集中表现，就是指政治反映着经济的本质，代表着经济的要求，规定着经济的方向，是经济发展的保证。在新的历史条件下，经济建设已成了各项建设的“中心”，成了社会主义初级阶段的“根本任务”，成了社会主义大业兴衰成败的关键，当然也就成了政治问题。因此，思想政治工作一定要坚持面向社会主义经济建设、围绕中心工作去做的原则。思想政治工作必须面向经济建设，服从服务于中心，为此就要结合经济工作一道去做，不能孤立地进行。一方面，思想政治工作要为经济工作提供方向性保证与精神状态方面的动力性保证，为经济工作的推进营造良好的思想文化环境；另一方面，要善于用经济发展的事实来促进思想政治工作。

二、不成熟的领导干部只忙于治标，疏于治本；成熟者则标本兼治，更重于治本

在领导工作、管理工作中，会遇到大量复杂的矛盾问题。比如，处理人流、物流、信息流中人与物的矛盾关系，就应以人为本；处理人的活动、行为与人的思想关系，应以思想为本；处理次要矛盾与主要矛盾关系，应抓好主要矛盾；解决主要矛盾中的业务工作与思想工作关系，应以思想工作为本；对待各种现象与本质的关系，应以抓本质为本；解决诸多问题，应注意以主要问题为本。这些都属于治“标”与治“本”的关系，都与思想政治工作有着密切的联系。

要做好领导工作、管理工作，必须遵循现代领导和管理科学的基本原理。马克思指出：“在社会历史领域内进行活动的，全是具有意识的、经过思虑或凭激情行动的、追求某种目的的人。任何事情的发生

都不是没有自觉的意图，没有预期的目的的。”[①]因此，影响人们思想、观点和立场的思想政治工作，不能不是领导活动的中心环节。所以，毛泽东同志强调指出：“掌握思想教育。是团结全党进行伟大政治斗争的中心环节。”每个领导者、管理者要从思想上明确，做好领导、管理工作，必须紧紧抓住做好人的工作这个根本，使全体人员明确整体目标、自己的职责、工作的意义、相互的关系等，才能主动地、积极地、创造性地完成自己的任务；才能使本单位、本地区的人际关系系统处于正常有序状态；才能形成一种上下级之间、人与人之间互爱互助、团结友好，在生产、工作中紧密配合、互相协作、互相促进、共同进步的良好局面。当这种人际关系系统处于有序状态时，系统就较为稳定，能正常运行，领导与下属就能齐心协力地为共同的奋斗目标进行工作。从这个意义上讲，领导的责任，就是通过思想政治工作及其他工作，使自己所领导的人际关系系统经常处于协调有序的状态，避免发生混乱无序的情况。这就是向其对象不断地输入正能量的信息，引起其内部信息结构的变化，亦即思想状况的变化，再根据这些变化不断进行反馈调节，使大家的思想状态不断改善。

唯物史观认为，社会的主体是人民群众，任何社会活动都是人进行的活动。离开了人以及人们的主观能动性，就不可能实现社会活动目标。领导、管理工作是一种社会活动，其管理对象中的各个不同因素和管理过程中的各个不同环节，都需要人去掌握和推动。没有人正确、合理地用钱、物、信息、时间等因素，那些因素就起不到应有的作用。管理过程中指挥、调节和控制等，也首先是对人的指挥、调节和控制，不然就无从实现管理的目标。所以，现代领导、管理工作的核心和动力，只能是人以及人们的积极性。一个领导、管理者如果不能明确、坚定地抓住这个核心，忘掉或忽视人们的主观能动性，而把注意力集中在钱、物等因素、环节上，那是舍本求末、治“标”不治

---

① 《马克思恩格斯选集》第4卷，人民出版社1972年版，第243页。

"本"，当然也就难以做好领导、管理工作了。

当前，有些领导干部常常忙于治"标"，疏于治"本"，"两眼一睁，忙到熄灯"。结果还是问题丛生，按下葫芦起来瓢。有些领导干部把事无巨细、事必躬亲看作是工作勤恳、认真负责，是评价领导的主要标准；有些机关和基层的同志、也把事事都由领导亲自出面、亲自过问、亲自处理，看成是领导重视、领导支持、领导关心；还有的单位没有很好地执行党委统一领导下的首长分工负责制，把本来是首长职权范围内的事也拿到会议上讨论，形成"常"开会、开"长"会。这样就使一些领导干部整天疲于奔命，陷于事务工作和"文山会海"之中，使党委由"决策中心"变成了"事务中心"，使一些单位工作忙不到点子上，改革迈不开步子，只能应付守摊子。这种状况很不适应现代化的要求，迫切需要改变。邓小平同志指出的"议大事、懂全局、管本行"是对领导干部和机关职能的高度概括，我们要认真领会和贯彻。各级领导干部，特别是中高级领导干部要从事务工作和"文山会海"中解放出来，要明确自己的主要职责，把主要精力放在抓大事、抓根本上。比如本部门、本系统、本地区、本单位的思想政治建设，干部、人事队伍建设以及宏观目标、长远规划、主要环节。在这些过程中，要重视并做好思想政治工作，调动广大干部群众的积极性和创造性。正如邓小平所指出的："党的领导机关除了掌握方针政策和决定重要干部的使用以外，要腾出主要的时间和精力来做思想政治工作，做人的工作，做群众工作。"①

三、不成熟的领导干部只是就业务抓业务；成熟者则善于通过思想政治工作促进业务工作

思想政治工作与业务工作的辩证关系告诉我们，思想政治工作是

① 《邓小平文选》第2卷，人民出版社1994年版，第365页。

一切工作的生命线，是做好经济工作和其他业务工作的根本保证。只有做好思想政治工作，才能使业务工作坚持正确的发展方向，才能有源源不断的精神动力和团结、和谐的环境、氛围。我们常说，世界观是总开关，思想一通带百通，也是讲的这个道理。因此，卓越的、高明的领导者，在领导人们完成任务、实现某种目标的过程中，总是高度重视并善于做好思想政治工作的，而不是就事论事、就业务抓业务。毛泽东、邓小平等老一辈无产阶级革命家在这方面也给我们做出了光辉榜样。他们从理论上反复强调思想政治工作是一切工作的生命线，越是环境艰难、任务繁重时，越是强调思想政治工作只能加强、不能削弱。在实践方面，他们也是善于做思想政治工作的巨匠。正因为如此，他们才在各种错综复杂的环境和任务中，驾轻就熟，团结和带领广大干部、群众不断前进。邓小平同志带领我们进行改革开放，搞现代化建设，几乎每一步都离不开以强有力的思想政治工作作先导、作保证。如果就改革抓改革、就开放抓开放，肯定收不到很好的效果。

现实生活中，有不少领导干部不懂得思想政治工作与业务工作的辩证关系，往往是就业务抓业务、忙得团团转，成效不明显。比如，领导生产的，只是从工具、工艺上考虑问题，而不重视从生产者的积极性、责任感方面考虑；领导经营的，只是从经营方法上着想，而不重视从经营者的主观能动性方面做工作；领导教学、科研的，只是从教研人员的工作条件方面动脑筋，而很少注重解决他们的现实思想问题；等等。这些不重视、不会做思想政治工作的领导，难道是成熟的、称职的领导干部吗？

一个成熟的领导者、管理者，非常重视通过有力、有效的思想政治工作带动和促进业务工作。这是基于人们的行为受其思想、动机支配的道理，基于人们既有物质需要、又有精神需要的道理。五十年代后期，心理学家赫茨伯格继马斯洛四十年代初提出的“需要层次”理论之后，提出了“双因素需要”理论，他认为影响人们工作动机的有两类因素，一是摄生保健因素，如工资、工作条件、福利待遇等；一是激励因素，如工作成就、事业感、责任感、荣誉感、个人发展等。前一种因素是外部因素，是摄生、保健的需要，这是基本的，但却只能维持人们一时的积极性；后一种因素是内在因素，可以产生很大的激励作用，是真正的激励动机之源，忽视它就不能调动工作人员的积极性。这种管理理论对我们的直接启示，就是既要重视人们的物质需要，又不能迷信利益驱动，因为人还有更高层次的需要；要注意加强和改进思想政治工作，努力最大限度地满足人们的精神需要。人们的思想问题、精神需要问题解决好了，其他业务工作问题就容易解决，甚至会迎刃而解。人类历史上首次研制原子弹的领导人奥本海默，就是一位既精通业务、又善于做思想政治工作的大科学家。他不仅善于组织、指挥科研业务工作，而且熟悉每一位科学家，了解他们的思想情况，还能叫出大多数工人的名字，随时做好关怀、宽慰、鼓励工作。他总是把成功归于别人，把许多失误、误解的苦丸自己吞下。因此，有的同事说，在科研场所的每个人“都愿为奥本海默而赴汤蹈火”。可见，有力的思想工作对科研业务工作确实起到了很大的促进、保证作用。特别是在改革开放、发展社会主义市场经济条件下，在经济一体化、政治全球化、科技革命飞速发展的新形势下，人们的文化心理结构、思想情感、目的动机、价值观念都发生了并发生着深刻而复杂的变化。正如马克思、恩格斯曾指出的：“在不同的所有制形式上，在生存的社会条件上，耸立着由各种不同情感、幻想、思想方式和世界观构成的整个上层建筑。整个阶级在它的物质条件和相应的社会关系的基础上创造和构成这一切。通过传统和教育承受了这些情感和观点的个人,会认为这些情感和观点就是他们行为的真实动机和出发点。”①那些复杂的思想观念有许多是与新形势、新任务所格格不入的，需要通过思想政治工作来更新观念，提高觉悟。

思想政治工作之所以能够有效地带动和促进业务工作，还在于它

① 《马克思恩格斯选集》第1卷，人民出版社1972年版，第629页。

能够有助于开发、发挥人的潜能。据有关部门抽样调查，工程技术人员能充分发挥作用的占20%—30%，基本上没有发挥作用的占1%—20%，没有充分发挥作用的占50%左右。这里固然有科研、生产单位体制、机制方面的重要原因，但也与思想政治工作有一定的关系。另外，就每一个正常人而言，也有潜能待发挥的问题。人的潜在能力能否得到发挥，主要在于社会体制、机制，其中精神文明建设情况、思想政治工作情况，对于能否激活、开发人们所蕴含的不同潜能，具有重要的作用。思想政治工作做得好，社会机制好，就能不断提高人们的精神境界，增强社会责任感和奉献精神，使人们有一分热发一分光，做出自己最大的贡献，显然也能开动脑筋、挖掘智慧、不畏艰难险阻地做好各种业务工作。

四、不成熟的领导干部只注重法治，忽视道德教化的作用；成熟者则法治、德治兼而用之

到基层单位调查研究时，我们发现一些领导干部，治理一个企业，一个县、乡，一个部门，一个单位，喜欢片面地强调法规制度的作用，动辄用法规、制度的条款训、罚、整，可是效果不很好；而有些领导干部则既重视法治，又重视德治，即在强调严格按法制办事的同时，也认真做好思想政治工作，这就使广大群众不断提高了思想认识水平，更好地遵纪守法、完成任务也很好。这些情况告诉我们，成熟的领导干部善于把法治与德治兼顾好。马克思说过："一切规模较大的直接社会劳动或共同劳动，都或多或少地需要指挥，以协调个人的活动，并执行生产总体的运动——不同于这一总体的独立器官的运动——所产生的各种一般职能。"[①] 这种"一般职能"就是领导职能。领导活动主要由三个因素构成，即领导者、被领导者以及他们作用的群体目标。

① 《资本论》第一卷，人民出版社1963年版，第567页。

在这三个要素互相依存、互相作用、互相制约的领导活动系统中，领导者居于主导地位，其素质如何，“一般职能”作用如何，直接关系到该单位的价值和完成任务的情况。领导者治理一个单位、群体，既要靠法治，也要靠德治。法律和道德作为上层建筑的组成部分，都是维护社会秩序、规范人们思想和行为的重要手段，它们互相联系、互相补充。法治以其权威性和强制手段规范社会成员的行为。德治以其说服力和劝导力提高社会成员的思想认识和道德觉悟。有了良好的道德素质，就能使人们自觉地扶正祛邪，扬善惩恶，就有利于形成追求高尚、激励先进的良好社会风气。

我国古代治国、治军的先哲曾深刻地指出：“教而不管则乱，管而不教则死。”讲的就是要把依据法规严格管理与耐心的思想教育有机地结合起来，否则，只“教”而不“管”就会混乱，只“管”而不“教”就会僵化。依靠权威性和强制力的法律，可以使人在法律监督的范围内不做违法的事，但是不能使人有“羞耻之心”，不能使人形成知善知恶的荣辱观念。因此，只要法律管辖不到，或者法律有空隙可钻，有些人就会为所欲为，无恶不作。中国历史上的无数事实说明，在一个“任刑不任德”的社会里，必然要实行严刑峻法，由于不能提高广大人民群众的道德素质，社会风气日益败坏，最终往往导致社会的动荡。

道德的说服力和劝导力具有法律所不可替代的作用。所谓说服力，主要是指通过启迪人们的道德觉悟，激励人们的道德情感，强化人们的道德意志，培养人们的荣辱观念，从而使人们在内心中形成道德行为的内在动因。归根到底，也就是要培养和形成古人所说的“羞耻之心”，有了这种“羞耻之心”，也就有了一个人的道德行为最重要的基础和前提。所谓劝导力，就是要形成广泛的道德舆论，培育良好的道德环境，增强人们的道德责任感，从而使人们认识到，如果一个人不能履行自己应尽的道德责任，违反了社会的道德要求，他就要受到舆论的谴责和公众的批评。这种批评和谴责，会给他带来羞辱，带来痛苦，会使他在群体中难以相处，甚至会招致他事业的挫折和失败，直到所谓“身败名裂”。

实行改革开放、发展社会主义市场经济，不仅需要法治，而且更需要德治。在市场经济条件下，人们几乎每时每刻都要面对许多来自各个方面的诱惑，其中尤以金钱、权位、荣誉、美色、享乐等最具诱惑力。由于缺少良好的道德力量支撑，成克杰、胡长清等省部级干部为了追求金钱、享乐，为了满足自己不断膨胀的欲望，在这种种诱惑下走向犯罪。有的人视法律为可诅咒的枷锁，为了逃避法律的惩罚，他们极力钻法律的空子，只要法律管辖不到、或者法律有空子可钻的时候，他们就会毫无顾忌地犯罪。一些人之所以一再违法犯罪，甚至对自己的不道德的行为不以为耻、反以为荣，主要是因为没有道德观念。思想政治工作、道德教育能帮助人在内心中筑起一道坚固的防线，能使人保持正确的是非、荣辱观念，能使人在令人眼花缭乱的众多诱惑中保持清醒的头脑。没有法律的惩罚，社会的正常的秩序就不可能维持；没有道德的教育，就不可能消除犯罪的根源，就不能形成良好的社会风气。

德治和法治在促进社会发展、提高人的素质中具有不同的作用。法治是在人们违法犯罪之后，给人以惩罚，它的作用是容易看见的；而德治是要通过教育，在人们做坏事之前，消除其作恶的念头，使其远离犯罪，在不知不觉中养成优良的道德品质。然而，“凡人之智，能见已然，而不能见将然”，所以，一般人是不容易看到德治的这种重要作用的。总之，领导干部要全面认识并发挥法治和德治的作用，使道德规范和法律规范相互结合，统一发挥作用。一方面，应当强调遵守法律是道德的最基本的要求，并在实际工作中把某些重要的道德规范尽量纳入到我们的法律之中，融入到我们的管理制度中，融入到群众的各种守则、公约之中，努力改变我国的思想道德建设在市场经济条件下软弱无力的状态；另一方面，我们要努力发挥德治具有的、法治所不能替代的独特作用，即用道德教化，正确的社会舆论监督来弥补法治在某些场合下所起不到的作用。

思想政治工作要充分发挥法规制度的作用*

中共中央和中央军委联合制定并颁发全党全军贯彻执行的《中国人民解放军政治工作条例》是政治工作的根本法规，规范的是中国共产党对军队实施领导的原则、制度和组织体制问题，规范的是为保证实现党对军队绝对领导在政治工作方面的政策、措施、内容和方式方法等问题。深入贯彻落实《政工条例》，对于我们依法指导和开展政治工作具有重要意义。

一、要充分认识思想政治工作法规制度的重要作用

思想政治工作法规制度的作用，是由其性质、地位和任务决定的，主要有以下几个方面：一是党对军队绝对领导的法制保证作用。政治工作是党在军队中的思想工作和组织工作，是我军的生命线。在我军70多年建设实践中，以《政工条例》为核心的政治工作法规制度的贯彻落实，对于克服削弱党对军队绝对领导的错误倾向，抵制“军队非党化、非政治化”等错误思潮的影响，坚持党指挥枪的根本原则，起

* 本文发表于总政《政治工作通讯》2004年6月28日。

到了十分重要的法制保证作用。二是对政治工作实践的规范和指导作用。政治工作法规制度，从不同层面把政治工作的原则、任务、内容、要求等规定下来，确保军队政治工作沿着正规有序、科学化、法制化的方向发展。三是对政治工作优良传统和经验的整合、升华作用。以法规制度的形式把我军在革命和建设各个时期的优良传统和宝贵经验积淀下来、发扬光大，是我军政治工作的一贯做法。这种做法，把各个历史时期创造的零散的经验集中起来、初步的经验加以升华，通过认真归纳总结，在更大范围、更长时间发挥指导作用，这对于更好地继承和发扬我军优良传统具有重要作用。四是对广大官兵的教育和激励作用。政治工作法规制度的核心内容，是明确政治工作的重要地位作用，规定政治工作要做什么、达到什么目标，具有较强的程序性和操作性。这便于人们通过直接熟悉了解法规制度，就知道应该做什么、不应该做什么，从而指导我们依法开展政治工作，落实其中的规定和要求。

二、要搞好思想政治工作法规制度的学习宣传

对于国家和军队的法律法规，大家都必须切实做到有法必依、执法必严、违法必究，在知法、守法、用法、护法上下功夫，这也是在思想政治工作领域贯彻依法治军方针的具体行动。知法懂法是守法的前提，学法用法是各级政治干部必备的基本素质。我军政治工作法规制度的种类很多，如果不深入系统地搞好学习、宣传，依法开展政治工作就很难落实。为此，必须把政治工作法规制度的经常性学习、宣传和教育，作为加强政治机关和政治干部队伍建设的一项基本建设来抓，切实将其纳入理论学习、院校教学和干部培训之中，不断提高官兵的法制意识和遵纪守法的素质。

三、要依据思想政治工作法规制度开展工作

一是在工作谋划、部署时，严防政出多门，严防随意性，牢牢树立法规制度就是依据，贯彻落实好相关的法规制度就是政治工作重要目标的思想观念。二是在工作实践中，严格按照法规制度办事，不能另搞一套，不能随意变通。三是在工作检查总结时，确立法规制度就是标准的观念，在任何时候任何情况下都“严”字当头，不折不扣地坚持，从制度上扭转那种靠开会、领导讲话和下发文件指导工作的现象，从而形成正规、科学的政治工作秩序，推动思想政治工作的健康发展。

提高构建社会主义和谐社会的能力*

党的十六届四中全会通过的《中共中央关于加强党的执政能力建设的决定》指出，要把不断提高构建社会主义和谐社会的能力作为加强党的执政能力建设的重要任务之一。我们党明确提出构建社会主义和谐社会，并把构建社会主义和谐社会的能力确定为党的执政能力建设的重要内容，这是对科学社会主义理论的新发展，是对马克思主义党建理论的新贡献。认真贯彻落实这一重要精神，不断提高构建社会主义和谐社会的能力，具有深远的历史意义。

共产党执政规律和社会主义建设规律的体现

中国共产党是以实现共产主义为奋斗目标的党，是一个求真务实、勇于探索、自觉按客观规律办事的伟大政党。我国社会主义现代化建设的实践过程，既是我们党对共产党的执政规律和社会主义建设规律的探索过程，也是我们党自觉探索规律、发现规律并按照客观规律执政兴国的过程。构建社会主义和谐社会，正是我们党把握并遵循共产党的执政规律和社会主义建设规律的具体体现。

---

* 本文发表于《光明日报》2004年11月30日，与张明仓合作。

构建社会主义和谐社会，是我们党基于对党的执政规律深刻把握而提出的重要观点，是我们党执政理念的一次重大创新。我们党始终坚持全心全意为人民服务，坚持立党为公、执政为民，从而使自己始终成为中国工人阶级的先锋队，成为中国人民和中华民族的先锋队。可是，随着党的历史方位的变化和时代条件、任务的变化，“为谁执政”“如何执好政”的问题凸显出来。在实际工作中，不少人往往把发展简单地等同于经济发展，甚至仅仅等同于GDP增长；把“发展是硬道理”简单地理解为GDP增长。许多人对“物”的重视程度远高于对“人”的重视程度。在一些党员干部那里，我们党“全心全意为人民服务”的宗旨被淡化，而“官本位”意识、特权思想却非常严重。由此，一些关系到人民群众切身利益的重要问题迟迟不能解决，一些不公正的社会现象不能及时克服，一些最基础的社会福利制度不能及时建立，以权谋私、损公害民现象屡有出现。党的十六大把“三个代表”重要思想确立为我们党的指导思想，强调贯彻“三个代表”重要思想的关键在坚持与时俱进，核心在坚持党的先进性，本质在坚持执政为民。以胡锦涛为总书记的党中央提出科学发展观，把人民的利益作为一切工作的出发点和落脚点，不断满足人们的多方面需求并促进人的全面发展。党的十六届四中全会对五十五年来执政的主要经验作了全面总结，强调“必须坚持立党为公、执政为民，始终保持党同人民群众的血肉联系”“必须坚持科学执政、民主执政、依法执政，不断完善党的领导方式和执政方式”。这是我们党成功执政的基本经验。从根本上看，构建社会主义和谐社会既是贯彻落实“三个代表”重要思想和科学发展观的具体体现，也是为了更好地实现我们党立党为公、执政为民的目的，更有效地实现好、维护好、发展好最广大人民的根本利益，保证人民群众共享改革发展的成果。明确提出构建社会主义和谐社会这一理念，反映了我们党在把握执政规律、提高执政能力、完善执政方略、改进执政方式、巩固执政基础、完成执政使命等重大问题上有了更为自觉的认识，为我们党紧紧抓住并用好战略机遇期、促进发展提供了思想指导。

构建社会主义和谐社会，也是我们党基于对国内外社会主义建设经验教训深刻总结提出的重要战略目标，体现了我们党对社会主义建设规律认识的进一步深化。从国外来看，社会主义运动在东欧、苏联国家遭受的严重挫折，提供了深刻的教训。苏联是世界上第一个社会主义国家，曾经是各国建设社会主义的样板。但如此强大的国家却出人意料地迅速解体，苏联共产党也丧失了执政地位。一个重要原因就在于，苏联共产党在改革、建设过程中没有处理好社会成员及经济、政治、文化的和谐发展问题，没有把社会公正、民主、法制和提高人民生活水平提高到应有的重要位置。苏共的许多党员和广大工人、农民对其感到绝望，对社会主义的前途失去了信心。就我国来说，早在新中国成立初期，我们党就提出要探索社会主义建设规律问题。以毛泽东为核心的党的第一代中央领导集体领导全党和全国人民，在探索中国社会主义发展规律的道路上取得了巨大成就，但也有严重失误，主要表现为在生产资料私有制的社会主义改造基本完成之后，仍然坚持“以阶级斗争为纲”，最终导致“文化大革命”的悲剧。以邓小平为核心的党的第二代中央领导集体，深刻总结建党以来的历史经验，尤其是新中国成立以来的经验教训，断然抛弃“以阶级斗争为纲”的错误方针，果断地将党和国家的工作中心转移到经济建设上来，坚定不移地实行改革开放，创立了邓小平理论，开辟出一条中国特色社会主义新道路。以江泽民为核心的党的第三代中央领导集体提出“三个代表”重要思想，强调发展是党执政兴国的第一要务，坚持用发展的办法解决前进中的问题，明确提出在发展社会主义市场经济条件下正确处理现代化建设中的一系列重大关系，提出科教兴国战略、可持续发展战略、西部大开发战略等重大战略，进一步丰富了社会主义现代化建设的理论和实践。邓小平理论和“三个代表”重要思想的创立，标志着我们党对我国社会主义建设规律认识的两次飞跃。党的十六大在全面分析国际国内形势的基础上，明确提出了新世纪实施社会主义现代化建设第三步战略部署特别是头20年全面建设小康社会的目标和任务，并将“小康社会”的内涵扩展为“使经济更加发展、民主更加健全、科教更加进步、文化更加繁荣、社会更加和谐、人民生活更加殷实”，这实际上就是要求全党在更高水平上使社会主义物质文明、政治文明、精神文明和谐发展。为了促进经济社会和人的全面发展，以胡锦涛为总书记的党中央根据新的形势和任务，明确提出“以人为本，全面、协调、可持续”的科学发展观，强调“按照统筹城乡发展、统筹区域发展、统筹经济社会发展、统筹人与自然和谐发展、统筹国内发展和对外开放的要求”，推进改革和发展。党的十六届四中全会进一步明确提出“构建社会主义和谐社会”。科学发展观和“构建社会主义和谐社会”的理念，是我们党对社会主义现代化建设指导思想的新发展，标志着我们党对社会主义建设规律的把握逐步深入。构建社会主义和谐社会这一理念和目标的提出，是我们党把握中国特色社会主义建设规律、谋划国家发展的执政能力显著提高的一个重要标志。

健全正确处理人民内部矛盾的工作机制和社会利益协调机制

社会主义和谐社会是人类社会发展的崭新境界。但是，要把这种美好目标变成现实，还需要作出长期艰苦的努力。社会主义制度在中国的建立，为构建和谐社会开辟了广阔的道路。特别是自改革开放以来，我国政通人和，经济持续强劲增长，人民安居乐业，这为构建社会主义和谐社会提供了前所未有的优越条件。但是，必须看到，我们面临的矛盾和挑战依然很多。其中，一个突出的问题就是，不少领导干部以权谋私，滋长了腐败问题，城乡之间、地区之间发展差距拉大，新的社会阶层兴起，社会利益关系变化，人民内部利益分化，人民内部矛盾时有激化。妥善协调各方面的利益关系，健全民主法制、正确处理人民内部矛盾的工作机制和社会利益协调机制，已经成为我们党坚持最广泛最充分地调动一切积极因素、不断提高构建社会主义和谐社会能力所必须解决的重要课题。

正确处理人民内部矛盾，必须大力健全民主法制等工作机制。面对新形势下人民内部矛盾的新情况、新变化，我们党明确提出从制度上解决问题的新思路，把制度创新上升为“长期坚持的治党治国之道”。注重制度创新，健全工作机制，为正确处理社会主义市场经济条件下的人民内部矛盾找到了根本出路。在新世纪新阶段，我们党必须深入研究社会管理规律，完善社会管理体系和政策法规，整合社会管理资源，建立健全党委领导、政府负责、社会协调、公众参与的社会管理格局。在具体实践中，要大力健全有关工作机制：健全决策机制，推进决策科学化民主化；健全收入分配机制，尽力减少和消除社会分配不公现象；健全社会舆情汇集和分析机制，畅通社情民意反映渠道；健全社会预警工作机制，形成统一指挥、功能齐全、反应灵敏、运转高效的社会应急体系，提高保障公共安全和处置突发事件的能力；健全社会治安综合治理工作机制，坚持打防结合、预防为主，依法打击各种犯罪活动，保障人民生命财产安全；健全社会保障机制，促进社会保险、社会救助、社会福利和慈善事业相互衔接，帮助社会困难群众；健全党风廉政工作机制，真正深入开展反腐败斗争，保证领导干部廉洁从政。制度建设和工作机制建设带有根本性、全局性、稳定性和长期性，上述工作机制相互配套、相互促进，统一于中国特色社会主义建设的伟大实践，为在新形势下正确处理人民内部矛盾、构建社会主义和谐社会提供根本保证。

正确处理人民内部矛盾，必须建立健全社会利益协调机制。改革是一场深刻的革命，必然带来各种利益关系和利益格局的调整。社会主义市场经济尊重个人利益并促使利益主体多样化，人民群众在事实上分属于各种不同的利益群体，产生了多样化的利益需求，使人民内部利益矛盾出现新的情况，带有前所未有的复杂性。事实表明，劳动纠纷的上升，根源并不仅仅在于社会经济不发达或财富不充足，更直接的是由于在一定范围内出现了社会财富和社会权利的分配不公，不少劳动者的部分权益得不到有效保障，有失社会公正。社会利益关系和利益格局的变革，客观上要求我们党必须从执政高度出发，公平、平等、公正地代表各个阶层、各个方面、各个利益群体的利益：既要代表工人、农民、知识分子、军人、干部等的利益，又要代表民营企业的创业人员和技术人员、受聘于外资企业的管理技术人员、个体户、私营企业主、中介组织的从业人员、自由职业人员等新兴社会阶层的利益；既要代表通过诚实劳动、合法经营、先富起来的一部分地区、企业和个人的正当利益，又要代表困难群众的利益，努力实现全体人民的共同富裕；既要维护广大人民群众的经济利益，又要维护其政治、文化利益。在推进改革和建设时，要坚持把最广大人民的根本利益作为制定政策、开展工作的出发点和落脚点，正确反映和兼顾不同方面群众的利益，并切实维护和发展好人民群众最现实、最关心、最直接的利益，坚决纠正各种损害群众利益的行为。要建立健全社会利益协调机制，引导群众以理性合法的形式表达利益诉求、解决利益矛盾，自觉维护安定团结。高度重视和正确调整改革中的利益格局，妥善处理和协调各种利益矛盾，使改革的成果惠及全体人民。这既是深化改革的保证，也是改革的价值目标。

团结和激励广大群众共同前进

人民群众是历史的主体，也是构建社会主义和谐社会的最根本的力量。我们党只有坚持群众路线，加强和改进新形势下的群众工作，保持同人民群众的血肉联系，才能动员最广大人民的力量，最广泛最充分地调动一切积极因素，共同为构建社会主义和谐社会这个宏伟目标不懈奋斗。

加强马克思主义群众观点和党的群众路线的宣传教育，是增强做好群众工作的自觉性、凝聚和激励广大群众共同前进的思想基础。群众观点是我们党最基本的政治观点，群众路线是我们党最根本的工作路线。现在，一些地方党群关系、干群关系紧张，一个重要原因就在于一些党员干部在对人民群众的态度、同人民群众的关系上出了问题，把人民赋予的权力变成牟取个人私利的工具，走到了人民群众的对立面。因此，要以立党为公、执政为民为根本目的，发扬党的优良传统和作风，按照党中央提出的“八个坚持、八个反对”，着力解决党的思想作风、学风、工作作风、领导作风和干部生活作风方面的突出问题，特别是要防止和克服形式主义、官僚主义和个人主义。要通过教育和健全制度，使全党同志特别是党的领导干部牢固树立马克思主义的群众观点，贯彻党的群众路线，进一步增强做好群众工作的自觉性。

积极研究和把握新形势下群众工作的特点和规律，探索新途径、新方法，不断提高组织群众、宣传群众、教育群众、服务群众的本领，是凝聚和激励广大群众共同前进的必然要求。随着改革开放和社会主义市场经济的发展，群众思想和行为的独立性、自主性、多样性、变动性空前增强，影响群众思想和行为的因素和渠道也越来越复杂多样。面对社会变革和群众思想变化的实际，我们党必须在继承和发扬优良传统的基础上，跳出惯性思维和固有框框，下功夫研究各种新情况、新问题，研究群众的思想变化，研究不同群体的活动特点和群众工作规律，探索新形势下群众工作的内容、形式、方法、手段、机制，学习和掌握新形势下做好群众工作的本领和方法，增强群众工作的主动性、针对性和实效性。

加强党风廉政建设和反腐败斗争，是密切党群关系和干群关系、凝聚和激励广大群众共同前进的迫切需要。党风廉政建设和反腐败斗争，关系党的生死存亡。党越是长期执政，反腐倡廉的任务越艰巨，越要坚定不移地反对腐败，越要提高拒腐防变的能力。在长期执政的条件下，在对外开放和发展社会主义市场经济的环境中，我们党必须注重防范各种腐朽思想的侵蚀，维护党的队伍纯洁；必须坚持标本兼治、综合治理，惩防并举、注重预防，抓紧建立健全与社会主义市场经济体制相适应的教育、制约、监督并重的预防和惩治腐败体系，形成防止和惩治腐败的合力。全体党员干部都要严格遵守党的政治纪律、组织纪律、经济工作纪律、群众工作纪律。这样，我们党就能更好地统一群众思想，理顺群众情绪，集中群众智慧，凝聚群众力量，团结和带领广大人民群众不断谱写建设社会主义和谐社会的新篇章。

中华民族的“贵和文化”及其现实意义*

“贵和”，是中华民族悠久的文化传统，也是我国传统道德的重要规范。“贵和”的文化传统深深植根于我国人民的实际生活之中，深刻影响着人们的思想观念和行为方式。英国哲学家罗素指出：中国人“统治别人的欲望明显要比白人弱得多。如果世界上有‘骄傲到不肯打仗’的民族，那么这个民族就是中国。中国人天生的态度就是宽容和友好，以礼待人并希望得到回报”。中国近代名人辜鸿铭在回答欧洲人民到何处寻找取代军国主义的新的道德力量时说：“我相信，欧洲人民会在中国——在中国的文明里找到它。自从2500年以前孔子时代开始，我们中国人就没有发生过像今天在欧洲所看到的那种军国主义。在中国，战争是一种意外事故。可是在欧洲，战争则是一种必需。”在新形势下弘扬中华民族的“贵和”传统，对构建社会主义和谐社会具有重要意义。

中华民族“贵和”思想的内涵

中华民族的“贵和”思想具有丰富的内涵，它贯穿于人们对人与

---

* 本文发表于《人民日报》2004年12月24日，与贺更行合作。

自然、人与社会、人与人之间以及民族、国家之间关系的认识中。

“贵和”是自然法则。我国古代的思想家们一般把自然称为天或天地，并将其视为一个和谐的整体。早在春秋时期，中国人就有“和实生物，同则不继”（《国语 · 郑语》）的观点。在这里，“同”指的是无差别的绝对同一，“和”则意味着有差别的统一。这一看法在以后的中国哲学中一再得到确认：从老子的“万物负阴而抱阳，冲气以为和”（《老子 · 四十二章》），管子的“和乃生，不和不生”（《管子 · 内业》），庄子的阴阳“交通成和而物生焉”（《庄子 · 田子方》），荀子的“万物各得其和以生”（《荀子 · 天论》），到董仲舒的“和者，天地之所生成也”（《春秋繁露 · 循天之道》），张载的“太和所谓道”（《正蒙 · 太和》），等等，都蕴含着“和实生物”的观点。

“贵和”是处理人与自然关系的法则。“和”乃天道。自然有其自身的秩序，是和谐的整体。“天有其时，地有其财，人有其治”，人“不与天争职”（《荀子 · 天论》），“民吾同胞，物吾与也”（《正蒙 · 乾称》），讲的就是这个道理。不仅把广大民众看作自己的同胞，而且也要像对人那样对待“物”即自然。这个重要思想受到世界的高度评价。我国古代哲人主张“天人合一”，将人与万物一视同仁，视为一个和谐统一的整体，认为人与自然的和谐相处是人类各种关系和谐的基础。对自然和谐的破坏，都是由于人没有顺应自然、尊重自然。

“贵和”是处理人际关系的法则。中国传统道德提倡“君子和而不同，小人同而不和”（《论语 · 子路》）。在孔子看来，人与人之间可以有矛盾，但能够在一定的道德原则和规范下达到统一与和谐。也就是说，“和而不同”的实质乃是强调矛盾的统一和均衡，强调通过对“度”的把握以获得人际关系的和谐。儒家积极宣扬“礼之用，和为贵”（《论语 · 学而》），“均无贫，和无寡”（《论语 · 季氏》）。“和”不仅是处理人与人之间关系的一个基本准则，而且是调解人们之间利益冲突的一种处世方式和治国之术。

“贵和”是处理民族、国家关系的法则。中国人一直认为“和”

是解决国与国之间冲突的原则，主张“协和万邦”。“协和万邦”的说法最早出现于《尚书·尧典》中，随着《尚书》被尊为儒家经典，其所主张的处理邦国、族群关系的准则也就逐步成为封建统治者处理民族、国家关系的法则。“协和万邦”，表现了中华民族爱好和平的优良传统，是中国传统文化中“贵和”思想在民族、国家文化层面上的重要体现。“协和万邦”，不仅体现着古代先贤的政治理念、道德准则，也是一种民族文化、民族精神，它促进了民族的融合和大一统国家的建立。

综上所述，中华民族贵和文化在两千多年前就奠定了基础。儒家倡导以和为贵，协和万邦。道家力主无为而治，宽容不争，道法自然。墨家主张兼爱非攻。法家推崇以法谋和，以法维和。兵家则崇尚不战屈兵，以和制战，兵不血刃。这些优秀的贵和文化在后来的各个世代都不断传承弘扬，以至现代，中华民族高扬热爱和平、维护和平的旗帜，受到世界的公认和褒扬。

弘扬“贵和”思想的现实意义

党的十六届四中全会《决定》指出：要最广泛最充分地调动一切积极因素，不断提高构建社会主义和谐社会的能力。“调动一切积极因素”，就需要弘扬和培育中华民族精神，尤其是热爱和平、以和为贵的精神。

“和”能生财，“和”能致祥，“和”能聚力。在观念层面，“和”意味着对不同意见的承认和宽容；在社会结构层面，“和”则是指不同的个体、集团之间建立协调的社会交往关系。所以说，“贵和”就是在承认事物本来矛盾和必要斗争的前提下，在诸多因素的对立统一、相互依存中求同存异、求同化异，化解矛盾，从而在“存异”的基础上“求同”而不“苟同”，达到总体上的平衡、和谐状态，进而择优汰劣，促进新事物的产生和发展。中国自古以来就有“天下同归而殊途，一致而百虑”（《周易·系辞下》）与“和则一,一则多力，多力则强”（《荀子·王制》）的思想。这里的“和”，就意味着团结一致、万众一心，从而力量倍增、强盛不衰。中国人自古就认为，只有“志同道合”“同心同德”“万众一心”“和衷共济”，才能不断发展进步，才能战胜一切艰难险阻。“天时不如地利，地利不如人和”，讲的就是要形成一种对民族和国家的强大向心力和凝聚力，使全国各族人民做到同心同德、精诚团结。这种和合观念、合群意识、团结精神必然会产生巨大的精神力量，大大促进社会生产力的发展，创造出更多的物质财富、精神财富。

“和”不排异，“和”不苟同，“和”不畏恶。强调“和”，并不意味着怯懦和无原则的退让、妥协。中华民族在漫长的历史中，在艰苦的自然条件和严酷的社会斗争中，还锻炼和培育出一种勤劳勇敢、自强不息的精神，即不畏强暴、不惧邪恶、见义勇为，敢同恶鬼争高下，不向霸王让寸分的英勇斗争精神。“大禹治水”“精卫填海”“愚公移山”、除暴安良、抵御外敌，就是这一精神的体现。中国人认为，只有“见义勇为”“敢于担当”“威武不能屈”，才称得上是一个品德高尚的人。

在改革开放和发展社会主义市场经济条件下，弘扬“贵和”传统，有利于协调各方面的利益关系，妥善处理不同阶层、不同方面群众的利益，增强妥善处理新形势下人民内部矛盾的本领；有利于综合运用法律、经济、行政等手段和教育、协商、调解等方法，进一步健全处理人民内部矛盾的工作机制和社会利益协调机制，依法及时合理地处理群众反映的问题，引导群众以理性、合法的形式表达利益诉求，解决利益矛盾，自觉维护安定团结。当然，在弘扬“贵和”传统的同时，还应坚决打击各种违法犯罪活动，加强和完善社会治安综合治理工作机制，保障人民生命财产安全，努力建设社会主义和谐社会。

努力提高领导干部的战略素质*

自改革开放以来，中央领导同志多次号召，要提高战略思维水平。领导干部努力提高自身的战略素质，对于全面加强党和国家各项建设，不断提高中国特色社会主义建设的能力，具有十分重要的意义。

一

战略一般指重大的、带全局性的谋划和决策。战略素质不是领导干部必须具备的一般素质，而是一种熟谙时势、视野广阔、深谋远虑、统观全局、辩证思维的高素质。概括地说，战略素质就是很强的全局观念，宽广的世界眼光，善于从国家安全、建设、统一的大局和高度，分析判断形势，思考研究问题的综合能力。军队领导干部的战略素质主要有以下一些内容：

崇高理想。毛泽东同志曾指出：没有正确的政治观点，就等于没有灵魂。崇高的理想信念是领导干部综合素质包括战略素质的灵魂，是领导干部各种素质、能力的政治保证和统帅。领导干部特别是高中级领导干部，无论在任何岗位，做什么工作，首先必须具有崇高的理

* 本文刊载于《国防战略研究》2005 年第 2 期。

想和坚定的中国特色社会主义信念。否则，就没有资格担任人民军队的领导者和管理者。理想信念是领导干部的“方向盘”。只有具备坚定的共产主义理想信念，才不会迷失政治方向。客观地讲，自从苏联解体、东欧剧变以后，世界社会主义运动陷入了低谷。但社会主义战胜资本主义，并最终实现共产主义社会制度，这是人类历史发展的必然趋势，决不会因为这个历史发展过程中出现波折而改变。

全局观念。“不谋全局者不足谋一域，不谋万世者不足谋一时。”毛泽东同志曾生动地比喻说：没有全局在胸，是投不下一着好棋的。我军每个领导干部所从事的事业，都只是国家和军队建设事业的一个组成部分，因此都要服从和服务于国家和军队建设大局。这个道理说起来都比较明白，可在现实生活中，仍有一些领导干部甚至是高中级领导干部缺乏全局观念，在想问题、办事情时往往以单位利益、团体利益，甚至个人利益为重，不考虑甚至损害国家和军队的整体利益。比如，有的搞集体“闯红灯”，一起违规等。当然，因为军队领导干部都是在一定的具体岗位上直接领导、管理一部分官兵，并为之服务，关心局部利益是必要的。问题是绝不能因此而忽视、更不能损害国家和军队的全局利益。毋庸讳言，限于主客观条件，确有个别领导干部的眼睛往往只盯着当前的、局部的利益，而不了解或不注意长远的、全局的、整体的利益，不善于处理这两方面的关系。对于领导干部而言，其担负的重要职责，就是教育并带领官兵顾全大局，服从大局，并处理好全局与局部的关系。有时，甚至需要为了全局而牺牲局部。比如，抗日战争时期，狼牙山五壮士为了掩护大部队转移，作出了牺牲自己的光荣选择。

世界眼光。领导干部必须具备宽广的世界眼光。当人类告别自给自足的小农经济以后，世界上的市场等就紧密地联系在一起。20世纪90年代以来，随着社会生产力和科学技术的突飞猛进，经济全球化加速发展。特别是随着交通、通信技术水平的提高和国际互联网的发展，世界已变成为“地球村”。对于高中级领导干部来说，如果不具备非常宽广的世界眼光，不知山外有山、天外有天，对世界和国家大事不甚了了，就很容易被陈旧观念、模式或框框所束缚，无法把军队建设置于大环境、大背景中来思考和处理，国外的先进东西学不来，对其教训有可能重蹈覆辙，追赶世界发达国家军队建设水平就变为一句空话，也会在新一轮的军事变革浪潮中落伍。党的十六届四中全会决议强调指出：各级党委和领导干部要“坚持用宽广的世界眼光观察世界，提高科学判断国际形势和进行战略思维的水平”。军队领导干部更应该学习、落实好这个精神。

辩证思维。辩证思维是运用唯物辩证法思考与分析问题的思维方式，是领导干部战略素质的思维基础。辩证思维是按照事物的矛盾本性去思考问题、发现真理，要求领导干部牢固确立全面系统、普遍联系和永恒发展的观点，善于从事物发展的对立统一关系中认识和把握它的每个方面，防止片面性和形而上学的错误。要做到辩证思维，最现实最重要的要求有三点：一是善于把握主要矛盾。任何事物都是一个复杂的矛盾集合体，由多种矛盾组成，其中必有一种是主要矛盾。因此，在军队建设中，领导干部要善于抓主要矛盾、中心工作，准确判断各个阶段领导工作的重点，选准工作的突破口，这样才能达到事半功倍的效果。二是善于统筹兼顾，善于“弹钢琴”。要防止顾此失彼等忙乱现象，力求协调有序的稳定发展状态。三是善于把握事物的本质。事物的本质和规律总是“隐藏”在变幻多端的现象后面。且不说整个社会发展日新月异，就是军队建设，也是一个庞大而复杂的系统工程。领导干部假如没有较强的辩证思维能力，就无法透过纷繁复杂的现象认识其本质，无法深刻认识事物发展的客观规律和预见事物发展的趋势，其结果必然会缺少主动权而疲于应付，陷入忙忙碌碌的事务主义的怪圈。

创新品格。创新品格是在理论和实践上勇于开拓、科学探索的与时俱进的精神，是领导干部应当具有的战略素质的重要内容。囿于传统观念、习惯做法，加之军队需要高度的稳定、集中、统一，因而往往容易故步自封。法国热衷于先前拿破仑时代曾经辉煌的军事理论，波兰留恋传统的骑兵战法，结果都在后来的战争中付出了血的代价。相反，那些敢于迎接时代挑战，勇于超越自我的军队，都取得了成功，如我国古代战国时期赵武灵王的“胡服骑射”、德国古德里安“闪击战”的初期成功、海湾战争中美军的胜利，等等。军队领导干部，如果墨守成规，没有锐意开拓的精神，就不可能有所作为，更谈不上搞好军队建设。当然，创新即意味着否定，特别是自我否定。而自我否定是一个痛苦、艰难的过程，需要勇气和睿智，需要付出艰辛的努力，甚至还要冒一定的风险。可见，领导干部的创新品格既要克服外部制约因素，又要战胜自我，既要有否定旧事物的魄力，又要有创造新事物的稳健的智慧，这是一种很高的战略素质要求。

学识渊博。渊博的学识是人们通过长期刻苦学习和实践所获得的，是领导干部战略素质的重要构成部分。在军事实践中，军事指挥员是否具备渊博学识，往往直接影响其指挥决策后果。第一次世界大战期间，有一支英军部队曾在巴勒斯坦一个叫密抹的村落包围了一部分土耳其守军。正当英军指挥官准备投入一个旅的兵力从正面发起强攻时，一名英军少校军官忽然想起在《圣经》上曾见到关于这个村庄的记载，于是他建议暂停军事行动。随后，他又连忙去翻阅《圣经》，果然发现其中不仅清楚地描述了这里三面环山的地形，还谈到这里曾发生过一次成功利用地形条件的偷袭战斗。经侦察，这里的地形和《圣经》上所讲的一样，于是，英军指挥官果断决定改变作战方案，改强攻为偷袭，结果只用了一个连的兵力，就一举拿下了密抹这个要地。读《圣经》当然与打仗没有直接的关系，但是那名少校的渊博学识在这次战斗中发挥了独特作用。

二

领导干部提高战略素质是适应当今时代发展的需要。古人曰：时移治不易者则乱。领导干部必须紧密结合时代的发展要求，与时俱进地提高自己的综合素质。当今时代风云变幻，国际国内形势都在发生着前所未有的深刻变化。从国际形势看，世界多极化和经济全球化的趋势继续在曲折中发展，科技进步日新月异，综合国力竞争日趋激烈，各种思想文化相互激荡，各种矛盾错综复杂，西方敌对势力对我国实施西化、分化的战略图谋没有改变，我们仍面临发达国家在经济、科技、军事等方面占优势的压力。从国内形势看，随着改革开放的深入和社会主义市场经济的发展，整个社会范围内的经济成分、利益主体、社会组织和生活方式日趋多样化。这一方面极大地推动了我国经济发展和社会进步，另一方面也出现了许多新的矛盾和挑战。军队并非生活在真空中，军队领导干部也是在这种时代背景下，组织和带领官兵加强军队革命化、现代化和正规化建设的。这从客观上要求军队高中级领导干部必须胸怀全局，熟悉国际国内形势，具有把握时代脉搏、跟上时代节奏、站在时代前头的本领和能力，能够在纷纭复杂、不断变化的形势下，正确认识和处理治军带兵实践中的矛盾问题。

提高战略素质是适应中国特色军事变革的需要。新军事变革是由于科学技术的进步，在军事领域发生作用所引起的带根本性的、全方位的、具有深刻影响的社会变革。自20世纪80年代末90年代初以来，脱胎于工业文明的机械化战争，正在被信息文明催生的信息化战争所取代，这是在世界军事领域兴起的新一轮的军事变革浪潮。从一定意义上说，新军事变革既有可能成为继续拉大世界各国军事力量差距的动因，也有可能成为一次重新“洗牌”的机会，关键是看世界各国能否积极而正确地应对。党中央、中央军委正是站在世界新军事变革的潮头，高瞻远瞩地提出了推进中国特色军事变革的战略谋划及其任务。在这一实践中，军队高中级领导干部担负重要使命，其素质高低，尤其是战略素质水准将会直接影响中国特色军事变革的进程。

提高战略素质是搞好军事斗争准备的需要。军事斗争准备是军队的根本职能、使命所系。我国古代兵法中提出：无日不治兵，无时不备战。我有虑败之道，而后可以自存。我军的根本职能是在任何时候、任何条件下，随时准备战争和打赢战争。军事斗争准备说到底是在“准备”战争，而不是“跟随”战争。军事斗争准备并不等同于一般意义上的战备工作，还包含军队的全面建设与长远发展问题。从这个意义上讲，提高军队领导干部的战略素质，本身就是搞好军事斗争准备的一个重要内容。

三

战略素质不会与生俱来，也不能一蹴而就。提高战略素质是一项长期的努力学习、实践的过程。从领导干部自身来说，必须开动脑筋，以创新精神努力寻求和拓展提高战略素质的途径。

加强学习。如果不加强学习，没有科学的世界观和方法论作指导，没有广博的科学文化知识作支撑，没有厚实的军事技能和素养作依托，战略素质就是无本之木。军队领导干部提高战略素质应该学习的内容很多，其中最紧迫的有：一要深入学习马列主义、毛泽东思想、邓小平理论和中国特色社会主义理论，掌握其辩证唯物主义、历史唯物主义的世界观和方法论，自觉指导自己的工作实践；二要广泛了解当今世界的经济、政治、科技、文化、法律、军事等方面的最新动态和发展趋势，特别是世界各国军队建设与发展的经验和教训；三要掌握计算机网络知识和外语，借以提高自己获取、分析和利用各种信息的能力，这是打赢未来信息化战争的基本需要。

加强修养。内因是事物发展的根据，外因是事物发展的条件。不重视思想修养和改造，领导干部就很难具有坚定正确的政治立场，很难处理全局与局部的利益关系，很难系统全面地思考处理问题。古人曰：“其身正，不令则行，其身不正，虽令不从。”领导干部只有具备较高的个人修养，才能在官兵中产生较高的威信和人格影响力。

注重实践。恩格斯对党的领导者成长道路问题有过一段精彩论述，他说：在我们党内，每个人都应该从当兵做起；要在党内担任负责的职务，仅仅有写作才能或理论知识，甚至二者都具备，都是不够的；要担任领导职务，还需要熟悉党的斗争条件，掌握这种斗争的方式，具备久经考验的耿耿忠心和坚强性格，最后还必须自愿地把自己列入战士的行列中。恩格斯的话，深刻揭示了领导干部成长的客观规律。领导干部只有在各种各样的环境中接受锻炼——在艰苦环境中磨炼不畏艰苦的意志和百折不挠的毅力，在复杂环境中锤炼驾驭全局的本领和协调各方的能力，在特殊环境中培养大无畏的牺牲精神和处理突发问题的应变能力，才能迅速提高自身的战略素质。

增强使命感。从根本上说，对社会主义事业的使命感、责任感，是提高战略素质的动力。20 世纪 70 年代末，邓小平同志在 73 岁第三次复出担任党和国家领导职务时，他仍以无产阶级革命家、战略家的强烈使命感领导改革开放事业。他说：坦率地讲，出来工作，可以有两种态度，一个是做官，一个是做点工作，我想，谁叫你是共产党员呢？既当了，就不可有私心杂念。正是凭着对党的事业的强烈责任感和紧迫感，邓小平同志才在中国社会主义现代化建设的关键时刻，领导全党探索出了一条中国特色社会主义的道路。

论军队思想政治工作规律*

一、思想政治工作必须保证党的绝对领导和部队的团结统一

党对军队的绝对领导，是我军建设不可动摇的根本原则，是我党我军的优良传统和特有的政治优势；部队的高度团结和统一，是构成部队凝聚力和战斗力的重要因素，是人民军队作为革命武装集团的基本要求，也是我军的重要特征之一。可见，保证党对军队的绝对领导就是保性质、保方向、保优势；保证部队的团结统一，就是保和谐、保凝聚、保力量。具备了这两个方面，军队的战斗力就有了坚强而可靠的政治和组织基础。作为党在军队中的思想政治工作，保证党对军队的绝对领导和部队的团结统一，就是要通过扎实有效的工作，保证使部队和全体官兵在任何时候、任何情况下，都做到在政治上绝对对党和人民忠诚，思想上绝对与党保持一致，行动上绝对听党指挥；保证使部队官兵紧密团结凝聚在各级党委（支部）的周围，保持军令政令畅通、步调一致。

保证党的绝对领导和部队的团结统一，首先是保持我军性质和宗

* 本文发表于中宣部政研所《政工研究动态》2007年第15期，与王秋富合作。

旨的根本要求。党对军队的绝对领导是我军的军魂，只有保证党的绝对领导，我军作为党的军队、人民的军队、社会主义国家的军队的性质才能得以体现，为人民服务的宗旨才能得以贯彻。作为党领导下的人民军队，部队及广大官兵的根本利益是一致的，部队的团结和统一既是人民军队性质的体现，也是保持人民军队性质的必然要求。正因为此，保证党的绝对领导和部队的团结和统一，必然成为我军思想政治工作的根本要求、根本规律。其次，是军队思想政治工作本质的反映。军队思想政治工作从本质上讲，它是一定的阶级、政党、政治集团以及国家，为了从政治上领导、控制和掌握军队为实现既定政治目标服务，在军队中进行的一系列政治性、思想性的实践活动。我军思想政治工作也不例外，它首先是党的工作，是为党领导和掌控军队服务。同时，为了军队能够凝聚成坚强的战斗集体为党的政治目标服务，必然要求军队高度的团结和集中统一。再次，是军队思想政治工作的基本任务所在。任务是责任的具体化。军队思想政治工作的责任归根结底主要有两个方面：一是保证军队听党的指挥；二是保证军队提高战斗力，完成任务。将此两方面的责任具体化，保证党的绝对领导和部队的团结统一，必然成为军队思想政治工作基本任务的主要内容。我军政治工作条例对基本任务的规定也充分体现了这一点。

思想政治工作坚持和运用这一规律，一是要坚持不懈地向部队灌输马克思主义理论尤其是我们党理论创新的最新成果，从社会主义理想信念入手，把军心凝聚在党的旗帜下，把官兵团结在党组织的周围，使广大官兵成为中国特色社会主义事业的坚定拥护者、忠诚捍卫者和模范实践者。二是要坚持把宣传并积极贯彻党的路线、方针、政策作为思想政治工作的重要内容，使我军在政治上、思想上和行动上同党中央保持高度一致，成为实现党的政治任务的有力工具。三是要坚决维护党及其各级组织在军队中的核心领导地位和领导权威，毫不含糊地同军队“非党化”“非政治化”等错误观点作斗争，同一切涣散党的团结、影响部队集中统一的不良思想和行为作坚决斗争。四是要注重从思想上加强军队干部特别是领导干部队伍建设，保证军队的领导权始终掌握在忠于马克思主义者的手里，保证党的干部队伍始终成为理想信念坚定、维护集中统一的坚强力量。

二、思想政治工作必须为部队中心工作任务服务

我军平时的中心工作任务，就是军队的现代化建设包括军事训练。具体到部队，其中心工作任务又因其具体职能定位、不同时期或时间段而有所不同。军队思想政治工作必须为中心工作任务服务，指的是军队思想政治工作的任务必须依据军队的基本任务和部队一个时期的中心工作任务确定；思想政治工作的内容、形式必须随着部队中心工作任务的变化而变化，思想政治工作必须渗透到部队中心工作任务中去，结合中心任务一道去做，保证中心工作任务的完成。

为中心工作任务服务，首先是思想政治工作本质属性的要求。思想政治工作作为上层建筑，必然要鲜明地体现它所服务的阶级、政治集团的根本利益和要求。我们党的根本利益和要求在军队就具体体现为中心工作任务。思想政治工作不为中心工作任务服务，就会失去正确方向。其次，是由思想政治工作的地位作用决定的。把思想政治工作称为“生命线”，就在于比喻思想政治工作对于保证我军建设正确方向和各项任务完成的极其重要意义。从另一方面来讲，有作为才能有地位，思想政治工作从来没有自己独立的工作任务，其生命线地位必然要通过其服务保证作用来体现，而中心工作任务必然是其首要的服务保证对象。再次，是思想政治工作存在和发展的客观需要。思想政治工作作为我军的“生命线”，其自身的生命和生命力全系于实践。部队中心工作任务是军事实践活动的主体，它为思想政治工作提供需要和平台，提供检验标准。军队思想政治工作的产生，正是因应了党在军队的中心工作任务的需要，构成它的所有理论和方法，基本上都是在为不同时期军队中心工作任务服务中产生和发展起来的；军队

思想政治工作的发展，需要在服务中心工作任务中才能实现；军队思想政治工作的威力，也只有围绕中心、结合任务去做才能充分地体现出来。

思想政治工作坚持和运用这一规律，首先需要树立整体观念和服务意识。政治工作与军事、后勤和装备保障工作都是军队建设的重要组成部分，都是为完成中心任务服务的，必须牢固树立一盘棋的思想，自觉增强服务意识，把中心工作任务的完成作为检验和衡量思想政治工作成败得失的基本标准，决不能搞"自我中心""自我服务"。第二，要切实把思想政治工作结合渗透到完成中心工作任务中去。真正根据中心工作的方向校正思想政治工作的导向，对中心工作实施强有力的思想政治领导，从更高层次上实现服务与保证的要求；围绕中心工作任务的完成，确定政治工作的具体任务、内容、形式和方法，抓住中心工作的关键环节作为思想政治工作的突破口，把中心工作中遇到的难题作为思想政治工作研究探讨的课题，并积极发动各级各类干部、骨干共同来做，把思想政治工作渗透到围绕中心工作任务的各项工作任务的各个环节和全过程。第三，努力提高干部队伍围绕中心、服务中心的能力素质。提高干部能力素质本身是思想政治工作的一个重要任务，也是保证围绕中心工作任务加强思想政治工作的重要组织保证。政工干部要围绕中心工作任务的完成，努力学习掌握必备的军事、后勤、装备技术保障等知识和技能，以有效克服"说不上话""插不上手"的问题；军事、后勤和装备技术保障干部也要学会做思想政治工作。

三、思想政治工作必须从官兵思想实际出发

思想政治工作能否取得预期的效果，除了要看思想政治工作者的素质，还取决于思想政治工作的内容是否具有针对性，方法是否科学。内容的针对性、方法的科学性，都建立在对工作对象思想基础、现实

思想反映、文化素质、性格特征、接受能力等方面的准确把握基础之上的。不坚持从官兵的思想实际出发，对官兵的思想活动及其影响制约因素进行认真的研究分析，思想政治工作就难以有的放矢，扎实有效。

坚持和运用这一规律，要关注并研究社会经济生活、政治生活、精神生活和社会关系对官兵思想的影响制约，准确把握时代发展变化对官兵思想的影响，使思想政治工作的内容、形式、方法具有时代性。要研究军人职业特殊性、军人生活特殊性和军队任务特殊性对官兵思想的影响和要求，使思想政治工作的内容、形式、方法适合军人特点。要结合形势变化和具体工作任务情况，研究把握具体工作对象的思想实际，分清共性与个性，区分层次类别，因人制宜、因事制宜、因时制宜，使思想政治工作的内容、形式、方法更具针对性。

四、思想政治工作必须发动各级干部和群众齐抓共管

这条规律有两个含义：一是说广大官兵既是思想政治工作的客体即工作对象，也是思想政治工作的主体，要充分发挥广大官兵参与思想政治工作的积极性，把广大官兵中蕴藏的思想政治工作资源和积极性充分挖掘出来。二是思想政治工作不单是政治机关和政治干部的责任，也是部队所有机关部门、各级各类干部共同的责任，与地方政府和官兵家庭也不无关系，要发动这些力量共同来做，形成合力。

我军的思想政治工作本质上是我们党在军队中的群众工作，广大官兵与政治工作者根本目标的一致性，为官兵积极参与思想政治工作提供了基础。同时，作为群众性的工作，只有发动群众、齐抓共管，才能做到耳聪目明、及时有效。如果“只有领导骨干的积极性，而无广大群众的积极性相结合，便将成为少数人的空忙”。思想政治工作虽然主要是由政治机关和政工干部组织实施的，但是效果却受多方面因素的制约，军事、后勤、装备和行管等工作都可以对它直接产生影

响，军人家庭的影响也不可低估。为此，不能单靠政治机关和政工干部唱独角戏，需要把各级各类干部、群众的作用都发挥出来。

坚持和运用这一规律，首先要努力营造发动群众齐抓共管的制度与氛围。要相信官兵的基本觉悟和素质，鼓励和引导官兵积极参与进来，不断创新群众性自我教育的新形式；拓宽思想政治工作的视野，打破浅陋的“权域”观念，树立齐抓共管意识，营造各级各类干部、群众都积极做思想政治工作的局面。其次，要在与其他工作的结合中实现齐抓共管。思想政治工作从来没有自己独立的任务，要着眼于思想政治工作同军事训练、行政管理、后勤建设、装备技术保障等工作的有机结合；同法规约束和法律服务的有机结合，同心理疏导和心理科学知识普及的有机结合；着眼于部队教育同社会教育、家庭教育的有机结合，研究规律、拓宽渠道、创新方法、完善制度，在结合中增强思想政治工作的效益，实现思想政治工作的价值。第三，要建立宏大的思想政治工作队伍。各级党委（支部）要发挥好“统”的作用，号召和发动各级各类干部和士兵骨干都来关心和参与思想政治工作，协调地方政府、官兵家庭都来支持思想政治工作。在基层建立健全各类组织和骨干队伍，努力发挥他们的作用。

五、思想政治工作必须坚持思想工作与解决实际问题相结合

这里所说的实际问题，主要指干部战士在生活、工作中所出现的切身利益方面的现实困难和难以处理的矛盾。思想工作与解决实际问题相结合，就是在解决官兵思想问题时，必须同时注重解决与之相关的实际问题；在解决实际困难时，又要辅之以必要的思想政治教育，以确实端正思想态度。

思想工作与解决实际问题相结合，首先是因为许多思想问题是由实际问题引起的。存在决定意识，干部战士在实际工作、生活中所产生的各种各样的思想问题，除了一部分纯属认识问题、思想意识问题

外，很多情况下是由实际问题引起的。因此，一般情况下，把实际问题解决了，思想问题就迎刃而解了。其次，实际问题的解决并不代表思想问题的彻底解决。由实际问题而产生思想问题，既有思想觉悟的原因，也有认识能力的因素。很多实际问题的解决，往往不会必然地带来思想问题的彻底消失。从长远来看，如果不与此同时提高思想觉悟和认识能力，遇到类似问题时往往会再次产生类似思想问题。第三，许多实际问题的解决，也有赖于思想认识的提高。有些实际问题能够立即解决，有些实际问题则需要经过官兵自己的努力才能解决，而只有通过思想工作提高思想认识，这种努力才能积极付诸实施。第四，关心和解决干部战士的切身利益问题，本身就是我军思想政治工作的题中应有之义。毛泽东曾深刻指出："马克思主义列宁主义的基本原则，就是要使群众认识自己的利益，并且团结起来为自己的利益而奋斗。"因此，关心群众生活，解决他们眼前的实际困难，正是使他们认识自己根本利益并为之团结奋斗的重要方法之一。

坚持和运用这一规律，一是对官兵的思想问题要采取具体分析的态度。要实事求是地分析思想问题，弄清思想产生、发展的来龙去脉，准确判断问题的性质，分清哪些是因为实际问题引起的，哪些是因为思想方法和思想觉悟不对带来的。不能把因实际问题引起的思想问题，不加分析地看成是思想觉悟问题而不去关心和解决；也不能把因为觉悟不高而出现的思想问题，看作是实际问题，而一味迁就照顾，影响思想政治工作的原则性和战斗性。这是坚持思想工作与解决实际问题相结合的前提。二是要坚持解决实际问题而不放松思想教育。要积极主动地为官兵办实事、解难事，对官兵个人和家庭遇到的实际困难，心要想到、话要说到、事要做到，对那些没有条件解决的问题、也应把情况讲清楚以取得理解。与此同时，要抓住有利时机，以解决实际问题为切入点加强思想政治教育和引导，从而解决好官兵在实际问题中所反映出来的认识和思想意识方面的问题。特别是对那些不切实际的要求和私心杂念，要理直气壮地批评教育，不能迎合，防止错误思想和消极情绪滋长蔓延。三是要将这一规律体现于平时的思想政治建设之中。思想进步是工作进步的基础。因此，平时要坚持用正确的利益观教育官兵，用党的创新理论武装官兵，用党的路线方针政策和军队的职能使命感召激励官兵，不断提高官兵的思想觉悟和认识能力。另一方面，要积极创造有利于维护官兵正当权益的政策制度环境和物质条件，努力实现国家利益、集体利益和个人利益的和谐统一。

“英雄谱”要常写常续常宣传*

——《军旗飘飘丛书》跋

中华民族五千年来，各个时代都英雄辈出。正是他们这些杰出人物的引领和示范，各族人民创造了伟大的物质文明和精神文明。对几千年来的英雄谱要常写常续常宣传。

看书爱看英雄谱，交友爱交英雄友，听歌爱听英雄曲，走路要走英雄路。许多人都有这样的习惯和追求。贝多芬的《英雄交响曲》问世，它雄浑激越，催人奋起。今天听起来，仍然能使人感受到它那种颂扬英雄的激情。

中国人民解放军是个英雄的群体，它的发展史就是一部浩大的英雄传记、英雄谱。试想，古今中外，有哪个群体、集团像它一样拥有那么多英雄，造就了那么多英雄，并正在培养更多的英雄？这个英雄群体，以其生命、热血与大智大勇，为祖国为人类创造的丰功伟绩，写下的英雄篇章，真是难以数计。为纪念中国人民解放军建立八十周年，我们与二十一世纪出版社编写出版《军旗飘飘丛书》，这是一部宏大的英雄谱。在刚跨入二十一世纪大门时，特将此书献给读者，尤其是广大青少年朋友，愿我们在新世纪写下新的英雄篇章。

* 本文刊载于杨春长主编：《军旗飘飘丛书》，二十一世纪出版社2007年版。

英雄，人类之精英。古往今来，大凡英雄，有领导、管理型的英雄，比如列宁、孙中山、毛泽东、刘少奇、周恩来、朱德、邓小平、陈云、拿破仑、华盛顿；有学者、文化型的英雄，比如孔子、孙子、钱学森、邓稼先、爱因斯坦；有黎庶、民众型的英雄，比如张思德、董存瑞、黄继光、邱少云、雷锋、苏宁；等等。

“君子志于泽天下，小人志于荣其身。”英雄者，“泽天下”之人杰也。缺少英雄的民族，是可悲的民族；崇尚英雄的民族才是大有希望的民族。祖国需要英雄，人民爱戴英雄。“生当作人杰，死亦为鬼雄。”同志们，朋友们，让我们向英雄学习，“志于泽天下”，为着人民大众的福祉，为着民族振兴、祖国富强，贡献自己的力量。

在纪念中国人民解放军建军八十年之际，我们编写了这套《军旗飘飘丛书》，主要记述并歌颂这八十年来人民军队伟大领袖、杰出将帅和无数英雄模范的光辉事迹、卓越风范。

八十年来，这支军队在中国共产党的绝对领导下，在毛泽东、刘少奇、周恩来、朱德、邓小平等老一辈无产阶级革命家的培育和指挥下，以马克思列宁主义、毛泽东思想和邓小平理论为指导，坚持全心全意为人民服务的宗旨，在过去几十年的战争岁月与相对和平时期，为了人民的解放，民族的独立，以及新中国的安全、富强，不怕艰难困苦，与全国各族人民一起战胜了国内外强大的敌人，克服了各种困难，建立了丰功伟绩。进入新的历史时期以来，人民解放军在毛泽东思想和邓小平新时期军队建设思想的指引下，坚决贯彻党的路线、方针、政策，坚持改革开放，与时俱进，军队建设水平不断提高，为国家的改革开放和经济建设提供了坚强有力的支持和保证。目前，全军官兵在党中央和中央军委领导下，为把我军建设成为一支现代化、正规化的革命军队而努力奋斗。

八十年的历史实践充分证明，中国人民解放军不愧是人民的子弟兵，保卫社会主义的钢铁长城，捍卫人民民主专政的坚强柱石，建设社会主义物质文明、精神文明和政治文明的重要力量。中国共产党和全国各族人民，为有这样忠于党、忠于人民、忠于国家、忠于社会主义的人民军队，为有这样一支正义之师、文明之师、威武之师而骄傲和自豪。

在长期的军事实践中，中国人民解放军广大指战员，上至领袖、将帅，下至普通一兵，无论在任何艰难困苦的环境中，都坚定社会主义、共产主义的理想、信念，英勇顽强，紧密团结，不畏强敌，不怕牺牲，官兵一致，军民一致，服从指挥，遵守纪律，艰苦奋斗，无私奉献，形成了举世闻名的井冈山精神、长征精神、延安精神、上甘岭精神、“两弹一星”精神、雷锋精神、抗洪精神……实践这些精神的有无数英雄模范人物，如贯彻我党我军全心全意为人民服务的光辉典范张思德，著名战斗英雄董存瑞、黄继光、邱少云，平凡而伟大的共产主义战士雷锋，献身国防现代化的模范干部苏宁，等等。以这些灿若群星的英模为代表的广大指战员，无论在血与火的战场，还是在抢险救灾、支援祖国建设的地方；无论在高寒缺氧、人迹罕至的雪山冰峰，还是在酷热难耐、蚊叮虫咬的南国岛礁；无论是率领千军万马冲锋陷阵，还是在平凡的岗位上执勤站岗，都作出了卓越的贡献。这些老红军、老八路以及在新中国成长起来的优秀官兵，他们有无数可歌可泣的英雄事迹，有无数感人肺腑的生动故事。他们在得失、苦乐、生死关头，舍己为人，舍己为公；在金钱、美色、权力考验面前，清正廉洁，一身正气。他们的嘉言懿行，高风亮节，永远是中华民族宝贵的精神财富，永远是教育群众，激励后人的生动教材。

毛泽东、邓小平等领导人在不同历史时期都强调过，要继承和发扬人民军队的优良传统，对广大官兵及青少年加强革命传统教育。遵照这些指示精神，我们把我军八十年来的生动事迹编写成《军旗飘飘丛书》，大家认为是一件很有意义的事情，可以说是功在当代，利在千秋。

20世纪五六十年代，《星火燎原》《红旗飘飘》等记载我党我军光荣传统的书籍，曾教育了一代又一代干部、战士、群众，包括广大青少年，我们现在仍记忆犹新。相信《军旗飘飘丛书》也会受到广大读者的喜欢，并在社会主义精神文明建设中发挥积极的作用。我们要把英雄谱继续写下去。

向解放军学管理*

经过国际金融危机的考验和洗礼，中国的企业既面临新的挑战和困难，又有许多前所未有的机遇和希望。目前，中国企业和市场在世界经济中的地位越显重要。中国企业开始进入新的发展历史阶段，中国企业如何在改革30年后实现管理上的升级？如何在学习、借鉴西方管理经验的基础上，建立中国特色的管理体系？如何提升企业核心竞争力？这一系列的问题都在困扰着中国的企业家。

本人携笔从戎40余年，受到人民军队管理的教育训练和熏陶，不断成长进步；从战士提升为排、连、营、团以至副军职军官后，也担负过各级的管理职责，有不少体会、经验、教训。因此，对解放军的管理有着很深的感情和理解。这些先进而宝贵的管理经验、管理科学，不仅对军队的科学发展，提升战斗力，具有十分重要的意义，而且对企业界也具有很好的借鉴价值。

---

* 本文刊载于杨春长主编:《向解放军学管理》，中国城市出版社2010年版。

向解放军学管理，建立人民军队官兵式的积极健康的员工与企业的关系

向解放军学管理是万千企业家的共同取向，企业核心竞争力来自企业和员工能形成有强大战斗力的团队。有不少企业往往片面认为，员工工资、福利、培训等是企业的成本，因而他们考虑更多的是如何用员工。人民解放军从其诞生那天开始，一直遵循毛泽东同志和老一辈革命家提出并制定的一系列优良制度、传统和作风，比如，军队实行官兵一致、军民一致、军政一致，实行政治民主、军事民主和经济民主这三大民主和三大纪律八项注意等根本原则和制度。部队中官兵亲如兄弟，军民关系如同鱼水。真是军民团结如一人，试看天下谁能敌？因此，人民军队才能由弱变强，由小变大，以劣胜优，愈挫愈奋，愈战愈强。企业向解放军学习，领导与员工亲如一家，真正做到“企业爱员工，员工爱企业”，企业就一定能不断上台阶。

向解放军学管理，建设团结和谐、积极健康的企业文化

一个好的领导能够兼顾国家利益、集体利益和群众个人的利益。企业家要做到“天下为公”，统筹兼顾，真诚助人，关心员工，打造官兵一致、积极健康的企业文化。

“官兵一致”“军民一致”，“政治民主、军事民主和经济民主”，是真正的科学的民主精神，真正的科学公正、公平、平等精神，这是让解放军这支人民军队生机勃勃、百战百胜的重要管理制度和原则。企业的领导要像解放军各级领导那样，真正关心爱护下级，关心爱护员工，把员工当成阶级兄弟。部队里经常官兵同战、同吃、同住、同乐，同甘共苦。1968 年，我刚当兵那年，有一次白天训练特别苦累，晚上又下大雨，而且轮上我站岗……可是第二天一觉醒来，竟没有人

叫我站岗，原来是排长替我们站岗了。这种感动感受一辈子也忘不了。企业领导向解放军学管理，就是要真心关心爱护员工，像对待自己的兄弟姐妹一样去对待员工，要像解决自己的问题一样去解决员工的问题，要像考虑自身利益一样考虑员工利益。战争年代和和平时期，人民军队建设建立了一种官兵紧密团结、积极健康的军队文化、军营文化。经常利用作战训练间隙，开展读书识字、政治教育、时事教育、歌咏活动、球类比赛……官兵同学同乐同进步。有许多企业这方面搞得好，促进了企业发展。只有在这样积极向上、健康和谐的文化氛围中工作、生活，大家才能真正热爱祖国，热爱集体，团结互助，共同前进，才能在“市场经济”这个没有硝烟的战场上拥有一支战无不胜、攻无不克的“铁军”。

向解放军学管理，建立与时俱进的“学习型”企业

在人民军队80多年的发展历程中，解放军能从最早的小米加步枪，发展成为一支高素质的革命化、现代化、正规化的人民军队，说明这是一支生命力极强，管理能力极强，不断更新、不断发展前进的队伍。在人民军队，组织可以把一个普通青年培养成意志顽强、英勇无畏的战士，可以把一名优秀士兵培养成统率千军万马的将军，说明这是一个可以改造人、锻炼人、升华人的高效学习型组织。企业应该像解放军那样，善于管理，善于组织大家一起学习、提高，这是一种深层次的关心爱护。企业领导与大家共同积极进取，与时俱进，不断成长。德才优秀的个体和集体才不会被淘汰。

中国企业情况错综复杂，解放军的管理博大精深。将军队的管理经验和企业管理的实际相结合，将科学管理理念和管理具体实践相结合，就会取得成功。

弘扬古代优秀军事文化*

中华民族有着悠久的历史文化传统，中国古代军事文化作为中华文化的有机组成部分，同样有着源远流长的历史根基，是一笔弥足珍贵的文化遗产，也是加强军队建设丰厚的历史文化资源。

中国古代军事文化经历了五千年的和平与战争实践而不断积累、承传和发展。最初，我们的祖先开始有意识地总结狩猎与争斗的经验，形成了与野兽群或敌对集团搏斗的方法。相传上古时代阪泉之战时，“轩辕乃修德振兵，治五气，艺五种，抚万民，度四方”（《史记·五帝本纪》），表现出了最初的军事文化思考。夏、商、西周时期，农牧业和手工业水平不断提高，为古代军队建设和战争形态的发展提供了物质基础。进一步推动了古代军事文化的产生。《尚书》等文献所记载的夏启讨伐有扈氏的甘之战、商汤灭夏的鸣条之战、武王灭商的牧野之战，皆不同程度地涉及增强实力、强调刑赏、重视纪律、外结诸侯、使间用计以及采取先翦羽翼、后捣腹心等战略策略；商代甲骨卜辞资料中重视兵员征集，区分攻击、迎击以及伏击战法的军事文化，西周卜筮之书《易》对战争性质的论述，《周礼》和“古司马法”中关于军队编制、军事职官和战争方式的种种规定等，反映了古代军事

* 本文刊载于杨春长、王汉水、刘向东主编：《中国古代军事文化研究丛书》，白山出版社 2012 年版。

文化日趋成熟的发展脉络。春秋战国之际，中国社会发生了翻天覆地的巨大变化。在烽烟四起、战争频仍、诸子论兵、百家争鸣的社会大背景下，包括军事文化在内的中国古代军事思想这一颇具早熟性的宏大体系已具雏形。其重要标志是《孙子兵法》《吴子》《孙膑兵法》《尉缭子》《司马法》《六韬》等一大批经典兵书的问世，《管子》《老子》《论语》《墨子》《商君书》《孟子》《荀子》《鹖冠子》《经法》《韩非子》等儒、墨、道、法诸家论著也纷纷表明各自的军事主张，兵家学派众多，论辩驳难，著述承传，一派繁荣发展的兴盛景象。在随后长达上千年的冷兵器战争时代，中国古代军事文化对中国战争舞台上不同性质、规模和形态的战争实施发挥了重要的指导作用，并随着历史的发展和社会文化环境的变化，不断总结和提炼着新的战争实践经验，不断拓展和深化了军事认识的范围。从先秦至1840年鸦片战争爆发，中国不仅有数以千计的兵书著述问世，而且历朝代武将文臣的大量奏疏、文集、史书等载体中，也包含了极为丰富的兵论文化。可以说，中国古代军事文化积淀之深厚，承传之广博，内容之浩瀚，思想之深邃，都举世无双。

德国著名哲学家黑格尔曾经说过，在中华民族五千年历史长河中，创造了灿烂的中华文化。它撑起中国民族历经磨难、饱经风霜不衰垮，使之成为“世界上唯一持久的国家”。(黑格尔《历史哲学》)这种文化在20世纪初，被精通近十国文字、极力向国外推介中国传统文化的“文化怪杰”辜鸿铭概括为“深沉、博大和纯朴”的“中国人精神”。(辜鸿铭《中国人的精神》)包括中国古代优秀军事文化在内的中华民族优秀传统文化，永远是我们攻坚克难、开拓前进的巨大精神力量。“天下兴亡，匹夫有责”“先天下之忧而忧，后天下之乐而乐”“苟利国家生死以，岂因祸福避趋之”的忧患意识和爱国主义精神；“非攻，交相利”的热爱和平精神；“天行健，君子以自强不息”的勇敢自强精神……至今仍然闪耀着军人励志报国的思想光辉。宋代岳飞的“精忠报国”、明代于谦的“一片丹心图报国”所表现的高尚报国情怀；明代王夫之的“民者，兵之命也”所表的爱民保民、兵民一体的思想；战国时期孙子的“兵者，国之大事”、宋代苏轼的“天下虽平，不敢忘战，致民田猎以讲武”所表现的关心国防、热爱军旅事业、爱军习武的思想……今天仍然具有大力弘扬的价值。

中国古代军事文化是长期军旅实践的结晶，是中华民族在军事方面的共同的“集体记忆”。它一经形成，便成为我们民族进行军事思维和实践的前提条件。国外著名社会学者希尔斯在他的《论传统》一书中曾经指出，“传统得以存在是企图摆脱它的有限能力和继续保留它的愿望的双重作用的结果”，“如果剥掉他们所具有的传统，他们便没有物质资源，也没有知识才能、道德力量和眼光来提供在世界中建设家园所需要的东西……传统是不可或缺的”。传统文化是一个民族的根和魂，是维系民族存在的根本，是维系民族团结和凝聚的纽带，是促进民族进步的思想保证和精神载体，其力量深深熔铸在民族的生命力、创造力和凝聚力之中。没有传统文化，就没有了根，就不知道自己来自哪里，更不知道自己去向何方。正如新加坡前总理李光耀所说，“在告别过去的时候，我们有一种深刻的不安，失去传统会使我们一无所有”。一个民族，如果忽视甚至抛弃了自己的传统文化，去追随别民族的文化，即使经济再现代化，也会被看作是一个业已消失的民族，或者是别民族的复制品。如果民族文化被同化或被消灭，该民族就不可能存在下去。没有先进的科学技术，我们会一打就垮，没有优秀的人文精神、民族传统，一个国家、一个民族会不打自垮；一个民族如果失去了先进的科技可以导致亡国，而一个民族失去自己的文化可以导致亡种，亡种比亡国更悲惨。

弘扬中国古代优秀军事文化，对我军建设的作用，说到底是为了加强文化软实力建设。中国古代大思想家——儒家学派的代表人物孟子，曾把那种依赖军事方面的“硬实力”来实现争霸的政治路线称为“霸道”，将依赖“文化”“文德之教”等“软实力”的政治路线称为“王道”。法家学派就是推崇“霸道”的学派，认为治理国家、统一天下所依赖的就是“力”。商鞅认为:“国之所以重，主之所以尊者，力也”。(《商君书·慎法》)“力生强，强生威，威生惠，惠生德，德生于力”。(《商君书·靳令》) 法家所推崇的“力”，就是包括军事、经济、政治力量在内的“硬实力”。儒家学派则更重视思想文化软实力问题，强调“文化”是一种“无敌于天下”的巨大力量。孟子认为推行“霸道”虽能暂时获得统治国家的权力，但绝对不可能得天下。他说:“不仁而得国者，有之矣；不仁而得天下者，未之有也。”(《孟子·尽心下》) 他强调只有推行“王道”才能得天下，因为行“王道”者推崇“文化”力量，讲仁政、重德治、行“文德之教”，与“以力服人”的“霸道”不同，它是一种“以德服人”的“王道”，是使天下百姓“中心悦而诚服”的“软”力量，其作用远远要超过军事硬实力。孟子提出的“得道多助，失道寡助”“仁人无敌于天下”“仁者无敌”的思想，强调的就是“文化”“仁政”这种软实力的作用。

军队的建设发展是硬实力与软实力建设的统一，在努力建设、提高我国军事硬实力的同时，必须进一步增强军事文化软实力。党的十七大、十八大都特别强调，要推进社会主义文化强国建设，提高国家文化软实力；要全面加强军队革命化现代化正规化建设，大力发展先进军事文化。在深入学习贯彻党的十八大精神，致力于建设中国特色社会主义军事文化的过程中，我们应当认真研究我国博大精深、源远流长的优秀古代军事文化，继而承传之，弘扬之。这是增强军事文化软实力的重要途径，需要发掘、借鉴中国古代优秀军事文化，这也是我们撰写《中国古代军事文化研究》这套丛书的初衷。

中华民族传统“制欲”文化研究*

人生而有欲，世世代代的人类带着自己的欲望，通过不断改造世界的社会实践，推动了社会的发展、文明的进步；而社会的发展、文明的进步又促使人类自觉调整、控制自己的欲望，以求更大的发展和进步。这就是人类，这就是既能战胜外力，又能战胜自己、超越自己的人类。对此，在中西方文化中都有反映，我国传统文化中的“制欲”思想就是其中的重要部分。

一、追求欲望与人类的困境

欲望可以分为生存欲望、享受欲望和发展欲望；还可分为正常正当欲望和过度欲望。生存欲望享受欲望与发展欲望中都存在一个“度”的规定性，正常正当的欲望，人之常情，会受到道德与法律的保护；否则，会受到谴责，甚至受到法律惩处。

欲望是把双刃剑。一方面，它为社会物质生产活动提供了动力，从而推动着社会不断向前发展；另一方面，人们过度的超越客观许可的欲望却阻碍社会发展，会趋向野蛮，而且可能使人类走向毁灭。正

* 本文部分发表于《国防大学学报》2015年第6期。

如古代荀子所说："人生而有欲，欲而不得，则不能无求，求而无度量分界，则不能无争。争则乱，乱则穷。"(《荀子·礼论》)就是说人生而有欲，欲求无限而资源有限，由此而有不公，生争夺。特别是人类进入资本主义社会之后，荀子所描述的现象表现的更为尖锐，如大规模的战争、贩卖奴隶、生态失衡、环境污染、人际关系疏离、人文道德精神失落、人身心异化，等等。

随着市场经济的不断深入和高科技的飞速发展，人的物质欲望的现实满足和未来扩展的前景是以往任何历史时期所不可比拟的，但伴随而来的问题也是任何历史时期所不能比拟的。从宏观角度看，追求过度欲望的满足导致人类无止境地向自然界索取，造成自然资源和人力资源的浪费。从微观角度来看，追求过度欲望的满足不仅不利于人的身心健康，而且也不利于社会的可持续发展。

人是自然的一个部分，人与自然的和谐相处是人类存在的前提，但是目前由于人类对于自然的过度开发和使用，出现了环境污染、生态破坏，最终影响了人的生活。正如马克思、恩格斯所说："我们不要过分地陶醉于我们对自然界的胜利。对于每一次这样的胜利，自然界都报复了我们。每一次胜利，在第一步确实取得了我们预期的结果，但在第二步和第三步却有了完全不同的、出乎预料的影响，常常把第一个结果又取消了。"①分析个中原由，我们可以从资本主义私有制、从"人类中心主义"的自然观、从技术异化等方面来找到答案。但是，这些都与人的欲望的过度膨胀有直接的关系。

人类社会进入到资本主义社会后，资本主义对私有财产的保护和鼓励，推动了人的欲望的膨胀，使人的自私欲望、贪婪等人性特征凸显出来，占有更多的自然资源和创造更多的物质财富是人实现个人社会地位的根本途径。资本主义生产的唯一目的是追求剩余价值，资本家为了获得更多的剩余价值，会不断地扩大各种再生产，会依靠先进

① 《马克思恩格斯选集》第3卷，人民出版社1995年版，第517页。

的科学技术对自然资源进行过度的掠夺（这也就造成了技术异化）。在这样的社会条件下，“人类中心主义”的思想很容易被人们所接受，他们认为：“大自然有取之不尽的财富，可让匮乏者用之不竭”，“对自然界的否定就是通往幸福之路”（洛克），片面强调了自然对人的价值，而忽视自然对人的制约。培根认为：“人的知识和人的力量是合二为一的”，“知识就是力量”，无形中夸大了人的本质力量。所以马克思指出：“在私有制和钱的统治下形成的自然观，是对自然界的真正蔑视和实际的贬低。”[①] 不难看出在资本主义私有制条件下欲望挣脱了控制，堂而皇之地横行于世，人们普遍地接受了“人类中心主义”的观点，运用技术，贪婪地从自然界无限地攫取，从而导致了人与自然关系的恶化。当然，在资本主义的发展过程中，由于过度追求物质财富还造成了许多违背人类进步的事情，比如野蛮的黑奴买卖，残酷的殖民地掠夺，血腥的世界大战，等等。目前人与自然的紧张关系也是造成国家之间、民族之间纷争的主要原因。

人与他人、社会的关系，人自身的身心关系本来应该是和谐的。但是，在现代社会中，这种和谐的关系日益受到威胁和破坏。究其原因，可以归结为市场经济的利益驱动以及工具理性与价值理性的分裂等。但是，这些原因同样与人的欲望的过度膨胀有直接的联系。

人和其他动物一样，首先是肉体的存在，是一个感性存在物。但是，人与其他动物的区别不在于我们的身体，“人的全部尊严就在于思想”，心灵或思想相对于身体而言具有超越性或崇高感。所以，人是身心的有机统一体，人的生存既需要身体的躬行力作，也需要心灵的滋养与筹划。如果割裂身心的统一，片面地追求肉体欲望的满足，而忽略精神上的需求，就会导致人的身心异化。市场经济的利益驱动机制在充分调动人的生产积极性、促进生产发展的同时，也刺激了人的物欲的膨胀，贪婪的蔓延，现在许多人把人生的全部意义倾注于对

① 《马克思恩格斯全集》第1卷，人民出版社1995年版，第448页。

物质的追求，使功利主义、拜金主义、享乐主义盛行，工具理性膨胀，这必然会挤压人们的精神世界，造成价值理性缺失，人变成单纯物质性的存在和“单向度”的人，最终导致身心失衡，精神迷惘，人格扭曲，社会责任感丧失。当然，对个人利益的过度追求，势必会损害他人和社会集体的利益，形成人与他人、与社会的关系紧张。

值得注意的是我国改革开放以来，特别是社会主义市场经济建立以来，我国的经济持续快速增长，国家综合国力大幅增强，人民生活水平大幅提高，但是由于我国经过长期的经济短缺，人们的基本生存需求问题长期解决不好，所以人们对于经济增长、物质财富的增长具有迫切的欲求，因此在发展过程中，唯经济增长论思想严重，以至于形成了诸如过度开发资源、过度追求自我利益、过度追求物质利益等问题，也就是出现了物质欲望的过度化现象，因此也出现了人与自然、人与他人、人与社会、人自身身心关系的紧张与异化。不少人对今天应当保持和弘扬艰苦奋斗的节俭精神，提出了种种质疑和否定态度。

不难看出，造成人类生存危机、造成人类各种社会问题的重要原因是由于人们对自己欲望的无限度放纵与追求。所以欲望是需要控制的。当然欲望的控制是在肯定欲望对社会发展的积极作用基础上，对过度的欲望进行调节、控制，以保证更有效地满足更多人的合理欲望，促进人与自身、人与社会、人与自然的和谐发展。因此，如何控制欲望就成为我们必须研究的课题，中华传统文化中的“制欲”思想对于我们研究和解决目前存在的许多社会问题大有裨益。

二、中华“制欲”文化源远流长

“制欲”问题，一直是中西方哲学家、思想家、政治家关注的课题。在西方，“制欲”思想表现在对“节制”的研究上。古希腊罗马时期虽有以犬儒学派为代表的禁欲主义和以昔勒尼学派为代表的享乐主义，但主张节制欲望，用理性协调道德与情欲的思想观点是主流。

柏拉图认为“节制是一种秩序，一种对于快乐与欲望的控制”。[①] 他在著名的《理想国》中阐述了包括节制在内的“四主德”（即智慧、勇敢、节制、公正），并认为“简单而有节制的欲望是受教育的结果”。[②] 他认为，人的灵魂可以分为理智和情欲两部分，理智部分是较好的部分，相反，情欲的部分是较坏的部分，进而断言：“一个人的较好部分统治着他的较坏的部分，就可以称他是有节制的和自己是自己的主人。”[③] 亚里士多德明确指出：“无自制力的人，为情感所驱使，去做明知道的坏事。有自制力的人服从理性，在他明知道欲望是不好的时候，就不再追随。”[④]“过度与不及都损伤节制和勇敢，惟适度可以保全之。”[⑤] 中世纪，是以宗教禁欲主义为特征的，作为对中世纪宗教禁欲主义的一种反动，文艺复兴时期则大肆颂扬情欲、享乐主义的时代性思潮，但 17、18 世纪之后，西方就开始比较冷静地看待人的欲望了，人们不仅肯定欲望的正当性和巨大作用，而且也强调对其加以限制和约束，包括现代西方哲学中的非理性主义哲学家，他们也主张对于欲望的制约。与这种哲学观念不同的是，为了走出 20 世纪 20、30 年代的资本主义经济危机，英国经济学家凯恩斯提出要“鼓励消费”和“增加投资”，并由此发展为著名的凯恩斯主义。第二次世界大战后，凯恩斯主义成为西方资本主义国家普遍奉行的经济理论和制定各项经济政策的依据，使得鼓励消费的政策在西方国家得到了广泛的重视和实施。“节制”的观念在生活消费领域被根本否定，而无节制地消耗物质财富、无顾忌地浪费自然资源的放纵消费，成为社会认可的行为，甚至被尊为“爱国”消费行为。

在中国，先秦时期各种学说对于“欲望”都有自己的观念，归结起来有三种：去欲说（苦行说）、制欲说（包括寡欲说）和纵欲说。

---

① 《西方伦理学名著选辑》上卷，商务印书馆 1996 年版，第 51 页。
② 《西方伦理学名著选辑》上卷，商务印书馆 1996 年版，第 152 页。
③ 柏拉图：《理想国》，商务印书馆 1995 年版，第 15 页。
④ 《亚里士多德全集》第 8 卷，中国人民大学出版社 1992 年版，第 139 页。
⑤ 《西方伦理学名著选辑》上卷，商务印书馆 1996 年版，第 294 页。

主张去欲的苦行论是春秋末与孔子同时期的史鳅提出来的，他主张以苦行求道德自我完善。正如《荀子·非十二子》说，史鳅“忍性情，綦溪利跂，苟以分异人为高，不足以合大众、明大分”。即批评他抑性制情、过于深峭，以离世独立、异于别人为清高，不能和合大众而明人伦道德。墨子主张只应满足人维持生命的物质需求就好，“量腹而食，度身而衣”，将其余的欲望都视为奢侈浪费而归入禁制之列。《庄子·天下篇》称墨子与其弟子们“议裘褐为衣，以跂蹻为服，日夜不休，以自苦为极”。与苦行说相反的是纵欲说，先秦时它嚣、魏牟主张“纵情性，安恣睢，禽兽行”。

与去欲说、纵欲说不同的是制欲说（对此称谓不尽相同，但从本质上看，他们都主张对欲望的节制和限制，故这里统称为“制欲”），认为人的欲望有其合理性，但要有所节制。孔子认为追求富贵作为人的正当需求，是值得肯定的，“富与贵，是人之所欲也”，同时强调君子爱财要“取之有道”，“不以其道得之，不处也。”统治者应该做到“克己复礼”“存心养性”。社会成员必要时应该做到“杀身成仁”“舍生取义”。但是“礼”与“欲”、“心”与“欲”、“仁”与“欲”、“义”与“欲”都是对立的，所以孔子反对不受限制地放纵个人的欲望，他强调必须遵循仁、义、礼等规范，“克己复礼为仁。一日克己复礼，天下归仁焉。为仁由己，而由人乎哉。”（《论语·颜渊》）“夫仁者，己欲立而立人，己欲达而达人。能近取譬，可谓仁之方也。”（《论语·雍也》）“己所不欲，勿施于人，是恕；己之所欲推之于人，更是仁。仁不在无欲，而在推欲。”（《论语·颜渊》）孔子还认为，仁爱克己是通过修养可以做到的，“我欲仁斯仁至矣”。

孟子主张寡欲。他说：“可欲谓之，善。”（《孟子·尽心》）人性本善，善是可欲。但他认为纵欲、多欲是不应该的，“无为其所不为，无欲其所不欲，如此而已矣。”（《孟子·尽心》）所不为即所不当为，所不欲即所不当欲。无欲其所不当欲；亦即寡欲、制欲。“养心莫善于寡欲。其为人也寡欲，虽有不存焉者寡矣；其为人也多欲，虽有存焉者寡矣。”(《孟子·尽心》) 所以，寡欲、制欲是养心之道，德行之基础。

荀子则认为，人生而有欲，“欲不待可得，所受乎天也。”但如果不予以节制，使人人都“从（纵）欲”而行，必然发生争夺，“争则乱，乱则离”，势必导致社会群体的纠纷、动乱以至崩解。但是他不同意“寡欲”“去欲”的主张。针对“去欲”说，他提出了“导欲”说，“凡语治而待去欲者，无以道（导）欲而困于有欲也”。即那种认为只有去除人们的欲求，才能治理好国家社会的理论，完全是由于他们没有办法来正确引导人们的欲求，而被人们的有所欲求困扰住了。针对“寡欲”说，他提出了“节欲”的思想，“凡语治而待寡欲者，无以节欲而困于多欲者也”。即那种认为只有减少人们的欲求，才能治理好国家社会的理论，实在是由于他们没有措施来合理地调控人们的欲求，而被人们的过多欲求而陷于困境了。“欲虽不可尽，可以近尽也，欲虽不可去，求可节也。”针对“纵欲”说，他提出了“养欲”说，“纵性情，安恣睢，而违礼义者为小人。”(《荀子·性恶》)“故欲养其欲而纵其情。……夫是之谓以己为物役矣。”“故向万物之美而盛忧，兼万物之利而盛害，如此者，其求物也，养生也？粥（鬻）寿也”(《荀子·正名》)，就是说，“纵欲”会使人在道德上堕落，成为物欲的奴隶，以至损害自己的寿命，所以要“养欲”。人的欲求既不能“无”和“去”，也不应放纵。

道家也主张寡欲。老子曰：“见素抱朴，少私寡欲”(《老子·第十九章》)，“无欲以静，天下将自定”(《老子·第三十七章》)；庄子强调人们应该“无为名尸，无为谋府，无为事任，无为知主”。倡导人们不要图虚名，不要耍心眼、搞伎俩，看淡名利。追求并崇尚“无己”即“无我”境界，即不对任何非本真的东西去追求，这可以得到精神上的宽慰和自由，成为“超越一切，无待一切”的“我”。

墨子要求墨家弟子抑欲苦行，这是为了替天下百姓谋求公利，正如《孟子》说他们“摩顶放踵，利天下为之”，即身穿粗布衣服，脚着草鞋，摩秃头顶，走破脚跟，日夜奔走，为的是干有利于天下的事。对于百姓而言，墨子认为要做到“制欲”，“去其无用之费”(《墨子·节用》)、“先质而后文”。所谓“质”即是朴素、朴实的意思。墨子认为，人们生活的各个方面，包括衣、住、行、礼仪、器用，等等，都不应追求奢侈、华美和修饰，以朴素、朴实为原则。他提出的“节用”“节葬”“非乐”等主张，都是从“尚质”即崇尚节俭、质朴的原则出发的。墨子曰：“恶在事夫奢也。长无用，好末淫，非圣人之所急也。”(《墨子闲诂》附录《墨子·佚文》)

法家的“制欲”思想表现为其“任理去欲观”。韩非说：“有欲甚，则邪心胜；邪心胜，则事经绝；事经绝，则祸难生。”(《韩非子·解老》)。在他看来，人们物欲横流，必然导致社会“失度量”“祸害至”，形成社会动乱。

之后，到了魏晋时，纵欲论占主导地位，《列子》中的《杨朱》篇认为，“好逸恶劳”是“物之常性”；礼教只是叫人徒有虚名，人死后都是一堆腐骨，用礼教约束自己的生活就“枯槁于当年”，而使生活“不达于生生之趣也”。认为人生短暂，所以要“任情极性，穷欢尽娱，虽近期促年，得尽当生之乐也。”提倡心情欢乐，纵情享受。

历史发展的辩证法总是不断地螺旋式上升，波浪式前进，呈现出否定之否定的周期规律。前一个时代既然倡导、盛行了纵欲思想，必然出现思想与社会实践上的偏失、错谬。因此，社会的自我调节、完善机制就会纠偏救弊。到了宋代、明代，出现的宋明理学，走向了另一个极端，主张禁欲主义。朱熹说，“天理存则人欲亡；人欲胜，则天理灭。”(《朱子语类》卷十三）并告诫人们要“克尽人欲，复尽天理”(《语类》卷十三)。存天理、灭人欲的思想限制了人们的幸福向往和享乐追求，显然是违反人性的。到了明清之际以后，在批判宋儒的理欲观的基础上，形成了新的“制欲”论——理欲统一论，如李贽等主张“理存于欲”，但是对于人人所需求的“公欲”固然应给予满足，但对于私欲，则要加以克制和禁止，以防私欲的泛滥。清代的唯物主义思想家戴震继承了王夫之的思想，既反对“无欲”“绝欲”，又反对“纵欲”，主张理欲统一，其实质是制欲，即主张有节制地满足人的欲求。“天理者，节其欲而不穷人欲也。是故欲不可穷，非不可有，有而节之，使无过情无不及情，可谓之非灭理乎？”（《孟子字义疏正》卷上）

近代社会以降，沿着文明大道不断探索，前进的中华民族在继承传统的“制欲”理论基础上，分析借鉴西方的功利主义。严复肯定个人欲望、个性自由的正当性，但他认为“人得自由，而必以他人自由为界”。[①] 章太炎讲“孔不能舍刍豢”，“释迦亦不能废苹果”，就是说，孔子、释迦牟尼这样的圣贤，也是有一定的物质欲求的。正当的物质欲求是人的本能要求，但必须把握好“度”，否则就会妨碍社会道德，等等。

可见，中华文化传统中，“制欲”思想源远流长，随着社会条件的变化，其形态也在发展变化。

三、自律和他律相结合的“制欲”之道

人的欲望有的是天生的，比如人对生命的欲望就是与生俱来的，但大部分欲望是后天形成的，它与社会制度、社会关系、社会环境和个人修养有着必然的联系，因此，“制欲”是符合客观实际的，可以实现的。

在中国传统文化中，哲人们指出了两种实现制欲的途径，即“个人制欲”和“社会制欲”。“个人制欲”主要是指个体运用理性和智慧对自我欲望的控制和支配；“社会制欲”主要指团体、民族、国家（乃至国际社会）运用集体的理性和智慧（表现为政策、法律、公约、道德、舆论等）引导和控制社会的欲望（表现为群情民意、价值观、生产观以及包括消费观在内的生活观，等等）。

孔子强调“礼”对于“制欲”的作用。“礼之用，和为贵。先王

① 陈瑛、许启贤：《中国伦理大辞典》，辽宁人民出版社1989年版，第330页。

之道斯为美，小大由之。有所不行。知和而和，不以礼节之，亦不可行也。”（《论语 · 学而》）礼的功能就是给每一个人定位，以建立起和的秩序。要达到和的目标，就要“以礼节之”。所以礼就是“制欲”的标准。同时礼也是“修己”的标准。颜渊问仁，子曰：“克己复礼为仁。……”颜渊曰：“请问其目？”子曰：“非礼勿视，非礼勿听，非礼勿言，非礼勿动。”（《论语 · 颜渊》）都以礼为规范，一切依礼而行，就是仁，也就是适度了。孔子心中的君子就是一个“克己”“修己”（《论语 · 宪问》）成功的形象。“克己”“修己”就是克制自我、修养自己，即按照礼的规范约束自己。孔子认为只有人人皆做到修己节欲，整个社会才会和谐相处、安居乐业。

荀子则强调“虑”和“伪”在“制欲”中的作用。荀子说：“情然而心为之择谓之虑”（《荀子 · 正名》）。因此所谓“虑”就是用“心”思虑利弊得失等，来节制人欲。“心虑而能为之动谓之伪”（《荀子 · 正名》），“伪”（同为）是“虑”的具体表现，“虑”的行动就是“伪”即作为、践行。“伪”即改造人性，控制人欲。荀子说：“圣人化性而起伪。伪起而生礼义。礼义生而制法度”（《荀子 · 性恶》），“今人之性恶，性将待师法然后正，得礼义然后治”（《荀子 · 性恶》）。可以看出荀子的“化性起伪”、节制人欲包括师法教化、礼义、法度。荀子说：“人之生固小人，无师无法，唯利见之耳”（《荀子 · 荣辱》），“人无师法则隆性矣，有师法则隆德矣。”（《荀子 · 儒效》）因此，无师法的教化，人们只会“隆性”即抬高性情、放纵人欲。在《荀子 · 礼论》中分析礼的起源时说：“礼起于何也？曰：人生而有欲，欲而不得，则不能无求；求而无度量分界，则不能不争。争则乱，乱则穷。先王恶其乱也，故制礼义以分之，以养人之故，给人之求。使欲必不穷于物，物必不屈于物，两者相持而长，是礼之所起也。”古代的圣王制定礼的目的之一就是控制人欲，以调整人欲与物质之间的矛盾，以此避免社会的混乱。所以，礼义对于“制欲”也有重要的作用。同时荀子也很强调法度在节欲中的重大作用。他说：“古者圣王以人之性恶，以为偏险而不正，悖乱而不治，是以为之起礼义，制法度，以矫饰人之情性而正之。”（《荀子·性恶》）由此可知，法度也是矫正性情、控制人欲的重要途径和措施。

老子认为，“私欲”的消长与个体自身内在和外在社会因素有直接关系，应从两个方面“制欲”。首先，要加强自我修养，克制“私欲”。他强调“自知”“自胜”，理智地省视自身善恶优劣，最终战胜并超越自己。同时也主张学习别人的优点。“学不学，复众人之所过，以辅万物之自然而不敢为。”借鉴他人的经验教训，有益于补救自身的缺点、过失，顺乎自然规律的要求。当然，还要克服、排除“私欲”的诱惑困扰，关闭自己“私欲”之门，“……塞其兑，闭其门”。

其次，要把对欲望的“满足”和“削弱”辩证地结合起来。统治者树立“无欲”形象，庶民则效法“自朴”。“是以圣人之治，虚其心，实其腹。弱其志，强其骨。”营造出良好的社会气氛，用满足人民的温饱，净化人民的心思，去削减人们的“私欲”。从而实现“常使民无知无欲；使夫智者不敢为也”。即“无欲”“不敢为”的理想社会。

韩非从法家思想出发，认为要达到“制欲”必须以“公法”为社会标准。他要求人们“明公私之分”，“去私心行公义”。他所说的“公义”是指“公法”。韩非说：“当今之时，能去私曲，就公法者，民安而国治。”（《韩非子·有度》）

可以看出古代思想家、哲学家们在“制欲”上，不仅重视自觉地改造自己的主观世界的个人内在修养，实现“个人制欲”，同时也很重视社会环境的熏陶和社会规范的强制，实现“社会制欲”。

我国传统文化中的“制欲”思想是中华民族文明的积极成果，是需要我们不断继承、弘扬的精神养分。在中国特色社会主义建设和改革开放中，中国共产党人和广大的中国人民，已经把这些优良思想升华为中国特色社会主义的核心价值体系和价值观。目前我们在现代化建设和改革开放的过程中，经常会遇到一些问题，这就需要我们进一步研究并弘扬传统文化中的“制欲”思想，坚持“艰苦奋斗的革命精神”和“艰苦朴素的工作作风”，着力解决好几个方面的问题。一是“制欲”与社会主义和谐社会建设。社会主义和谐社会当然包括人与自然、人与人、人与社会的和谐，要实现这种和谐，首先应该把“制欲”作为一个原则。先秦思想家对未来的理想社会曾做过勾画和描绘，如儒家的德化社会（礼治社会），道家的“至德”之世，墨家充满“兼爱”的理想社会，法家的“法治社会”等，虽然不尽相同，但是，他们都把“制欲”作为缓和社会矛盾、促进和谐的基本原则。今天我们仍然可以设想，如果每个人都能做到控制自己的欲望，特别是过度欲望，和谐社会就会建设得更好更快。二是“制欲”与经济发展模式的选择。科学发展观是针对我们改革开放以后出现的一些问题而提出的新的发展理论，这种理论本身就包含着“制欲”的理念，以这种理论为指导，集约型、生态型、循环型经济发展模式会逐步形成。三是“制欲”与文化建设。古人通过“制欲”实现人的高层次追求，并进一步形成人格价值的升华。孔子提出的“见利思义”“义然后取”，孟子提出的“去利怀义”“舍生取义”，荀子主张“先义后利”“重义轻利”，道家提出“绝巧弃利”等，进一步养成圣人、君子等高尚人格。我们的社会主义先进文化建设，也应该包括“制欲”的内容，以实现引导人、培育人、塑造人的功能。事实上，我们的社会主义精神文明建设、社会主义核心价值观培育，都包含着“制欲”思想。四是“制欲”与消费方式。现在不少人认为，要推动经济增长，扩大内需是一个重要途径，因此倡导消费主义。过度消费主义认为，人可以毫无节制地占有和消耗自然资源与物质财富，认为物质生活消费是人生最高的目的、价值和幸福。在这种观念的诱导下，产生了种种非常态的消费变异，如猎奇式消费、炫耀式消费、宗教式消费、攀比式消费、“过瘾”式消费等。显然过度消费主义的结果就是人的自我异化，人与人，人与社会，人与自然关系异化、恶化。所以在新的历史条件下，坚持“制欲”和“节俭”，坚持“艰苦奋斗的革命精神”和“艰苦朴素的工作作风”就显得十分重要。

增强党的“自愈力” 跳出历史“周期率”*

——学习党的十九大报告

习近平总书记在党的十九大报告中特别强调指出：勇于自我革命，从严管党治党，是我们党最鲜明的品格。

中国共产党天然具有不断进行自我修复、自我完善、自我痊愈的自愈能力。自愈力是中国共产党特有的优势，也是中国共产党人跳出历史周期率的法宝。不断增强自愈力，就要在高度重视思想建设、勇于进行自我革命、认真贯彻落实党在新时代对政治生活提出的新要求，认真坚持党内监督和人民监督，抓住党内“关键少数”等方面下功夫，进一步加强党的政治建设。

中国共产党近百年的发展历程告诉我们，她之所以能从小到大、由弱变强，在各种困难面前保持着旺盛的生命力和强大的战斗力，其主要原因在于我们党认真践履自己的性质和宗旨，党拥有不断进行自我修复、自我完善、自我痊愈的自愈能力。

* 本文发表于《前线》2019年第5期。

自愈力是中国共产党的特有优势

党章规定，中国共产党党员是优秀分子，而且永远是劳动人民的普通一员。除了法律和政策规定范围内的个人利益和工作职权以外，所有共产党员都不得谋求任何私利和特权。这样的共产党员组成的政党必然具有强大的自愈力。就是依靠这种自愈力，我们党才能不断成长壮大，发展前进。

马克思主义为中国共产党提供了优良的自愈力基因。1920 年 3 月，李大钊在同邓中夏等同志多次商议后，决定在北京大学组织马克思学说研究会。1920 年 5 月，陈独秀发起组织马克思主义研究会，探讨社会主义学说和中国社会改造问题。陈独秀就成立党组织的名称征求李大钊的意见，李大钊主张定名为“共产党”，陈独秀赞同。是年 11 月，党的早期组织拟定了《中国共产党宣言》，指出：“共产主义者的目的是要按照共产主义者的理想，创造一个新的社会。”1920 年 8 月，陈望道翻译的《共产党宣言》中文全译本出版，同月，恩格斯的《科学的社会主义》中译本出版，其后还陆续出版了不少介绍马克思主义的著作，如《马克思资本论入门》《唯物史观解说》等。这些都是上海、北京等地的共产党早期组织积极推进的结果。马克思主义是共产党人信仰的真理，是孕育自愈力的基因所在。

中华民族优秀传统文化为自愈力基因提供了丰厚的思想滋养。中华传统思想文化中的优秀成分滋养、培育了许多仁人志士，其中也包括 20 世纪初期和后来的中国共产党人。中国古代《尚书 · 大禹谟》倡导：“爱国如饥渴。”《左传 · 昭公二年》有：“辞不忘国，忠信也；先国后己，卑让也。”司马迁《报任安书》说：“常思奋不顾身，而殉国家之急。”文天祥在《过零丁洋》中写道：“人生自古谁无死，留取丹心照汗青。”这些宝贵的精神财富对每一个中国共产党人都产生了极大的激励作用，一方面转化为我们党临危不惧、共克时艰、排除万难、争取胜利的强大动力，另一方面转化为我们不断改正自身错误、不断进行自我完善的自愈力。

党的群众路线是自愈力不断再生的力量源泉。1945 年 4 月，在党的七大上，毛泽东把党在 24 年长期艰苦奋斗中形成的优良作风和传统概括为党的“三大作风”，即理论和实践相结合的作风，和人民群众紧密联系在一起的作风，批评与自我批评的作风。这成为中国共产党区别于其他政党的显著标志。毛泽东在党的七大上指出，中国共产党以中国最广大人民群众的最大利益为出发点。它的一切言论行动，以合乎最广大人民群众的最大利益，为最广大人民群众所拥护为最高标准。改革开放 40 多年来，党领导的中国特色社会主义建设和改革实践，就是将实现好、维护好、发展好最广大人民根本利益作为发展的出发点和落脚点。正是由于得到了最广大人民群众的信任、拥护和支持，党领导的革命、建设和改革事业才能不断胜利。

跳出历史周期率的基本思路

1945 年 7 月 1 日，国民党政府的国民参政员褚辅成、黄炎培、冷遹、傅斯年、左舜生、章伯钧从重庆飞抵延安，受到毛泽东、周恩来、朱德、林伯渠、吴玉章等的隆重欢迎。在短短几天时间里，毛泽东与他们多次诚恳交谈。在同黄炎培的一次倾心交谈中，毛泽东问他有何感想，黄炎培回答，他生六十多年，耳闻的不说，所亲眼看到的，真所谓“其兴也勃焉，其亡也忽焉”，一人，一家，一团体，一地方，乃至一国，不少单位都没有能跳出这周期率的支配力。他还说，希望中共诸君找出一条新路，来跳出这周期率的支配。

毛泽东听了黄炎培这番见解后，对黄炎培说：“我们已经找到新路，我们能跳出这周期率。这条新路，就是民主。只有让人民来监督政府，政府才不敢松懈。只有人人起来负责，才不会人亡政息。”黄炎培回答：“这话是对的”，“只有大政方针决之于公众，个人功业欲才不会发生。只有把每一地方的事，公之于每一地方的人，才能使地地得人，人人得事，把民主来打破这周期率，怕是有效的”。纵览数千年历朝历代，各个王朝统治的时间长短有异，但最终结果一样，都是被人民群众赶下台。商朝统治约600年，周朝近800年，秦朝仅15年，汉朝400余年，隋朝仅36年，唐朝近300年，宋朝319年，元朝108年，明朝276年，清朝267年……真可谓“其兴也勃焉，其亡也忽焉”。能否跳出这样的历史周期率？毛泽东代表中国共产党人作了郑重的回答：中国共产党可以走出这个周期率！这条新路就是民主，让人民监督政府，人人起来负责。后来，毛泽东同志在党的七届二中全会上还讲了“两个务必”。习近平同志从党的十八大以来，一直大力强调反腐倡廉和党的自我革命。这都是增强“自愈力”、跳出“周期率”的根本途径。党的“自愈力”强了，就为党的战斗力、生命力奠定了坚实基础。

新时代增强自愈力的实践路径

高度重视思想建设。延安时期，毛泽东号召保持共产党的先进性，关键是对党员进行共产主义教育，党员不仅要在组织上入党，而且要在思想上入党，通过延安整风运动，大家经过认真学习、教育、批评与自我批评，使全党的思想建设上了一个大台阶。近年来的“两学一做”学习教育是以习近平同志为核心的党中央加强党的思想政治建设的一项重大部署。自从“两学一做”学习教育常态化制度化以来，广大党员干部在政治上、思想上、作风上有了显著进步，得到了明显提升。

勇于自我革命、刮骨疗毒。习近平总书记多次指出：“中国共产党的伟大不在于不犯错误，而在于从不讳疾忌医，敢于直面问题，勇于自我革命。”党的十八大以来，以习近平同志为核心的党中央，勇于担当，认真担负起新时代的历史使命，为了使党成为民族脊梁、时代先锋，勇于自我革命，刀刃向内，刮骨疗毒，敢于以壮士断腕、不怕牺牲、不畏风险的巨大勇气、魄力，向腐败势力开战，打击了消极腐败势力的嚣张气焰，严厉惩处了一批又一批腐败分子，清除了侵蚀我们党健康肌体的病毒。全党正在不断完善不敢腐、不能腐和不想腐的长效机制，这必将使我们党的政治生态得到净化，党的“自愈力”得到进一步强化。

认真贯彻落实新时代党对政治生活提出的新要求。2016 年 10 月 27 日，党的十八届六中全会通过《关于新形势下党内政治生活的若干准则》（以下简称《准则》），从坚定理想信念、坚持党的基本路线、坚决维护党中央权威等 12 个方面对党内政治生活作了全方位的规定。2019 年 1 月 31 日印发的《中共中央关于加强党的政治建设的意见》，从加强党的政治建设的总体要求、坚定政治信仰、坚持党的政治领导、提高政治能力、净化政治生态、强化组织实施六个方面提出要求，推动全面从严治党向纵深发展。这些举措有助于不断增强党的自愈力，更好地带领全国人民为实现“两个一百年”奋斗目标和中华民族伟大复兴中国梦而不懈奋斗。

要用好党内监督和人民监督这把利剑。2016 年 10 月 27 日通过的《中国共产党党内监督条例》，是全面从严治党，强化党内监督，保持和弘扬党的先进性、纯洁性，提高党的自愈力的重要法规，必须认真贯彻执行。

抓住“关键少数”。党内监督的重点对象是党的领导机关和领导干部特别是主要领导干部即各级党组织一把手。他们是“关键少数”，只有加强对他们的制约监督才能把权力关进笼子里，同时，促使他们更好地遵守党章党规，依法依规用权办事，加强自身党性修养，陶冶道德情操，永葆共产党人立党为公、艰苦奋斗、为民造福的政治本色。